Programmiersprachen

Informatik • Kybernetik • Rechentechnik

Herausgegeben von der Akademie der Wissenschaften der DDR
Zentralinstitut für Kybernetik und Informationsprozesse

Band 6

Formale Beschreibung von Programmiersprachen

von Günter Riedewald, Jan Małuszyński und Piotr Dembiński

Formale Beschreibung von Programmiersprachen

Eine Einführung in die Semantik

von Günter Riedewald, Jan Małuszyński und Piotr Dembiński

Mit 37 Abbildungen und 16 Tabellen

Akademie-Verlag · Berlin · 1983

Verfasser: Dozent Dr. sc. techn. Günter Riedewald
Wilhelm-Pieck-Universität Rostock
dr. Jan Małuszyński, dr. habil. Piotr Dembiński
Instytut Podstaw Informatyki PAN Warszawa

Erschienen im Akademie-Verlag, DDR-1086 Berlin, Leipziger Str. 3–4

Lizenznummer: 202 · 100/406/83
Printed in the German Democratic Republic
Gesamtherstellung: VEB Druckerei „Thomas Müntzer", 5820 Bad Langensalza
Lektor: Dipl.-Math. Gesine Reiher
Einband und Schutzumschlag: Dietmar Kunz
LSV 1085
Bestellnummer: 763 136 0 (6720)
DDR 42,– M

Vorwort

Das Ergebnis der in den 50er Jahren begonnenen Forschungen über Methoden der formalen Beschreibung von Programmiersprachen sind einerseits interessante theoretische Resultate, die das bessere Verständnis der mit den Programmiersprachen und dem Programmieren verbundenen Begriffe ermöglichten, und andererseits daraus entstandene praktische Methoden der Definition von Programmiersprachen. Diese Forschungen hatten zwei wichtige praktische Motivationen:

erstens die Notwendigkeit der Ausarbeitung einer Technologie für die Konstruktion von Compilern für Programmiersprachen und

zweitens die Notwendigkeit der Ausarbeitung von Methoden der Programmverifikation, d. h. der Überprüfung, ob ein Programm das gestellte Problem löst. Damit hängen auch die Probleme der Projektierung und der Dokumentation von Programmen sowie die Kommunikation der an der Bearbeitung eines Programms beteiligten Personen zusammen.

Obwohl die bisher gewonnenen Resultate bereits eine Vielzahl von Problemen, besonders aus der zweiten Gruppe, lösten, ergaben sich durch neue Ansichten zur Methodologie der Programmierung zahlreiche neue Probleme.

Es wurde soviel erreicht, daß eine Synthese verschiedener Ergebnisse, d. h. ihre Verbindung zu einem Ganzen, und ein Vergleich ihrer unterschiedlichen Einstellungen möglich erscheinen. Wir sind der Meinung, daß eine solche Zusammenfassung für einen breiten Kreis von Informatikern interessant ist. Das betrifft besonders Programmierer und Projektanten von Programmiersprachen und Programmen. Die Schwierigkeit besteht jedoch darin, daß die Ergebnisse in der Fachliteratur sehr verstreut sind und meist in einer nur für Spezialisten verständlichen Form – ohne Erklärung der Grundbegriffe – auftreten. Außerdem verwenden verschiedene Autoren eine unterschiedliche Terminologie, was einen Vergleich des Dargestellten zusätzlich erschwert. Dieses Buch soll dem an Programmiersprachen und ihrer Theorie interessierten Leser bei der Überwindung dieser Schwierigkeiten helfen. Es gibt eine systematische Einführung in die Probleme der Definition von Programmiersprachen, wobei große Betonung auf die Erläuterung von Begriffen sowie die Zusammenhänge verschiedener bekannter Beschreibungsformalismen gelegt wurde.

Das Buch richtet sich an alle an der Programmierung interessierten Leser, denn jedweder Versuch einer Formalisierung der Beschreibung von Programmiersprachen muß ein Versuch der Präzisierung der Begriffe sein, die mit dem Programmieren oder seinem Instrument, der Programmiersprache, zusammenhängen. Daher werden vorrangig Begriffe des Programmierens beschrieben, wobei verschiedene Beschreibungsmethoden für Programmiersprachen verglichen werden. Um es verständlich zu machen, wurden die auftretenden Begriffe im Rahmen der Möglichkeiten erklärt. Dabei wurde allerdings vorausgesetzt, daß der Leser bereits mit einer Programmiersprache, wie z. B. FORTRAN, ALGOL 60 oder PASCAL, vertraut ist und daß er solche mathematischen Grundbegriffe wie Funktion, Relation, Mengenoperation u. ä. kennt.

Unser Ziel ist es, nicht nur mit dem Programmieren und Programmiersprachen verbundene Begriffe zu erläutern, sondern vor allem eine Einführung in bekannte Methoden der Definition von Programmiersprachen zu geben. Der Leser soll nach dem Studium dieses Buches in der Lage sein, die Fachliteratur auf diesem Gebiet ohne größere Schwierigkeiten zu nützen. Aus diesem Grunde wurden im Rahmen der Möglichkeiten die lokalen spezifischen Begriffe in Verbindung mit den einzelnen Methoden erklärt. Dabei bedienen wir uns einer einfachen Beispielprogrammiersprache, die wir formal mit Hilfe verschiedener Methoden definieren, um diese zu illustrieren und gleichzeitig die Beziehungen zwischen den Methoden aufzuzeigen. Wir behandeln nicht alle in der Literatur auftretenden Formalismen der Definition von Programmiersprachen, sondern beschränken uns auf die am häufigsten zitierten Methoden.

Im Einführungskapitel beschäftigen wir uns auf nichtformale Weise mit den Grundbegriffen des Programmierens, wie z. B. Algorithmus, Programm, Implementation, Programmiersprache, und erörtern die Notwendigkeit der Formalisierung der Beschreibung von Syntax und Semantik einer Sprache. Der Schlußabschnitt dieses Kapitels erklärt verschiedene mögliche Herangehensweisen an das Problem der Definition der Semantik einer Sprache.

Das zweite Kapitel, welches dem Formalismus der Syntaxbeschreibung gewidmet ist, umfaßt die Elemente der Theorie der formalen Sprachen, die Antworten auf praktische Probleme der Projektierung und Implementierung von Programmiersprachen geben. Es werden nur zwei Formalismen zur Syntaxdefinition behandelt — die kontextfreien Grammatiken unter besonderer Berücksichtigung der allgemein angewendeten BNF sowie ihre natürliche Verallgemeinerung, die Zweistufengrammatiken. Letzterer Formalismus wird aus zwei Gründen etwas ausführlicher behandelt. Erstens rief die Anwendung der Zweistufengrammatiken zur Definition der Sprache ALGOL 68 [137] breite Kontroversen hervor, die u. a. durch die nicht sonderlich erfolgreiche Formulierung des Begriffs der Zweistufengrammatik verursacht wurden. Aus diesem Grunde machen wir den Leser mit diesem Begriff bekannt und zeigen seine Vor- und Nachteile. Zweitens weisen letzte Forschungen auf den engen Zusammenhang der Zweistufengrammatiken mit bekannten und in Metacompilern angewendeten Formalismen der Beschreibung der Semantik einer Sprache hin. Es scheint daher, daß auch die Zweistufengrammatiken in Metacompilern angewendet werden könnten. Wie wir im Kapitel 4 andeutungsweise zeigen, können Zweistufengrammatiken als einheitliches Instrument zur Beschreibung der Syntax und Semantik einer Sprache angesehen werden. Obwohl das vorläufig keine praktischen Konsequenzen hat, ist es doch unzweifelhaft ein interessanter Gesichtspunkt.

Der Schlußabschnitt des zweiten Kapitels, der eine Vorbereitung des Kapitels über Methoden der Semantikbeschreibung darstellt, behandelt den Begriff der abstrakten Syntax und berührt die Wiener Methode.

Methoden zur Formalisierung der Semantikbeschreibung behandelt das dritte Kapitel. Wir gehen von den operationalen Methoden, die auf der Konstruktion eines mehr oder weniger abstrakten Modells einer Maschine aufbauen, welche Sprachkonstruktionen interpretierend abarbeitet, über die denotationale Semantik in der Auffassung von SCOTT zu axiomatischen Methoden als einem Instrument zur formalen Ableitung von Programmeigenschaften über und weisen auf die gegenseitigen Verbindungen hin.

Das vierte Kapitel ist der Technik der Attributierung gewidmet, welche die Semantikbeschreibung mit den kontextfreien Grammatiken als Mittel der Syntaxdefinition verbindet. Dieser Aspekt hat eine große praktische Bedeutung in der Compilertechnik. Außerdem weisen wir auf die Möglichkeit der Anwendung der Technik der Attributierung auf die Darstellung jeder der vorher besprochenen Methoden der Semantikbeschreibung hin, was eine Grundlage für ihren Vergleich sein kann.

Das abschließende fünfte Kapitel orientiert den Leser auf neue Ansichten zur Problematik der Definition von Programmiersprachen. Besonders geht es darum, daß sich die vorher behandelten verschiedenen Formalismen zur Sprachdefinition in algebraischen Termini mit Hilfe eines Schemas ausdrücken lassen: Die Syntax der Sprache bildet eine bestimmte Algebra mit bestimmten Eigenschaften, und die Semantik ist durch einen Homomorphismus beschrieben, der diese Algebra mit einer „ähnlichen“ Algebra verbindet.

Im Anhang werden einige in den vorhergehenden Kapiteln verwendete Begriffe definiert.

Das Literaturverzeichnis führt nur einige Arbeiten zur Thematik des Buches an. Es ging dabei nicht um Vollständigkeit, sondern nur darum, daß der Leser seine Grundkenntnisse zur Problematik der Semantikdefinition erweitern kann.

Am Ende dieses Vorworts möchten die Autoren nicht versäumen, dem Akademie-Verlag und insbesondere der Lektorin für die gute Zusammenarbeit zu danken.

Rostock und Warschau, Januar 1982

Die Autoren

Inhalt

1. Einleitung

1.1. Algorithmen und Programme

In diesem Buch beschäftigen wir uns mit den Methoden der Definition algorithmischer Programmiersprachen, d. h. solcher Sprachen, in denen Algorithmen für Rechenautomaten formulierbar sind. Unter einem *Algorithmus* verstehen wir eine Menge von Regeln für die Vorgehensweise bei der Lösung eines Problems. Die Beschreibung eines Algorithmus in einer Programmiersprache werden wir *Programm* nennen und jede konkrete Folge von Aktionen, die durch einen gegebenen Algorithmus beschrieben wird, seine *Realisierung* oder *Implementation*. Um die sehr allgemeinen Formulierungen zu präzisieren, untersuchen wir einige wesentliche Merkmale von Algorithmen und Programmen sowie Zusammenhänge dieser Begriffe. Das ermöglicht die Erläuterung der Notwendigkeit, die Beschreibung von Programmiersprachen zu formalisieren.

Die einfachsten Beispiele für Algorithmen sind die jedem bekannten arithmetischen Algorithmen der Addition, Subtraktion, Multiplikation und Division von Zahlen im Dezimalsystem oder auch der weithin bekannte EUKLIDische Algorithmus zur Bestimmung des größten gemeinsamen Teilers zweier ganzer Zahlen. Jeder dieser Algorithmen definiert, außer der Beschreibung der Reihenfolge der Durchführung von Operationen, präzise Daten:

Eingabedaten sind Daten, deren Werte vor der Ausführung des Algorithmus fixiert werden und die aus einer genau beschriebenen Menge von Objekten stammen. Beispielsweise sind das im Fall der angeführten Algorithmen zwei Werte aus der Menge aller ganzen Zahlen.

Ausgabedaten sind Daten, die in einem definierten Zusammenhang mit den Eingabedaten stehen. In unseren Beispielen sind die Werte dieser Daten das Resultat einer Addition, Subtraktion, Multiplikation, Division bzw. der größte gemeinsame Teiler der Eingabedaten.

Es lohnt sich, folgenden wichtigen Eigenschaften von Algorithmen Aufmerksamkeit zu schenken:

Definiertheit: Wir verstehen darunter, daß die Regeln zur Definition der Vorgehensweise alle Fälle beachten, die bei der Realisierung eines Programms auftreten können. Wenn z. B. ein bestimmter Schritt eines Algorithmus die Bestimmung des Quotienten zweier Zahlen ist, so muß rechtzeitig angegeben werden, was passieren soll, falls der Divisor Null ist.

Endlichkeit: Im allgemeinen fordern wir, daß eine Berechnung nach einer endlichen Anzahl von Schritten ausgeführt ist. Diese Eigenschaft hat z. B. der Algorithmus zur

Bestimmung der Dezimaldarstellung der Summe zweier im Dezimalsystem dargestellter natürlicher Zahlen. Jeder Schritt des Algorithmus besteht in der Bestimmung einer Ziffer des Resultats und des Übertrags auf der Grundlage der Ziffern auf den entsprechenden Positionen der Summanden und des Übertrags aus dem vorherigen Schritt. Die Anzahl der bis zur Beendigung des Algorithmus nötigen Schritte ist um 1 größer als die maximale Ziffernanzahl der Summanden.

Manchmal werden auch Algorithmen definiert, die eine unendliche Realisierung haben. Ein Beispiel dafür ist der Algorithmus eines Betriebssystems einer EDVA. In diesen Fällen untersucht man gewöhnlich den Zusammenhang zwischen den Werten der Daten nach der Ausführung bestimmter Arbeitszyklen. Zur Definition eines Algorithmus gehört es, explizit zu definieren, ob er eine unendliche Realisierung zuläßt oder nicht.

Ausführbarkeit: Jeder Algorithmusschritt muß so definiert sein, daß ein Mensch oder eine Maschine ihn in endlicher Zeit effektiv ausführen können. In diesem Sinne kann die Ausführung der Bestimmung der Dezimaldarstellung eines Quotienten zweier von Null verschiedener natürlicher Zahlen unmöglich sein, da einige Quotienten eine unendlich lange Dezimaldarstellung haben. Obwohl ein Schritt zur Bestimmung einer Ziffer einer solchen Dezimaldarstellung offensichtlich ausführbar ist, ist die auf diesem Schritt beruhende Bestimmung der Dezimaldarstellung eines Quotienten für manche Daten unendlich.

Diese drei Eigenschaften haben eine wesentliche Bedeutung für das Verständnis des Algorithmusbegriffs. Sehr wichtig ist gleichzeitig die Unterscheidung zwischen dem eigentlichen Algorithmus und der Aufgabe, die er löst. Das ist ein ähnlicher Unterschied wie in der Mathematik zwischen einer Funktion, die als Menge von Paaren verstanden wird, und einer solchen Definition der Funktion, die angibt, wie Funktionswerte zu gegebenen Argumenten gefunden werden können. Wir kennen viele Algorithmen, die die gleiche Aufgabe lösen. Ihr Unterschied besteht nicht nur in wesentlich unterschiedlichen Lösungsmethoden für das gegebene Problem, sondern auch in unterschiedlicher Repräsentation elementarer Operationen und darin, welche Operationen als elementar angesehen werden.

In Verbindung mit den genannten Eigenschaften eines Algorithmus gibt es eine Reihe wichtiger Probleme, die den Projektanten von Algorithmen interessieren. Eines davon ist das Problem der *Korrektheit* eines Algorithmus, d. h. die Frage danach, ob ein gegebener Lösungsalgorithmus eine gestellte Aufgabe realisiert. Das führt oft zur Frage, ob der Zusammenhang zwischen gegebenen Eingabedaten und Ausgabedaten eines Algorithmus der gleiche Zusammenhang ist, wie er durch das gestellte Problem beschrieben wird. In einigen anderen Fällen, z. B. bei Simulationsalgorithmen, beruht die Korrektheit eines Algorithmus darauf, daß seine Ausführung die gleichen Eigenschaften besitzt wie das modellierte System.

Das Problem der Korrektheit eines Algorithmus kann umgekehrt werden, indem man versucht, aus der Formulierung eines Algorithmus die Aufgabe zu bilden, die er löst. Das ermöglicht eine Antwort auf die Frage, ob zwei Algorithmen äquivalent sind, d. h. ob sie beide die gleiche Aufgabe lösen.

Das Problem der Korrektheit ist nicht nur ein akademisches Problem. Die Projektierung großer Systeme erfordert bei weitem höhere Kosten als die ständig billiger werdende Hardware. Die gewohnten Testmethoden ermöglichen manchmal die Entdeckung von Fehlern in solchen Systemen, aber sie erlauben nicht die Feststellung der Fehlerlosigkeit. Die Möglichkeit der Bestimmung der Korrektheit und damit die Feststellung der Fehlerfreiheit von Algorithmen schon in der Etappe ihrer Projektierung hat somit eine sehr große praktische Bedeutung. Die Zukunft wird erweisen, ob die Forschungsergebnisse auf diesem Gebiet die Anwendung einer breiteren Skala neuer Methoden der Projektierung von Systemen ermöglichen.

Ein *Programm* ist ein Algorithmus, welcher in einer konkreten Programmiersprache geschrieben ist. Der erste Teil dieser Aussage erlaubt uns, alles, was wir über Algorithmen sagten, auf Programme auszudehnen. Wir beschäftigen uns daher jetzt mit einigen Problemen, die direkt mit Programmiersprachen zusammenhängen.

Jedes Programm ist als Notation eines bestimmten Algorithmus eine Zeichenkette. Die Tatsache, daß ein Programm durch eine Maschine akzeptiert und realisiert wird, führt zu Einschränkungen in seiner Formulierung: Ohne Berücksichtigung der Bedeutung der einzelnen Programme und der Algorithmen, die den Programmen entsprechen, ist es nötig, präzise Regeln dafür zu geben, welche Zeichenkette die Niederschrift eines Programms in einer gegebenen Sprache ist und welche nicht. Wir sagen, daß solche Regeln die *Syntax* der Programmiersprache angeben. Auf den ersten Blick scheint es, daß man diese Forderung am leichtesten erfüllen kann, wenn die Algorithmen in einer Sprache geschrieben werden, die die Maschinensprache eines Rechenautomaten ist. Die Syntax wäre dann durch die Konstruktion der konkreten Maschine eindeutig beschrieben. Früher wurde das auch tatsächlich so gemacht. Mit der ständig steigenden Zahl von Rechenautomaten, mit der Vergrößerung des Anwenderkreises und mit der Vielfalt der Anwendungen verursachte diese Methode zunehmend Schwierigkeiten. Sie erfordert nämlich vom Projektanten eines Programms gründliche Kenntnisse der konkreten Maschine, sie verhindert jedoch praktisch die Anwendung des gleichen Programms auf einem anderen Rechnersystem und genauso die Kommunikation zwischen den Anwendern. Man kann sagen, daß die Geschichte der Entwicklung der Programmiersprachen davon geprägt wurde, wie die Algorithmenbeschreibungen von konkreten Rechenautomaten unabhängig wurden. Der Grad der Abhängigkeit einer Sprache von einem konkreten Rechenautomaten ist die Grundlage für eine Klassifizierung der Programmiersprachen. Gegenstand der Untersuchungen in diesem Buch sind vor allem Methoden für solche Sprachen, die unabhängig von konkreten Rechenautomaten sind, sogenannte *Sprachen höherer Ordnung* oder *höhere Programmiersprachen*.

Eine *Programmiersprache* ist, wie jede andere Sprache, eine Menge von *Wörtern* (*Sätzen*) über einem endlichen *Alphabet* (*Vokabular*). Das ist eine *formale Sprache*, d. h., die Zugehörigkeit eines Wortes zur Menge (*syntaktische Richtigkeit*) hängt nicht von dem ihm zugeordneten Sinn ab. Mit der Erforschung solcher Sprachen beschäftigt sich das Gebiet der mathematischen Linguistik, welches aus Versuchen des besseren Verständnisses der Mechanismen in natürlichen Sprachen entstand. Die Bedürfnisse der Informationsverarbeitung waren ein ernster Stimulator für seine Entwicklung. Ausgewählte Probleme der Theorie der formalen Sprachen, die unmittelbar mit dem Problem der Definition der Syntax von Programmiersprachen zusammenhängen, werden in Kapitel 2 besprochen.

Für den Anwender einer Programmiersprache ist vor allem der Inhalt wichtig, den Programme und deren Teile ausdrücken, d. h. wie die Daten und Schritte eines Algorithmus in Form eines Programms in dieser Sprache definiert sind. Die Bedeutung, welche mit Hilfe der durch die Syntax gegebenen Form definiert ist, heißt

Semantik der Sprache. In früheren Entwicklungsstadien der Informationsverarbeitung war das Problem der Beschreibung der Semantik von Programmiersprachen nicht so wichtig, da die Semantik einer Maschinensprache präzise durch die Konstruktion der Maschine beschrieben war. In dem Maße, wie die Programmiersprachen von den Rechenautomaten unabhängig wurden, gewann das Problem der Beschreibung der Semantik immer größere Bedeutung.

Von den Syntaxregeln forderten wir, daß sie die Menge aller Programme der gegebenen Sprache beschreiben. Somit ging es uns darum, daß jedes Wort der Programmiersprache die Beschreibung eines bestimmten Algorithmus ist und damit eine definierte semantische Bedeutung hat. In der Praxis geht man häufig von dieser Forderung ab. Um eine Vereinfachung der Syntax zu erreichen, wird ein Kompromiß eingegangen, der darauf beruht, daß einige Wörter der durch die syntaktischen Regeln definierten Sprache keine semantische Bedeutung haben. So wird z. B.

begin integer array $x[1 : 5]$; $x[0] := 1$ **end**

durch die syntaktischen Regeln von ALGOL 60 zugelassen, obwohl es keinen Algorithmus repräsentiert. Auf diese Weise geht die Definition der Wörter der Programmiersprache, die Algorithmen darstellen, teilweise aus der Syntax in die Semantik über.

1.2. Notwendigkeit der Formalisierung der Beschreibung von Programmiersprachen

Die Betrachtungen über Algorithmen und Programme zusammenfassend, wollen wir nun erläutern, weshalb Programmiersprachen formal definiert werden müssen. Damit geben wir eine Motivation für die Forschungen, deren Ergebnisse in diesem Buch behandelt werden.

Ein in einer höheren Programmiersprache geschriebenes Programm soll einerseits eine für den Menschen verständliche Beschreibung eines Algorithmus sein und andererseits die Tätigkeit verschiedener konkreter Rechenautomaten beschreiben, die diesen Algorithmus realisieren. Damit eine konkrete Maschine ein solches Programm ausführt, muß sie es zuerst analysieren, d. h. seine Bestandteile erkennen, um zu bestimmen, welche Aktionen durchgeführt werden sollen. Daraus folgt die Notwendigkeit einer strikten Definition dessen, was Programme sind, sowie ihrer Struktur und daher der Syntax einer Programmiersprache. In der Praxis dient die maschinenunabhängige Definition der Syntax einer Programmiersprache als Grundlage für die Erkennung der Programmbestandteile durch verschiedene Maschinen. Die der Ausführung eines Programms entsprechenden Aktionen dieser Maschinen müssen sich entsprechend der Verschiedenheit der Konstruktion der Maschinen unterscheiden. Daher halten wir eine strikte Trennung der Syntaxbeschreibung einer Sprache von ihrer Realisierung auf konkreten Maschinen ein.

Jede Realisierung einer Sprache auf einer Maschine definiert exakt die Bedeutung von Programmen, und zwar als Folge von Aktionen, die der Ausführung des Programms entsprechen. Somit definiert sie eine bestimmte Semantik der Sprache. Eine solche Semantikdefinition ist jedoch aus zwei Gründen für den Anwender nutzlos. Erstens möchte er die Möglichkeit der Kontrolle haben, daß sein in Form eines Programms geschriebener Algorithmus die gestellte Aufgabe löst. Er braucht deshalb Regeln, die eine solche Verifikation ermöglichen. Sie müssen jedem Programm eine bestimmte Bedeutung zuordnen, wobei sie in Begriffen, die dem Anwender verständlich sind, den Inhalt der durch den Algorithmus gelösten Aufgabe beschreiben. Das kann z. B. in Form der Definition der Abhängigkeit zwischen den Eingabedaten und den Ausgabedaten des Algorithmus geschehen. Die Bestimmung dieser Abhängigkeiten auf der Grundlage der maschinellen Realisierung eines Algorithmus ist wegen der Vielzahl der mit der Konstruktion einer Maschine verbundenen technischen Einzelheiten, die für den Anwender unwesentlich sind, sehr schwierig. Zweitens möchte der Anwender eine Garantie dafür haben, daß sein Programm bei der Ausführung auf verschiedenen Maschinen „das gleiche Ergebnis" liefert. Die unterschiedliche Konstruktion der Maschinen schließt im allgemeinen die Möglichkeit identischer Berechnungen für ein gegebenes Programm auf jeder dieser Maschinen aus. Folglich ist eine abstrakte, übergeordnete Definition der Semantik nötig, die als Muster für jede Realisierung dienen könnte und die beschreibt, was unter dem „Ergebnis" der Ausführung eines Programms zu verstehen ist. Die Übereinstimmung einer konkreten Realisierung mit diesem Muster können wir nur dann prüfen, wenn wir der Bedeutung jedes Programms in dieser Realisierung (und somit einer bestimmten Tätigkeit einer konkreten Maschine) eine Entsprechung aus der durch die abstrakte Definition beschriebenen Menge von Bedeutungen zuordnen, die das „Ergebnis" jeder Ausführung eines Programms bestimmt. Die Übereinstimmung der Realisierungen mit dem Muster beruht darauf, daß die durch die Entsprechung definierte abstrakte Bedeutung jedes Programms mit der Bedeutung übereinstimmt, die diesem Programm durch die abstrakte Definition zugeordnet wird. Zum Beispiel können die Bedeutungen von Programmen in der abstrakten Definition Funktionen sein, die die Abhängigkeit zwischen den Ein- und Ausgabedaten eines Programms beschreiben. Für eine konkrete maschinelle Realisierung kann nun ebenfalls die Abhängigkeit zwischen den Ein- und Ausgabedaten eines Programms beschrieben werden. Dazu ist es allerdings notwendig, in die technischen Einzelheiten einzudringen. So muß z. B. bestimmt werden, auf welchen Speicherplätzen sich die kodierten Ein- und Ausgabedaten befinden, der Prozeß der Programmausführung durch die Maschine muß analysiert werden u. ä. Die Übereinstimmung der Realisierung mit der abstrakten Definition beruht in diesem Fall darauf, daß die für jedes Programm und jede Menge seiner Eingabedaten als Ergebnis der Tätigkeit einer konkreten Maschine nach der Ausführung des Programms erhalte-

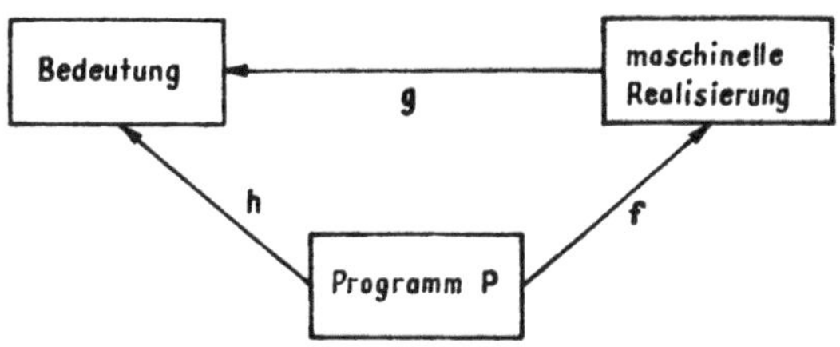

Abb. 1.1. Realisierung einer Sprache auf einer Maschine: f — Beschreibung der Bedeutung eines Programms P der Sprache durch Aktionen der Maschine; h — Beschreibung der abstrakten Bedeutung eines Programms P; g — Beschreibung der abstrakten Bedeutung der Aktionen der Maschine

nen Ausgabedaten, und somit eine Bewertung bestimmter Speicherplätze, identisch mit den Werten der dem Programm durch die abstrakte Semantikdefinition zugeordneten Funktionen sind.

Das Problem der Übereinstimmung von Realisierungen mit abstrakten Definitionen stellt Abb. 1.1 schematisch in Form eines kommutativen Diagramms dar. Wenn wir jedem Programm P einer Programmiersprache einerseits durch die maschinelle Realisierung eine bestimmte Tätigkeit einer Maschine (Funktion f) und andererseits durch die Musterdefinition der Semantik eine bestimmte abstrakte Bedeutung (Funktion h) zuordnen, wenn wir außerdem jeder Tätigkeit der Maschine ebenfalls eine bestimmte abstrakte Bedeutung (Funktion g) zuordnen, wobei wir definieren, welche Aspekte dieser Tätigkeit vom Standpunkt des Programmierers interessant sind, dann stimmt die Realisierung mit der abstrakten Definition überein, falls gilt

$$g(f(P)) = h(P) .$$

Es ist zu beachten, daß das Schema jede Realisierung einer gegebenen Sprache durch eine Maschine betrifft, unabhängig davon, um welche Maschine es sich handelt. Wie wichtig und schwierig das Problem der Gewährleistung einer solchen Übereinstimmung für verschiedene Realisierungen einer höheren Programmiersprache ist, zeigten bisherige Erfahrungen z. B. bei der Realisierung von ALGOL 60. Die ungenaue Semantikbeschreibung führte dazu, daß die Autoren verschiedener Realisierungen einige weniger präzise Formulierungen verschieden interpretierten. Im Ergebnis unterscheiden sich die Realisierungen voneinander und erlauben damit eine mehrdeutige Interpretation der Programme.

Aus den obigen Betrachtungen folgt, daß sowohl für die Realisierung einer höheren Programmiersprache als auch für die Nutzung durch die Anwender eine streng und unabhängig von einer konkreten Maschine definierte Semantikdefinition notwendig ist. Dabei erhebt sich allerdings die Frage, ob die Formulierung solcher Definitionen eine natürliche Sprache oder mathematische Methoden verwenden soll. Die Semantik der meisten höheren Programmiersprachen ist in einer natürlichen Sprache beschrieben. Es zeigte sich aber, daß es um so schwerer ist, die Semantik einer Programmiersprache streng zu beschreiben, je komplexer und maschinenunabhängiger die Sprache ist. Davon zeugen zahlreiche Beispiele, und bis heute dauern die Diskussionen zur Bedeutung einiger Konstruktionen in ALGOL 60 an. Die Verwendung mathematischer Methoden zur Definition der Semantik einer Sprache garantiert zwar die theoretische Möglichkeit der formalen Ableitung der Korrektheit von Programmen und der Übereinstimmung einer maschinellen Realisierung mit einer Musterdefinition, sie ergibt allerdings im Endergebnis schlecht lesbare Definitionen.

In Erwartung der weiteren Entwicklung mathematischer Methoden der Definition von Programmiersprachen stellen wir in diesem Buch die bisher wichtigsten Vorschläge auf diesem Gebiet vor.

1.3. Verschiedene Vorgehensweisen der Semantikdefinition. Ein Beispiel

Der Projektant einer Programmiersprache, der Autor ihrer maschinellen Realisierung, der Programmierer und andere Anwender interessieren sich im allgemeinen für verschiedene Aspekte dieser Sprache. Die durch sie den gleichen Sprachkonstruktionen zugeordneten Bedeutungen können unterschiedlich sein, müssen aber auf entsprechende Weise zusammenhängen.

Ziel dieses Buches sind einesteils die Besprechung der bekanntesten formalen Arten der Zuordnung von Bedeutungen zu Sprachkonstruktionen und andererseits Aussagen über die Zusammenhänge zwischen den auf verschiedene Weise beschriebenen Bedeutungen. Als Einführung in weitere, sehr allgemeine Betrachtungen geben wir ein einfaches Beispiel, welches unterschiedliche Interpretationen der gleichen sprachlichen Wendung durch verschiedene Personen demonstriert. Auf seiner Grundlage führen wir schrittweise bestimmte allgemeine Begriffe ein, die im weiteren verwendet werden. Das Beispiel betrifft den Betrieb einer Bibliothek mit speziellen Beständen, die nur im Lesesaal zugängig sind.

Die Bibliothek besteht aus:

- dem Lesesaal mit numerierten Plätzen; jeder Leser x hat im Lesesaal einen ihm zugeordneten Platz p(x);
- dem Katalog, der jedem Buch y eine Katalognummer k(y) zuordnet;
- dem Magazin, in dem zu jeder Katalognummer k ein Platz l(k) gehört, auf dem das Buch mit der Nummer k aufbewahrt wird.

In der Bibliothek arbeiten:

- ein diensthabender Bibliothekar,
- ein Magazinarbeiter,
- die Leser.

Nehmen wir an, daß der Leser x ein Buch y ausleihen möchte. Das kann durch den Satz „leihe y an x aus" in einer bestimmten formalen Sprache ausgedrückt werden. Dieser Satz hat für jede Person, die in der Bibliothek arbeitet, eine andere Bedeutung:

(i) Der diensthabende Bibliothekar ist für die Realisierung der Bestellung verantwortlich. Von seinem Standpunkt aus beruht die Ausführung der Bestellung darauf, daß das auf dem Platz l(k(y)) im Magazin aufbewahrte Buch auf den Platz p(x) des Lesesaals gelangt. Wenn das Buch schon ausgeliehen ist, so muß an den Platz p(x) eine entsprechende Information gegeben werden. Die Bedeutung des obigen Satzes ist daher für den Bibliothekar eine bestimmte Änderung des Zustandes der Bibliothek, aufgefaßt als Zuordnung von Büchern zu Plätzen im Magazin und im Lesesaal. Um diese Bedeutung näher zu definieren, ist es notwendig, den Begriff des Zustands der Bibliothek exakter zu definieren und in den Begriffen dieser Definition den Transport eines Buches vom Magazin in den Lesesaal zu formulieren. Die spezielle Formulierung dieser Definition überlassen wir dem Leser als Übung und schlagen dazu vor, den Begriff des Zustands der Bibliothek als Funktion von der Menge der Plätze im Magazin und im Lesesaal auf die Menge der Bücher zu definieren. Dann ist der Transport eines Buches vom Platz l auf den Platz p, was mit T(l, p) bezeichnet werden soll, eine Funktion auf der Menge der Zustände: für jeden konkreten Zustand z ist T(l, p) (z) ein neuer Zustand. Er unterscheidet sich von z dadurch, daß das Buch oder die Information über das Fehlen des Buches im Magazin, das durch den Zustand z dem Platz l zugeschrieben ist, nun dem Platz p zugeordnet wird. Diese Definition beschreibt den globalen Effekt der Ausführung des Satzes „leihe y an x aus". Sie ist für die Erfüllung der Pflichten des Bibliothekars, die in der Praxis die Übertragung eines Auftrags an den Magazinarbeiter zum Transport der Bücher von bestimmten Plätzen des Magazins auf bestimmte Plätze im Lesesaal bedeuten, nicht unbedingt notwendig. Der praktische Sinn des Satzes „leihe y an x aus" ist für den Bibliothekar die Erteilung des Auftrags „bringe das Buch von $l(k(y))$ nach $p(x)$" an den Magazinarbeiter.

(ii) Der Magazinarbeiter, der den Auftrag erhält, muß

a) in das Magazin gehen und das Buch nehmen, wenn es dort noch vorhanden ist,
b) das Buch oder eine Mitteilung über das Fehlen des Buches im Magazin an den angewiesenen Platz im Lesesaal bringen.

Für ihn ist die Bedeutung des Satzes somit eine feste Folge von Tätigkeiten, von denen jede als eine lokale Änderung des Zustands der Bibliothek angesehen werden kann.

(iii) Für den Leser x kann die Tatsache von Bedeutung sein, daß, wenn er rechtzeitig in den Lesesaal kommt, z. B. wenn noch keine weiteren Leser anwesend sind, die Abgabe der Bestellung des Buches y das Erscheinen des Buches auf seinem Tisch garantiert. Das ist eine wahre Aussage zum Satz „leihe y an x aus". Eigentlich sind es zwei Aussagen, von denen eine die Bedingung definiert, die vor der Ausführung des Satzes erfüllt sein muß. Die zweite ist nach der Ausführung des Satzes wahr, wenn die Bedingung erfüllt war.

Den Leser können noch andere ähnliche Aussagen interessieren, die den Satz „leihe y an x aus" betreffen. Die Bedeutung des Satzes kann für ihn die Transformation einer bestimmten Menge wahrer Aussagen über die Bibliothek vor der Ausführung auf eine Menge wahrer Aussagen nach der Ausführung des Satzes sein oder eine Menge bestimmter Behauptungen über den Satz.

Der Unterschied zwischen dieser Art der Semantikdefinition und den vorhergehenden Arten besteht darin, daß wir es, außer mit der Sprache, die aus Aufträgen besteht, mit einer Sprache von Aussagen über die untersuchten reellen Objekte zu tun haben. Auf die zweite Sprache können wir die Methoden der Logik anwenden.

Indem wir die obigen Betrachtungen zusammenfassen, können wir behaupten, daß die Bedeutung von Sprachkonstruktionen auf verschiedene Weise beschrieben werden kann in Abhängigkeit davon, wer sich der Konstruktionen bedient. Dabei muß zwischen Methoden zur Definition der Bedeutung und der Bedeutung selbst unterschieden werden: verschiedene Anwender können die gleiche Bedeutung auf verschiedene Weise in Abhängigkeit davon definieren, wie die Sprache verwendet wird. Diese Tatsache illustrieren wir durch ein Beispiel. Zunächst aber fassen wir die Bedeutungen des betrachteten Satzes „leihe y an x aus" kurz zusammen. Diese Bedeutungen waren:

- eine Funktion, die die Änderung des Zustands der Bibliothek beschreibt,
- eine andere Sprachkonstruktion — ein Auftrag an den Magazinarbeiter.
- eine Folge von Tätigkeiten des Magazinarbeiters,
- eine Menge wahrer Aussagen.

Diese Bedeutungen hängen eng miteinander zusammen:

- der Auftrag „bringe das Buch von l nach p" kann in Begriffen der Tätigkeit des Magazinarbeiters beschrieben werden;
- jede Tätigkeit des Magazinarbeiters führt eine Änderung des Zustands der Bibliothek herbei und kann als Funktion über diesen Zuständen definiert werden;

- die Änderung des Zustands, die mit der Ausführung der Bestellung verbunden ist, läßt sich in den Begriffen der Wirkung der einzelnen Tätigkeiten des Magazinarbeiters beschreiben: Die über den Zuständen definierte Funktion, die die Bedeutung des Satzes „leihe y an x aus" ist, ist aus Funktionen zur Beschreibung der einzelnen Tätigkeiten des Magazinarbeiters zusammengesetzt;
- die Behauptungen über den Satz betreffen den Bibliothekszustand vor und nach der Ausführung.

Wenden wir unsere Aufmerksamkeit nun den im Beispiel verwendeten verschiedenen Techniken der Definition der Bedeutung zu:

(i) Die Methode, die auf der Angabe einer Folge von die Ausführung des Satzes definierender Tätigkeiten (Aktionen) beruht, nennen wir *operationale Methode.* Die auf diese Weise definierte Bedeutung muß allerdings keine Folge von Tätigkeiten sein, sondern kann z. B. auch die sich ergebende Änderung des Zustands der Bibliothek sein.

(ii) Die auf der Definition der Bedeutung der einzelnen Bestandteile des Satzes und der Definition der Bedeutung des gesamten Satzes als Funktion der Bedeutungen seiner Bestandteile beruhende Methode nennen wir *funktionale* oder *denotationale Methode.*

Wir definierten z. B. die Bedeutung der Bestellung unter Berufung auf die Funktion T, die den Transport eines Buches in der Bibliothek beschreibt. Wenn wir den Parametern x und y der Bestellung die Bedeutung von Plätzen zuschreiben, was wir symbolisch durch

$$[\![y]\!] =_{\text{def}} \mathsf{l}(\mathsf{k}(y)), \qquad [\![x]\!] =_{\text{def}} \mathsf{p}(x)$$

ausdrücken, so definieren wir die Bedeutung des Satzes „leihe y an x aus" unter Verwendung dieser Bedeutungen und der Funktion T durch

$$[\![\text{leihe } y \text{ an } x \text{ aus}]\!] =_{\text{def}} \mathsf{T}([\![y]\!], [\![x]\!]) .$$

(iii) Die auf der Definition von Mengen wahrer Aussagen beruhende Methode nennen wir *axiomatische Methode.*

Im Beispiel wurde nur die Anwendung dieser Methoden gezeigt. Ihre gründliche Besprechung erfordert die Einführung zusätzlicher Begriffe.

2. Methoden der Syntaxdefinition

2.1. Sprachen und generative Grammatiken

Dieser Abschnitt ist den Methoden zur Definition von Programmiersprachen gewidmet, die als Mengen von Zeichenketten verstanden werden. Die Art und Weise der Definition der Bedeutung dieser Zeichenketten wird im nächsten Kapitel besprochen.

Um eine Menge von Zeichenketten zu definieren, muß zunächst gesagt werden, aus welchen Zeichen die Zeichenketten bestehen dürfen. Der Ausgangspunkt für eine Sprachdefinition ist daher die Aufstellung eines *Alphabets* A, welches eine endliche Menge von *Zeichen* (*Symbolen*) ist. Ein *Wort* oder eine *Zeichenkette* über einem Alphabet A ist eine endliche Folge von Zeichen aus dem Alphabet. Insbesondere ist ebenfalls eine leere Folge, die kein Zeichen enthält, ein Wort. Diese Folge heißt *leeres Wort* (*leere Zeichenkette*) und wird hier durch das Zeichen ε bezeichnet. Die *Länge* eines beliebigen Wortes a wird durch $|\mathsf{a}|$ bezeichnet und gibt die Anzahl der Zeichen des Wortes an. Mit A^* werden wir die Menge aller Wörter über dem Alphabet A bezeichnen und mit A^+ die Menge aller nichtleeren Wörter über diesem Alphabet.

In der Menge A^* definieren wir eine zweistellige Operation, die *Verkettung* von Wörtern, die wir mit $\cdot$ bezeichnen wollen. Die Operation definieren wir folgendermaßen:

Es sei

$$\mathsf{a} = \alpha_1 \dots \alpha_n\,, \quad \alpha_i \in \mathsf{A}\,, \quad i = 1, \dots, n\,, \quad n \geqq 0\,,$$

$$\mathsf{b} = \beta_1 \dots \beta_k\,, \quad \beta_j \in \mathsf{A}\,, \quad j = 1, \dots, k\,, \quad k \geqq 0\,.$$

Dann ist $\mathsf{a} \cdot \mathsf{b} =_{\text{def}} \alpha_1 \dots \alpha_n \beta_1 \dots \beta_k$ ein Wort der Länge $n + k$, welches durch Anfügen des Wortes b an das Wort a gebildet wurde. Im weiteren werden wir das Operationszeichen für die Verkettung weglassen und anstelle von $\mathsf{a} \cdot \mathsf{b}$ einfach ab schreiben.

Eine *Sprache* über einem Alphabet A ist eine beliebige Menge von Wörtern über diesem Alphabet, d. h. eine beliebige Untermenge der Menge A^*. Da Sprachen Mengen sind, können auf ihnen alle mengentheoretischen Operationen wie Durchschnitt, Vereinigung oder Differenz ausgeführt werden.

Unter Ausnutzung dessen, daß die Elemente von Sprachen Wörter sind, kann die zweistellige Operation der Verkettung von Sprachen eingeführt werden: Für zwei beliebige Sprachen L_1 und L_2 ist

$$\mathsf{L}_1 \cdot \mathsf{L}_2 =_{\text{def}} \{\mathsf{ab} \mid \mathsf{a} \in \mathsf{L}_1\,, \quad \mathsf{b} \in \mathsf{L}_2\}\,.$$

$\mathsf{L}_1 \cdot \mathsf{L}_2$ heißt das *Produkt* von L_1 und L_2. Das Resultat der Verkettung der Sprachen L_1 und L_2 ist folglich eine Sprache, die aus all den Wörtern besteht, die das Ergebnis der Verkettung von Wörtern der Sprache L_1 mit Wörtern der Sprache L_2 sind.

Die Definition der Verkettung von Sprachen nutzend, führt man die Operation des *Potenzierens* einer Sprache ein: L sei eine beliebige Sprache.

$$L^0 =_{\text{def}} \{\varepsilon\}\,, \qquad L^{n+1} =_{\text{def}} L^n \cdot L\,, \qquad n = 0, 1, \ldots$$

L^n heißt die *n-te Potenz* von L.

Die *Iteration* der Sprache L wird dann so definiert:

$$L^* =_{\text{def}} \bigcup_{i=0}^{\infty} L^i\,.$$

Die Sprachen, mit denen wir uns in diesem Buch beschäftigen, sind Programmiersprachen. Das sind gewöhnlich unendliche Sprachen, und sie können folglich nicht durch Aufzählung aller Zeichenketten, die zur Sprache gehören, definiert werden. Deshalb besteht das Problem, eine endliche Spezifikation für unendliche Mengen zu schaffen. Die Spezifikation muß einerseits dem Menschen das Schreiben von Programmen erleichtern, d. h. die Bildung von zur Sprache gehörigen Wörtern. Andererseits muß sie der Maschine die Überprüfung ermöglichen, ob das durch den Menschen vorgelegte Programm sicher zur Sprache gehört. Die Spezifikation muß folglich so sein, daß sich auf ihrer Grundlage ein Algorithmus zur Überprüfung der Zugehörigkeit eines beliebigen Wortes zu der durch die Spezifikation beschriebenen Sprache aufstellen läßt. Sprachen, für die solche Algorithmen existieren, heißen *entscheidbare Sprachen.*

Die oben angeführten Forderungen, die den Formalismus der Definition von Programmiersprachen betreffen, erfüllt der Formalismus der *generativen Grammatiken* von Chomsky unter bestimmten Bedingungen. Außer diesem gibt es noch weitere Formalismen, die eine endliche Spezifikation von unendlichen Sprachen ermöglichen, z. B. den Formalismus der *abstrakten Automaten,* den Formalismus der *Sprachgleichungen* u. a. Wegen des beschränkten Rahmens des Buches wollen wir uns mit der Besprechung ausgewählter Probleme begnügen, die die generativen Grammatiken von Chomsky und deren natürliche Erweiterung — die *Zweistufengrammatiken* — betreffen.

Der Formalismus der generativen Grammatiken wird am häufigsten zur Definition von Programmiersprachen verwendet. Das Wirkungsprinzip der generativen Grammatiken als Mechanismus zur Sprachbeschreibung beruht darauf, daß außer dem Alphabet der zu definierenden Sprache, welches Menge der *terminalen Elemente* genannt wird, ein endliches Hilfsalphabet, die Menge der *nichtterminalen Elemente,* und eine endliche Anzahl von Regeln zur Umformung von Worten, die nichtterminale Elemente enthalten, definiert werden. Außerdem wird ein bestimmtes, ausgezeichnetes Wort der Länge 1 festgelegt, das *Startelement* oder *Axiom* der Grammatik. Die durch die Grammatik definierte *Sprache* ist die Menge aller Wörter aus terminalen Elementen, die man aus dem Axiom mit Hilfe der durch die Regeln definierten Umformungen erhalten kann. Formal besteht eine *Grammatik* $G = (N, T, P, \sigma)$ aus der Menge der *nichtterminalen Elemente* N, der Menge der *terminalen Elemente* T, aus denen die Wörter der durch die Grammatik definierten Sprache gebildet werden, aus einer endlichen Menge P von geordneten Paaren von Worten (a, b), wobei $a \in (N \cup T)^+$, $b \in (N \cup T)^*$, den *Erzeugungsregeln,* und dem *Startelement* oder *Startsymbol* (*Axiom*) $\sigma \in N$ der Grammatik. $N \cup T$ wird *Alphabet* oder *Vokabular* der Grammatik genannt. Die Paare (a, b) werden gewöhnlich in der Form $a \to b$ geschrieben. In der Literatur tritt anstelle des Begriffs Erzeugungsregel auch der Begriff *Produktionsregel* (*Produktion*) auf. Auch der Begriff *syntaktische Regel* wird verwendet.

Die Erzeugungsregeln einer Grammatik G definieren die Relation der *direkten Erzeugung* $\Rightarrow_G$ auf der Menge der Wörter über dem Alphabet $N \cup T$ und folglich auf Worten, die sowohl terminale als auch nichtterminale Elemente aus G enthalten können. Diese Relation ist folgendermaßen definiert:

$x \Rightarrow_G y$ genau dann, wenn Worte x_0 und x_1 und eine Erzeugungsregel $a \to b$ der Grammatik G existieren, so daß $x = x_0 a x_1$, $y = x_0 b x_1$.

Folglich kann das Wort y unmittelbar aus dem Wort x genau dann erzeugt werden, wenn y aus x durch Ersetzung der in x enthaltenen linken Seite einer Erzeugungsregel durch die entsprechende rechte Seite entsteht.

Jede Folge von Worten $x_0, \ldots, x_n$, $n > 0$, wobei $x_i \Rightarrow_G x_{i+1}$ für $i = 0, \ldots, n-1$, $x_0 = x$, $x_n = y$, heißt *Ableitung* des Wortes y aus dem Wort x in der Grammatik G. Die Relation der *Erzeugung* $\overset{+}{\Rightarrow}_G$ auf der Menge der Wörter über $N \cup T$ ist dann so definiert:

$x \overset{+}{\Rightarrow}_G y$ genau dann, wenn eine Ableitung von y aus x existiert.

Manchmal wird die Relation der Erzeugung um die *Identität* erweitert, d. h., es wird auch $x = y$ zugelassen. Anstelle von $\overset{+}{\Rightarrow}_G$ schreibt man dann $\overset{*}{\Rightarrow}_G$.

Die durch eine Grammatik G erzeugte *Sprache* L(G) ist die Menge aller Wörter über T, für die Ableitungen aus dem Startelement σ der Grammatik existieren, d. h.

$$L(G) = \{w \mid \sigma \overset{+}{\Rightarrow}_G w,\ w \in T^*\}\,.$$

Die generativen Grammatiken in ihrer allgemeinen Form erfüllen nicht die Forderung nach der Entscheidbarkeit einer durch sie erzeugten Sprache. Man kann nämlich zeigen, daß kein Algorithmus existiert, der für eine beliebige generative Grammatik $G = (N, T, P, \sigma)$ und ein beliebiges Wort $x \in T^*$ in endlicher Zeit feststellt, ob x zur Sprache L(G) gehört oder nicht. Darum müssen wir der Form der Erzeugungsregeln der generativen Grammatiken im weiteren gewisse Einschränkungen auferlegen, um die Entscheidbarkeit der erzeugten Sprachen sicherzustellen.

2.2. Kontextfreie Grammatiken

Eine *kontextfreie Grammatik* ist eine solche generative Grammatik, bei der die linke Seite der Erzeugungsregeln aus einem einzigen nichtterminalen Element besteht. Beispielsweise ist folgende Grammatik eine kontextfreie Grammatik:

$$G = (N, T, P, \sigma) \quad \text{mit} \quad N = \{X, Y, Z, \sigma\}\,, \qquad T = \{a, b, c\}\,,$$

$$P = \{\sigma \to XYZ\,,\ X \to Xa\,,\ X \to a\,,\ Y \to Yb\,,\ Y \to b\,,\ Z \to Zc\,,\ Z \to c\}\,.$$

Ein Beispiel für eine Ableitung in dieser Grammatik ist die Folge

$$\sigma,\ XYZ\,,\quad XaYZ\,,\quad aaYZ\,,\quad aabZ\,,\quad aabZc\,,\quad aabZcc\,,\quad aabccc\,.$$

Man kann leicht sehen, daß die Sprache L(G) die Menge aller Wörter der Form $a^m b^n c^q$, $m, n, q > 0$, ist.

Eine *Sprache* heißt *kontextfrei* dann und nur dann, wenn eine kontextfreie Grammatik existiert, die diese Sprache erzeugt.

Offensichtlich ist es möglich, für eine gegebene Sprache verschiedene Grammatiken anzugeben, die diese Sprache erzeugen. Insbesondere kann man beweisen, daß jede kontextfreie Sprache, die das leere Wort nicht enthält, mittels kontextfreier Grammatiken erzeugbar ist, deren Erzeugungsregeln die Form $X \rightarrow \mathfrak{a}$ haben mit $|\mathfrak{a}| > 1$ oder $\mathfrak{a} \in T$ (den Beweis hierfür kann der interessierte Leser z. B. in [111] finden). Es ist leicht zu sehen, daß jede Ableitung in einer solchen Grammatik eine Folge von Wörtern ist, deren Länge nicht abnimmt, und wenn zwei aufeinanderfolgende Wörter in einer Ableitung die gleiche Länge haben, so ist die Anzahl der Auftreten nichtterminaler Elemente im zweiten Wort kleiner ist als im ersten. Hieraus folgt, daß die Anzahl der Ableitungen, die mit dem Startelement beginnen und mit Worten einer festen Länge n enden, endlich ist. Als Übung überlassen wir dem Leser die Definition eines Algorithmus zur Konstruktion dieser Ableitungen. Unter Verwendung eines solchen Algorithmus kann man überprüfen, ob ein beliebiges Wort w zu der Sprache gehört, die von einer Grammatik mit den obigen Eigenschaften erzeugt wird. Dazu reicht es, alle Ableitungen zu bilden, die mit dem Startelement der Grammatik beginnen und deren letztes Element nicht länger als $|w|$ ist. Das Wort w gehört zur erzeugten Sprache genau dann, wenn sich unter diesen Ableitungen eine Ableitung des Wortes w befindet.

Da man ebenfalls beweisen kann, daß eine Sprache, die aus einer kontextfreien Sprache durch Entfernung des leeren Wortes entstand, kontextfrei ist, erfüllen folglich alle kontextfreien Grammatiken die Forderung der Entscheidbarkeit.

. Im weiteren wollen wir einige andere Eigenschaften dieser Grammatiken besprechen, die entscheidend für die Eignung kontextfreier Grammatiken als Definitionsmittel für Programmiersprachen sind.

Syntaxbäume für kontextfreie Grammatiken. Die Tatsache, daß die linke Seite jeder Erzeugungsregel einer kontextfreien Grammatik ein einzelnes Element ist, hat wichtige praktische Konsequenzen. Jede Umformung eines Wortes in einer Ableitung hat nämlich lokalen Charakter: Der Umformung unterliegt nur ein Element des Wortes, die Änderung betrifft nicht die benachbarten Elemente. Die einzelnen Elemente eines Wortes werden daher ohne Beachtung ihres Kontextes umgeformt (daher die Bezeichnung kontextfreie Grammatiken). Infolgedessen können durch Einschieben zusätzlicher Klammern die Unterworte gekennzeichnet werden, die in den vorherigen Schritten durch die Ersetzung nichtterminaler Elemente entstanden. So kann z. B. die Ableitung

$$\sigma\,,\quad XYZ\,,\quad XaYZ\,,\quad aaYZ\,,\quad aabZ\,,\quad aabc$$

aus der oben angegebenen kontextfreien Grammatik G in der Form

$$\sigma\,,\quad \sigma(XYZ)\,,\quad \sigma(X(Xa)YZ)\,,\quad \sigma(X(X(a)a)YZ)\,,$$

$$\sigma(X(X(a)a)Y(b)Z)\,,\quad \sigma(X(X(a)a)Y(b)Z(c))$$

geschrieben werden. In jedem Wort kennzeichnen die Klammern Unterworte und nichtterminale Elemente, aus denen die Unterworte erzeugt wurden. Beispielsweise bezeichnet $X(Xa)$ die Erzeugung von Xa aus X. Außer der Sprache $L(G)$ für eine gegebene kontextfreie Grammatik $G = (N, T, P, \sigma)$ können wir folglich noch eine weitere Sprache $S(G)$ definieren, die aus den Elementen der Ableitungen mit zusätzlichen Klammern besteht. Die Elemente dieser Sprache werden wir *Syntaxbäume* nennen. Die Sprache $S(G)$ ist eine Sprache über dem Alphabet $N \cup T \cup \{(,)\}$ und ist folgendermaßen definiert:

1. $N \subset S(G)$.
2. Wenn $X \to a_0X_1a_1 \dots X_na_n$ mit $X, X_1, \dots, X_n \in N, a_0, a_1, \dots, a_n \in T^*$, eine Erzeugungsregel aus G ist, $s_1, \dots, s_n \in S(G)$ und jedes Wort s_i beginnt mit X_i, $i = 1, \dots, n$, dann gehört das Wort $s = X(a_0s_1 \dots s_na_n)$ zur Sprache $S(G)$.
3. Kein anderes Wort gehört zur Sprache $S(G)$.

Die Syntaxbäume $s_1, \dots, s_n$ nennen wir *direkte Unterbäume* des Baumes s. Offensichtlich sind die direkten Unterbäume jedes Syntaxbaums durch ihre textliche Reihenfolge des Auftretens im Syntaxbaum geordnet. Abb. 2.1. zeigt am Beispiel

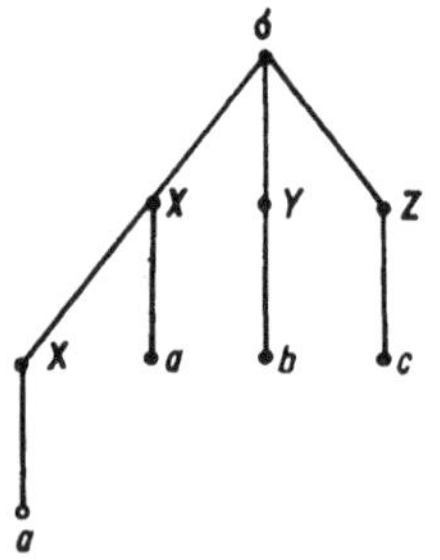

Abb. 2.1. Graphische Darstellung eines Syntaxbaums

eine oft angewendete graphische Darstellung eines Syntaxbaums. Die Reihenfolge des Auftretens der Darstellungen der einzelnen direkten Unterbäume von links nach rechts entspricht der textlichen Anordung der Unterbäume im Syntaxbaum.

Unter der *Krone* $K(s)$ eines Syntaxbaums s verstehen wir ein Wort, welches aus dem Wort s durch Entfernung aller Klammern und Elemente aus N vor öffnenden Klammern entsteht. Folglich ist K eine Funktion, die die Elemente aus $S(G)$ auf Elemente in $(N \cup T)^*$ folgendermaßen abbildet:

1. Für $s \in S(G) \cap N$ ist $K(s) = s$.
2. Wenn $s = X(a_0s_1a_1 \dots a_{n-1}s_na_n)$ mit $X \in N$, $a_0, \dots, a_n \in T^*$, und $s_1, \dots, s_n \in S(G)$, $n \geqq 0$, dann ist $K(s) = a_0K(s_1)\,a_1 \dots a_{n-1}K(s_n)\,a_n$.

Jeden Syntaxbaum $s \in S(G)$, der mit σ beginnt und für den $K(s) = w$ ist, nennen wir Syntaxbaum des Wortes w in der Grammatik G.

Der Begriff des Syntaxbaums erlaubt für kontextfreie Grammatiken G die Definition einer Struktur für alle Wörter aus $L(G)$. Das ist eine sehr nützliche Eigenschaft für die Definition von Programmiersprachen. In den Wörtern einer Programmiersprache, d. h. in den Programmen, können wir nämlich mit Hilfe einer Grammatik bestimmte Bestandteile wie Anweisungen, Vereinbarungen oder Ausdrücke unterscheiden, die wiederum zusammengesetzte Objekte sein können. Offensichtlich liegt uns daran, daß die Struktur jedes Programms durch eine Grammatik G eindeutig definiert ist. Mit anderen Worten, zu jedem Wort der Sprache $L(G)$ soll nur ein Syntaxbaum in der Grammatik G existierten. Eine Grammatik mit dieser Eigenschaft heißt *eindeutige Grammatik.*

Modulare Definition kontextfreier Sprachen. Bei der Analyse der Definitionen bekannter Programmiersprachen kann man bemerken, daß einige Programmkonstruktionen unabhängig von anderen definiert sind. Um z. B. die Form eines Identifikators oder einer Konstanten zu definieren, braucht man sich nicht auf die Definition eines Ausdrucks zu berufen. Ähnlich beruft sich z. B. in ALGOL 60 die Definition eines Ausdrucks nicht auf die Definition einer Anweisung. So werden praktisch außer einer Programmiersprache ebenfalls weitere Sprachen definiert, wie die Sprache der Ausdrücke, die Sprache der Anweisungen, die Sprache der Konstanten, die Sprache der Identifikatoren u. ä., wobei die Definitionen dieser verschiedenen Sprachen auf bestimmte Weise miteinander verbunden oder voneinander unabhängig sein können.

Im allgemeinen unterscheidet sich das Alphabet der Zeichen einer Maschine, für die ein Compiler einer Programmiersprache erstellt werden soll, von der Menge der terminalen Elemente, auf der die Definition der Sprache beruht. Daher ist es nötig, die Definition rechtzeitig zu ändern ohne, im Rahmen der Möglichkeit, die Struktur der Programme zu ändern. Manchmal genügt es, nur einige Konstruktionen der Sprache anders zu definieren, wie z. B. Konstante und Identifikatoren. Das Problem der „modularen" Sprachdefinition hat daher eine praktische Motivation. Wir wollen es deshalb auch formalisieren. Dazu verwenden wir den aus der Theorie der formalen Sprachen bekannten Begriff der *Substitution* von Sprachen.

Es seien eine Sprache L über einem Alphabet T und eine Familie von Sprachen $\{L_t\}_{t \in T}$ über einem Alphabet T' gegeben. Jedem Element t des Alphabets T entspricht eine Sprache L_t über dem Alphabet T'. Eine Sprache L' über dem Alphabet T' entsteht durch *Substitution* der Sprachen L_t, $t \in T$, in die Sprache L, wenn sie folgendermaßen definiert ist: $x \in L'$ genau dann, wenn ein Wort $t_1 t_2 \ldots t_n$ aus L, $n \geqq 0$, $t_1, \ldots, t_n \in T$, und gleichzeitig solche Wörter $x_1 \in L_{t_1}, \ldots, x_n \in L_{t_n}$ existieren, so daß $x = x_1 \ldots x_n$.

Die Wörter der Sprache L' entstehen folglich aus den Wörtern der Sprache L durch Ersetzung aller in ihnen auftretenden Elemente durch beliebige Wörter aus den entsprechenden Sprachen L_t. Unter einer *modularen Sprachdefinition* verstehen wir eine solche Definition, die die Substitution von Sprachen verwendet.

Als Beispiel betrachten wir die Sprache $L = \{sd^n kd^m \mid n > 0, m \geqq 0\}$ über dem Alphabet $\{s, d, k\}$, die man als Sprache der Muster aller Zahlen in unterschiedlichen Stellenwertsystemen ansehen kann. Konkrete Sprachen von Zahlen kann man aus L durch Substitution erhalten, z. B.:

– die Sprache der Dezimalzahlen durch Substitution mit Hilfe der Sprachen

$$L_s = \{+, -\}, \quad L_d = \{0, 1, 2, 3, 4, 5, 6, 7, 8, 9\}, \quad L_k = \{,\},$$

– die Sprache der Binärzahlen durch Substitution mit Hilfe von $L_s = \{+, -\}$, $L_d = \{0, 1\}$, $L_k = \{,\}$.

Man kann beweisen: Wenn die Sprache L und alle Sprachen L_t kontextfreie Sprachen sind, dann ist die Sprache L' ebenfalls kontextfrei. Insbesondere kann man unter bestimmten Voraussetzungen auf der Grundlage der kontextfreien Grammatiken der Sprache L und der Sprachen L_t auf einfache Weise die Grammatik der Sprache L' konstruieren:

$G = (N, T, P, \sigma)$ und $G_t = (N_t, T_t, P_t, t)$, $t \in T$, seien die kontextfreien Grammatiken zu L bzw. L_t, wobei die Mengen der terminalen Elemente paarweise disjunkt sind. Dann wird die Sprache L', die durch Substitution der Sprachen $L(G_t)$, $t \in T$, in die Sprache $L(G)$ entstand, von der Grammatik

$$G' = (N', T', P', \sigma) \quad \text{mit} \quad N' = \bigcup_{t \in T} N_t \cup N, \quad T' = \bigcup_{t \in T} T_t, \quad P' = \bigcup_{t \in T} P_t \cup P$$

erzeugt.

Offensichtlich definieren wir die Sprache L' auf die Weise modular, daß wir zuerst mit Hilfe der Grammatik G ihre Makrostruktur beschreiben und anschließend Erzeugungsregeln hinzufügen, die eine weitere Entwicklung der terminalen Elemente der Grammatik G definieren. Die Anwendung kontextfreier Grammatiken zur Definition von Programmiersprachen erleichtert die modulare Definition dieser Sprachen. Ein Beispiel einer modularen Definition einer einfachen Programmiersprache wird in 2.3. gegeben.

2.3. Anwendung kontextfreier Grammatiken zur Definition von Programmiersprachen

2.3.1. Backus-Naur-Form (BNF)

Wie wir schon erwähnten, kann man unter Verwendung des Begriffs Syntaxbaum für kontextfreie Grammatiken in jedem Wort einer kontextfreien Sprache einige Bestandteile, Bestandteile dieser Bestandteile usw. unterscheiden und damit die Struktur eines jeden Wortes beschreiben. Den verschiedenen Bestandteilen ordnet der Syntaxbaum bestimmte nichtterminale Elemente der Grammatik zu. Die Wörter von Programmiersprachen und deren Bestandteile, die wir unterscheiden wollen, sind bestimmte Programmkonstruktionen. Für eine bessere Lesbarkeit einer Grammatik wäre es angebracht, ihre nichtterminalen Elemente so auszuwählen, daß man sie leicht mit den Programmkonstruktionen, wie z. B. „Programm", „Vereinbarung", „Anweisung" u. ä., verbinden kann. Wir behandeln deshalb die zu diesem Zweck angewendete Bezeichnungskonvention für kontextfreie Grammatiken, die eine unmittelbare Anwendung der Bezeichnungen von Konstruktionen als nichtterminale Elemente ermöglicht. Diese Konvention, die sogenannte *Backus-Naur-Form* (auch *Backus-Normal-Form*) oder kurz BNF, dient zur Darstellung der Erzeugungsregeln kontextfreier Grammatiken, wobei die Definition der Menge der terminalen und der nichtterminalen Elemente einer Grammatik direkt in der Definition der Menge der Erzeugungsregeln dieser Grammatik enthalten ist. Die BNF, die mit der offiziellen Definition von ALGOL 60 eingeführt wurde, erreichte eine große Popularität und wird bis heute allgemein zur Definition von Programmiersprachen angewendet.

In der BNF wird eine kontextfreie Grammatik in der Form einer endlichen Menge sogenannter *BNF-Regeln* (*Metaregeln*) dargestellt. Diese bestehen aus Zeichen eines festen *Alphabets von Schriftzeichen*, aus Unterstreichungen für beliebige Schriftzeichen und aus den speziellen Zeichen (*Metasymbolen*) ::=, ⟨, ⟩, |, die nicht zum Alphabet der Schriftzeichen gehören. Der Zwischenraum zwischen Zeichen und der Übergang zu einer neuen Zeile werden nicht als Schriftzeichen angesehen.

Die nichtterminalen und die terminalen Elemente einer kontextfreien Grammatik werden in der BNF mit Hilfe der Schriftzeichen dargestellt:

— nichtterminale Elemente (*Metavariablen*) als Folgen dieser Zeichen werden in die spitzen Klammern „⟨" und „⟩" eingeschlossen; z. B. ⟨Block⟩, ⟨Anweisung⟩ u. ä.,
— terminale Elemente (*Metakonstanten*) werden am häufigsten als einzelne Schriftzeichen, wie z. B. *a*, *9* u. ä., oder als unterstrichene Zeichenfolgen, z. B. begin, end u. ä. (wir verwenden statt dessen halbfette Schriftzeichen, z. B. **begin** und **end**).

Um die modulare Definition einer Sprache zu ermöglichen, können auch einige terminale Elemente der kontextfreien Grammatik in der BNF als Folgen von Schriftzeichen in spitzen Klammern dargestellt werden. Damit weist man darauf hin, daß sie in der Grammatik einer anderen Sprache, die in die durch die gegebene Grammatik erzeugte Sprache eingesetzt werden soll, nichtterminale Elemente sind.

Eine solche Darstellung der Elemente einer Grammatik erleichtert die Definition größerer Alphabete und ermöglicht einen Hinweis auf die Rolle der einzelnen nichtterminalen Elemente der Grammatik durch eine entsprechende Auswahl der Bezeichnungen.

Eine Erzeugungsregel einer kontextfreien Grammatik, d. h. ein Paar nichtterminales Element-Wort, wird in der BNF als Zeichenkette dargestellt, in der der Reihe nach auftreten:

— das nichtterminale Element, welches die linke Seite der Erzeugungsregel bildet,
— das Symbol ::=,
— das Wort, welches die rechte Seite der Erzeugungsregel bildet.

Beispielsweise ist ⟨Programm⟩ ::= ⟨Block⟩ eine Erzeugungsregel. Erzeugungsregeln mit gleichen linken Seiten, beispielsweise ⟨Programm⟩ ::= ⟨Block⟩ und ⟨Programm⟩ ::= ⟨Verbundanweisung⟩ werden durch eine einzige BNF-Regel dargestellt, in der die rechten Seiten, ihre *Alternativen*, voneinander durch „|" getrennt sind, z. B.

⟨Programm⟩ ::= ⟨Block⟩ | ⟨Verbundanweisung⟩ .

Schließlich wird eine kontextfreie Grammatik durch eine endliche Menge solcher Regeln definiert. Die Menge der nichtterminalen Elemente wird auf diese Weise durch die Menge aller linken Seiten von BNF-Regeln und die Menge der terminalen Elemente durch alle die Elemente auf den rechten Seiten der BNF-Regeln gebildet, die keine nichtterminalen Elemente sind und die verschieden von ⟨, ⟩, |, ::= sind. Insbesondere fassen wir auch in spitze Klammern eingeschlossene Folgen von Schriftzeichen, die als Element einer rechten Seite einer BNF-Regel auftreten, aber keine linke Seite irgendeiner BNF-Regel bilden, als terminales Element der Grammatik auf, die durch die Menge von BNF-Regeln definiert wird.

Außer der BNF kann man in den Definitionen von Programmiersprachen noch andere Arten der Spezifikation kontextfreier Sprachen finden. So werden z. B. in der Definition von PASCAL eine modifizierte Version der BNF und zusätzlich sogenannte Syntaxdiagramme angewendet, die eine übersichtliche graphische Illustration der Erzeugungsregeln darstellen. Ein *Syntaxdiagramm* ist ein gerichteter Graph mit zwei ausgezeichneten Knoten, einem Anfangsknoten und einem Endknoten, und mit einer zugeordneten Bezeichnung (s. Abb. 2.2). Den übrigen Knoten des Graphen sind entweder terminale Elemente, aus denen die Wörter der Sprache bestehen, oder ebenfalls Bezeichnungen von Diagrammen zugeordnet. Diese Knoten werden mit Hilfe zweier unterschiedlicher graphischer Symbole dargestellt: durch Rechtecke mit eingeschrie-

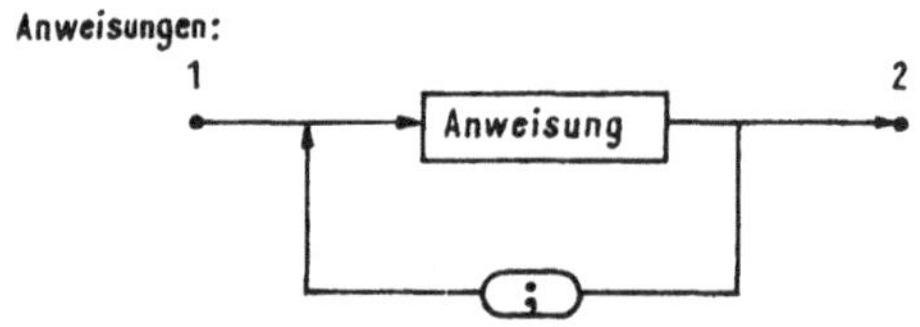

Abb. 2.2. Syntaxdiagramm der BNF-Regel
⟨Anweisungen⟩ ::= ⟨Anweisung⟩; ⟨Anweisungen⟩ | ⟨Anweisung⟩
1 — Anfangsknoten, 2 — Endknoten

bener Bezeichnung eines Diagramms oder durch Ovale mit eingeschriebenem terminalen Element. Eine Sprache wird durch eine endliche Menge von Syntaxdiagrammen definiert. Der Prozeß der Erzeugung eines Worts kann als Prozeß des Durchlaufs vom Anfangsknoten zum Endknoten eines Diagramms über einen beliebigen Pfad beschrieben werden. Während dieses Prozesses bedeutet der Durchlauf durch einen Knoten mit einem eingeschriebenen terminalen Element die Erzeugung des terminalen Elements und der Durchlauf durch einen Knoten mit der eingeschriebenen Bezeichnung eines Diagramms den Durchlauf des entsprechenden Diagramms von dessen Anfangs- bis zu dessen Endknoten. Das Wort bilden die terminalen Elemente, die während des Diagrammdurchlaufs nacheinander erzeugt wurden.

Unschwer ist der Zusammenhang zwischen den Syntaxdiagrammen und den BNF-Regeln zu erkennen, die Bezeichnungen der Diagramme spielen nämlich die Rolle nichtterminaler Elemente.

Jede BNF-Regel kann in Form eines Diagramms dargestellt werden. Die Definition des entsprechenden Algorithmus überlassen wir dem Leser als Übung. Es ist zu beachten, daß nicht jedes Diagramm direkt in Form einer BNF-Regel darstellbar ist. So müßte z. B. die dem Diagramm in Abb. 2.2 entsprechende Regel besagen, daß das nichtterminale Element ⟨Anweisungen⟩ durch ein beliebiges Wort der Form ⟨Anweisung⟩ (; ⟨Anweisung⟩)^n, $n = 0, 1, 2, \ldots$, ersetzt werden kann, was wir folgendermaßen schreiben:

⟨Anweisungen⟩ ::= ⟨Anweisung⟩ {; ⟨Anweisung⟩}* .

Um solche Regeln verwenden zu können, ist es notwendig, die BNF durch Einführung weiterer Abmachungen zu erweitern. Ohne solche Erweiterungen kann man ähnliche Situationen durch die Verwendung zweier Alternativen ausdrücken, z. B.

⟨Anweisungen⟩ ::= ⟨Anweisung⟩ | ⟨Anweisungen⟩ ; ⟨Anweisung⟩ .

Diese Regel ist allerdings von anderer Struktur als das Beispieldiagramm.

Zum Abschluß des Abschnitts wollen wir noch die sogenannte *van Wijngaarden-Notation* für kontextfreie Grammatiken anführen. Sie verwendet als Metasymbole „:" (entspricht in der BNF „::="), „;" (entspricht in der BNF „|"), „," und „.". Das Zeichen „," dient als Trennzeichen zwischen aufeinanderfolgenden syntaktischen Elementen einer Alternative auf der rechten Seite einer syntaktischen Regel. Damit ist ein Einschluß nichtterminaler Elemente in spitze Klammern „⟨" und „⟩" überflüssig geworden. Das Zeichen „." dient zur Kennzeichnung des Endes einer Regel. Sowohl nichtterminale als auch terminale Elemente sind Folgen von Schriftzeichen und eventuellen Zwischenräumen. Zur Unterscheidung von den nichtterminalen Elementen enden terminale Elemente immer auf „symbol" (wir werden im Deutschen „-Symbol "verwenden). Die Darstellung der terminalen Elemente in den syntaktischen Regeln und in Programmen kann unterschiedlich sein. Daher muß eine entsprechende Zuordnung zwischen beiden Darstellungen angegeben werden.

Zum Beispiel entsprechen den BNF-Regeln

⟨Konstante⟩ ::= ⟨logische Konstante⟩ | ⟨arithmetische Konstante⟩

⟨logische Konstante⟩ ::= **true** | **false**

in VAN WIJNGAARDEN-Notation die Regeln

Konstante : logische Konstante ; arithmetische Konstante .
logische Konstante : true-Symbol ; false-Symbol .

mit den Repräsentationen terminaler Elemente

true-Symbol **true** ,
false-Symbol **false** .

Die VAN WIJNGAARDEN-Notation verwendet auch gewisse Konventionen zur Abkürzung bzw. Zusammenfassung von Regeln ähnlich den Konventionen der erweiterten BNF.

2.3.2. Die Beispielprogrammiersprache BPS

Unter Verwendung der BNF definieren wir nun einige Varianten einer einfachen Programmiersprache. Im weiteren werden verschiedene Methoden der Definition der Semantik von Programmiersprachen mit Hilfe dieser Sprachversionen illustriert. Die Grammatik von BPS definieren wir modular als mengentheoretische Vereinigung bestimmter einfacher Mengen von BNF-Regeln — den Untergrammatiken dieser Grammatik. Auf diese Weise realisieren wir die Substitution von Sprachen und machen damit die Sprachdefinition übersichtlicher. Außerdem erleichtert uns das die Definition verschiedener Sprachversionen.

Die Elemente der Sprache BPS sind Programme. Jedes Programm setzt sich aus dem terminalen Element **begin**, Vereinbarungen, dem Semikolon „;“, Anweisungen und dem terminalen Element **end** zusammen. Diese Zusammenhänge schreiben wir in Form einer BNF-Regel, die eine selbständige Grammatik bildet:

Programmgrammatik P:

⟨Programm⟩ ::= **begin** ⟨Vereinbarungen⟩ ; ⟨Anweisungen⟩ **end** .

Im folgenden werden wir die einzelnen Bestandteile von Programmen und deren Bestandteile durch selbständige Grammatiken definieren. Wie wir bereits erwähnten, wird die Beispielsprache mehrere Versionen haben. Die Grundversion hat die Bezeichnung BPS, während die erweiterten Versionen mit BPS$_a$, BPS$_b$, BPS$_c$, BPS$_d$ und BPS$_e$ bezeichnet sind. Um nicht die gleichen Regeln in den Definitionen der verschiedenen Versionen wiederholen zu müssen, treffen wir folgende Abmachung. Jede Grammatik ist durch die Angabe aller Regeln und Alternativen gegeben, die in den verschiedenen Versionen auftreten dürfen. Die linken Seiten und die Alternativen einer Regel können durch Indizes der Versionen, z. B. /a/, /c/ u. ä., gekennzeichnet sein. Die Grammatik der Grundversion der Sprache besteht aus allen Regeln, deren linke Seite keine Bezeichnung hat, wobei die mit Indizes gekennzeichneten Alternativen einer solchen Regel übergangen werden. Die Definition der Grammatik einer erweiterten Version der Sprache, z. B. der Version BPS_c, besteht aus allen Regeln der Grundversion, wobei zusätzlich die mit dem entsprechenden Index gekennzeichneten Alternativen (in unserem Beispiel /c/) beachtet werden, sowie aus allen Regeln, deren linke Seite mit diesem Index bezeichnet ist.

Grammatik für Vereinbarungen D *und ihre Versionen* D_c, D_e:

⟨Vereinbarungen⟩ ::= ⟨Vereinbarung⟩ ; ⟨Vereinbarungen⟩ | ⟨Vereinbarung⟩
⟨Vereinbarung⟩ ::= ⟨Variable⟩ : ⟨Typ⟩ |
/c/ **proc** ⟨Prozedurbezeichnung⟩ : ⟨Block⟩ |
/e/ ⟨Variable⟩ : ⟨Typ⟩ **array** [⟨Konstante⟩]

Typgrammatik T:

⟨Typ⟩ ::= **integer** | **boolean**

Grammatik für Anweisungen I *und ihre Versionen* I_a, I_b, I_c, I_d:

⟨Anweisungen⟩ ::= ⟨Anweisung⟩ ; ⟨Anweisungen⟩ | ⟨Anweisung⟩ |
/a/ ⟨Marke⟩ : ⟨Anweisungen⟩
⟨Anweisung⟩ ::= **skip** | ⟨Variable⟩ := ⟨Ausdruck⟩ |
if ⟨Ausdruck⟩ **then** ⟨Anweisungen⟩ **else** ⟨Anweisungen⟩ **fi** |
while ⟨Ausdruck⟩ **do** ⟨Anweisungen⟩ **od** |
/a/ **goto** ⟨Marke⟩ |
/b/ /c/ ⟨Block⟩ |
/c/ **call** ⟨Prozedurbezeichnung⟩ |
/d/ **read** ⟨Variable⟩ | **write** ⟨Ausdruck⟩
/a/ ⟨Marke⟩ ::= ⟨Identifikator⟩
/b/ /c/ ⟨Block⟩ ::= **begin** ⟨Vereinbarungen⟩ ; ⟨Anweisungen⟩ **end**
/c/ ⟨Prozedurbezeichnung⟩ ::= ⟨Identifikator⟩

Grammatik für Variablen V *und Version* V_e:

⟨Variable⟩ ::= ⟨Identifikator⟩ | /e/⟨Identifikator⟩ [⟨Konstante⟩]

Grammatik für Ausdrücke E:

⟨Ausdruck⟩ ::= ⟨Konstante⟩ | ⟨Variable⟩ |
(⟨Ausdruck⟩ ⟨op2⟩ ⟨Ausdruck⟩) | (⟨op1⟩ ⟨Ausdruck⟩)

Grammatik für Konstanten und für Repräsentationen R:

⟨Konstante⟩ ::= ⟨logische Konstante⟩ | ⟨arithmetische Konstante⟩
⟨logische Konstante⟩ ::= **true** | **false**
⟨arithmetische Konstante⟩ ::= + ⟨Zahl⟩ | − ⟨Zahl⟩ | ⟨Zahl⟩
⟨Zahl⟩ ::= ⟨Ziffer⟩ | ⟨Zahl⟩ ⟨Ziffer⟩
⟨Ziffer⟩ ::= *1* | *2* | *3* | *4* | *5* | *6* | *7* | *8* | *9* | *0*
⟨op1⟩ ::= + | −
⟨op2⟩ ::= + | − | / | * | = | < | ≦ | ≠ | ∧ | ∨ | ≡
⟨Identifikator⟩ ::= ⟨Buchstabe⟩ | ⟨Identifikator⟩ ⟨Buchstabe⟩ |
⟨Identifikator⟩ ⟨Ziffer⟩
⟨Buchstabe⟩ ::= *a* | *b* | *c* | ... | *x* | *y* | *z*

Mit Hilfe der Regelmenge $\mathsf{G} = \mathsf{P} \cup \mathsf{D} \cup \mathsf{T} \cup \mathsf{I} \cup \mathsf{V} \cup \mathsf{E} \cup \mathsf{R}$ wird die Programmiersprache BPS definiert. Außerdem definieren wir folgende Sprachversionen:

- mit Sprunganweisungen BPS_a: $\mathsf{G}_a = \mathsf{P} \cup \mathsf{D} \cup \mathsf{T} \cup \mathsf{I}_a \cup \mathsf{V} \cup \mathsf{E} \cup \mathsf{R}$,
- mit Blockstruktur BPS_b: $\mathsf{G}_b = \mathsf{P} \cup \mathsf{D} \cup \mathsf{T} \cup \mathsf{I}_b \cup \mathsf{V} \cup \mathsf{E} \cup \mathsf{R}$,
- mit parameterlosen Prozeduren und Blockstruktur BPS_c: $\mathsf{G}_c = \mathsf{P} \cup \mathsf{D}_c \cup \mathsf{T} \cup \mathsf{I}_b \cup \mathsf{V} \cup \mathsf{E} \cup \mathsf{R}$,
- mit Ein- und Ausgabeanweisungen BPS_d: $\mathsf{G}_d = \mathsf{P} \cup \mathsf{D} \cup \mathsf{T} \cup \mathsf{I}_d \cup \mathsf{V} \cup \mathsf{E} \cup \mathsf{R}$,
- mit indizierten Variablen BPS_e: $\mathsf{G}_e = \mathsf{P} \cup \mathsf{D}_e \cup \mathsf{T} \cup \mathsf{I} \cup \mathsf{V}_e \cup \mathsf{E} \cup \mathsf{R}$.

2.3.3. Vorteile und Grenzen kontextfreier Grammatiken als Mittel zur Definition von Programmiersprachen

Wenn man die obigen Betrachtungen zusammenfaßt, kann man behaupten, daß die kontextfreien Grammatiken eine Reihe von Merkmalen haben, die für einen Formalismus zur Definition von Programmiersprachen gefordert werden. Dazu gehören:

- die Entscheidbarkeit einer durch eine Grammatik definierten Sprache, d. h. die Existenz eines Algorithmus, der für jedes Wort über der Menge der terminalen Elemente der Grammatik entscheidet, ob das Wort zu der durch die Grammatik definierten Sprache gehört oder nicht. Die Existenz eines solchen Algorithmus ermöglicht die Realisierung eines Compilers für diese Sprache auf einer EDVA.
- die Möglichkeit der Beschreibung der Struktur eines Wortes mit Hilfe eines Syntaxbaums. Diese Eigenschaft ist sehr nützlich bei der Definition der Semantik einer Sprache, wovon in den folgenden Kapiteln die Rede sein wird.
- die Möglichkeit der modularen Sprachdefinition durch separat beschriebene feste Untermengen der Menge der Erzeugungsregeln der Grammatik, wodurch die Substitution kontextfreier Sprachen realisiert wird. Die modulare Sprachdefinition erleichtert dem Nutzer das Verständnis und gibt gleichzeitig die Möglichkeit einer einfachen Definition verschiedener Versionen und verschiedener Repräsentationen einer Sprache.
- die Möglichkeit der Anwendung mnemotechnischer Bezeichnungen für nichtterminale Elemente, z. B. in der BNF, was die Lehre einer Sprache erleichtert.

Diese zweifellosen Vorteile führten dazu, daß der Formalismus der kontextfreien Grammatiken, und besonders die BNF, die am häufigsten verwendete Methode zur Definition von Programmiersprachen ist. Es zeigt sich allerdings, daß dieser Formalismus auch Nachteile hat. Man kann nämlich die sogenannten *Kontextbedingungen* nicht in ihm ausdrücken. Kontextbedingungen für Datentypen, die in vielen Programmiersprachen auftreten, sind z. B. folgende Bedingungen, die die Verwendung von Vereinbarungen in einem Programm betreffen:

- Jede Variable, die in einem Programm auftritt, muß in ihm vereinbart sein.
- Innerhalb eines Blockes eines Programms dürfen keine unterschiedlichen Vereinbarungen der gleichen Variablen auftreten.

So erfüllt z. B. das Wort **begin** *a*: **bool**; *aa* := *a* **end** , das zur Sprache BPS gehört, diese Bedingungen nicht, weil die Variable *aa* nicht vereinbart ist.

Die Formulierung von Kontextbedingungen in der Umgangssprache, so wie im obigen Beispiel, kann allerdings zu Mißverständnissen führen und die Einführung von Hilfsbegriffen, wie „die Vereinbarung einer Variablen", „im Programm vereinbarte Variable" u. ä., erfordern.

Die Tatsache, daß das oben angeführte Wort der Sprache BPS die Kontextbedingungen nicht erfüllt, zeugt davon, daß unsere kontextfreie Grammatik solche Bedingungen nicht beschreibt. Daraus folgt allerdings noch nicht, daß man die Kontextbedingungen für die Sprache BPS nicht mit Hilfe einer kontextfreien Grammatik ausdrücken kann. Um das zu behaupten, muß man zeigen: Es existiert keine kontextfreie Grammatik, die genau die Wörter der Sprache BPS erzeugt, die die Kontextbedingungen erfüllen. Das heißt, man muß zeigen, daß diese Sprache nicht kontextfrei ist. Zu diesem Zweck führen wir eine bestimmte Eigenschaft an, die alle kontextfreien Sprachen haben, und zeigen, daß die untersuchte Sprache diese Eigenschaft nicht hat. Diese Eigenschaft wird im folgenden Satz formuliert. Den Satz führen wir ohne Beweis an und verweisen den interessierten Leser auf die Spezialliteratur.

Der Satz besagt: Wenn wir ein genügend langes Wort einer kontextfreien Sprache nehmen, dann kann man daraus unendlich viele andere Wörter der Sprache durch einfache Wiederholung einiger Teile des Wortes erzeugen.

Satz. *Zu jeder kontextfreien Sprache* L *existieren zwei von Null verschiedene natürliche Zahlen* p *und* q *mit folgenden Eigenschaften:*

Wenn $\mathsf{x}' \in \mathsf{L}$ *und* $|\mathsf{x}'| \geqq \mathsf{p}$, *dann existieren Worte* $\mathsf{x}, \mathsf{u}, \mathsf{w}, \mathsf{v}, \mathsf{y}$ *so, daß* $\mathsf{x}' = \mathsf{xuwvy}$, $|\mathsf{uwv}| < \mathsf{q}$, $\mathsf{uv} \neq \varepsilon$ *und gleichzeitig* $\mathsf{xu}^{\mathsf{i}}\mathsf{wv}^{\mathsf{i}}\mathsf{y} \in \mathsf{L}$ *für* $\mathsf{i} = 1, 2, \ldots$ ■

Wir werden nun den Programmen unserer Sprache BPS Kontextbedingungen auferlegen und damit eine Untermenge $\mathsf{U} \subset$ BPS definieren. Unter Verwendung des Satzes zeigen wir, daß U keine kontextfreie Sprache ist und folglich durch keine kontextfreie Grammatik definiert werden kann.

Die Sprache U definieren wir folgendermaßen: Ein Programm der Sprache BPS gehört zur Sprache U genau dann, wenn in ihm zu jeder im Programm auftretenden Variablen v eine Vereinbarung der Form v:Typ enthalten ist. Nehmen wir an, U sei eine kontextfreie Sprache. Dann existieren gemäß Satz die natürlichen Zahlen p und q mit den im Satz angeführten Eigenschaften. k sei eine beliebige natürliche Zahl größer als p und q. Dann ist das Programm

begin a^{k} : **boolean** ; $a^{\mathsf{k}} := a^{\mathsf{k}}$ **end** ,

wobei a^{k} die k-fache Verkettung des Buchstaben a bedeutet, ein Wort der Sprache U mit einer Länge größer als p und erfüllt somit die Voraussetzungen des Satzes. Wir versuchen, eine mögliche Aufteilung des Programms in xuwvy aus dem Satz zu finden Da die Länge von uwv kleiner als q sein muß, folgt daraus, daß nur in den folgenden Fällen eine Wiederholung von u und v nicht aus der Sprache BPS hinausführt:

1. $\mathsf{u} = \varepsilon$, $\mathsf{w} =$ **begin** a^{r} für $\mathsf{r} > 0$, $\mathsf{v} = a^{\mathsf{t}}$ für $0 < \mathsf{t} < \mathsf{q} - (\mathsf{r} + 1)$ (und folglich $\mathsf{t} < \mathsf{k}$),
2. $\mathsf{u} = a^{\mathsf{r}}$, $\mathsf{w} = a^{\mathsf{s}}$, $\mathsf{v} = a^{\mathsf{t}}$, $0 < \mathsf{r} + \mathsf{s} + \mathsf{t} < \mathsf{q}$,
3. $\mathsf{u} = a^{\mathsf{r}}$, $\mathsf{w} = a^{\mathsf{s}}$: **boolean**; a^{t}, $\mathsf{v} = a^{\mathsf{n}}$, $\mathsf{rn} \neq 0$, $\mathsf{r} + \mathsf{s} + \mathsf{t} + \mathsf{n} + 3 < \mathsf{q}$,
4. $\mathsf{u} = a^{\mathsf{r}}$, $\mathsf{w} = a^{\mathsf{s}}$, $\mathsf{v} = a^{\mathsf{t}}$: **boolean**; a^{n}, $\mathsf{r} + \mathsf{s} + \mathsf{t} + \mathsf{n} + 3 \leqq \mathsf{q}$,
5. $\mathsf{u} = a^{\mathsf{r}}$: **boolean**; a^{s}, $\mathsf{w} = a^{\mathsf{t}}$, $\mathsf{v} = a^{\mathsf{n}}$, $\mathsf{r} + \mathsf{s} + \mathsf{t} + \mathsf{n} + 3 \leqq \mathsf{q}$,
6. $\mathsf{u} = a^{\mathsf{r}}$, $\mathsf{w} = a^{\mathsf{s}} := a^{\mathsf{t}}$, $\mathsf{v} = a^{\mathsf{n}}$, $\mathsf{r} + \mathsf{s} + \mathsf{t} + \mathsf{n} + 1 \leqq \mathsf{q}$,
7. $\mathsf{u} = a^{\mathsf{r}}$, $\mathsf{w} = a^{\mathsf{s}}$ **end**, $\mathsf{v} = \varepsilon$, $\mathsf{r} > 0$, $\mathsf{r} + \mathsf{s} + 1 \leqq \mathsf{q}$.

Allerdings führt die Wiederholung trotz der Zugehörigkeit der Worte zur Sprache BPS aus der Sprache U hinaus, da die Voraussetzung über die Vereinbarung von Variablen in einem Programm nicht erfüllt ist. Den Nachweis dieser Tatsache überlassen wir dem Leser als Übung. Somit führt die Annahme, daß U kontextfrei ist, zum Widerspruch zur Aussage des Satzes.

Die mit Hilfe des Beispiels illustrierte Tatsache, daß kontextfreie Grammatiken nicht zur Definition von Sprachen mit Kontextbedingungen ausreichen, ist offensichtlich. Während des Prozesses der Erzeugung eines Wortes durch eine kontextfreie Grammatik wird jedes nichtterminale Element, welches in einem Glied der Ableitung auftritt, unabhängig von anderen nichtterminalen Elementen aus dem gleichen Glied in den aufeinanderfolgenden Schritten der Erzeugung umgeformt. Folglich ist es nicht möglich, z. B. die Erzeugung zweier verschiedener Vereinbarungen des gleichen Identifikators aus verschiedenen Auftreten des nichtterminalen Elements ⟨Vereinbarung⟩ auszuschließen.

2.4. Zweistufengrammatiken

2.4.1. Der Begriff der Zweistufengrammatik

In diesem Abschnitt behandeln wir die Prinzipien des Formalismus der Zweistufengrammatiken, wie er zur Definition der Programmiersprache ALGOL 68 angewendet wurde. Bemerkenswert ist seine Verwendung zur Definition von Kontextbedingungen. Da man solche Sprachen nicht mit Hilfe kontextfreier Grammatiken definieren kann, unterscheidet sich der Begriff der Zweistufengrammatiken vom Begriff der kontextfreien Grammatik. Andererseits stellt er dessen natürliche Verallgemeinerung dar. Weil uns einzig an der Erklärung der Prinzipien liegt, verzichten wir hier auf die Besprechung der ursprünglichen Notation einer Zweistufengrammatik, wie sie im ALGOL 68-Report [137] verwendet wurde. Im Unterschied zu diesem Dokument leiten wir den Begriff der Zweistufengrammatik von der allgemein bekannten BNF ab.

Wir betrachten folgende BNF-Regeln, die in der Definition von ALGOL 60 auftreten:

⟨arithmetischer Ausdruck⟩ ::= ⟨einfacher arithmetischer Ausdruck⟩ |
⟨Wenn-Klausel⟩ ⟨einfacher arithmetischer Ausdruck⟩
else ⟨arithmetischer Ausdruck⟩
⟨logischer Ausdruck⟩ ::= ⟨einfacher logischer Ausdruck⟩ | ⟨Wenn-Klausel⟩
⟨einfacher logischer Ausdruck⟩ **else** ⟨logischer Ausdruck⟩
⟨Ziel-Ausdruck⟩ ::= ⟨einfacher Ziel-Ausdruck⟩ | ⟨Wenn-Klausel⟩
⟨einfacher Ziel-Ausdruck⟩ **else** ⟨Ziel-Ausdruck⟩.

Diese Regeln haben einen ähnlichen Aufbau, und man kann sie in Form einer einzigen Musterregel mit einem Parameter X so aufschreiben:

⟨X Ausdruck⟩ ::= ⟨einfacher X Ausdruck⟩ | ⟨Wenn-Klausel⟩
⟨einfacher X Ausdruck⟩ **else** ⟨X Ausdruck⟩ .

Der Parameter X kann als Werte Wörter der Sprache

$$L_X \mathrel{\overline{\overline{\ }}} \{\text{arithmetischer, logischer, Ziel-}\}$$

annehmen.

Eine solche Musterregel unterscheidet sich von den BNF-Regeln dadurch, daß anstelle der nichtterminalen Symbole Muster nichtterminaler Symbole mit Parametern auftreten. Jede der Regeln des Beispiels kann man aus der Musterregel durch Ersetzen aller Auftreten des Parameters X durch ein aus dem Definitionsbereich L_X ausgewähltes Element erhalten. Eine endliche Menge solcher Musterregeln mit Parametern über endlichen Definitionsbereichen kann daher als Definition einer bestimmten endlichen Menge von BNF-Regeln angesehen werden. Diese Definition kann in einigen Fällen bedeutend kürzer sein als die direkte Definition aller BNF-Regeln, die durch die Musterregeln definiert werden.

Wir beachten, daß die Definitionsbereiche der Parameter Sprachen über dem Alphabet von Schriftzeichen sind, welche zur Bildung nichtterminaler Elemente der BNF-Regeln dienen. Wenn wir auf die Voraussetzung der Endlichkeit dieser Sprachen verzichten und nur fordern, daß sie kontextfrei sind, so gewinnen wir die Möglichkeit, mit endlichen Mitteln eine unendliche Anzahl von BNF-Regeln zu definieren. Haben wir eine endliche Anzahl von Parametern, so müssen wir nämlich nur für jeden Parameter eine Grammatik, die seinen Definitionsbereich beschreibt, und gleichzeitig eine endliche Anzahl von Musterregeln mit Parametern definieren. Daher rührt auch die Bezeichnung des Formalismus: Eine Stufe der Zweistufengrammatiken bilden die Regeln, die die Definitionsbereiche der Parameter beschreiben, und die zweite Stufe die Regeln der eigentlichen Grammatik, die man aus den Musterregeln durch Ersetzen aller Auftreten von Parametern durch Wörter aus den entsprechenden Definitionsbereichen erhält.

Unter einer *Zweistufengrammatik* W verstehen wir ein System, welches aus folgenden Objekten besteht:

- aus dem *Hilfsalphabet* X von Schriftzeichen; X enthält die Zeichen $\langle$, $\rangle$, $|$, $::=$ nicht;
- aus dem *terminalen Alphabet* T; die Wörter der Sprache, die durch W definiert wird, sind Folgen von Symbolen aus T;
- aus der endlichen *Parametermenge* M, den sogenannten *Metabegriffen* der Grammatik W; M und X sind disjunkt;
- aus einer endlichen Untermenge H der Sprache $\{\langle\}\ (M \cup X)^+\ \{\rangle\}$; die Elemente dieser Menge sind Muster von nichtterminalen Elementen und heißen *Hyperbegriffe* der Grammatik W;
- aus einer endlichen Menge $\boldsymbol{H}$ von Musterregeln, den *Hyperregeln* der Grammatik W; die Hyperregeln haben eine ähnliche Form wie die BNF-Regeln, allerdings treten anstelle der nichtterminalen Elemente in ihnen die Hyperbegriffe der Grammatik W auf;
- aus der Familie $\{L_m\}_{m \in M}$ kontextfreier Sprachen über dem Alphabet X, welche die Definitionsbereiche der Parameter beschreibt; in der ursprünglichen Definition wurde festgelegt, daß diese Sprachen mit Hilfe einer Menge von *Metaregeln* beschrieben sind;
- aus dem Startsymbol $\langle\sigma\rangle$ der Grammatik W; es ist ein ausgewählter Hyperbegriff ohne Parameter.

Jede Menge von BNF-Regeln mit einem Startsymbol ist ein Spezialfall der Zweistufengrammatiken. Die BNF-Regeln sind dabei die Hyperregeln, und die Parametermenge ist leer.

Die Sprache L(W), die durch eine Grammatik W definiert wird, ist die Menge aller Wörter über dem Alphabet T, die aus dem Startsymbol $\langle\sigma\rangle$ mit Hilfe von BNF-Regeln erzeugt werden können, die aus den Hyperregeln der Grammatik W durch konsistentes Ersetzen der Parameter durch beliebige Wörter aus den Definitionsbereichen der Parameter entstehen. Unter dem konsistenten Ersetzen eines Parameters in einer Regel durch einen beliebigen Wert aus dem Definitionsbereich des Parameters verstehen wir, daß der Parameter in der gesamten Regel durch den gleichen Wert ersetzt wird.

Als Beispiel führen wir eine einfache Zweistufengrammatik W an, die als Sprache die Menge aller Wörter der Form $a^n b^n c^n$, $n = 1, 2, 3, \ldots$, erzeugt. Unter Anwendung des Satzes aus Abschnitt 2.3.3. kann gezeigt werden, daß das keine kontextfreie Sprache ist. Dieses Beispiel zeigt gleichzeitig, daß die durch Zweistufengrammatiken definierte Sprachklasse umfangreicher als die Klasse der kontextfreien Sprachen ist. Die Grammatik W definieren wir folgendermaßen:

- das Hilfsalphabet besteht aus der Menge der Kleinbuchstaben des lateinischen Alphabets;
- das terminale Alphabet ist $\{a, b, c\}$;
- die Parametermenge ist {N};
- der Definitionsbereich des Parameters N ist $L_N = \{i\}^+$;[1]
- die Hyperregeln sind

  ⟨start⟩ ::= ⟨*a* hoch N⟩ ⟨*b* hoch N⟩ ⟨*c* hoch N⟩
  ⟨*a* hoch Ni⟩ ::= ⟨*a* hoch N⟩ *a*
  ⟨*a* hoch i⟩ ::= *a*
  ⟨*b* hoch Ni⟩ ::= ⟨*b* hoch N⟩ *b*
  ⟨*b* hoch i⟩ ::= *b*
  ⟨*c* hoch Ni⟩ ::= ⟨*c* hoch N⟩ *c*
  ⟨*c* hoch i⟩ ::= *c*;
- die Menge der Hyperbegriffe von W besteht aus den Hyperbegriffen, die in den Hyperregeln auftreten;
- das Startsymbol ist ⟨start⟩.

Diese Grammatik definiert eine unendliche Menge nichtterminaler Elemente der Form

$$\langle a \text{ hoch } i^n\rangle,\ \langle b \text{ hoch } i^n\rangle,\ \langle c \text{ hoch } i^n\rangle, \qquad n = 1, 2, \ldots.$$

Die BNF-Regeln, die man aus den Hyperregeln bekommen kann, haben die Eigenschaft, daß aus jedem Element $\langle a \text{ hoch } i^n\rangle$ mit ihrer Hilfe genau ein terminales Wort, nämlich a^n, ableitbar ist. Analog ist b^n aus $\langle b \text{ hoch } i^n\rangle$ und c^n aus $\langle c \text{ hoch } i^n\rangle$ erzeugbar.

[1]) Diese Sprache kann man offensichtlich durch eine kontextfreie Grammatik erzeugen. Das kann z. B. durch eine Grammatik geschehen, deren Menge nichtterminaler Elemente {N}, deren Menge terminaler Elemente {i} und deren Menge von Erzeugungsregeln $\{N \to i, N \to Ni\}$ sind. Das führt allerdings die Grammatik keinesfalls in eine „einstufige" generative Grammatik über. Die Erzeugungsregeln der Sprache L_N dienen ausschließlich der Bildung nichtterminaler Elemente für die Regeln der Zweistufengrammatiken.

Wir betrachten Ableitungen in der Grammatik W, die mit dem Startsymbol ⟨start⟩ beginnen. Die einzigen Regeln der Grammatik W, die auf ⟨start⟩ anwendbar sind, sind Regeln, die aus der ersten Hyperregel durch Festlegung des aktuellen Wertes des Parameters N entstehen. Das zweite Element jeder solchen Ableitung ist daher ein Wort der Form

$$\langle a \text{ hoch } \mathsf{i}^n \rangle \ \langle b \text{ hoch } \mathsf{i}^n \rangle \ \langle c \text{ hoch } \mathsf{i}^n \rangle \text{ für ein festes } n > 0 .$$

Das einzige erzeugbare Wort ist folglich $a^n b^n c^n$.

Ableitungen werden durch Zweistufengrammatiken genauso wie durch kontextfreie Grammatiken gebildet. Der Unterschied besteht darin, daß die Menge der Regeln einer Zweistufengrammatik unendlich sein kann. Die Struktur jedes durch eine Zweistufengrammatik erzeugten Wortes kann somit, analog zu den kontextfreien Grammatiken, durch Syntaxbäume dargestellt werden. Abb. 2.3 gibt die graphische Darstellung des Syntaxbaums des Wortes $a^2b^2c^2$ der Grammatik aus dem Beispiel.

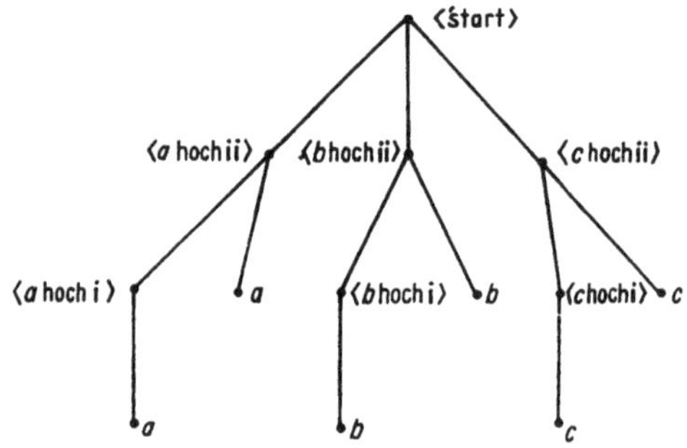

Abb. 2.3. Syntaxbaum von *aabbcc*

2.4.2. Beschreibung der Untermenge U der Sprache BPS durch eine Zweistufengrammatik

Um die Methodik der Definition von Sprachen, die Kontextbedingungen erfüllen, mit Hilfe von Zweistufengrammatiken zu illustrieren, konstruieren wir nun eine Zweistufengrammatik, die die Sprache U erzeugt. Diese Sprache definierten wir im Abschnitt 2.3.3. als Untermenge der Sprache BPS. Sie erfüllte die Forderung, daß zu jeder Variablen in einem Programm genau eine Vereinbarung dieser Variablen im Programm vorhanden ist. Die Hyperregeln der Grammatik W der Sprache U konstruieren wir so, daß wir in den Erzeugungsregeln der Grammatik G der Sprache BPS zusätzlich Parameter einführen.

Zuerst werden wir die Forderung nach höchstens einer Vereinbarung für jede Variable realisieren, d. h., wir schließen die Möglichkeit mehrfacher und widersprüchlicher Vereinbarungen aus. Zu diesem Zweck ersetzen wir das nichtterminale Element ⟨Vereinbarungen⟩ der Grammatik G durch einen Hyperbegriff, der eine unendliche Menge nichtterminaler Elemente der Grammatik definiert. Seine Form ist

$$\langle \text{Vereinbarungen: } \mathsf{v}_1 ; \ldots ; \mathsf{v}_n \rangle , \qquad n \geqq 1 ,$$

wobei $\mathsf{v}_1, \ldots, \mathsf{v}_n$ Identifikatoren von Variablen sind. Anschließend definieren wir solche Hyperregeln der Grammatik W, daß die Sprache, die sich aus einem solchen Element erzeugen läßt,

– eine endliche Sprache ist, die alle Wörter der Form $v_1 : t_1 ; \dots ; v_n : t_n$ enthält, wobei $t_1, \dots, t_n \in \{$**integer**, **boolean**$\}$ und gleichzeitig $v_i \neq v_j$ für $i \neq j$, $i, j = 1, \dots, n$;
– eine leere Sprache im entgegengesetzten Fall ist; das bedeutet: Falls die Liste $v_1 ; \dots ; v_n$ Wiederholungen von Variablen enthält, dann ist aus dem entsprechenden nichtterminalen Element in der Grammatik W kein terminales Wort erzeugbar.

Die Grammatik W konstruieren wir unter der Voraussetzung, daß ihr Hilfsalphabet X und ihr terminales Alphabet T mit der Menge der terminalen Elemente der Grammatik G der Sprache BPS übereinstimmen.

Die Parametermenge M der Grammatik W definieren wir zusammen mit den Definitionsbereichen der Parameter folgendermaßen:

M = {L1, L2 ($L_{L1} = L_{L2} = X$, d. h., die Definitionsbereiche von L1 und L2 sind identisch mit dem Hilfsalphabet X der Grammatik W),
Z1, Z2 ($L_{Z1} = L_{Z2} = X^+$, d. h., die Definitionsbereiche von Z1 und Z2 sind die Menge aller nichtleeren Wörter über dem Hilfsalphabet X),
I, I1, I2 (die Definitionsbereiche sind die Menge aller Identifikatoren der Sprache BPS),
K ($L_K = (L_I \{;\})^* L_I$, d. h., der Definitionsbereich von K ist die Menge aller nichtleeren Folgen von Identifikatoren, die voneinander durch „;" getrennt sind),
B ($L_B = L_K \{;\} \cup \{\varepsilon\}$),
E ($L_E = \{;\} L_K \cup \{\varepsilon\}$)}.

Die Hyperregeln, die die Vereinbarungen von U betreffen, sind:

⟨Vereinbarungen: K; I⟩ ::= ⟨Vereinbarungen: K⟩ ; ⟨Vereinbarung: I⟩
⟨I tritt nicht in K auf⟩
⟨Vereinbarungen: I⟩ ::= ⟨Vereinbarung: I⟩
⟨Vereinbarung: I⟩ ::= ⟨Notation: I⟩ : ⟨Typ⟩
⟨Typ⟩ ::= **integer** | **boolean**.

Für den Hyperbegriff ⟨Notation: I⟩ definieren wir nun Hyperregeln, die die Erzeugung eines terminalen Wortes in der Grammatik W ermöglichen, wobei dieses Wort der Wert des Parameters I ist:

⟨Notation: I*a*⟩ ::= ⟨Notation: I⟩ *a*
⟨Notation: I*b*⟩ ::= ⟨Notation: I⟩ *b*
⋮
⟨Notation: I*z*⟩ ::= ⟨Notation: I⟩ *z*
⟨Notation: I*0*⟩ ::= ⟨Notation: I⟩ *0*
⋮
⟨Notation: I*9*⟩ ::= ⟨Notation: I⟩ *9*
⟨Notation: *a*⟩ ::= *a*
⋮
⟨Notation: *9*⟩ ::= *9*.

Für jedes Zeichen z, welches in einem Identifikator der Sprache BPS auftreten darf, definieren wir also zwei Hyperregeln der Form

⟨Notation: Iz⟩ ::= ⟨Notation: I⟩ z und ⟨Notation: z⟩ ::= z.

Aus den bisher definierten Hyperregeln kann man über die aus ihnen abgeleiteten BNF-Regeln beliebige Folgen der Form[1])

$z_1 : t_1 ; \ldots ; z_n : t_n$ ⟨z_2 tritt nicht in z_1 auf⟩

⟨z_3 tritt nicht in z_1; z_2 auf⟩ ... ⟨z_n tritt nicht in z_1; ... ; z_{n-1} auf⟩

aufstellen. Dabei sind $z_1, \ldots, z_n$ beliebige Identifikatoren der Sprache BPS, $t_1, \ldots, t_n \in$ {**integer, boolean**} und $n \geqq 1$.

Wir definieren nun weitere Hyperregeln, so daß die in W aus jedem nichtterminalen Element der Form ⟨x tritt nicht in y auf⟩ erzeugbare Sprache

— leer ist, wenn x ein Unterwort von y ist
— nur das leere Wort enthält im entgegengesetzten Fall.[2])

Wir können dann aus der obigen Folge ein terminales Wort der Form $z_1 : t_1 ; \ldots ; z_n : t_n$ genau dann erzeugen, wenn $z_i \neq z_j$ für $i \neq j$, $i, j = 1, \ldots, n$. Um das gesteckte Ziel zu erreichen, schreiben wir folgende Definitionen in Form von Hyperregeln:

1. Definition: Ein Identifikator i_1 tritt in einer Folge von Identifikatoren f genau dann nicht auf,

— wenn f eine einelementige Folge i_2 ist, wobei $i_2 \neq i_1$, oder
— wenn f eine mehrelementige Folge ist, i_1 verschieden vom letzten Element i_2 der Folge f ist und i_1 nicht in der Folge g auftritt, die aus f durch Abtrennen des letzten Elements i_2 entsteht.

Hyperregeln:

⟨I1 tritt nicht in I2 auf⟩ ::= ⟨I1 ist verschieden von I2⟩
⟨I1 tritt nicht in K; I2 auf⟩ ::= ⟨I1 ist verschieden von I2⟩ ⟨I1 tritt nicht in K auf⟩.

2. Definition: Die Zeichenkette Z_1 unterscheidet sich von der Zeichenkette Z_2 genau dann,

— wenn die Zeichenkette Z_1 nicht die leere Zeichenkette ist und Z_2 leer ist, oder
— wenn die Zeichenkette Z_1 leer ist und Z_2 nicht die leere Zeichenkette ist, oder
— wenn die letzten Buchstaben der Zeichenketten Z_1 und Z_2 unterschiedlich sind oder sich die Zeichenketten, die aus Z_1 und Z_2 durch Abtrennung des letzten Buchstabens entstehen, unterscheiden.

Hyperregeln:

⟨Z1 ist verschieden von⟩ ::=
⟨ist verschieden von Z2⟩ ::=
⟨Z1 L1 ist verschieden von Z2 L2⟩ ::= ⟨L1 ist verschieden von L2⟩ |
⟨Z1 ist verschieden von Z2⟩.

[1]) Wir haben die nichtterminalen Elemente der Übersicht wegen am Ende der Folge konzentriert. Sie befinden sich eigentlich zwischen den einzelnen Vereinbarungen.

[2]) Hyperbegriffe, aus denen sowohl nichtterminale Elemente ableitbar sind, deren erzeugbare Sprache leer ist, als auch nichtterminale Elemente, deren erzeugbare Sprache nur das leere Wort enthält, werden in der Literatur *Prädikate* genannt. Ein solches Prädikat ist, wegen der obigen Eigenschaften, z. B. der Hyperbegriff ⟨I tritt nicht in K auf⟩.

Außerdem müssen wir definieren, wann zwei Schriftzeichen voneinander verschieden sind. Das geschieht durch eine endliche Anzahl von Hyperregeln der Form

⟨a ist verschieden von b⟩ ::= ,

wobei a und b unterschiedliche Schriftzeichen sind.

Wir realisieren nun mit Hilfe der Zweistufengrammatik die ursprüngliche Kontextbedingung. Dazu stellen wir noch weitere Regeln der Grammatik G um, und zwar

⟨Programm⟩ ::= **begin** ⟨Vereinbarungen: K⟩; ⟨Anweisungen: K⟩ **end** .

Diese Hyperregel besagt, daß sowohl die Vereinbarungen als auch die Anweisungen jedes Programms der Sprache U für den gleichen, aber beliebig ausgewählten Wert des Parameters K, der die Menge aller vereinbarten Identifikatoren des erzeugten Programms definiert, erzeugt werden. Der Wert des Parameters K wird im Prozeß der Ableitung übergeben und bei der Erzeugung der einzelnen Anweisungen berücksichtigt:

⟨Anweisungen: K⟩ ::= ⟨Anweisung: K⟩; ⟨Anweisungen: K⟩ |
⟨Anweisung: K⟩ .

Die Anweisung **skip** kann ohne Beachtung des Parameters K erzeugt werden.

Im Fall zusammengesetzter Anweisungen wird der Wert des Parameters K bei der Erzeugung der Bestandteile berücksichtigt:

⟨Anweisung: K ::= **skip** |
if ⟨Ausdruck: K⟩ **then** ⟨Anweisungen: K⟩
else ⟨Anweisungen: K⟩ **fi** |
while ⟨Ausdruck: K⟩ **do** ⟨Anweisungen: K⟩ **od** .

Im Fall einer Ergibtanweisung kann die linke Seite nur durch einen solchen Identifikator gebildet werden, der als Element derjenigen Liste von Identifikatoren auftritt, die den aktuellen Wert des Parameters K darstellt. Um diese Forderung auszudrücken, wird der Parameter K im entsprechenden Hyperbegriff als Verkettung von Zeichenketten dargestellt:

⟨Anweisung: BIE⟩ ::= ⟨Notation: I⟩ := ⟨Ausdruck: BIE⟩ .

Ähnlich werden die Regeln der Grammatik G modifiziert, die Ausdrücke betreffen: Im Programm auftretende Konstanten werden ohne Berücksichtigung des Wertes von K erzeugt, während zur Erzeugung anderer Ausdrücke dieser Wert berücksichtigt werden muß.

⟨Ausdruck: K⟩ ::= ⟨Konstante⟩ | ⟨Variable: K⟩ |
(⟨Ausdruck: K⟩ ⟨op2⟩ ⟨Ausdruck: K⟩) |
(⟨op1⟩ ⟨Ausdruck: K⟩) .

Eine Variable darf nur ein solcher Identifikator sein, der als Element der Liste von Identifikatoren auftritt, die den aktuellen Wert des Parameters K bildet:

⟨Variable: BIE⟩ ::= ⟨Notation: I⟩ .

Die Zweistufengrammatik W der Sprache U ergibt sich aus allen oben angeführten Hyperregeln zusammen mit den Definitionen der Definitionsbereiche der in ihnen auftretenden Parameter sowie aus den parameterlosen Hyperregeln (BNF-Regeln), die die Grammatik für Konstanten und Repräsentationen R im Abschnitt 2.3.2. bilden. Durch die Einführung weiterer Parameter können neue Bedingungen an

Programme in der Sprache BPS gestellt werden, z. B. kann eine syntaktische Definition des Typs eines Ausdrucks gegeben werden, und analog zur Grammatik von ALGOL 68 können Konstruktionsregeln für zusammengesetzte Ausdrücke von den Typen der Bestandteile abhängig gemacht werden.

2.4.3. Vor- und Nachteile von Zweistufengrammatiken als Mittel zur Definition von Programmiersprachen

Aus der Definition im Abschnitt 2.4.1. folgt, daß Zweistufengrammatiken eine natürliche Verallgemeinerung der kontextfreien Grammatiken sind. In Zusammenhang damit behalten sie eine Reihe von Möglichkeiten kontextfreier Grammatiken bei, die die Definition von Programmiersprachen erleichtern. Dazu gehören

– die Beschreibung der Struktur von Wörtern einer Sprache mit Hilfe von Syntaxbäumen;
– die modulare Sprachdefinition durch die separate Definition bestimmter Untermengen der Menge der Hyperregeln der Zweistufengrammatik, die diese Sprache beschreibt (wir haben z. B. die Grammatik W der Sprache U in 2.4.2. separat durch Hyperregeln zu Vereinbarungen, Anweisungen und durch parameterlose Hyperregeln zu Konstanten und zur Repräsentation definiert);
– die Anwendung mnemotechnischer Bezeichnungen.

Im Unterschied zu den kontextfreien Grammatiken ermöglichen Zweistufengrammatiken die Definition von Sprachen, die Kontextbedingungen erfüllen, was wir am Beispiel der Grammatik für die Sprache U nachgewiesen haben.

Das angeführte Beispiel der Definition von Kontextbedingungen illustriert einen grundlegenden Nachteil der Zweistufengrammatiken vom Standpunkt des Nutzers, nämlich die relativ schlechte Lesbarkeit des Formalismus.

Es erhebt sich die Frage, ob Zweistufengrammatiken als Formalismus zur Definition von Sprachen im Prozeß der Compilerkonstruktion dienen können. Obwohl bisher die Antwort auf diese Frage negativ ist, bildet eine abgewandelte Form der Zweistufengrammatik, die *Affixgrammatik* (*Anhanggrammatik*), schon mehrere Jahre eine erfolgreiche Grundlage für die Compilerbeschreibungssprache CDL.

Zweistufengrammatiken erzeugen die gleichen Sprachen wie generative Grammatiken. Der Nachteil der generativen Grammatiken, daß die durch sie definierten Sprachen unentscheidbar sind (siehe 2.1.), überträgt sich somit auf die Zweistufengrammatiken.

Wir zeigen, wie man zu einer beliebigen generativen Grammatik $G = (N, T, P, \sigma)$ eine Zweistufengrammatik konstruieren kann, die die gleiche Sprache erzeugt. Dazu nehmen wir an, daß die Menge der Erzeugungsregeln der Grammatik G aus den Erzeugungsregeln

$$\sigma \to b_0\,, \quad a_1 \to b_1, \dots, a_n \to b_n$$

besteht. Als Hilfsalphabet der gesuchten Zweistufengrammatik W wählen wir $N \cup T$. Die Erzeugungsregeln von W konstruieren wir so: wenn $x \Rightarrow_G y$ und σ nicht in x auftritt, dann ist $(\langle x \rangle, \langle y \rangle)$ eine Erzeugungsregel der Grammatik W. Die Hyperregeln der Grammatik W, aus denen diese Erzeugungsregeln gewonnen werden können, haben die Form:

$$\langle S'a_1S''\rangle ::= \langle S'b_1S''\rangle$$
$$\vdots$$
$$\langle S'a_nS''\rangle ::= \langle S'b_nS''\rangle ,$$

wobei der Definitionsbereich der Parameter S' und S'' die Menge aller Wörter über dem Alphabet $N \cup T$ ist.

Wenn wir zu diesen Regeln eine Hyperregel ohne Parameter

$$\langle\sigma\rangle ::= \langle b_0\rangle$$

hinzufügen und $\langle\sigma\rangle$ als Startsymbol der Grammatik W betrachten, dann können wir mit Hilfe der Ableitungen in der Grammatik W die Ableitungen aller Wörter der Sprache $L(G)$ „simulieren“: $x \in L(G)$ genau dann, wenn $\langle\sigma\rangle \overset{*}{\Rightarrow}_W \langle x\rangle$.

$\langle x\rangle$ ist kein terminales Wort der Grammatik W, sondern nur ein nichtterminales Element. Damit $L(W) = L(G)$ gilt, reicht es aus, zu den schon beschriebenen Hyperregeln eine endliche Menge zusätzlicher Hyperregeln der Form

$$\langle Kt\rangle ::= \langle K\rangle\, t \quad \text{und} \quad \langle t\rangle ::= t$$

für jedes Element $t \in T$ hinzuzufügen, wobei der Definitionsbereich des Parameters K die Sprache T^* ist. Diese Regeln sichern die Möglichkeit, daß terminale Wörter x aus den spitzen Klammern befreit werden können durch die Umformung nichtterminaler Elemente der Grammatik W in diese Worte.

Die Klasse von Sprachen, die man mit Hilfe der Zweistufengrammatiken erzeugen kann, schließt somit die Sprachklasse ein, die mit Hilfe der generativen Grammatiken von CHOMSKY erzeugbar ist. Deshalb ist es für die praktische Anwendung der Zweistufengrammatiken zur Definition von Programmiersprachen nötig, dieser Klasse von Grammatiken Beschränkungen aufzuerlegen, die eine effektive Entscheidung der Zugehörigkeit von Wörtern zu den Sprachen, die diese Grammatiken erzeugen, ermöglichen. Es zeigte sich allerdings, daß dieses Problem in der Praxis sehr schwer lösbar ist: Die Grammatik von ALGOL 68, die einen praktischen Ausgangspunkt für alle theoretischen Untersuchungen darstellt, erfüllt keine der bisher vorgeschlagenen Beschränkungen. Auf der Grundlage einiger Veröffentlichungen, z. B. [132], kann man allerdings hoffen, daß das Problem bald gelöst sein wird.

Abgesehen von diesen prinzipiellen Nachteilen verdienen die Zweistufengrammatiken große Aufmerksamkeit. Es zeigte sich nämlich eine enge Beziehung zur attributierten Technik der Definition von Programmiersprachen, die in Systemen der automatischen Compilerkonstruktion angewendet wird. Dieser Formalismus ist daher sowohl vom theoretischen als auch vom praktischen Standpunkt aus interessant.

2.5. Die abstrakte Syntax von Programmiersprachen

2.5.1. Konkrete und abstrakte Syntax

Sowohl die kontextfreien Grammatiken als auch die Zweistufengrammatiken definieren zu jedem Wort der erzeugten Sprache seine „Struktur“. In jedem Wort werden ja seine Bestandteile, die Bestandteile dieser Bestandteile usw. unterschieden, was im Ergebnis die Darstellung der Struktur eines Wortes in Form eines Syntaxbaums ermöglicht (siehe Abschnitt 2.2.). Bei der Definition der Bedeutung von Programmen und anderen Sprachkonstruktionen ist es vorteilhaft, diese Tatsache auszunutzen. Sie ermöglicht nämlich, die Bedeutung zusammengesetzter Konstruktionen als Funktion der Bedeutungen ihrer Bestandteile zu definieren. Dank dieser Tatsache kann die Semantik einer unendlichen Sprache mit Hilfe endlicher Mittel definiert werden, was ihr Verständnis durch den Anwender und die Realisierung einer so definierten Sprache auf einer Maschine erleichtert. Ein solches Vorgehen führt dazu, daß der Begriff des Syntaxbaums ein primärer und der Begriff des Worts ein sekundärer Begriff ist, da ein Wort als Krone eines Syntaxbaums definiert werden kann. Deshalb behandelt z. B. der ALGOL 68-Report [137] Programme und andere Programmkonstruktionen konsequent als Syntaxbäume.

Untersucht man die existierenden Programmiersprachen, so kann man feststellen, daß viele Symbole in den Programmen nur aus technischen Gründen auftreten. Im einzelnen sind das beispielsweise

(i) Symbole, aus denen Identifikatoren gebildet werden: Die Struktur von Identifikatoren wird zwar durch die Grammatik der Sprache definiert, aber die Definition ihrer Bedeutung beruft sich im allgemeinen nicht auf diese Struktur. Vom Standpunkt der semantischen Definitionen aus ist die Syntax von Identifikatoren nur ein technisches Mittel, welches die Definition einer unendlichen Menge von Identifikatoren erlaubt;

(ii) Trennzeichen zur Abtrennung von Programmbestandteilen: Beispielsweise trennt das Semikolon in einem BPS-Programm Vereinbarungen von Anweisungen. Vom Standpunkt semantischer Definitionen aus ist nur die Programmstruktur wichtig, und auf Trennzeichen, die nur technische Mittel zum Ausdrücken dieser Struktur sind, könnte verzichtet werden, wenn Programme nicht als Texte, sondern als Objekte aus entsprechenden Bestandteilen definiert wären.

Diese Hilfssymbole der Programme treten in Syntaxbäumen auf, ohne daß sie auf die Bedeutung der Programme einen Einfluß haben.

Aus der Definition der Syntaxbäume in kontextfreien Grammatiken nach Abschnitt 2.2. folgt, daß die Erzeugungsregeln einer Grammatik eine lineare Anordnung der direkten Unterbäume jedes Syntaxbaums beschreiben. Diese Anordnung ermöglicht eine Hervorhebung der einzelnen Unterbäume eines gegebenen Baumes: Beispielsweise kann man von der ersten Anweisung eines Programms u. ä. sprechen. Diese Anordnung nutzt man manchmal auch, um die Semantik einer Sprache zu definieren. So ist z. B. zu sehen, daß die Ausführung einer Folge von Anweisungen eines Programmes in ALGOL 60 auf der sequentiellen Ausführung der Anweisungen dieser Folge beruht. Die textliche Reihenfolge der Anweisungen einer Folge wird mit Hilfe der Erzeugungsregeln der Grammatik von ALGOL 60 beschrieben und entspricht daher der Anordnung der direkten Unterbäume bestimmter Syntaxbäume der Grammatik. Allerdings beeinflußt die textliche Reihenfolge der Bestandteile eines Programms nicht in jedem Fall dessen Bedeutung. Beispielsweise hat die Reihenfolge des Auftreten von Vereinbarungen in einem Block in ALGOL 60 keinen Einfluß auf die Ausführung des Blocks.

Die obigen Betrachtungen führen zur Forderung, eine Sprache nicht sofort als eine Menge von Zeichenketten zu definieren, sondern zuerst eine Menge von Objekten zu definieren, so daß deren jeweilige Struktur die Definition ihrer Bedeutung erleichtert. Erst danach sollte mit jedem Objekt eine bestimmte textliche Repräsentation verknüpft werden. Die Definition einer solchen Menge von Objekten heißt *abstrakte Syntaxdefinition* einer Sprache im Unterschied zur Definition einer *konkreten Syntax*, die eine Sprache als Menge von Zeichenketten definiert. Man kann erwarten, daß die Definition der abstrakten Syntax, die Einzelheiten der Sprachdarstellung vernachlässigt, kürzer und übersichtlicher als die Definition der konkreten Syntax ist.

Die einfachste Weise, um aus einer konkreten Syntax eine „abstraktere" Syntax zu machen, ist ihre modulare Definition. Sie ermöglicht, daß man die Regeln, die die Darstellung betreffen (z. B. die Regeln, die die Form von Konstanten und Variablen beschreiben), bei der Definition der Semantik der Sprache nicht berücksichtigt. Davon werden wir in den weiteren Abschnitten Gebrauch machen, wenn wir Beispiele für die Definition der Semantik der Sprache BPS angeben, deren Syntax modular definiert ist. Ein Nachteil besteht darin, daß sich in diesem Beispiel nicht alle Hilfssymbole (z. B. Trennzeichen) eliminieren lassen und daß auch dort nicht auf die textliche Reihenfolge verzichtet werden kann, wo sie eigentlich für die Semantik der Sprachkonstruktionen unwichtig ist.

Die abstrakte Syntax einer Sprache kann nur schwer definiert werden, ohne daß man die Semantik der Sprache kennt. Die obigen Beispiele ermöglichen allerdings die Formulierung bestimmter allgemeiner Forderungen an die Methoden der abstrakten Syntaxdefinition. Insbesondere müssen diese Methoden die Definition

- elementarer Objekte,
- zusammengesetzter Objekte aus unterscheidbaren ungeordneten direkten Bestandteilen und
- zusammengesetzter Objekte aus linear angeordneten direkten Bestandteilen

ermöglichen.

2.5.2. Die Wiener Methode der Definition der abstrakten Syntax

Um die oben sehr allgemein gehaltenen Betrachtungen über die abstrakte Syntax durch konkrete Beispiele zu illustrieren, berufen wir uns auf zwei bekannte Methoden der Definition der abstrakten Syntax. Eine gründliche Darstellung dieser Methoden würde den Rahmen des Buches sprengen. Aus diesem Grund sind die hier gegebenen Informationen unvollständig und vereinfacht.

Beide Methoden wurden im IBM Labor in Wien ausgearbeitet. Die erste ist ein Bestandteil einer Methode zur Definition von Programmiersprachen, der sogenannten Wiener Methode. Ein wichtiges Element dieser Methode ist eine *Metasprache*, d. h. eine Sprache zur Formulierung der Definition von Programmiersprachen, die unter der Bezeichnung VDL (*Vienna Definition Language*) bekannt ist.

Die Grundlage des Wiener Formalismus ist eine Methode zur Definition von Objektklassen, den *abstrakten Objekten*, die die Forderungen aus 2.5.1. erfüllen. Ausgangspunkt ist die Annahme, es sei eine feste nichtleere Menge E *elementarer Objekte* zusammen mit einer nichtleeren Menge S von *Selektoren* gegeben. Abstrakte Objekte werden auf folgende Weise definiert:

1. Jedes elementare Objekt ist ein abstraktes Objekt.

2. Für ein $n > 0$ seien $a_1, \ldots, a_n$ abstrakte Objekte und $s_1, \ldots, s_n$ Selektoren, wobei $s_i \neq s_j$ für $i, j = 1, \ldots, n$, dann ist die Menge von Paaren (s_i, a_i), $i = 1, \ldots, n$, ein abstraktes Objekt. Für $n = 0$ ist das abstrakte Objekt die leere Menge und heißt *leeres Objekt.*

3. Keine anderen Objekte sind abstrakte Objekte.

Jedes abstrakte Objekt kann graphisch als ein endlicher Baum dargestellt werden, dessen Blättern elementare Objekte und dessen Kanten Selektoren zugeordnet sind. Die Sprache VDL definiert eine Standardnotation, die die Darstellung solcher Objekte in Form von Zeichenketten ermöglicht: Spitze Klammern dienen zur Unterscheidung der Bestandteile eines Objekts, und Doppelpunkte trennen die Darstellungen der Selektoren von den Darstellungen der zugeordneten Objekte. Abb. 2.4 gibt ein Beispiel für die textliche und die graphische Darstellung eines abstrakten Objekts.

a) (<*Vereinbarungen* : (<*x* : **proc**>, <*y* : **bool**>)>,

<Anweisungen : (<i1 : (<Prozedurbezeichnung . *x*>, <Parameter : *y*>)>,
<i2 : (<Variable : *y*>, <Ausdruck : *1*>)>>)

b)

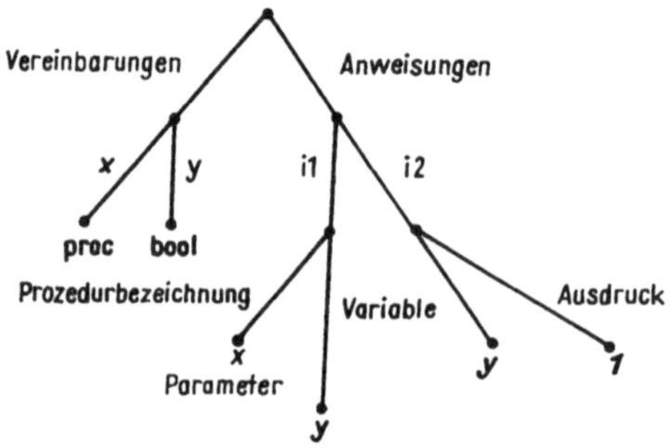

Abb. 2.4. Darstellung eines abstrakten Objekts
a) textlich, b) graphisch

Jedes zusammengesetzte Objekt ist im Prinzip eine ungeordnete Menge von Bestandteilen. Es ist allerdings möglich, eine lineare Anordnung der Bestandteile eines abstrakten Objekts durch Angabe einer linearen Anordnung der Selektoren der Bestandteile zu definieren. Das wird durch die Zuordnung aufeinanderfolgender natürlicher Zahlen zu den Selektoren aus dieser Menge erreicht. Objekte mit einer solchen Zuordnung heißen *Listen.*

Da die Bestandteile eines Objekts eindeutig durch ihre Selektoren bezeichnet werden, kann auf den Objekten eine *Auswahloperation* definiert werden: a sei ein Objekt der Form $(\langle s_1 : a_1 \rangle, \ldots, \langle s_n : a_n \rangle)$, und s sei ein Selektor, dann ist $s(a)$ entweder das Objekt a_i, falls $s = s_i$ für ein $i = 1, \ldots, n$, oder sonst das leere Objekt. Für ein elementares Objekt liefert die Auswahloperation als Ergebnis immer das leere Objekt. Die Auswahloperation kann auf Selektorfolgen erweitert werden: Wenn

Abb. 2.5. Beispiel für die Auswahloperation
a) Objekt x, b) Objekt s1 (s1(x))

$s = s_1 s_2 \ldots s_k$, $k > 0$, dann ist $s(a)$ durch $s_1(s_2 \ldots (s_k(a)) \ldots)$ defininert. Abb. 2.5 gibt ein Beispiel für die Auswahloperation.

Neben der Auswahloperation wird auf abstrakten Objekten die μ-Operation definiert, die eine Umformung eines Objekts dadurch ermöglicht, daß ein Teilobjekt durch ein gegebenes Objekt ersetzt wird. Das umgeformte Teilobjekt wird mit Hilfe einer Selektorfolge beschrieben. Die formalen Argumente der μ-Operation sind das umzuformende Objekt und ein Paar, bestehend aus einer Selektorfolge und einem Objekt, welches anstelle des durch die Selektorfolge angegebenen Teilobjekts an das umzuformende Objekt angefügt werden soll. Abb. 2.6 gibt ein Beispiel für die Ausführung der μ-Operation.

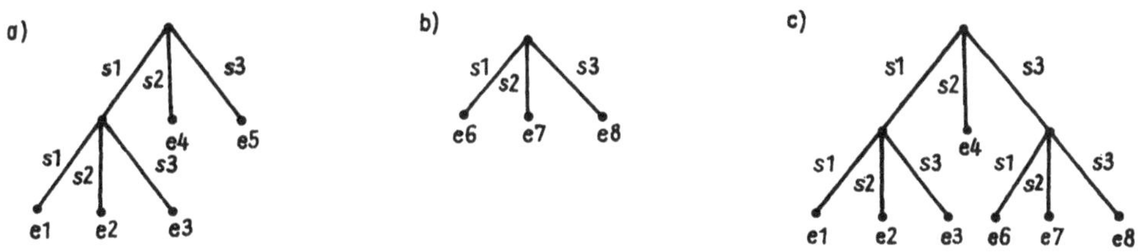

Abb. 2.6. Umformung eines Objekts durch die μ-Operation
a) Objekt x, b) Objekt y, c) $\mu(x, \langle s3 : y \rangle)$

Die Wiener Methode der Definition von Programmiersprachen beruht bei Anwendung einer festen Notation auf der Definition der abstrakten Syntax der Programmiersprache als feste, im allgemeinen unendliche Klassen abstrakter Objekte, der „Programme". Zu jedem abstrakten Programm wird einerseits seine konkrete Repräsentation, d. h. eine solche Zeichenkette, die in den vorherigen Abschnitten als Programm angesehen wurde, und andererseits seine Bedeutung mit Hilfe abstrakter Maschinen definiert (abstrakte Maschinen behandeln wir im nächsten Kapitel). Sowohl in der Semantikdefinition einer Sprache als auch in der Definition der Maschine werden die Auswahloperation und die Umformung abstrakter Objekte angewendet.

Objektklassen werden mit Hilfe endlicher Mengen von Regeln definiert, die als Gleichungen über den Objektklassen angesehen werden können. Eine Klasse stellt die Lösung eines gegebenen Gleichungssystems dar. Die Grundlage der Definition der Regeln ist eine feste Absprache der Notation.

$s_1, \ldots, s_n$ seien Selektoren und $A_1, \ldots, A_n$ feste Mengen abstrakter Objekte. Wenn $(\langle s_1 : A_1 \rangle, \ldots, \langle s_n : A_n \rangle)$ die Menge aller Objekte $(\langle s_1 : a_1 \rangle, \ldots, \langle s_n : a_n \rangle)$ mit $a_1 \in A_1$, $\ldots, a_n \in A_n$ bedeutet, so haben wir eine Möglichkeit zur Bezeichnung von Klassen von Objekten mit „ähnlicher" Struktur. Diese Notation ermöglicht die Bildung von

Gleichungen über Objektklassen, in denen die Klassennamen gleichzeitig auf beiden Seiten der Gleichungen auftreten. Als Beispiel betrachten wir ein Gleichungssystem, welches als Definition der abstrakten Bestandteile von Ausdrücken in der Sprache BPS angesehen werden kann:

Ausdruck = Konstante | Variable | monadischer-Ausdruck |
dyadischer-Ausdruck
monadischer-Ausdruck = (⟨s-op : op1⟩, ⟨s-arg : Ausdruck⟩)
dyadischer-Ausdruck = (⟨s-op : op2⟩, ⟨s-arg-1 : Ausdruck⟩,
⟨s-arg-2 : Ausdruck⟩) .

Die Mengen der Konstanten und der Variablen sind unendliche Mengen elementarer Objekte. Die Mengen op1 und op2 sind endliche Mengen elementarer Objekte, denen die monadischen Operatoren (Operatoren mit einem Operand) bzw. die dyadischen Operatoren (Operatoren mit zwei Operanden) der Sprache BPS entsprechen. Die graphische Darstellung eines abstrakten Ausdrucks gibt Abb. 2.7.

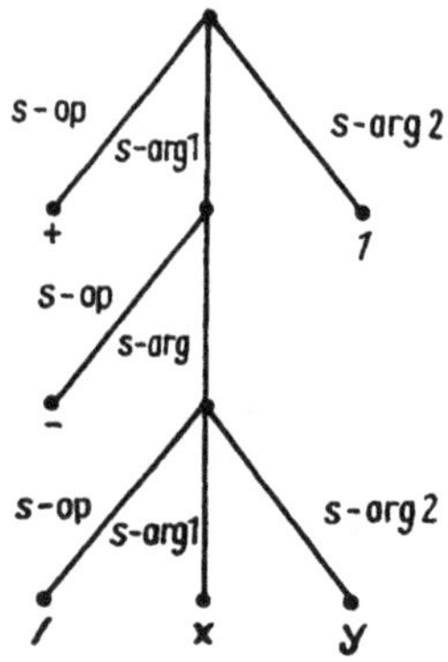

Abb. 2.7. Abstraktes Objekt des Ausdrucks $((-(x\,/\,y)) + 1)$ der Sprache BPS

Solche Definitionen wie die obigen sind wegen der großen Anzahl von Selektoren, die explizit auftreten, aber bei der Definition der Semantik einer Sprache nur eine Hilfsrolle spielen, schlecht lesbar. Außerdem ist es schwierig, mit Hilfe solcher Definitionen einige wichtige Merkmale abstrakter Programme auszudrücken. Beispielsweise ist die Menge der Vereinbarungen eines Programms für die Zuordnung bestimmter Eigenschaften zu den Identifikatoren zuständig. Abstrahiert man von der konkreten Form des Vereinbarungsteils, dann kann man folglich sagen, daß der Vereinbarungsteil eines Programms eine Funktion aus einer unendlichen Menge von Identifikatoren in eine endliche Menge von Eigenschaften ist, die für eine endliche Anzahl von Elementen definiert ist. Diese Tatsache kann man nicht direkt mit Hilfe solcher Gleichungen, wie den obigen, ausdrücken. Zu diesem Zweck angewendete mittelbare Maßnahmen sehen gekünstelt aus, auch wenn sie sehr wirksam sind.

Dieser Mangel und auch andere Nachteile begleiteten die VDL bis zur Ausarbeitung einer neuen Methode, der VDM (*Vienna Development Method*), und der Sprache Meta IV. Der wichtigste Unterschied zwischen beiden Wiener Methoden besteht darin, daß die VDM eine größere Anzahl von Objekttypen verwendet: Neben Bäumen kann man hier auch Folgen, Mengen und Funktionen definieren. Im Fall von Bäumen werden die Selektoren nicht bei der Definition der Klassen definiert, sondern erst dann, wenn die Umformung eines Objekts einer gegebenen Klasse die Anwendung von Selektoren erfordert.

Als Beispiel einer Definition in der Sprache Meta IV dient die Definition der abstrakten Syntax der Sprache BPS. Die Definition geschieht durch eine endliche Menge von Regeln, die als Gleichungen über Objektklassen angesehen werden können. Regeln, in denen das Zeichen „::" zur Trennung der linken von der rechten Seite auftritt, beschreiben Klassen von baumartigen Objekten. Das Symbol „*" an einer Klassenbezeichnung bedeutet alle endlichen Folgen von Elementen aus dieser Klasse. Notationen der Form $(K_1 \rightarrow_m K_2)$, wobei K_1 und K_2 Klassenbezeichnungen sind, bedeuten die Menge aller Funktionen, deren Definitionsbereiche endliche Untermengen der Klasse K_1 und deren Werte Elemente der Klasse K_2 sind. Das Symbol „|" kann als Symbol der Vereinigung von Mengen betrachtet werden. Elementare Objekte sind durch unterstrichene Folgen von Großbuchstaben dargestellt.

(1) Programm :: Vereinbarungen Anweisung*
(2) Vereinbarungen :: (Variable $\rightarrow_m$ Typ)
(3) Typ = <u>INT</u> | <u>BOOL</u>
(4) Anweisung = leere-Anweisung | Ergibtanweisung | bedingte-Anweisung | Laufanweisung
(5) leere-Anweisung :: <u>SKIP</u>
(6) Ergibtanweisung :: Variable Ausdruck
(7) Variable :: Identifikator
(8) bedingte-Anweisung :: Ausdruck Anweisung* Anweisung*
(9) Laufanweisung :: Ausdruck Anweisung*
(10) Ausdruck = Konstante | Variable | monadischer-Ausdruck | dyadischer-Ausdruck
(11) monadischer-Ausdruck :: op1 Ausdruck
(12) dyadischer-Ausdruck :: op2 Ausdruck Ausdruck .

Die Regeln (1) bis (3) besagen, daß ein Programm ein Baum mit zwei direkten Bestandteilen ist: Ein Bestandteil ist eine Abbildung einer bestimmten Menge von Identifikatoren in die Menge der Typen, der zweite eine Folge von Anweisungen. Die Regeln (4) bis (9) definieren die einzelnen Arten von Anweisungen, z. B. ist eine bedingte Anweisung ein Baum mit drei direkten Bestandteilen: Der erste ist ein Ausdruck, und die beiden anderen sind Folgen von Anweisungen. Die Regeln (10) bis (12) beschreiben die Ausdrücke der Sprache BPS auf ähnliche Weise wie im obigen Beispiel der Definition der Klassen abstrakter Objekte. Elementare Objekte sind Objekte aus all den Klassen, die durch keine Regeln definiert sind, und somit Identifikator, Konstante, op1, op2 sowie die unterstrichenen Folgen von Großbuchstaben.

2.6. Bibliographie

Der Begriff der generativen Grammatik wurde von Chomsky in [23] eingeführt.

Die Literatur zu formalen Sprachen und zu Grammatiken ist sehr umfangreich. Wir beschränken uns daher auf einige Arbeiten, in denen weitere bibliographische Hinweise zu finden sind.

Wer sich für die Anwendung der Theorie der formalen Sprachen in der Compilertechnik interessiert, sollte sich unbedingt mit der Monographie von Aho und Ullman [1] vertraut machen. Von anderen Arbeiten zum Thema formale Sprachen kann man das Buch von Salomaa [111] empfehlen.

Die BNF wurde im ALGOL 60-Report eingeführt, dessen revidierte Version [90] in deutscher Übersetzung vorliegt [105]. Syntaxdiagramme wurden von Conway eingeführt, aber die erste allgemein bekannte Definition einer Programmiersprache, die diesen Formalismus verwendete, ist die Definition der Sprache PASCAL [54], [136].

Der Begriff der Zweistufengrammatik wurde zur Definition der Syntax der Sprache ALGOL 68 eingeführt und verwendet (wir zitieren hier die revidierte Version [137] und deren deutsche Übersetzung [106]). Die Definition und die Anwendung der Zweistufengrammatik wird im Buch von Cleaveland und Uzgalis [25] und in [46] an zahlreichen Beispielen in zugänglicher Form erklärt. Der Beweis der Äquivalenz der Zweistufengrammatiken mit den Typ-0-Grammatiken kann [119] entnommen werden. Weitere Betrachtungen zum Problem der Entscheidbarkeit für Zweistufengrammatiken sind u. a. in der Arbeit von Deussen [31] enthalten. Das Problem der Eignung von Zweistufengrammatiken behandelt Wegner in [131] und [132].

Die Wiener Methode zur Definition von Programmiersprachen, einschließlich des Problems der Syntaxbeschreibung, werden z. B. im IBM Report [71] sowie in den Arbeiten von Łukaszewicz [73] und Wegner [133] dargestellt. Einzelne Beiträge zur Wiener Methode der Entwicklung von Software (VDM) enthält der Sammelband [12] unter der Redaktion von Bjørner und Jones. Hier findet man darüber hinaus eine Reihe allgemeiner Betrachtungen zum Thema Formalisierung der Beschreibung der Programmierung sowie eine umfangreiche Bibliographie.

3. Methoden der Semantikdefinition

In der Einleitung haben wir uns ganz allgemein mit der Rolle der Definition der Semantik von Programmiersprachen bekanntgemacht und dabei auch auf die Notwendigkeit der Formalisierung dieser Definition hingewiesen. Versuche zur Formalisierung werden bereits eine Reihe von Jahren durchgeführt. Die Vielfalt der vorgeschlagenen Lösungen ergibt sich vor allem aus den vielfältigen Anforderungen, die der Anwender an eine solche Semantikdefinition stellt. Grundsätzlich kann man zwei Hauptziele der Semantikdefinition festlegen:

erstens die Definition als Grundlage für eine Implementation auf einem beliebigen Rechner,

zweitens die Definition als Grundlage für das Verständnis eines durch den Programmierer formulierten Algorithmus, seiner Dokumentation und Verifikation sowie seiner Verwendung als Kommunikationsmittel.

Bei jeder Semantikdefinition einer Programmiersprache sollte man nach Möglichkeit beide Ziele im Auge behalten, wobei nicht jede Definition beide Ziele gleichermaßen befriedigen wird.

In diesem Kapitel beschäftigen wir uns mit verschiedenen Methoden der Semantikdefinition und ihren gegenseitigen Beziehungen und erläutern dabei, wie die oben formulierten Anforderungen erfüllt werden.

Unter der *Semantik* einer Programmiersprache verstehen wir eine Zuordnung, die jedes Wort (Programm) einer Programmiersprache mit einem bestimmten Objekt — seiner Bedeutung aus einer streng definierten Menge von Bedeutungen — verknüpft. In diesem Sinn haben wir es mit verschiedenen Semantiken der gleichen Sprache zu tun, wenn wir die Menge der Bedeutungen ändern. Andererseits kann das gleiche Objekt auf verschiedene Weise bestimmt werden. Wir sprechen dann von verschiedenen *Methoden der Definition der* (eventuell gleichen) *Semantik.*

Noch wichtiger ist vom Anwenderstandpunkt aus, daß die Semantik mehr oder weniger bestimmte Aspekte widerspiegelt. Wir berufen uns hier auf das Beispiel einer Bibliothek aus Abschnitt 1.3. Dort haben wir die verschiedenen Möglichkeiten gezeigt, wie der gleiche Satz über das Funktionieren der Bibliothek vom Standpunkt des Bibliothekars, des Magazinarbeiters und des Lesers zu verstehen ist. Am Beispiel dieser Personen zeigten wir drei grundlegende Methoden der Definition der Bedeutung von Sprachkonstruktionen. Diese Methoden stehen in diesem Kapitel im Mittelpunkt.

Der ersten, der sogenannten *operationalen Methode*, sind die Abschnitte 3.1. und 3.2. gewidmet. Sie entspricht dem Gesichtspunkt des Magazinarbeiters. Seine Aufgabe bestand in der Ausführung einer Folge von Tätigkeiten und erforderte (aus theoretischer Sicht) keine Kenntnisse über das Ziel dieser Tätigkeiten. Betrachtet man allerdings Folgen solcher einzelnen Aktionen des Magazinarbeiters, so kann man unmittelbar den Effekt (die Bedeutung) seiner Tätigkeit definieren. Analog kann man die Bedeutung einer zusammengesetzten Programmkonstruktion dadurch definieren, daß man angibt, auf welche Weise Folgen von Berechnungen aus Aktionen zusammengesetzt sind, die den Bedeutungen elementarer Sprachkonstruktionen entsprechen. Eine solche Vorgehensweise ist eng mit der Realisierung einer Programmiersprache auf einer Maschine verbunden. In diesem Fall übersetzen wir einen Programmtext in die Maschinensprache, deren Ausdrücke die Berechnungen bestimmen. Darum beginnen wir dieses Kapitel mit Maschinen und Problemen der Implementation (Abschnitt 3.1.). Wie wir in Abschnitt 3.2. nachweisen, ist die operationale Methode eine einfache Verallgemeinerung der Interpretation einer Programmiersprache auf einer konkreten Maschine. Aus diesem Grund wird sie oftmals *abstrakte Interpretation* genannt.

Die Definition der Semantik durch die operationale Methode ist für den Implementator einer Sprache deshalb vorteilhaft, weil sie direkt mit dem Begriff der Berechnung operiert und somit die Reihenfolge der Ausführung durch die gegebenen Beschreibungen elementarer Tätigkeiten angibt. Für den Anwender kann eine solche Definition zu speziell sein. Ihn interessiert häufig nur, was die Bedeutung einer gegebenen Sprachkonstruktion ist, aber nicht, wie die konkreten Berechnungen verlaufen. Im Beispiel der Bibliothek wird ein solcher Gesichtspunkt durch den Bibliothekar (und den Leser) repräsentiert. Er ist nur am Ergebnis interessiert, welches durch die Ausführung eines bestimmten Auftrags an den Magazinarbeiter erzielt wird, und nicht an der Reihenfolge der Tätigkeiten, die der Magazinarbeiter ausführt. Ein solches Herangehen, das die Bedeutung von Programmen direkt, ohne Berufung auf Berechnungen beschreibt, nennen wir *funktional* (oder *denotational*). Ihm sind die Abschnitte 3.3. und 3.4. gewidmet. Wir versuchen dabei zu zeigen, auf welche Weise beide bisher angeführten Methoden zusammenhängen (Abschnitte 3.3.2. und 3.4.).

Die Beispiele in den Abschnitten 3.1. bis 3.4. betreffen eine sehr einfache Programmiersprache. Kompliziertere Konstruktionen erfordern vielfach stärkere Hilfsmittel zur Semantikdefinition. Deshalb ist der Abschnitt 3.5. der semantischen Definition ausgewählter Spracherweiterungen (Blockstruktur, Sprünge, rekursive Prozeduren, strukturierte Datentypen, Ein- und Ausgabeanweisungen) gewidmet.

Für viele Anwender ist vor allem die Möglichkeit der Formulierung und Verifikation von logischen Aussagen über Programme wichtig. Jedes Programm kann eine auf diese oder jene Weise zugeordnete Bedeutung haben, aber wichtiger ist z. B., ob es die Beschreibung der algorithmischen Lösung eines bestimmten Problems ist. Wir fragen daher, ob es möglich ist, die Richtigkeit von Aussagen zu beweisen, die den Zusammenhang zwischen einem Problem und seiner Lösung in Form eines Programms formulieren. Erneut können wir eine Analogie zum Gesichtspunkt des Lesers im Bibliotheksbeispiel finden. Man kann unter einem solchen Blickwinkel erkennen, daß die in einem bestimmten logischen System ableitbare Menge von Aussagen über Programme die Bedeutung der Programme vollständig definiert, wenn das System „genügend ausdrucksstark" ist, um die Realität zu charakterisieren. Ein solches Herangehen an das Problem der Semantikdefinition von Programmiersprachen wird oft *axiomatisch* genannt. Ihm ist der Abschnitt 3.6. gewidmet.

Das Hauptanliegen des gesamten Kapitels ist es, den Leser mit verschiedenen Herangehensweisen an die Formalisierung der Semantikdefinition und ihren Zusammenhang bekannt zu machen. Unter diesem Aspekt können einige wichtige Vorschläge nicht behandelt werden. Das sind zum einen spezielle Lösungen (sowohl praktisch als auch theoretisch) und zum andern notationelle Varianten. Der interessierte Leser kann sie in der reichhaltigen Literatur finden (siehe auch Abschnitt 3.7.).

3.1. Maschine, Sprache und Implementation

Programme in einer Programmiersprache sind für eine Realisierung auf einem Digitalrechner vorgesehen. Weil Programmiersprachen unabhängig von einer konkreten Recheneinrichtung sind, ergibt sich die Notwendigkeit der Projektierung von Implementationsalgorithmen (Translatoren, Compiler, Interpreter) für diese Sprachen auf konkreten Maschinen. Darum muß jede Semantikdefinition einer Programmiersprache als Grundlage für die Konstruktion solcher Algorithmen dienen können. Hieraus ergibt sich die Wichtigkeit der mit Maschinen und Realisierungen von Programmiersprachen verbundenen Grundbegriffe, mit denen wir dieses Kapitel beginnen.

Wenn wir von Grundbegriffen sprechen, dann geht es weder um die Auswahl (auch nicht grundlegender) technischer Lösungen für Rechenmaschinen noch um allgemeine Prinzipien der Projektierung von Implementationsalgorithmen (d. h. um die Grundlagen der Realisierung einer Sprache). Die Begriffe Maschine (Abschnitt 3.1.1.), Interpretation und Kompilation (Abschnitt 3.1.2.), die wir in diesem Abschnitt einführen, spiegeln nicht die gesamte komplizierte Realität wider, die wir im Alltag mit ihnen verbinden, sondern geben auf mathematische Weise nur das Wesen bestimmter Aufgaben wieder. Diese Begriffe bilden die Grundlage für die in diesem Kapitel besprochenen Metboden der Definition der Semantik von Programmiersprachen.

3.1.1. Der Begriff der Maschine

Wenn wir über eine konkrete Recheneinrichtung (Maschine) sprechen, so verwenden wir ein bestimmtes Modell, in dem die uns interessierenden Eigenschaften dieser Maschine dargestellt sind. Das Modell, das wir verwenden, ist sehr allgemein und erlaubt die Beschreibung verschiedener abstrakter Maschinen, z. B. von Turingmaschinen oder endlichen Automaten, sowie die Beschreibung der Tätigkeit von Digitalrechnern oder anderen automatischen Geräten durch die gleichen Begriffe. Wir beginnen mit einem einfachen Beispiel.

Jede Gebrauchsanweisung eines automatischen Haushaltsgeräts enthält eine Beschreibung der Funktionsweise dieses Geräts in einer für den Anwender geeigneten Form. Nehmen wir z. B. einen Waschautomaten, der folgende Arbeiten ausführt: Vorwäsche VW, Klarwäsche KW, Spülen SP und Schleudern S. Die Gebrauchsanweisung informiert darüber, daß der Waschautomat nur dann mit der Arbeit beginnt, wenn der Schaltknebel des Wahlschalters auf eine dieser Tätigkeiten eingestellt ist, der Deckel D geschlossen ist und die Starttaste ST gedrückt ist (der Automat sei ständig an Strom und Wasser angeschlossen). Eine Unterbrechung der Tätigkeit kann durch Öffnen des Deckels oder Drücken der Starttaste erreicht werden. Tritt ein solcher Fall nicht ein, dann wird der Automat nach dem Schleudern automatisch abgeschaltet. Die Arbeit des Automaten umfaßt die durch den Schaltknebel des Wahlschalters eingestellte Tätigkeit und die in der obigen Zusammenstellung folgenden Tätigkeiten in der angeführten Reihenfolge.

Diese allgemeine Beschreibung ist für zweierlei Informationen ausreichend: für die (von außen beobachtbare) Beschreibung eines Zustands, in dem sich der Waschautomat befindet, und die konkreten Übergangssituationen beim Übergang von einem Zustand in den folgenden unter der Voraussetzung, daß es zu keiner Unterbrechung von außen kam. Vom formalen Standpunkt aus haben wir es mit einer festen Menge (*Zustandsmenge* des Automaten) sowie einer auf dieser Menge definierten Funktion (*Übergangsfunktion* des Automaten) zu tun. Wenn wir mit D^+ und D^- (entsprechend ST^+ und ST^-) die Tatsache bezeichnen, daß der Deckel (die Starttaste) geöffnet (angeschaltet) oder geschlossen (ausgeschaltet) ist, dann ist die uns interessierende Zustandsmenge des Waschautomaten die Menge aller Tripel $Z = (z_1, z_2, z_3)$, für die z_1 die Werte D^+ oder D^-, z_2 die Werte ST^+ oder ST^- und z_3 die Werte VW, KW, SP oder S annehmen können. Beispielsweise bedeutet der Zustand (D^+, ST^+, KW), der Waschautomat führt die Klarwäsche durch, während (D^-, ST^+, KW), (D^+, ST^-, KW) oder (D^-, ST^-, KW) bedeuten, der Waschautomat ist auf die Ausführung der Klarwäsche vorbereitet, aber er hat sie noch nicht begonnen.

Die Übergangsfunktion T des Waschautomaten ist nur für solche Zustände definiert, für die $z_1 = D^+$ und $z_2 = ST^+$. Es gilt:

$$T((D^+, ST^+, VW)) = (D^+, ST^+, KW)\,, \quad T((D^+, ST^+, KW)) = (D^+, ST^+, SP)\,,$$
$$T((D^+, ST^+, SP)) = (D^+, ST^+, S)\,, \quad T((D^+, ST^+, S)) = (D^+, ST^-, S)\,.$$

Die Funktion T ist eine partielle Funktion, d. h., es existieren solche Zustände des Waschautomaten (z. B. (D^+, ST^-, SP)), aus denen er in keinen anderen Zustand als Ergebnis seiner eigenen Tätigkeit gelangen kann (der Automat kann sich z. B. nicht selbst anschalten).

Somit ist die Beschreibung der Tätigkeit eines Waschautomaten vollständig durch die Angabe der Zustandsmenge und der Übergangsfunktion gegeben. Es ist klar, daß die Beschreibung des gleichen Automaten für einen anderen Anwender (z. B. für einen Reparaturstützpunkt) im allgemeinen eine andere sein wird. In jedem Fall geht es darum, sie auf die Charakterisierung durch diese beiden Elemente zurückzuführen.

Unter Verwendung der gleichen Begriffe kann man, wenn auch sehr mühselig, die Tätigkeit eines reellen Digitalrechners beschreiben, der aus einer Reihe von Bauteilen besteht, wie z. B.

- aus einem inneren Speicher (Hauptspeicher),
- aus externen Speichern (Magnetbänder, Magnetplatten usw.),
- aus speziellen Registern (Akkumulator, Indexregister, Befehlszähler usw.),
- aus Ein- und Ausgabegeräten (Lochkarten- und Lochbandleser, Paralleldrucker u. ä.).

Jedes Bauteil erfordert eine gesonderte Beschreibung. Der Gesamtzustand des Rechners setzt sich dann aus den Zuständen der einzelnen Bauteile zusammen. Stellen wir uns z. B. einen Rechner vor, dessen Hauptspeicher H insgesamt N Speicherplätze mit Adressen von 0 bis $N - 1$ besitzt. Jeder Speicherplatz soll ein binäres

Wort der Länge k aufnehmen können. Man kann den Speicherzustand durch eine Zuordnung von Werten zu Adressen charakterisieren, d. h., jeder Zustand z_H ist eine Funktion

$$z_H : \{0, \dots, N-1\} \to \{0, 1\}^k .$$

Die Menge aller Speicherzustände ist somit die Menge aller Funktionen dieser Art.

Ähnlich können wir z. B. sagen, daß die Zustände z_B des Befehlszählers B Zahlen von 0 bis $N-1$ sind, die dazu dienen, die Adresse eines Speicherplatzes anzugeben, dessen Wert $z_H(z_B)$ der Code des auszuführenden Befehls ist.

Einen Zustand z des gesamten Rechners können wir uns als Vektor von Zuständen der Bauteile des Rechners vorstellen:

$$z = (\dots, z_B, \dots, z_H, \dots) .$$

Wir setzen voraus, daß sich im Zustand z auf dem Speicherplatz mit der Adresse z_B ein Befehl folgenden Inhalts befindet: „Kopiere den Wert, der sich auf dem Speicherplatz mit der Adresse k befindet, auf den Speicherplatz mit der Adresse n". Durch die Ausführung dieses Befehls wird der Wert auf dem Speicherplatz n und eventuell der Wert des Befehlszählers (z. B. durch Addition von 1) geändert. Der neue Wert des Befehlszählers gibt an, wo sich der nächste auszuführende Befehl befindet. Formal drücken wir das durch die Definition folgender Übergangsfunktion aus:

$$T(z) = (\dots, z'_B, \dots, z'_H, \dots) \quad \text{mit} \quad z'_B = z_B + 1 ,$$

$$z'_H(i) = z_H(i) \quad \text{für alle} \quad i \neq n \quad \text{und} \quad 0 \leqq i \leqq N-1 , \quad z'_H(n) = z_H(k) .$$

Alle übrigen Zustände von Bauteilen bleiben unverändert. Eine ähnliche Definition der Übergangsfunktion für alle möglichen Zustände charakterisiert die Tätigkeit des beschriebenen Rechners vollständig.

In manchen Fällen ist es vorteilhaft, eine Situation zuzulassen, in der der definierte Zustand nicht unbedingt eindeutig den Nachfolgezustand bestimmt (solche Beispiele lernen wir in den folgenden Abschnitten kennen). Indem wir die Übergangsfunktion durch eine Übergangsrelation ersetzen, können wir diese Situationen beschreiben. In einem solchen Fall wissen wir nur, daß der Nachfolgezustand in Relation mit dem vorherigen Zustand ist. Wir wissen allerdings nicht, welcher Zustand als Nachfolgezustand ausgewählt wird.

Wenden wir uns nun der Definition der benötigten Begriffe zu.

Eine *Maschine* ist ein Paar

$$M = (Z, T) ,$$

wobei Z eine beliebige Menge (Menge der *Speicherzustände* der Maschine M) und T eine binäre Relation (*Übergangsrelation* der Maschine M) in der Menge der Speicherzustände Z ist. Ist T eine partielle Funktion, dann heißt M *deterministisch* und T nennen wir *Übergangsfunktion*.

Um die Tätigkeit einer Maschine zu beschreiben, brauchen wir die Begriffe Berechnung und Ergebnisrelation (Ergebnisfunktion). Eine *Berechnung* auf einer Maschine $M = (Z, T)$ ist eine beliebige endliche oder unendliche Folge von Zuständen

$$z_0, z_1, \dots, z_n, \dots ,$$

für die $z_i T z_{i+1}$, $i \geqq 0$, gilt. Ist T eine Funktion, so schreiben wir $z_{i+1} = T(z_i)$.

In der Menge aller endlichen Berechnungen auf einer Maschine interessieren uns vor allem die, welche nicht weiter „verlängert“ werden können, d. h., die mit einem Endzustand enden. Sie erlauben nämlich die Beschreibung des globalen Resultats der Tätigkeit der betrachteten Maschine.

Endzustand einer Maschine M heißt jeder Zustand z, zu dem kein Zustand z' mit zTz' existiert (für deterministische Maschinen ist dann $\mathsf{T(z)}$ nicht definiert).

Eine *echte Berechnung* auf einer Maschine M ist entweder eine unendliche Berechnung oder eine endliche Berechnung $z_0, z_1, \ldots, z_n$, wobei z_n ein Endzustand ist.

Im Beispiel der Modellierung eines Waschautomaten ist

$$(D^+, ST^+, VW), (D^+, ST^+, KW), (D^+, ST^+, SP), (D^+, ST^+, S), (D^+, ST^-, S)$$

ein Beispiel für eine echte Berechnung. Echte Berechnungen sind auch alle Teilfolgen der obigen Folge, die mit (D^+, ST^-, S) enden, während alle Teilfolgen, die mit (D^+, ST^+, VW) beginnen und verschieden von der obigen Folge sind, keine echten Berechnungen sind.

Die Menge aller echten Berechnungen auf einer Maschine definiert eine binäre Relation in der Menge der Speicherzustände, die wir *Ergebnisrelation* der Maschine M (abgekürzt $\mathsf{Res_M}$) nennen und folgendermaßen definieren:

$$z \; \mathsf{Res_M} \; z' \text{ genau dann, wenn eine endliche Berechnung}$$

$$z_0, z_1, \ldots, z_n \text{ existiert, wobei } z_0 = z \text{ und } z_n = z' .$$

Man kann leicht zeigen, daß auf einer deterministischen Maschine jeder Zustand genau eine echte Berechnung festlegt, die mit diesem Zustand beginnt. Hieraus folgern wir, daß die Ergebnisrelation $\mathsf{Res_M}$ einer solchen Maschine eine partielle Funktion ist. Deshalb werden wir dann von einer *Ergebnisfunktion* sprechen und schreiben $\mathsf{Res_M(z)}$.

Die Ergebnisrelation beschreibt, anschaulich gesprochen, die Tätigkeit einer Maschine, die von einem Zustand, in dem sie die Arbeit begann, zu einem Zustand gelangt, den sie nach Beendigung der Berechnungen erreicht. In diesem Sinn können wir sagen, daß wir die Tätigkeit einer Maschine kennen, wenn wir ihre Ergebnisrelation kennen, ohne daß wir wissen, wie die Rechenschritte im einzelnen aussehen.

Zum Abschluß dieses Abschnitts definieren wir eine Maschine (Beispiel 3.1.1), die wir im weiteren zur Illustration der Ideen der Implementation einer Programmiersprache verwenden. Diese Maschine modelliert keinen reellen Digitalrechner, sondern sie wurde speziell für die Beispielprogrammiersprache BPS konstruiert, d. h., ihre Eigenschaften erlauben es, die Realisierung dieser Sprache auf ihr relativ einfach und kurz zu definieren. Aus diesem Grund wählten wir das Modell einer *Dreiadreßmaschine*, deren gesamte innere Struktur auf einen Speicher und ein Befehlsregister beschränkt ist.

Beispiel 3.1.1. *Dreiadreßmaschine für die Sprache BPS.* Der Speicher dieser Maschine ist eine Menge von Speicherplätzen, die mit Adressen aus einer festen Menge von Adressen Ad identifiziert werden. Ad kann z. B. eine Menge aufeinanderfolgender natürlicher Zahlen sein. Wir setzen voraus, daß die Menge der Speicherplätze der Maschine endlich, aber „genügend“ groß ist, d. h., wir werden uns nicht mit den Problemen beschäftigen, die sich aus der Beschränktheit der Größe eines Speichers ergeben. Jeder Speicherplatz ist in fünf Felder aufgeteilt: Wertefeld w, Operationsfeld o, Adressenfelder a1, a2, a3. Ein Wert, der auf dem Wertefeld w stehen darf, ist ein Element aus der Menge WF = {**W**, **F**}, wobei **W** für den logischen Wert wahr und **F** für den logischen Wert falsch stehen, aus der Menge der ganzen Zahlen Z, oder er ist das Element $\perp$, welches einen undefinierten Wert bezeichnet.

Die Menge der Maschinenbefehle Op (Werte auf dem Operationsfeld o) besteht aus den Operatoren für arithmetische und logische Operationen (Vergleichsoperationen), aus Operatoren für Transportbefehle (Datentransport zwischen Speicherplätzen), für den unbedingten und den bedingten Sprung (hängt vom Wert auf dem Feld w ab und erhält deshalb die Bezeichnung Sprung(w)). Um Maschinenbefehle von ihren arithmetischen und logischen Entsprechungen zu unterscheiden, schließen wir sie in Kreise ein:

$$\mathsf{Op} = \{\oplus, \ominus, \circledast, \ldots, \textcircled{\scriptsize$\wedge$}\} \cup \{\mathsf{Tr}, \mathsf{Sprung}, \mathsf{Sprung(w)}\}\,.$$

Auf den Adressenfeldern a1, a2 und a3 kann eine beliebige Adresse oder das Zeichen $\perp$ stehen, welches dann als nichtexistierende Adresse interpretiert wird.

Schließlich ist der Befehlszähler B ein Register, dessen Wert die Adresse eines Speicherplatzes angibt, auf dessen Operationsfeld der nächste auszuführende Befehl steht. Somit können die Werte dieses Registers Adressen aus der Menge Ad oder das Element $\perp$ sein. $\perp$ gibt das Ende einer Berechnung an.

Als Zustand der Maschine sehen wir eine beliebige, auf der Menge Ad $\cup$ {B} definierte Funktion an, die folgende Bedingung erfüllt:

$$\mathsf{z(a)} \in (\mathsf{WF} \cup Z \cup \{\perp\}) \times \mathsf{Op} \times (\mathsf{Ad} \cup \{\perp\})^3 \quad \text{für} \quad \mathsf{a} \in \mathsf{Ad} \quad \text{und} \quad \mathsf{z(B)} \in \mathsf{Ad}\,.$$

Die Tätigkeit der Maschine (Übergangsfunktion T) charakterisieren wir kurz so:

Die Maschine führt im Zustand z die Operation aus, deren Operator sich auf dem Operationsfeld o des Speicherplatzes mit der Adresse z(B) (anstelle von „Speicherplatz mit der Adresse a" werden wir kurz „Speicherplatz a" verwenden) des Befehlszählers befindet, und ändert gleichzeitig den Wert des Befehlszählers in Abhängigkeit von dieser Operation.

Unten geben wir eine genaue Definition der Übergangsfunktion der beschriebenen Maschine. Abb. 3.1 illustriert die Anwendung dieser Definition am Beispiel dreier aufeinanderfolgender Zustände z, T(z), T(T(z)). Wir setzen dabei als Menge der Adressen Ad = {0, ... , N} voraus. Die nicht besetzten Speicherplätze bedeuten, daß auf diesen Speicherplätzen beliebige Werte aus den entsprechenden Mengen abgespeichert sein können.

Übergangsfunktion T: Die Maschine sei im Zustand z. Für eine beliebige Adresse a bedeuten z(a) .w, z(a) .o, z(a) .a1, z(a) .a2 bzw. z(a) .a3 die Werte auf den entsprechenden Feldern des Speicherplatzes a. Die Übergangsfunktion T ist folgendermaßen definiert:

1. T(z) ist nur dann definiert, wenn z(B) $\neq \perp$. Das bedeutet, alle endlichen echten Berechnungen der Maschine sind genau die Berechnungen, für die der Wert des Befehlszählers B im Endzustand $\perp$ ist.

2. Wenn T(z) = z′, dann unterscheidet sich z′ von z höchstens im Wert des Befehlszählers B sowie im Wert auf dem Feld w des Speicherplatzes, dessen Adresse durch die „aktuelle" Adresse a = z(B) in Abhängigkeit von der Operation auf dem Opera-

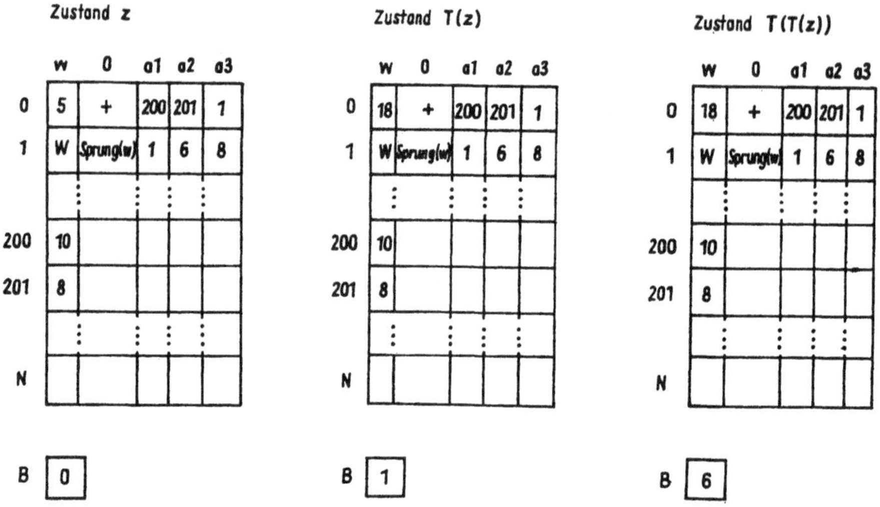

Abb. 3.1. Beispiele für Zustände der Dreiadreßmaschine für BPS: **z**, **T(z)**, **T(T(z))**

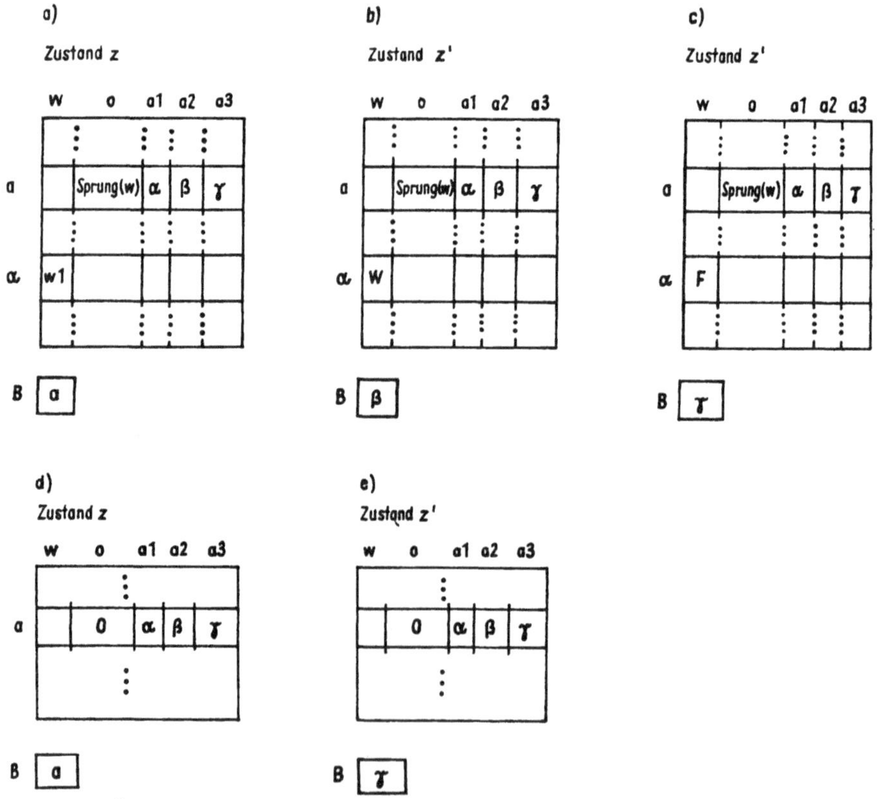

Abb. 3.2. Änderungen des Inhalts des Befehlszählers

– im Fall eines bedingten Sprungs: a) Ausgangszustand **z**, b) **z′** = **T(z)** für **w1** = **W**, c) **z′** = **T(z)** für **w1** = **F**,

– im Fall anderer Operationen: d) Ausgangszustand **z**, e) **z′** = **T(z)**

tionsfeld o des Speicherplatzes a bestimmt wird (das kann im Fall des Operators Tr auch direkt geschehen).

2.1. Wenn z(a) .o $\neq$ Sprung(w), dann ist z'(B) = z(a) .a3. Sonst gilt

$$z'(B) = \begin{cases} z(a).a2\,, & \text{wenn } z(z(a).a1).w = \mathbf{W}\,, \\ z(a).a3\,, & \text{wenn } z(z(a).a1).w = \mathbf{F}\,, \\ \perp & \text{sonst}\,. \end{cases}$$

Das heißt, wenn die aktuelle Operation kein bedingter Sprung ist, dann steht die Adresse des nachfolgenden Befehls auf dem Feld a3 des Speicherplatzes a. Für bedingte Sprünge befindet sie sich in Abhängigkeit vom Wert auf dem Feld w desjenigen Speicherplatzes, dessen Adresse auf dem Feld a1 des Speicherplatzes a steht, entweder auf dem Feld a2 oder a3 des Speicherplatzes a, oder sie ist $\perp$ (Abb. 3.2.).

2.2. Wenn z(a) .o = $\odot$ ($\cdot$ vertritt beliebige zweistellige Operationen), dann ist z'(a) .w = z(z(a) .a1) .w $\cdot$ z(z(a) .a2) .w.

Das heißt, der Wert auf dem Feld w des Speicherplatzes a ist das Ergebnis der Ausführung der (arithmetischen oder logischen) Operation $\cdot$ über den Werten auf den Feldern w der Speicherplätze, deren Adressen sich auf den Feldern a1 und a2 des Speicherplatzes a befinden (Abb. 3.3a)).

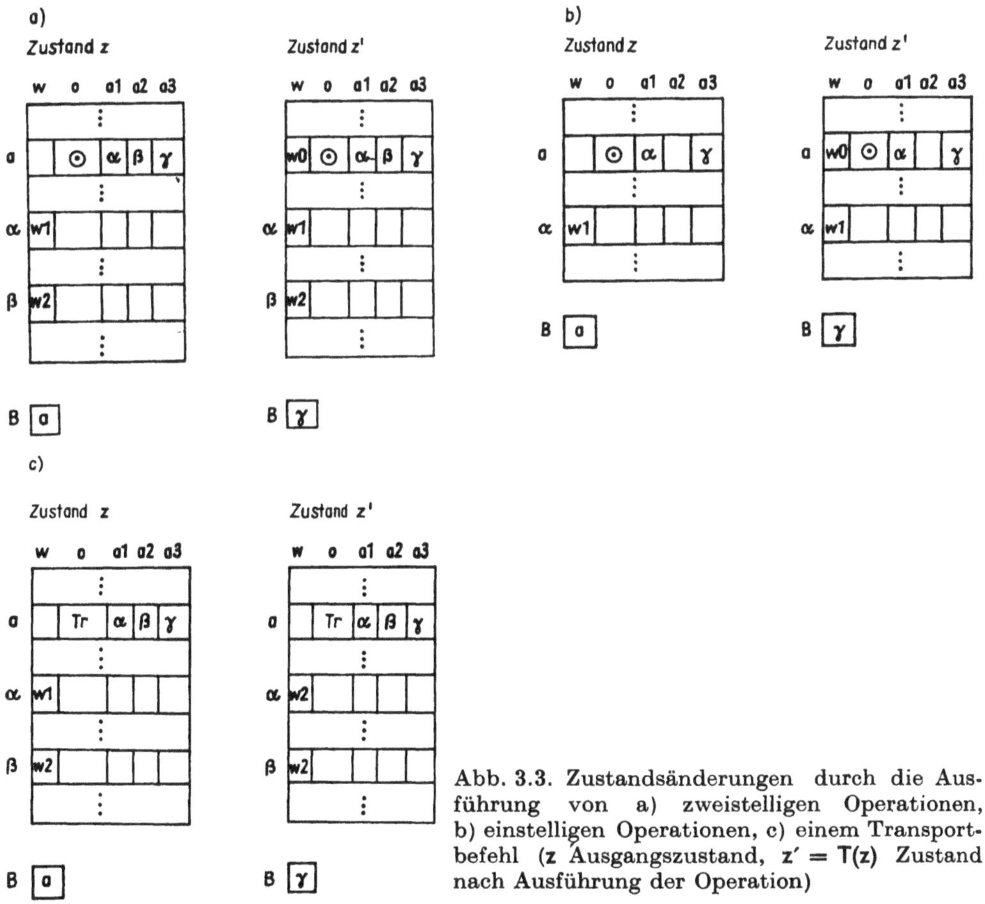

Abb. 3.3. Zustandsänderungen durch die Ausführung von a) zweistelligen Operationen, b) einstelligen Operationen, c) einem Transportbefehl (z Ausgangszustand, z' = T(z) Zustand nach Ausführung der Operation)

2.3. Wenn z(a) .o = ⊙ (· vertritt beliebige einstellige Operationen), dann ist z'(a) .w = · z(z(a) . a1) .w (Abb. 3.3b)).

2.4. Wenn z(a) .o = Tr, dann ist z'(z(a) .a1) .w = z(z(a) .a2) .w

Das heißt, der Wert auf dem Feld w des Speicherplatzes, dessen Adresse auf dem Feld a2 des Speicherplatzes a steht, wird auf das Feld w desjenigen Speicherplatzes gebracht, dessen Adresse auf dem Feld a1 des Speicherplatzes a steht (Abb. 3.3c)).

2.5. Wenn z(a) .o ein Sprungbefehl ist, so ändert sich nur der Wert des Befehlszählers.

Für die Punkte 2.2 und 2.3 der obigen Definition setzen wir voraus, daß die arithmetischen Operationen und Vergleichsoperationen auf gewohnte Weise definiert sind, wenn die Argumente ganzzahlig sind. Sonst ist der Wert des Ergebnisses $\perp$. Analog gilt für logische Operationen, daß das Ergebnis $\perp$ ist, wenn ein Argument nicht aus WF ist.

Zum Schluß möchten wir noch einmal auf den Unterschied zwischen den Maschinenbefehlen und den ihnen entsprechenden Operationen hinweisen. Die letzteren dienen zur Definition der ersteren im Sinne ihrer Aufgabe bei der Zustandsänderung, d. h. bei der Definition der Übergangsfunktion T. ■

3.1.2. Direkte Implementation einer Programmiersprache: Interpretation und Kompilation

Die *Implementation* einer Programmiersprache beruht, anschaulich gesprochen, auf der Projektierung eines Algorithmus, der Wörter (Programme) dieser Sprache in die interne Sprache eines gegebenen Digitalrechners übersetzt. In dieser Form sind sie dann unmittelbar ausführbar.

Man unterscheidet gewöhnlich zwei Implementationsmethoden oder, anders ausgedrückt, zwei Arten von Implementationsalgorithmen: *Compiler* und *Interpreter*. Der Unterschied besteht darin, daß im Fall einer Kompilation die Übersetzung des gesamten Quelltextes seiner Ausführung vorangeht, während wir bei der Interpretationsmethode nacheinander bestimmte „Teile" des Quelltextes vor der Übersetzung weiterer Teile ausführen. Dazu betrachten wir als Beispiel eine bedingte Anweisung:

if E **then** I1 **else** I2 **fi** .

I1 und I2 können beide sehr komplizierte Anweisungen sein. Durch die Kompilation wird zuerst der gesamte Text der Anweisung übersetzt, und danach führt die Maschine den als Ergebnis entstandenen Code (Folge von Maschinenbefehlen) aus. Die Interpretation geht von der Tatsache aus, daß unabhängig vom Wert des Ausdrucks E eine der Anweisungen I1 oder I2 im allgemeinen nicht ausgeführt wird. Daher erscheint es vernünftig, zuerst E zu übersetzen und auszuführen und dann, in Abhängigkeit vom erhaltenen Ergebnis, zur Übersetzung und Ausführung von I1 oder I2 überzugehen. Auf diese Weise wird das für aktuelle Daten erhaltene Ergebnis das gleiche sein, allerdings wird auf die Übersetzung überflüssigen Textes verzichtet.

In diesem Beispiel ging es nur um die Betonung des existierenden Unterschieds. Es hatte nicht zum Ziel, eine Überlegenheit der Interpretation über die Kompilation zu zeigen, denn das genaue Gegenteil folgt aus der Betrachtung einer Iteration (Laufanweisung), wo durch die Interpretation der gleiche Text mehrfach übersetzt wird.

Bevor wir zu formalen Definitionen übergehen, bemerken wir, daß ein Implementationsalgorithmus in der Praxis im allgemeinen aus vielen Teilen besteht, die zur Syntaxanalyse von Wörtern der Quellsprache oder zur Abspaltung und Erkennung entsprechender Programmteile zur Interpretation, zur Übersetzung in eine Zwischensprache, zur Optimierung usw. dienen. Diese Probleme werden uns hier nicht interessieren. Unser Ziel ist die Definition der Aufgabe eines Implementationsalgorithmus als Ganzes und ihre Anwendung bei der Semantikdefinition. Die hier beschriebenen Begriffe der Implementation werden wir deshalb *direkte Interpretation* (*Kompilation*) einer Programmiersprache auf einer Maschine nennen.

In den obigen Betrachtungen verwendeten wir den Begriff der Maschinensprache, deren Anweisungen direkt ausführbar sind. Das Wort „direkt" weist darauf hin, daß das eine Sprache ist, in der wir die Zustände der Maschine (oder besser Klassen von äquivalenten Zuständen) unter Verwendung der eingeführten Terminologie notieren. Anders formuliert, führt die Eingabe eines Textes in Maschinensprache in die Maschine zu einer Änderung ihres aktuellen Zustands in einen durch den Text beschriebenen Zustand. Die Aufgabe der *direkten Implementation* besteht schließlich darin, daß eine solche Zustandsänderung unter Verwendung der Quellsprache beschreibbar ist.

In diesem Sinn erkennen wir, daß die Beschreibung einer *direkten Kompilation* zur Definition einer Zuordnung führt, die einem gegebenen Programmtext und einem beliebigen Zustand einer Maschine einen neuen Zustand dieser Maschine zuordnet, in dem sie auf die Ausführung dieses Programms „vorbereitet" ist. Analog beruht das Problem der Beschreibung einer *direkten Interpretation* auf der Definition einer Zuordnung, die einem Quelltext und einem aktuellen Zustand einer Maschine einen neuen Zustand nach der Übersetzung und Ausführung einer bestimmten begrenzten syntaktischen Einheit sowie weiteren zu interpretierenden Quelltext zuordnet. Wir können voraussetzen, daß der Interpretationsprozeß beendet ist, wenn dieser zu interpretierende Text „leer" (ε) ist.

In beiden Fällen ist die Bestimmung eines Zustands der „Vorbereitung" auf die Ausführung eines Programms oder seiner Teile vom gegebenen Zustand der Maschine abhängig, da wir diesen Zustand durch die Eingabe von Informationen, die sich aus dem betrachteten Text ergeben, nur „lokal aktualisieren". Abgesehen von dieser lokalen Änderung bleibt der Zustand der Maschine ohne Änderung.

Nehmen wir z. B. an, daß wir auf der Maschine aus dem Beispiel 3.1.1 den Ausdruck $x + y$ berechnen sollen. Die Berechnung ist vollständig klar, wenn wir wissen, daß sie auf der Ausführung der Operation zum Operator $\oplus$, der sich auf dem Operationsfeld eines bestimmten Speicherplatzes befindet, auf den Werten beruht, die sich auf Speicherplätzen befinden, deren Adressen den Variablen (Identifikatoren) x und y zugeordnet sind. Somit hängt die Definition der Zuordnungen einer Implementation in erster Linie davon ab, wie die Verbindung zwischen den Identifikatoren eines Programms und den Adressen der Speicherplätze einer Maschine aufgestellt werden. Diesen Zusammenhang beschreiben wir durch eine Funktion auf der Menge der Identifikatoren der betrachteten Programmiersprache, die wir *Umgebung* (bezüglich der wir ein Programm oder Teile eines Programms ausführen) nennen. In jedem konkreten Fall interessiert uns nur, wie diese Funktion für die endliche Anzahl von Identifikatoren eines Programms definiert ist. Aus rein technischen Gründen ist es vorteilhafter anzunehmen, daß ihr Definitionsbereich die Menge aller Identifikatoren ist. Die Menge aller Umgebungen bezeichnen wir mit Ev.

In einfachen Fällen, wie z. B. für die Sprache BPS und die Maschine aus dem Beispiel 3.1.1, ist die Menge der Funktionswerte auf eine Adressenmenge beschränkt. In komplexeren Sprachen können Funktionswerte auch ganze Speicherblöcke, z. B. für Variablen, deren Werte strukturiert sind, oder vollkommen andere Objekte sein (z. B. wenn einem Identifikator Prozeduren zugeordnet sind). Außerdem kann der Wert einer Umgebung, bezüglich der wir die Ausführung eines Programms begannen, sich im Verlauf einer Berechnung ändern. Das ist z. B. der Fall, wenn die Programme der betrachteten Sprache Blockstruktur haben.

PS sei eine Programmiersprache und $M = (Z, T)$ eine Maschine, auf der wir eine direkte Implementation dieser Sprache durchführen wollen. Weiterhin setzen wir voraus, daß die Menge der Umgebungen Ev aufgestellt wurde. C sei dann die Menge $Z \times Ev$. Dann nennen wir die Funktion

$$\mathsf{kom}: \mathsf{PS} \times \mathsf{C} \to \mathsf{C} \tag{3.1.1}$$

direkte Kompilation der Sprache PS auf der Maschine M.

Eine *direkte Interpretation* der Sprache PS auf der Maschine M ist die partielle Funktion

$$\mathsf{int}: \mathsf{PS} \times \mathsf{C} \circ\!\!\to (\mathsf{PS} \cup \{\varepsilon\}) \times \mathsf{C}\,. \tag{3.1.2}$$

Den Begriff der direkten Interpretation verallgemeinern wir in Abschnitt 3.2.1. im Zusammenhang mit der operationalen Methode der Semantikdefinition.

Bevor wir die eingeführten Begriffe zur Semantikdefinition mit Hilfe der Implementation verwenden, stellen wir Beispiele für die Funktionen int und kom für die Sprache BPS auf der Dreiadreßmaschine aus Beispiel 3.1.1 vor. Man beachte, daß trotz der Einfachheit der Programmiersprache und des idealisierten Modells eines Digitalrechners die formale Definition der Funktionen int und kom verhältnismäßig kompliziert ist. Diese für die Implementation charakteristische Situation tritt auf, weil wir Einzelheiten der Realisierung berücksichtigen müssen, die mit dem verwendeten Modell der Maschine zusammenhängen. Will man mit diesen Funktionen einem Anwender die Bedeutung von Programmen erläutern, so scheinen die Implementationseinzelheiten überflüssig zu sein. Sie erschweren das Verständnis der Definitionen, weil sie gründliche Kenntnisse über die Tätigkeit einer konkreten Maschine erfordern. Außerdem ist im Fall der Verwendung eines geänderten Modells einer Recheneinrichtung trotz gleicher Prinzipien eine völlige Neuformulierung der Interpretationsfunktion notwendig.

Im folgenden Beispiel wollen wir durch die vollständige formale Definition der Funktionen int und kom einerseits die eingeführten Begriffe illustrieren und andererseits die Nachteile dieser Methode der Semantikdefinition darstellen und unterstreichen.

Beispiel 3.1.2. *Direkte Implementation von BPS.* In Übereinstimmung mit den allgemeinen Definitionen haben wir die Funktionen

$$\mathsf{kom}: \mathrm{BPS} \times \mathsf{Z} \times \mathsf{Ev} \to \mathsf{Z} \times \mathsf{Ev}\,,$$

$$\mathsf{int}: \mathrm{BPS} \times \mathsf{Z} \times \mathsf{Ev} \circ\!\!\to (\mathrm{BPS} \cup \{\varepsilon\}) \times \mathsf{Z} \times \mathsf{Ev}$$

zu definieren, wobei Ev die Menge der Umgebungen ist, d. h. in diesem Beispiel eine Menge von Funktionen aus der Menge Ide der Identifikatoren der Sprache BPS in die Menge Ad von Adressen der Maschine M = (Z, T), die im Beispiel 3.1.1 eingeführt wurde.

Wir heben eine Menge Ele *elementarer Konstruktionen* der Sprache BPS hervor, die aus der Menge Exp von Ausdrücken dieser Sprache und aus der Menge *einfacher Anweisungen* EA besteht. EA enthalte die Anweisung **skip** und alle Ergibtanweisungen. Dann gilt

$$\mathsf{Ele} = \mathsf{Exp} \cup \mathsf{EA}\,.$$

Das Implementationsprinzip ist sehr einfach. Die Definition der Funktion kom (für einen gegebenen Zustand und eine gegebene Umgebung) beruht in diesem Zustand auf der Bestimmung einer Menge von Speicherplätzen (Block) und der Werte auf diesen Speicherplätzen. Diese Werte sind die zur Ausführung eines gegebenen Programms notwendigen Maschinenbefehle. Gleichzeitig muß der Befehlszähler in diesem Zustand die Adresse des Speicherplatzes beinhalten, von wo ab die Berechnung beginnen soll (Blockanfang). Der Befehl, mit dem die Berechnung beendet werden soll, muß sich auf einem Speicherplatz befinden, auf dessen Adressenfeld a3 sich der Wert $\perp$ befindet (Blockende).

Wir beginnen mit der direkten Definition der Blöcke für elementare Konstruktionen. Ein Block einer zusammengesetzten Konstruktion K der Sprache enthält die Blöcke der elementaren Konstruktionen, aus denen sich K zusammensetzt. Die Blockanfänge und Blockenden der bestandteilbildenden Blöcke werden miteinander durch Anpassung der Werte auf den Adressenfeldern „verbunden".

Elementare Konstruktionen bilden die grundlegenden syntaktischen Einheiten, die der Interpretation in einem Schritt unterliegen. Betrachten wir z. B. die Anweisungsfolge

$$\mathsf{x} := \mathsf{E}\ ;\ \mathsf{A}\,.$$

Im Ergebnis der Anwendung der Funktion int auf diese Folge im Zustand z mit der Umgebung u erhalten wir einen neuen Zustand z'. Dieser Zustand ist der Endzustand der Berechnung der Maschine M, die im Zustand nach der Kompilation der Ergibtanweisung x := E startete, d. h. im Zustand kom (x := E, z, u). Der im Zustnad z' zu interpretierende Text ist die Anweisung A.

Weil in den Programmen der Sprache BPS alle Variablen globale Variablen sind (es können keine inneren Blöcke gebildet werden), ändern die Funktionen kom und int die anfängliche Umgebung nicht.

Wir geben nun eine exakte Definition der Funktionen kom und int. Die komplizierteren formalen Notationen sind mit Hilfe der entsprechenden Abbildungen leicht verständlich.

Hilfsbegriffe. Mit End(Ad) bezeichnen wir die Menge aller endlichen Untermengen von Ad. Außerdem setzen wir voraus, daß wir eine Funktion neu haben, die einer beliebigen Menge $\mathsf{A} \in \mathsf{End(Ad)}$ eine Adresse so zuordnet, daß $\mathsf{neu(A)} \notin \mathsf{A}$. Das bedeutet, die Funktion neu erzeugt „freie" Speicherplätze, wenn A eine Menge „besetzter" Speicherplätze bezeichnet. Eine solche Funktion kann man auf verschiedene Weise exakt definieren, wenn z. B. die Menge Ad die Menge der natürlichen Zahlen ist oder allgemeiner, wenn sie wohlgeordnet ist.

Weitere Hilfsfunktionen werden in Verbindung mit den Grundfunktionen **kom** und **int** definiert. Es sind folgende Funktionen:

$$\mathsf{Block}\colon \mathrm{BPS} \times \mathsf{End(Ad)} \to \mathsf{End(Ad)}\,,$$

$$\mathsf{ABlock},\ \mathsf{EBlock}\colon \mathrm{BPS} \times \mathsf{End(Ad)} \to \mathsf{Ad}\,.$$

Die Funktion **Block** soll den Sprachkonstruktionen der Sprache BPS eine Menge von Speicherplätzen zuordnen, auf denen die entsprechenden Maschinenbefehle abgespeichert werden. Diese Menge hängt von den bisher besetzten Speicherplätzen ab. Die Funktionen **ABlock** und **EBlock** dienen zur Markierung von Anfang und Ende eines gebildeten Speicherblocks.

Wir setzen voraus, daß jede Menge besetzter Speicherplätze mit Adressen aus einer Menge **A**, von der die obigen Funktionen abhängen, immer alle Speicherplätze enthält, deren Adressen durch die aktuelle Umgebung **u** bestimmt sind. **A(u)** bezeichnet dann eine beliebige endliche Menge von Adressen, die alle den Identifikatoren $\mathsf{x} \in \mathsf{Ide}$ durch die Umgebung **u** zugeordneten Adressen **u(x)** enthält. Wir setzen damit voraus, daß jede Umgebung nur eine endliche Anzahl von Speicherplätzen „reserviert". Wir kommen nun zur Definition der Funktion **kom**:

kom *für Ausdrücke* (Menge **Exp**) **E**

1. $\mathsf{E} = \mathsf{x} \in \mathsf{Ide}$ (Abb. 3.4). Wir bilden einen Block bestehend aus einem Speicherplatz, auf dem wir den Wert vom Speicherplatz **u(x)** abspeichern (Operator **Tr**). Auf diese Weise berechnen wir den Wert des Ausdrucks **x**.

$$\mathsf{Block(x, A(u))} = \{\mathsf{neu(A(u))}\}\,,$$
$$\mathsf{ABlock(x, A(u))} = \mathsf{EBlock(x, A(u))} = \mathsf{neu(A(u))} = \mathsf{a}$$
für eine beliebige Menge $\mathsf{A(u)} \in \mathsf{End(Ad)}$,
$$\mathsf{kom(x, z, u)} = \mathsf{(z', u)}\,, \quad \text{wobei} \quad \mathsf{z'(B)} = \mathsf{EBlock(x, A(u))} = \mathsf{a}\,,$$
$$\mathsf{z'(a).o} = \mathsf{Tr}\,, \quad \mathsf{z'(a).a1} = \mathsf{a}\,,$$
$$\mathsf{z'(a).a2} = \mathsf{u(x)}\,, \quad \mathsf{z'(a).a3} = \bot\,,$$
$$\mathsf{z'(b)} = \mathsf{z(b)} \quad \text{für alle} \quad \mathsf{b} \in \mathsf{Ad}\,, \quad \mathsf{b} \neq \mathsf{a}\,.$$

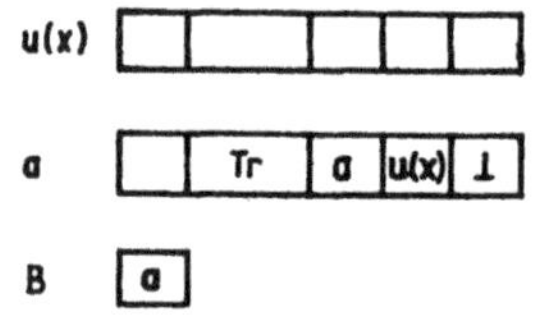

Abb. 3.4. Kompilation eines Identifikators (als Ausdruck)

2. $\mathsf{E} \equiv$ 'k' (Abb. 3.5). 'k' ist die Bezeichnung einer logischen oder arithmetischen Konstante **k** in BPS. Wir bilden einen Speicherblock über einen Speicherplatz, auf dessen Wertefeld **k** abgespeichert ist. Die Berechnung des Ausdrucks 'k' besteht in der identischen Abbildung, was durch einen Transportbefehl vom gebildeten Block zu sich selbst ausgedrückt wird.

Block, **ABlock** und **EBlock** sind wie unter 1. definiert.

$$\mathsf{kom('k', z, u)} = \mathsf{(z', u)}, \quad \text{wobei} \quad \mathsf{z'(B)} = \mathsf{ABlock('k', }A\mathsf{(u))}\,,$$
$$\mathsf{z'(a)} = (\mathsf{k, Tr, a, a}, \bot)\,,$$
$$\mathsf{z'(b)} = \mathsf{z(b)} \quad \text{für alle} \quad \mathsf{b} \in \mathsf{Ad}\,, \quad \mathsf{b} \neq \mathsf{a}\,.$$

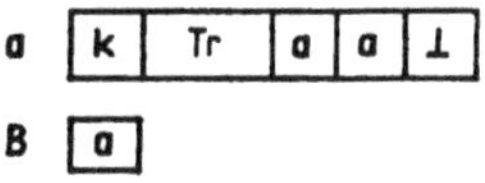

Abb. 3.5. Kompilation einer Konstanten

3. $E \equiv (E_1 \cdot E_2)$ (Abb. 3.6). Die nachfolgende Definition besagt, daß wir zunächst je einen Block für die Ausdrücke E_1 und E_2 bilden und dann einen neuen Speicherplatz hinzufügen, auf dem die Maschine nach der Ausführung der Operation $\cdot$ auf den Ergebnissen von E_1 und E_2 das Ergebnis der Operation $\cdot$ abspeichert. Die Blöcke müssen entsprechend miteinander verbunden werden.

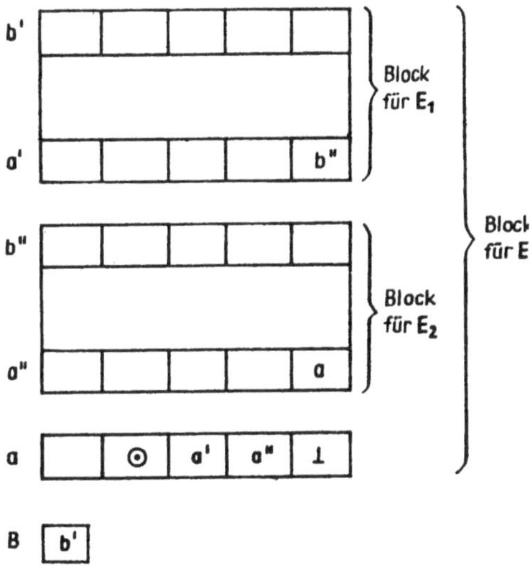

Abb. 3.6. Kompilation eines zusammengesetzten Ausdrucks

$$\begin{aligned}
&\mathsf{Block}(E, A(u) = A' \cup \{a\}, \text{ wobei} \\
&\quad A' = \mathsf{Block}(E_1, A(u)) \cup \mathsf{Block}(E_2, \mathsf{Block}(E_1, A(u)) \cup A(u)), \\
&\quad a = \mathsf{neu}(A' \cup A(u)), \qquad \mathsf{ABlock}(E, A(u)) = \mathsf{ABlock}(E_1, A(u)), \\
&\quad \mathsf{EBlock}(E, A(u)) = a, \\
&\mathsf{kom}(E, z, u) = (z', u), \quad \text{wobei } z'(B) = \mathsf{ABlock}(E, A(u)), \\
&\quad z'(a).o = \odot, \quad z'(a).a1 = a' = \mathsf{EBlock}(E_1, A(u)), \\
&\quad z'(a).a2 = a'' = \mathsf{EBlock}(E_2, \mathsf{Block}(E_1, A(u)) \cup A(u)), \\
&\quad z'(a).a3 = \bot, \qquad z'(a').a3 = \mathsf{ABlock}(E_2, \mathsf{Block}(E_1, A(u)) \cup A(u)), \\
&\quad z'(a'').a3 = a, \\
&\quad z'(b) = [\mathsf{kom}(E_2, [\mathsf{kom}(E_1, z, u))]_1, u)_1 (b) \text{ für alle übrigen } b \in Ad
\end{aligned}$$

(Erklärung der Bezeichnung $[]_i$ siehe Anhang). Die letzte Gleichung bedeutet, daß alle Speicherplätze b, außer den oben verwendeten, sich nach der Kompilation von $(E_1 \cdot E_2)$ im gleichen Zustand befinden wie nach der Kompilation von E_2. Die Kompilation von E_2 begann dabei in einem Zustand, der durch die Kompilation von E_1 im Zustand z entstand.

Die Definition der Kompilation des Ausdrucks $(\cdot\ E)$ ist analog zur vorigen.

kom *für einfache Anweisungen* I

1. I = **skip** (Abb. 3.7). Diese Anweisung soll keinerlei Wertänderung bewirken. Wir realisieren sie daher als unbedingten Sprung. Der Speicherblock besteht aus einem

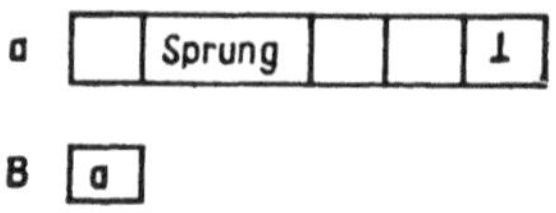

Abb. 3.7. Kompilation einer skip-Anweisung

Speicherplatz, und somit sind die Funktionen **Block**, **ABlock** und **EBlock** wie für Ausdrücke unter 1. definiert.

$$\mathsf{kom}(\mathbf{skip}, z, u) = (z', u) \quad \text{mit} \quad z'(B) = \mathsf{ABlock}(\mathbf{skip}, A(u)) = a\,,$$
$$z'(a).o = \mathsf{Sprung}\,, \qquad z'(a).a3 = \bot\,,$$
$$z'(b) = z(b) \text{ für alle übrigen Adressen } b \in \mathsf{Ad}.$$

2. $I \equiv x := E$ (Abb. 3.8). Der Speicherblock für diese Anweisung besteht aus einem Speicherblock für den Ausdruck E sowie einem speziellen Speicherplatz mit dem Befehl Tr. Dieser Befehl führt den Transport des Wertes des Ausdrucks E auf den Speicherplatz $u(x)$ durch.

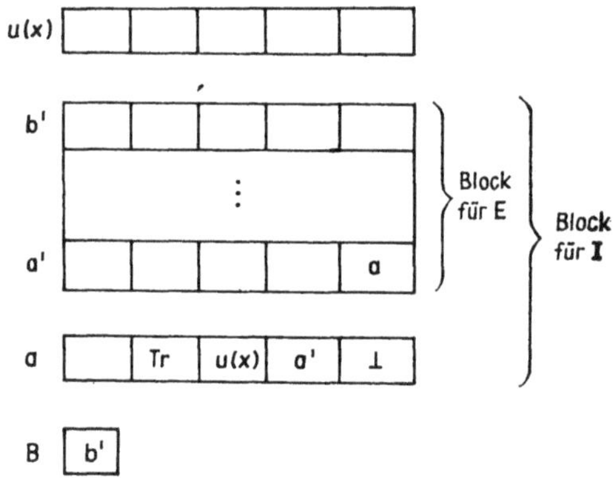

Abb. 3.8. Kompilation einer Ergibtanweisung

$$\mathsf{Block}(I, A(u)) = \mathsf{Block}(E, A(u)) \cup \{a\} \quad \text{mit} \quad a = \mathsf{neu}(A(u) \cup \mathsf{Block}(E, A(u)))\,,$$
$$\mathsf{ABlock}(I, A(u)) = \mathsf{ABlock}(E, A(u))\,, \quad \mathsf{EBlock}(I, A(u)) = a\,,$$
$$\mathsf{kom}(I, z, u) = (z', u)\,, \quad \text{wobei} \quad z'(B) = \mathsf{ABlock}(I, A(u))\,,$$
$$z'(a).o = \mathsf{Tr}\,, \quad z'(a).a1 = u(x)\,,$$
$$z'(a).a2 = a' = \mathsf{EBlock}(E, A(u))\,, \quad z'(a).a3 = \bot\,,$$
$$z'(a').a3 = a\,, \quad z'(b) = [\mathsf{kom}(E, z, u)]_1\,(b) \quad \text{für alle übrigen} \quad b \in \mathsf{Ad}\,.$$

Die Erweiterung der Funktion **kom** für alle übrigen Programmkonstruktionen verläuft ähnlich, wobei die formalen Definitionen verhältnismäßig kompliziert sind. Die Abb. 3.9 illustriert die Definition von **kom** für die bedingte Anweisung.

Nun wollen wir uns etwas gründlicher mit der Funktion **int** beschäftigen. Wir definieren sie in unserem Beispiel für eine beliebige elementare Konstruktion $e \in \mathsf{Ele}$ auf folgende Weise:

$$\mathsf{int}(e, z, u) = (\varepsilon, \mathsf{Res}_M([\mathsf{kom}(e, z, u)]_1), u)\,.$$

Das heißt, die Ausführung der durch die Kompilation von **e** erzeugten Maschinenbefehle beginnt mit dem nach der Kompilation erreichten Zustand $[\mathsf{kom}(e, z, u)]_1$ und endet in einem durch Res_M definierten Zustand.

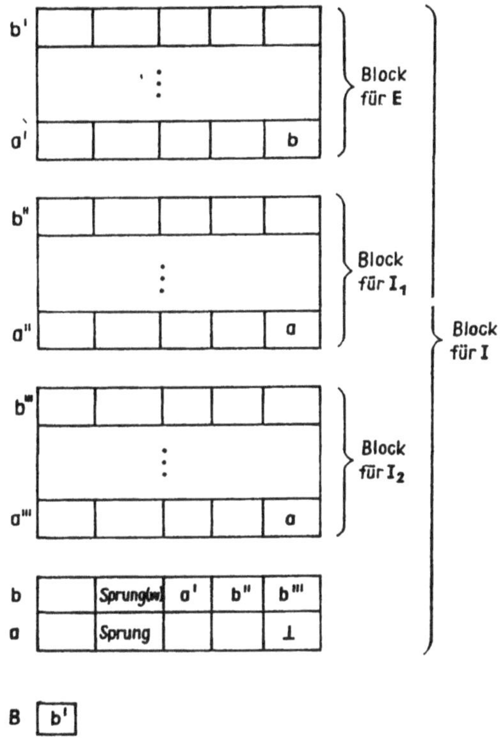

Abb. 3.9. Kompilation einer bedingten Anweisung
if E then I_1 else I_2 fi

Wenn $E \in Exp$, dann ist der Wert des Ausdrucks E im Zustand z bei einer Umgebung u als Wert definiert, der nach der Ausführung der Befehle (Berechnung) des aus E durch kom gebildeten Speicherblocks auf dem Wertefeld w des Speicherplatzes des Blockendes steht:

$$\mathrm{Wert}(E, z, u) = z'(\mathrm{EBlock}(E, A(u))) .w \quad \text{und} \quad z' = \mathrm{Res}_M([\mathrm{kom}(E, z, u)]_1) .$$

Die Menge Ele besteht aus unmittelbar ausführbaren syntaktischen Einheiten. Es reicht nun, die Funktion int auf zusammengesetzte Konstruktionen zu erweitern.

p sei eine beliebige Anweisung oder das leere Wort ε, und I sei eine einzelne Anweisung. Die Notation „I; p" bedeutet dann, daß für $p = \varepsilon$ kein „;" auftritt.

int *für eine Anweisungsfolge* I; p

I sei eine einfache Anweisung, d. h. eine Ergibtanweisung oder die Anweisung **skip**:

$$\mathrm{int}(I; p, z, u) = (p, [\mathrm{int}(I, z, u)]_2, u) .$$

Bei der Interpretation der Anweisungsfolge wird zunächst I interpretiert. Im dadurch erreichten Zustand ist noch p zu interpretieren.

int *für bedingte Anweisungen* **if** E **then** I_1 **else** I_2 **fi**

$$\mathrm{int}(\textbf{if } E \textbf{ then } I_1 \textbf{ else } I_2 \textbf{ fi}; p, z, u) = \begin{cases} (I_1; p, [\mathrm{int}(E, z, u)]_2, u), & \text{wenn } \mathrm{Wert}(E, z, u) = \mathbf{W}, \\ (I_1; p, [\mathrm{int}(E, z, u)]_1, u), & \text{wenn } \mathrm{Wert}(E, z, u) = \mathbf{F}, \\ \text{undefiniert} & \text{sonst} . \end{cases}$$

Die Interpretation der bedingten Anweisung bedeutet zunächst die Interpretation von E. Im 50 erreichten Zustand ist danach l_1; p zu interpretieren, falls Wert(E, z, u) = **W**, bzw. l_2; p, wenn Wert(E, z, u) = **F**. In allen anderen Fällen ist die weitere Interpretation undefiniert.

int *für Iterationen*

$$\text{int}(\textbf{while } E \textbf{ do } I \textbf{ od};\ p, z, u) = \begin{cases} (I;\ \textbf{while } E \textbf{ do } I \textbf{ od};\ p, [\text{int}(E, z, u)]_2, u), \\ \qquad \text{wenn} \quad \text{Wert}(E, z, u) = \mathbf{W}, \\ (p, [\text{int}(E, z, u)]_2, u), \quad \text{wenn} \\ \qquad \text{Wert}(E, z, u) = \mathbf{F}, \\ \text{undefiniert} \quad \text{sonst}. \end{cases}$$

Die Interpretation der Iteration führt zur Interpretation von E. Im dadurch erreichten Zustand gibt es folgende Möglichkeiten: Falls Wert(E, z, u) = **W**, muß I; **while** E **do** I **od**; p interpretiert werden und für Wert(E, z, u) = **F** wird p interpretiert werden. In allen übrigen Fällen ist die weitere Interpretation undefiniert.

int *für Programme* (Blöcke)

$$\text{int}(\textbf{begin } d;\ I\ \textbf{end}, z, u) = (I, z, u).$$

Vereinbarungen haben im Programm zwei Aufgaben zu erfüllen: Erstens liefern sie Informationen, die für die Überprüfung der Kontextbedingungen eines Programms gebraucht werden, und zweitens haben sie Hilfsvariablen im Verlauf der Berechnung zu generieren und zu beseitigen. Im Fall der einfachsten Version der Programmiersprache BPS haben die Vereinbarungen nur die erste Aufgabe (sie werden in dieser Rolle in Abschnitt 2.3.3. verwendet; zu diesem Problem kehren wir in Abschnitt 3.5.2. zurück). Wir haben es nämlich ausschließlich mit global definierten Variablen zu tun. Daher übergeht die Interpretation Vereinbarungen. Den dynamischen Charakter von Vereinbarungen lernen wir bei der Untersuchung von Programmen mit Blockstruktur und mit Prozeduren in den Abschnitten 3.5.2. bis 3.5.4. kennen. ■

Zum Abschluß des Abschnitts weisen wir darauf hin, daß sowohl die direkte Kompilation als auch die direkte Interpretation für jedes Programm einer Sprache bestimmte partielle Funktionen in der Menge C = Z × Ev darstellen. Wir bezeichnen sie mit skom bzw. sint. Beide kann man als eine *Semantik* der Programmiersprache ansehen, die durch die Implementation der Sprache auf einer konkreten Maschine gewonnen wurde. Im Fall der Funktionen int und kom aus Beispiel 3.1.2 haben wir:

$$\text{skom}(p)(z, u) = (\text{Res}_M([\text{kom}(p, z, u)]_1), u),$$

$$\text{sint}(p)(c) = [\text{int}^{k_\varepsilon}(p, c)]_2.$$

p ist ein beliebiges Programm der Programmiersprache BPS und $c = (z, u) \in Z \times Ev$. Dann bezeichnet $\text{int}^{k_\varepsilon}$ die k_ε-fache Verkettung der Funktion int mit sich selbst. Dabei ist k_ε die kleinste natürliche Zahl, für die gilt $[\text{int}^{k_\varepsilon}(p, c)]_1 = \varepsilon$, d. h., int wird so oft nacheinander ausgeführt, bis kein zu interpretierender Programmtext mehr vorhanden ist. Beide Funktionen skom und sint können wegen der Partialität von Res_M und weil eventuell k_ε nicht existiert für bestimmte Paare (z, u) undefiniert sein.

Wie wir in Abschnitt 3.2.1 zeigen, ist diese Methode der Semantikdefinition ein Spezialfall der operationalen Methode der Semantikdefinition.

Zum Schluß bemerken wir, daß die direkte Kompilation als Spezialfall der Interpretation angesehen werden kann, wobei „ein Schritt" immer die Ausführung des gesamten Programms bedeutet.

3.1.3. Die Computerumgebung: Variablen, Werte und Zustände

Im vorhergehenden Abschnitt definierten wir die Funktionen skom und sint als Semantik der Sprache BPS. Das war deshalb möglich, weil diese Funktionen jedem Programm p seine Bedeutung skom(p) und sint(p) zuordnen. Sowohl in diesem Fall als auch in den vorherigen Betrachtungen sind die Bedeutungen von Programmen meistens partielle Funktionen, die in einer bestimmten Menge definiert sind. Diese Menge nennen wir Menge von *Zuständen einer Computerumgebung.*

Die Funktionen definieren wir auf verschiedene Weise. Für skom und sint sind die Zustände der Computerumgebung durch die Maschinenzustände und die Umgebungen bestimmt. Die Zustände der Computerumgebung können somit in Abhängigkeit von der Maschine, auf der die Implementation ausgeführt wird, verschieden sein. Folglich sind auch die den gleichen Programmen zugeordneten Bedeutungen unterschiedlich. Wie man sich durch eine Analyse des Beispiels 3.1.2 leicht überzeugen kann, gilt für viele Programme der Sprache BPS außerdem skom(p) $\neq$ sint(p). Gleichzeitig behaupten wir aber, daß beide Definitionen „korrekt" sind. Das folgt daraus, daß für beliebige Werte, die den Variablen eines Programms p im Zustand (z, u) zugeordnet sind, die Werte dieser Variablen im Zustand skom(p) (z, u) die gleichen sind, wie im Zustand sint(p) (z, u). Diese Eigenschaft können wir verifizieren, denn mit Hilfe der Umgebung kann man sagen, was „der Wert einer Variablen x im Zustand der Computerumgebung (z, u)" ist. Im untersuchten Fall definieren wir diesen Wert durch z(u(x)) .w.

Das obige Beispiel zeigt uns, daß eine Methode zur Definition der Semantik unabhängig von der Menge der Zustände der Computerumgebung letztlich angeben muß, wie die einzelnen Konstruktionen einer Sprache die Werte der in den Konstruktionen auftretenden Variablen verändern.

Ohne Beschränkung der Allgemeinheit setzen wir im weiteren voraus, daß die behandelten Programmiersprachen eine gemeinsame Menge von Identifikatoren Ide besitzen. Weiterhin nehmen wir an, daß die Variablen eines Programms Identifikatoren sind. Wenn wir sagen, die aktuellen Werte der Variablen eines Programms sind Elemente einer Menge D, dann bedeutet das die Angabe einer Funktion aus der Menge Ide in die Menge D. Obwohl uns diese Zuordnung nur für die endliche Anzahl von Variablen eines Programms interessiert, ist es aus technischen Gründen vorteilhafter vorauszusetzen, daß wir es mit einer totalen Funktion zu tun haben. Ähnliches haben wir schon vorher für Umgebungen vorausgesetzt. Diese Funktionen nennen wir *Bewertungen.* Die Menge aller Bewertungen bezüglich einer bestimmten Menge D bezeichnen wir mit Bew(D). Falls es nicht zu Mißverständnissen kommen kann, lassen wir D weg.

Somit beschreiben Programme Änderungen von Bewertungen. Durch die Modifikation einer beliebigen Variablen erhalten wir eine neue Bewertung, die sich von der vorherigen nur durch den neuen Wert dieser Variablen unterscheidet.

Wie wir im Beispiel 3.1.2 sahen, können wir uns nicht nur auf Bewertungen beschränken, wenn wir die Bedeutung von Programmen unter Beachtung der Spezifik der Realisierung auf einer Maschine definieren wollen. Wir arbeiten deshalb mit dem allgemeineren Begriff des Zustands einer Computerumgebung. Der Vergleich verschiedener Semantiken und auch die Verifikation ihrer „Korrektheit" bezüglich des intuitiven Sinnes gegebener Programme geschehen durch „Abstraktion" von bestimmten Einzelheiten der Realisierung. Das ist dann möglich, wenn wir definieren, was wir unter „einer Bewertung in einem Zustand der Computerumgebung" verstehen. Wir nehmen an, daß eine *Computerumgebung* $\boldsymbol{C}$, in der die Bedeutungen von Programmen definiert sind, aus einer Menge von *Zuständen der Computerumgebung* C und aus einer abstrakten (*Dekodier-*) *Funktion* d besteht. d gibt zu jedem Zustand der Computerumgebung eine zugeordnete *Bewertung* an, ist also eine Funktion

$$\mathsf{d}: \mathsf{C} \to \mathsf{Bew}(\mathsf{D})\,.$$

Im Beispiel 3.1.2 haben wir es mit der Computerumgebung $\boldsymbol{C} = (\mathsf{Z} \times \mathsf{Ev}, \mathsf{d})$ zu tun, wobei für jedes $\mathsf{x} \in \mathsf{Ide}$

$$\mathsf{d}(\mathsf{z}, \mathsf{u})\,(\mathsf{x}) = \mathsf{z}(\mathsf{u}(\mathsf{x}))\,.\mathsf{w}$$

gilt, d. h., die Bewertung $\mathsf{d}(\mathsf{z}, \mathsf{u})$ definiert den Wert der Variablen x als Wert auf dem Wertefeld w des Speicherplatzes $\mathsf{u}(\mathsf{x})$.

Nun könnten wir verhältnismäßig leicht beweisen, daß für jedes Paar $(\mathsf{z}, \mathsf{u}) \in \mathsf{Z} \times \mathsf{Ev}$ und jedes Programm $\mathsf{p} \in$ BPS gilt

$$\mathsf{d}(\mathsf{skom}(\mathsf{p})\,(\mathsf{z}, \mathsf{u})) = \mathsf{d}(\mathsf{sint}(\mathsf{p})\,(\mathsf{z}, \mathsf{u}))\,.$$

Damit hätten wir dann die für die Semantiken skom und sint bereits oben behauptete Eigenschaft nachgewiesen.

In den weiteren Abschnitten dieses Kapitels untersuchen wir verschiedene Computerumgebungen, in denen wir die Semantik von Beispielsprachen definieren. Wenn insbesondere, $\mathsf{C} = \mathsf{Bew}$ und d die Identität ist, d. h. für jedes $\mathsf{c} \in \mathsf{C}$ gilt $\mathsf{d}(\mathsf{c}) = \mathsf{c}$, dann identifizieren wir die Computerumgebung mit der Menge der Bewertungen Bew. Wir können in dem Fall über eine Computerumgebung „unabhängig von einer Maschine" sprechen.

In Abschnitt 3.4.2. beschäftigen wir uns näher mit dem Problem der Eignung verschiedener semantischer Definitionen, die den hier eingeführten Begriff verwenden.

3.2. Die operationale Methode der Semantikdefinition

Die im vorherigen Abschnitt beschriebene direkte Interpretation, ist ein Spezialfall der *operationalen Methode* der Semantikdefinition. Spezialfall bedeutet, sie ist mit einer konkreten Maschine verbunden, auf der die Interpretation durchgeführt wird. Die Verallgemeinerung beruht daher auf einer maschinenunabhängigen Definition. Wir verwenden hierfür den in Abschnitt 3.1.3. eingeführten Begriff der Computerumgebung. Andererseits zeigen wir in 3.2.1., daß jede durch die operationale Methode festgelegte Semantik erneut zu einer (abstrakten) Maschine führt. Daher kann man solche Begriffe wie *Interpretation auf einer abstrakten Maschine, operationale Methode, abstrakte Interpretation* miteinander vertauschen.

Ein wichtiges Beispiel für die Semantikdefinition von Programmiersprachen ist die *Wiener Methode*, mit der wir uns in 3.2.2. näher beschäftigen.

In 3.2.3. führen wir *Systeme semantischer Regeln* ein, die eine vorteilhafte Form der Darstellung einer beliebigen operational definierten Semantik liefern und eine weitere Verallgemeinerung (siehe 3.2.4.) erlauben. Die Verallgemeinerung beruht darauf, daß die operationale Definition nicht mehr mit Transformationen einer Computerumgebung zusammenhängt. Die Bedeutung eines Programms kann (wie wir in 3.2.4. zeigen) ein Objekt einer beliebigen Menge (Sprache, Menge von Mengen von Berechnungen usw.) sein, welches bestimmte Voraussetzungen erfüllt, und nicht nur eine Funktion (Relation) in einer Menge von Zuständen. Die Systeme semantischer Regeln bereiten ebenfalls einen natürlichen Übergang zu den Methoden in den weiteren Abschnitten vor.

3.2.1. Operationale Methode und direkte Implementation

Die im vorigen Abschnitt angeführte Definition der Interpretation würde sich als unzulänglich erweisen, wenn man die Programmiersprache z. B. um die Sprunganweisung **goto** erweitern würde. Die angewendete Methode beruht nämlich auf der Reduktion des Programmtextes als Ergebnis der Ausführung der Funktion int (siehe Abschnitt 3.1.2. und Beispiel 3.1.2). Bei der Verwendung der Sprunganweisung könnte der folgende zu interpretierende Text nicht immer aus dem aktuellen Text bestimmt werden. Wir wollen das an einem einfachen Beispiel aus der Sprache BPS_a zeigen:

$$A : \mathsf{x} := \mathsf{E} \; ; \; \textbf{goto} \; A \; ; \; \mathsf{p} \; .$$

goto A bedeutet, wie gewohnt, den Übergang zur Ausführung der mit A markierten Anweisung. Der Wert der oben definierten Funktion int wäre der Text

$$\textbf{goto} \; A \; ; \; \mathsf{p} \; .$$

Auf der Grundlage dieses Textes ist es allerdings nicht möglich, den nächsten Schritt geeignet zu beschreiben. Diese Schwierigkeit kann man leicht auf verschiedene Art umgehen. Wir zeigen eine Möglichkeit am Beispiel für die Sprache BPS_a (siehe 2.3.2.). Wie wir sehen werden, muß das erste Argument der Funktion int (siehe (3.1.2)) nicht der Text des betrachteten Programms sein (und im allgemeinen ist er es auch nicht), es muß aber mit diesem Text auf bestimmte Weise verknüpft sein.

Beispiel 3.2.1. Wir betrachten die Menge aller Paare $(\mathsf{p}_1, \mathsf{p}_2)$, wobei p_1 und p_2 Wörter über dem Alphabet der Sprache BPS_a sind und gleichzeitig $\mathsf{p}_1\mathsf{p}_2 \in BPS_a$ (d. h. $\mathsf{p}_1\mathsf{p}_2$ ist ein Wort über dem Alphabet der Sprache BPS_a). p_1 oder p_2 können ε sein (allerdings niemals gleichzeitig). Jedes Paar $(\mathsf{p}_1, \mathsf{p}_2)$ nennen wir *markiertes Programm* und schreiben $\mathsf{p}_1 \downarrow \mathsf{p}_2$. Wir betrachten jetzt also die Menge aller markierten Programme der Sprache BPS_a. Die Markierung verweist auf den Anfang des nächsten zu interpretierenden Textes.

Die modifizierte Definition der Funktion int (wir bleiben der Einfachheit halber bei dieser Bezeichnung) sieht folgendermaßen aus:

1. Wenn $p_1p_2p_3 \in$ BPS$_a$ und $p_2 \in$ Ele, dann int$(p_1\downarrow p_2p_3, z, u) = (p_1p_2\downarrow p_3, z', u')$, wobei z' und u' wie zuvor für elementare Ausdrücke definiert sind (p_1 und p_3 können ε sein).

2. Wenn $p_1A : p_2 \in$ BPS$_a$ (p_1 kann ε sein), dann
int$(p_1 \downarrow A : p_2, z, u) = (p_1A : \downarrow p_2, z, u)$.

3. Wenn p_1 **goto** $Ap_2 \in$ BPS$_a$, dann müssen wir drei Fälle untersuchen.

3.1. Die Marke A tritt in p_1 auf, d. h. $p_1 = pA : p'$:
int$(p_1 \downarrow$ **goto** $Ap_2, z, u) = (p \downarrow A : p'$ **goto** $Ap_2, z, u)$.

3.2. Die Marke A tritt in p_2 auf, d. h. $p_2 = pA : p'$:
int$(p_1 \downarrow$ **goto** $Ap_2, z, u) = (p_1$ **goto** $A\,p \downarrow A : p', z, u)$.

3.3. Die Marke A tritt weder in p_1 noch in p_2 auf:
int$(p_1 \downarrow$ **goto** $Ap_2, z, u) = (p_1$ **goto** $A \downarrow p_2, z, u)$.

Der letzte Fall wurde willkürlich festgelegt. Genauso hätte man annehmen können, daß int dann nicht definiert ist.

4. Wenn $p_1; p_2 \in$ BPS$_a$, dann int$(p_1 \downarrow; p_2\, z, u) = (p_1 ; \downarrow p_2, z, u)$.

5. Wenn p_1 **if** E **then** l_1 **else** l_2 **fi** $p_2 \in$ BPS$_a$, dann

5.1. int$(p_1 \downarrow$ **if** E **then** l_1 **else** l_2 **fi** $p_2, z, u) =$

$$\begin{cases}(p_1 \text{ if E then} \downarrow l_1 \text{ else } l_2 \text{ fi } p_2, z', u'), & \text{wenn Wert}(E, z, u) = \mathbf{W},\\ (p_1 \text{ if E then } l_1 \text{ then} \downarrow l_2 \text{ fi } p_2, z', u'), & \text{wenn Wert}(E, z, u) = \mathbf{F},\\ \text{undefiniert} & \text{sonst},\end{cases}$$

z' und u' sind wie im Beispiel 3.1.3 definiert.

5.2. int$(p_1$ **if** E **then** $l_1 \downarrow$ **else** l_2 **fi** $p_2, z, u) = (p_1$ **if** E **then** l_1 **else** l_2 **fi** $\downarrow p_2, z, u)$

5.3. int$(p_1$ **if** E **then** l_1 **else** $l_2 \downarrow$ **fi** $p_2, z, u) = (p_1$ **if** E **then** l_1 **else** l_2 **fi** $\downarrow p_2, z, u)$

6. Wenn p_1 **while** E **do** l **od** $p_2 \in$ BPS$_a$, dann

6.1. int$(p_1 \downarrow$ **while** E **do** l **od** $p_2, z, u) =$

$$\begin{cases}(p_1 \text{ while E do} \downarrow \text{l od } p_2, z', u'), & \text{wenn Wert}(E, z, u) = \mathbf{W},\\ (p_1 \text{ while E do l od} \downarrow p_2, z', u'), & \text{wenn Wert}(E, z, u) = \mathbf{F},\\ \text{undefiniert} & \text{sonst},\end{cases}$$

z' und u' sind wie im Beispiel 3.1.3 definiert.

6.2. int$(p_1$ **while** E **do** l $\downarrow$ **od**, $z, u) = (p_1 \downarrow$ **while** E **do** l **od**, $z, u)$.

7. Wenn **begin** d; l **end** $\in$ BPS$_a$, dann

7.1. int $(\downarrow$ **begin** d; l **end**, $z, u) = ($**begin** d; $\downarrow$ l **end**, $z, u)$,

7.2. int(**begin** d; l $\downarrow$ **end**, $z, u) = ($**begin** d; l **end** $\downarrow, z, u)$. ■

Das vorhergehende und das obige Beispiel führen zur Definition eines allgemeinen Schemas.

Wir sagen, das System

$$\mathbf{S} = (S, St, \varphi)$$

ist eine *Steuerung* für die Programmiersprache PS, wenn S eine beliebige, nichtleere Menge (Menge von *Steuerkonfigurationen*), St $\subset$ S eine nichtleere Untermenge *termina-*

ler Konfigurationen und φ: $\mathsf{PS} \to \mathsf{S}$ eine injektive Funktion (*Kodierfunktion* für Programme) sind.

Im Beispiel 3.1.2 trat folgende Steuerung auf:

$$\mathsf{S} = \mathrm{BPS} \cup \{\varepsilon\}\,, \qquad \mathsf{St} = \{\varepsilon\}\,, \qquad \varphi(\mathsf{p}) = \mathsf{p} \quad \text{für jedes } \mathsf{p} \in \mathrm{BPS}\,.$$

Im Beispiel 3.2.1 war die Steuerung:

$$\mathsf{S} = \{\mathsf{p}_1 \downarrow \mathsf{p}_2 \mid \mathsf{p}_1\mathsf{p}_2 \in \mathrm{BPS_a}\}\,,$$

d. h., S ist die Menge aller markierten Programme der Sprache $\mathrm{BPS_a}$.

$$\mathsf{St} = \{\mathsf{p} \downarrow \mid \mathsf{p} \in \mathrm{BPS_a}\}\,, \qquad \varphi(\mathsf{p}) = \downarrow \mathsf{p}\,, \qquad \mathsf{p} \in \mathrm{BPS_a}\,.$$

Wie wir bereits in der Einleitung erwähnten, ist die direkte Interpretation ein Spezialfall der operationalen Methode der Semantikdefinition. Spezialfall bedeutet, sie hängt von der konkreten Maschine ab, auf der die Implementation ausgeführt wird. Diese Einschränkung aufzugeben bedeutet nur, daß uns eine beliebige Computerumgebung interessiert, die nicht an eine bestimmte Maschine gebunden ist.

Wir sagen daher, die Semantik einer Sprache PS wird durch die *operationale Methode* definiert, wenn sie durch eine partielle Funktion[1])

$$\mathsf{oper}: \mathsf{S} \times \mathsf{C} \circ\!\!\to \mathsf{S} \times \mathsf{C} \qquad (3.2.1)$$

mit einer beliebigen Steuerung $\boldsymbol{S} = (\mathsf{S}, \mathsf{St}, \varphi)$ und einer beliebigen Computerumgebung $\boldsymbol{C} = (\mathsf{C}, \mathsf{d})$ der Sprache PS definiert ist. Dabei muß folgende Bedingung erfüllt sein:

$$\text{wenn } \mathsf{s} \in \mathsf{St}, \text{ dann ist } \mathsf{oper}(\mathsf{s}, \mathsf{c}) \text{ für alle } \mathsf{c} \in \mathsf{C} \text{ nicht definiert}\,. \qquad (3.2.2)$$

Die *operationale Semantik* einer Sprache PS bei gegebener Funktion oper ist eine Funktion

$$\mathsf{soper}: \mathsf{PS} \to [\mathsf{C} \circ\!\!\to \mathsf{C}]\,,$$

die folgendermaßen definiert ist: $\mathsf{soper}(\mathsf{p})(\mathsf{c})$ ist definiert und $\mathsf{soper}(\mathsf{p})(\mathsf{c}) = \mathsf{c}'$ genau dann, wenn eine endliche Folge $(\mathsf{s}_0, \mathsf{c}_0), \ldots, (\mathsf{s}_n, \mathsf{c}_n)$ existiert, so daß:

1. $\mathsf{s}_0 = \varphi(\mathsf{p})\,, \quad \mathsf{s}_n \in \mathsf{St}\,, \quad \mathsf{c}_0 = \mathsf{c}\,, \quad \mathsf{c}_n = \mathsf{c}'\,,$

2. für jedes $\mathsf{i}, 1 \leqq \mathsf{i} \leqq \mathsf{n}$, ist $(\mathsf{s}_i, \mathsf{c}_i) = \mathsf{oper}(\mathsf{s}_{i-1}, \mathsf{c}_{i-1})$ (ist oper keine Funktion, so ist $\mathsf{soper}(\mathsf{p})$ im allgemeinen eine Relation).

An dieser Stelle betonen wir den Unterschied zwischen der Semantik und einer Methode zu ihrer Definition, auf den schon in der Einführung hingewiesen wurde. Die Semantik wird hier durch die Funktion (Relation) soper repräsentiert, welche durch die operationale Methode, d. h. mit Hilfe der Funktion (Relation) oper definiert ist. Im weiteren werden wir zeigen, auf welche Weise die gleiche Semantik durch verschiedene Methoden definiert wird. Unser Hauptinteresse ist auf Semantiken gerichtet, die Programmen partielle Funktionen in der Zustandsmenge einer bestimmten Computerumgebung (und somit Funktionen des Typs soper) zuordnen. Wir werden allerdings auch zeigen, daß ebenfalls andere Objekte, die unter Anwendung der beschriebenen Methoden definiert werden, die Bedeutungen von Programmen sein können.

---

[1]) Noch allgemeiner setzen wir voraus, daß oper eine binäre Relation ist, was sich manchmal als notwendig erweist. Dementsprechend betrifft die folgende Definition Relationen.

Im Vergleich mit den obigen Definitionen der Funktionen oper und soper ist klar ersichtlich, daß die Semantik einer Programmiersprache sint, die durch die Interpretation int (siehe (3.1.2)) definiert ist, eigentlich durch die operationale Methode erstellt wurde. Anders ausgedrückt beruht die operationale Methode der Semantikdefinition auf der Definition einer Art abstrakter Interpretation. Abstrakt bedeutet von einer konkreten Recheneinrichtung abstrahierend.

Wir knüpfen hier an den Begriff der abstrakten Maschine an, der in Definitionen bzw. Implementationen von Programmiersprachen zur Semantikdefinition verwendet wird. Beispiele sind der hypothetische Computer zur Interpretation von ALGOL 68 ([106], [137]) und die Maschine, die in der Wiener Methode der Definition von Programmiersprachen eine Rolle spielt (siehe 3.2.2. und [70], [71], [73]). Wie man sich leicht überzeugen kann, sind die Begriffe „Interpretation auf einer abstrakten Maschine" und „Definition durch die operationale Methode" nicht ohne Grund miteinander vertauschbar. Wenn für eine gegebene Programmiersprache die Funktion (Relation) oper definiert ist, dann haben wir es unter der Voraussetzung

$$M = (S \times C, \mathrm{oper})$$

mit einer bestimmten (abstrakten) Maschine im Sinn der Definition in 3.1.1. zu tun. Wie man leicht aus dieser Definition zeigen kann, besteht zwischen der Ergebnisfunktion (Ergebnisrelation) Res_M der Maschine M und der operationalen Semantik soper der betrachteten Programmiersprache folgender Zusammenhang:

$$\mathrm{soper}(p)\,(c) = [\,\mathrm{Res}_M\,(\varphi(p),\, c)]_2\,,$$

wobei p ein beliebiges Programm und c ein beliebiger Zustand der Computerumgebung ist. Das heißt, die operationale Methode der Semantikdefinition beruht auf der Definition der Übergangsfunktion einer bestimmten abstrakten Maschine.

An dieser Stelle erhebt sich die Frage, ob angesichts der obigen Abhängigkeit überhaupt irgendein Unterschied zwischen der direkten Interpretation auf einer bestimmten Maschine und einer abstrakten Interpretation existiert, wenn wir es in beiden Fällen mit einer abstrakten Maschine im Sinne unserer Definition zu tun haben. Diesen Unterschied gibt es, und er ist sehr wesentlich. Im ersten Fall wird die Maschine unabhängig von der Programmiersprache definiert, die wir auf ihr interpretieren wollen, d. h., wir bestimmten die Bedeutung von Programmkonstruktionen mit Hilfe schon vorher festgelegter Aktionen einer ausgewählten Maschine. Im zweiten Fall ist die Programmiersprache (über die Steuerkonfigurationen) ein Bestandteil der Zustände der Maschine, und somit ist die Übergangsfunktion in enger Abhängigkeit von der Sprache definiert. Wir haben es folglich mit einer Maschine zu tun, deren Aktionen durch die betrachtete Programmiersprache bestimmt wird. In diesem Fall bedeutet „abstrakt", daß wir uns auf keine von der Sprache unabhängige „konkrete" Maschine beziehen.

Zum Schluß bemerken wir, daß die Definition einer abstrakten Maschine oder die operationale Methode in „reiner" Form, d. h. mit Hilfe der Definition „eines Schrittes" der Berechnung und somit die Angabe der Übergangsfunktion, selten gelingen. Im allgemeinen (eine Ausnahme stellt hier die Wiener Methode dar; siehe 3.2.2.) wird die Zustandsmenge der Maschine aufgestellt, d. h. die Menge der Steuerkonfigurationen und der Zustände der Computerumgebung, und danach erfolgt eine induktive Definition der Funktion Res oder soper, wobei man von Übergängen für einfache

Sprachkonstruktionen ausgeht. So würde z. B. die Definition für die Anweisungsfolge I_1; I_2 folgendermaßen aussehen:

$$\mathsf{soper}(I_1;\, I_2) = \mathsf{soper}(I_1) \cdot \mathsf{soper}(I_2)\,,$$

wobei · die Verkettung von Funktionen bedeutet. Eine solche Vorgehensweise erscheint uns sehr natürlich. Für sie ist allerdings der Begriff der Maschine nicht mehr wesentlich.

3.2.2. Die Wiener Methode der Semantikdefinition als Beispiel der operationalen Methode

Die *Wiener Methode* ist etwas mehr als nur ein Beispiel der operationalen Methode der Semantikdefinition. Es ist ein Versuch einer einheitlichen Behandlung des Problems der Definition von Programmiersprachen sowohl begrifflich als auch bezüglich der Notation.

Mit den Elementen dieser Methode und ihren Grundvoraussetzungen haben wir uns bereits im Kapitel 2 im Zusammenhang mit Betrachtungen zur abstrakten Syntax bekanntgemacht. Hier konzentrieren wir uns auf das Problem der Semantik und das nur soweit, um zu erkennen, daß die oben eingeführte allgemeine Charakteristik der operationalen Methode die Wiener Methode als Spezialfall umfaßt.

Die Wiener Methode entstand Ende der 60er Jahre als Ergebnis eines Versuchs der formalen Definition der Sprache PL/I und wurde darauf durch eine Vielzahl von Berichten und Publikationen (siehe [70], [71], [73], [133]) verbreitet.

Mit Rücksicht auf die Darstellung und ihr Hauptziel werden wir eine unformale Schreibweise verwenden und in geringem Maße die VDL (*Vienna Definition Language*) nutzen, die ein wichtiges, aber nicht wesentliches Element des Systems ist. Die eingeführten Begriffe illustrieren wir durch ein einfaches Beispiel.

Die Ausgangsvoraussetzung der Wiener Methode ist, daß alle Elemente, die in der Definition verwendet werden, *abstrakte Objekte* über einer Menge gegebener *elementarer Objekte* und *Selektoren* sind. Diese Objekte kann man graphisch als endliche Bäume darstellen, deren Kanten durch Selektoren und deren terminale Knoten durch elementare Objekte bewertet werden.

Die Substitution, mit deren Hilfe wir eine beliebige Transformation von Objekten ausdrücken, ist eine Operation μ der Ersetzung eines Unterobjekts (Unterbaums) B in einem Objekt (Baum) A durch ein Objekt C. Die Auswahl des Unterbaums B im Baum A geschieht durch die Angabe einer Folge von Selektoren – der Selektoren des Pfades im Baum A von der Wurzel von A bis zur Wurzel von B. Da wir auch die Existenz des „leeren" Objekts λ zugelassen haben, verstehen wir unter der Ersetzung durch $C = \lambda$ die Entfernung von B aus dem Baum A (siehe auch 2.5.). Alles, worüber wir im weiteren sprechen werden, läßt sich, wenngleich etwas mühselig, auf diese Grundbegriffe zurückführen.

Im folgenden setzen wir voraus, daß eine Programmiersprache in Form einer abstrakten Syntax gegeben ist, d. h., ihre Ausdrücke sind durch abstrakte Objekte charakterisiert, die nur die Struktur, nicht aber die konkrete Textrepräsentation beschreiben. Den Unterschied haben wir bereits in 2.5. besprochen. Anschaulich gesprochen, ersetzen wir einen konkreten Text durch seinen Syntaxbaum, der von unwesentlichen Einzelheiten der angenommenen Notation „gesäubert" ist. Die Wiener Methode definiert die Semantik einer (konkreten) Programmiersprache mit Hilfe ihrer abstrakten Syntax.

Falls nichts anderes gesagt wird, werden wir unter in Hochkommas eingeschlossenem Programmtext das abstrakte Objekt verstehen, dessen Repräsentation der eingeschlossene Text ist. Beispielsweise bezeichnet '$(a + b) * c$' das abstrakte Objekt, dessen konkrete Repräsentation der Text $(a + b) * c$ ist.

Schließlich wird noch vorausgesetzt, daß *abstrakte Programme* (abstrakte Objekte, deren konkrete Repräsentation Texte von Programmen sind) durch eine bestimmte nichtdeterministische Maschine (siehe 3.1.1.) interpretiert werden. Die Charakterisierung der Tätigkeit dieser Maschine ist die Grundlage der Wiener Methode der Semantikdefinition von Programmiersprachen unabhängig von der zur Definition verwendeten Notation. Dieser Maschine, die wir als **w**-*Maschine* bezeichnen, widmen wir daher den restlichen Teil dieses Abschnitts.

Wie wir sehen werden, haben wir es in jedem konkreten Fall mit einer „abstrakten" Maschine im Sinne des vorhergehenden Abschnitts und daher mit einer bestimmten Art der Beschreibung der Relation **oper** nebst Definition einer bestimmten Steuerung und einer bestimmten Computerumgebung zu tun.

Die Menge der Zustände jeder **w**-Maschine ist eine Menge abstrakter Objekte, deren Bestandteile sogenannte *Steuerteile* eines Zustands (siehe Abb. 3.12, S. 66) sein können. Die übrigen Bestandteile können unterschiedlich sein und hängen von der definierten Programmiersprache ab. Diese Charakteristik entspricht völlig der Tatsache, daß wir im Definitionsbereich der Funktion (Relation) **oper** Steuerkonfigurationen **S** und einen „Rest", d. h. die Zustände einer Computerumgebung **C** unterscheiden.

Der Steuerteil eines Zustands ist ein Objekt, welches wir durch einen Baum darstellen können, dessen Knoten durch Anweisungen markiert sind. Den Steuerteil werden wir deshalb auch Steuerbaum nennen. Das ist eine Definition der Form der Steuerkonfigurationen **S** im vorher von uns verwendeten Sinn.

Anweisungen (Bezeichnung: $\mathsf{in}(\mathsf{arg}_1, \ldots, \mathsf{arg}_n)$) sind partielle Funktionen, welche Zustände der **w**-Maschine (einschließlich der Steuerbäume) ändern. arg_i bezeichnet konkrete Werte (Objekte) aus bestimmten Definitionsbereichen. Daher bezeichnet $\mathsf{in}(\mathsf{x}_1, \ldots, \mathsf{x}_n)$ ein Anweisungsmuster wie z. B. $\mathsf{in}(\mathsf{E})$, wobei **E** eine Metavariable ist, die eine Menge abstrakter Objekte für Ausdrücke der Sprache durchläuft. Hingegen ist $\mathsf{in}('\mathsf{a} + \mathsf{b}')$ eine konkrete Anweisung, d. h. eine Funktion in der Menge der Zustände der **w**-Maschine.

Grundsätzlich gibt es zwei Arten von Anweisungen:

- Anweisungen, die Werte erzeugen, d. h. solche, die aus dem Steuerbaum einen markierten Knoten entfernen (und die mit ihm inzidierende Kante oder, anders ausgedrückt, die dafür das leere Objekt λ einsetzen) und gleichzeitig Argumente für die Anweisungen in den Vorgängerknoten liefern;
- Anweisungen, die den Steuerbaum entwickeln, d. h. solche Anweisungen, die einen markierten Knoten durch einen anderen Steuerbaum ersetzen.

Der erste Anweisungstyp erfordert, daß der Steuerteil Informationen darüber enthält, welche Argumente in den Anweisungen durch die berechneten Werte ersetzt werden sollen.

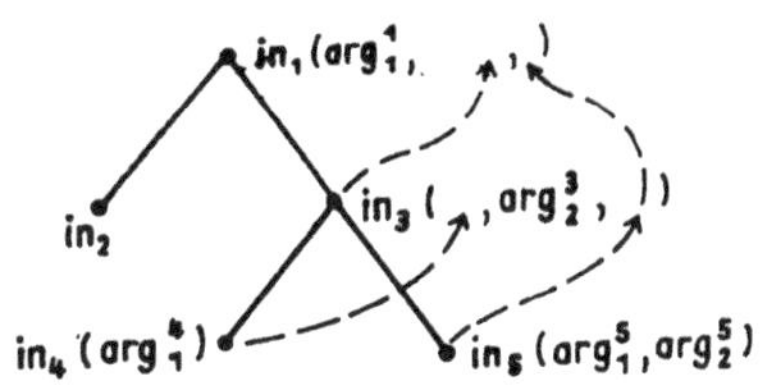

Abb. 3.10. Steuerbaum mit dargestelltem Wertefluß (gestrichelte Linien)

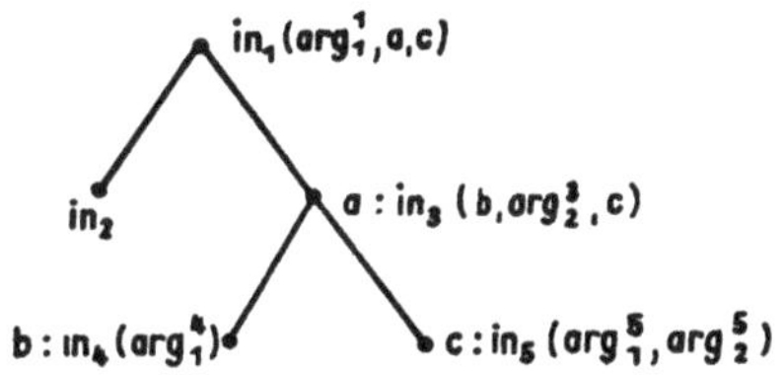

Abb. 3.11. Steuerbaum mit kodiertem Wertefluß

Ein Beispiel eines Steuerteils, in dem durch gestrichelte Linien der Wertefluß bezeichnet ist, gibt Abb. 3.10. Unter Anwendung zusätzlicher Bezeichnungen a, b und c können wir diese Informationen so kodieren, wie das Abb. 3.11 zeigt.

Die Übergangsrelation T der w-Maschine ist so definiert, daß zwei Zustände z und z' genau dann in Relation sind, wenn eine Anweisung $\mathrm{in}(\mathrm{arg}_1, \ldots, \mathrm{arg}_n)$ existiert, die einen gegebenen terminalen Knoten des Steuerbaums des Zustands z markiert und für die $z' = \mathrm{in}(\mathrm{arg}_1, \ldots, \mathrm{arg}_n)(z)$ ist.

Wie aus der Definition ersichtlich ist, können nur die Anweisungen in den terminalen Knoten des Steuerbaums ausgeführt werden. Die Nichtdeterminiertheit der w-Maschine folgt aus der Nichtdeterminiertheit der Reihenfolge der Ausführung der Anweisungen (z. B. können in_2, in_4 und in_5 aus Abb. 3.10 in beliebiger Reihenfolge ausgeführt werden).

Aus der Definition der Relation T folgt: Zu einem gegebenen Zustand z existiert genau dann kein Zustand z' mit zTz', wenn keine der Anweisungen, die in terminalen Knoten stehen, in diesem Zustand definiert ist (Unterbrechung der Ausführung), oder wenn der Steuerteil das leere Objekt λ ist (die eigentliche Beendigung der Berechnung). Damit erhalten wir die Definition der Menge der terminalen Konfigurationen $\mathrm{St} = \{\lambda\}$.

Um schließlich sagen zu können, die Semantik einer Programmiersprache ist durch eine bestimmte w-Maschine gegeben, muß jedem abstrakten Programm (Objekt einer abstrakten Syntax) ein bestimmter Steuerbaum eineindeutig zugeordnet werden. Auf diese Weise definieren die Zuordnungen und die Transformation eines konkreten Textes in seine abstrakte Entsprechung die Steuerfunktion φ.

Die Bedeutung eines Programms ist vollständig durch die Tätigkeit einer w-Maschine charakterisiert, die in einem Zustand beginnt, dessen Steuerteil diesem Programm zugeordnet ist. Folglich ist jede Semantik einer Programmiersprache, die durch die Wiener Methode definiert ist, nichts anderes als eine spezielle Form der operationalen Semantik.

Wir beenden diese Betrachtungen durch ein Beispiel, welches an die oben definierte Interpretation anknüpft. Dazu betrachten wir eine w-Maschine mit Zuständen, die aus drei Bestandteilen bestehen: *Steuerteil* (Selektor s), *innerer Zustand* (iz), *Umgebung* (ev). Ein Zustand ist ein Objekt der Form, wie sie in Abb. 3.12 dargestellt wird. Jeder innere Zustand ist ein Objekt der aus Abb. 3.13 ersichtlichen Form. Die

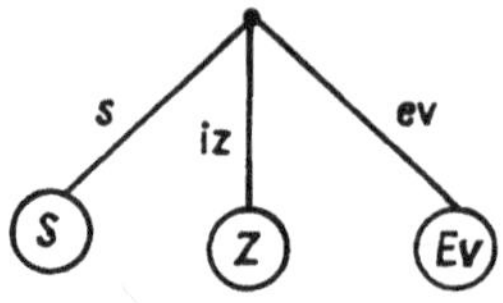

Abb. 3.12. Bestandteile eines Zustands einer w-Maschine (S — Steuerteil, Z — innerer Zustand, Ev — Umgebung)

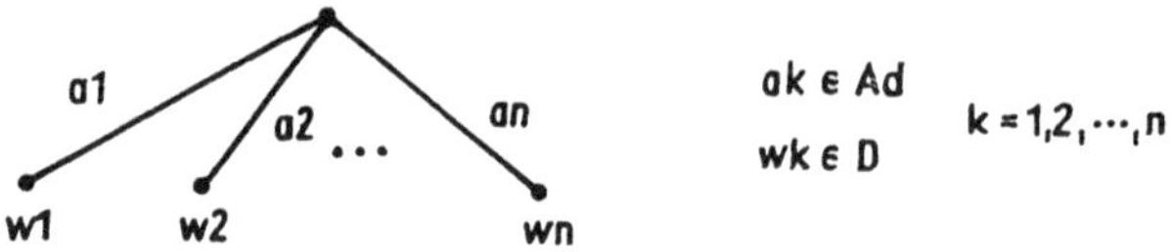

Abb. 3.13. Bestandteile eines inneren Zustands

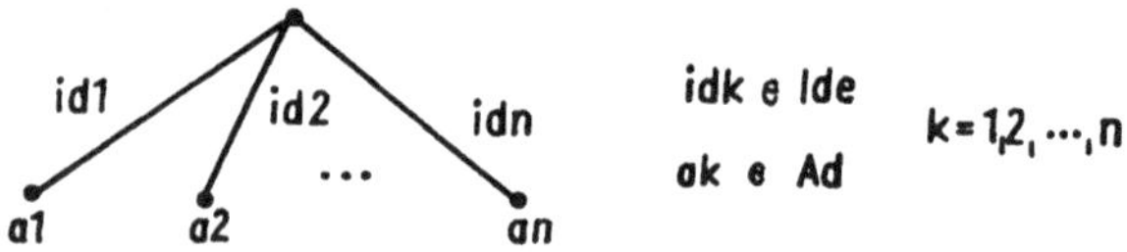

Abb. 3.14. Bestandteile einer Umgebung

Umgebung ist in Abb. 3.14 dargestellt. Der Steuerteil (Steuerbaum) wurde bereits vorgestellt. Es ist zu beachten, daß in der Menge der Selektoren sowohl Identifikatoren (Ide) als auch Adressen (Ad) vorkommen. Sie sind zusammen mit den Elementen des Definitionsbereichs D gleichzeitig in der Menge der elementaren Objekte enthalten.

Sowohl die inneren Zustände als auch die Umgebung kann man als eine Darstellung einer Funktion aus der Menge der Selektoren in eine Menge von Objekten behandeln, deren Wert nur für eine endliche Anzahl von Argumenten kein leeres Objekt ist.

In dieser Menge von Zuständen interpretieren wir nun die Ergibtanweisung (das abstrakte Objekt, welches dieser Anweisung entspricht)

$$'x := x1 * 3' .$$

Nicht alle dazu nötigen Anweisungen wollen wir streng definieren. Der der Ergibtanweisung zugeordnete Steuerbaum (Festlegung der Anfangszustände) sei ein einziger Knoten, welcher durch die einargumentige Anweisung int-ergibt('$x := x1 * 3$') markiert wird. Das ist ein Ausdruck des allgemeinen Prinzips der Zuordnung einelementiger Steuerbäume, die durch eine Interpretationsanweisung markiert sind, zu Programmen einer Sprache.

Elementare Anweisungen, die wir verwenden und die sämtlich den durch sie markierten Knoten aus dem Steuerbaum entfernen, sind:

1. Anweisungen, die einen Wert liefern, der unabhängig vom Zustand ist, und die keine Änderung des inneren Zustands bewirken:

- int-op(op, a, b) ∈ D ist das Ergebnis der Anwendung der Operation op (z. B. + oder *) auf a und b,
- Wert('n') = n′ ∈ D ist der Wert (des syntaktischen Objekts) einer Konstanten n, z. B. Wert ('*15*') = 15;

2. Anweisungen, die einen Wert liefern, der vom Zustand abhängig ist, und die keine Änderung des inneren Zustands bewirken:

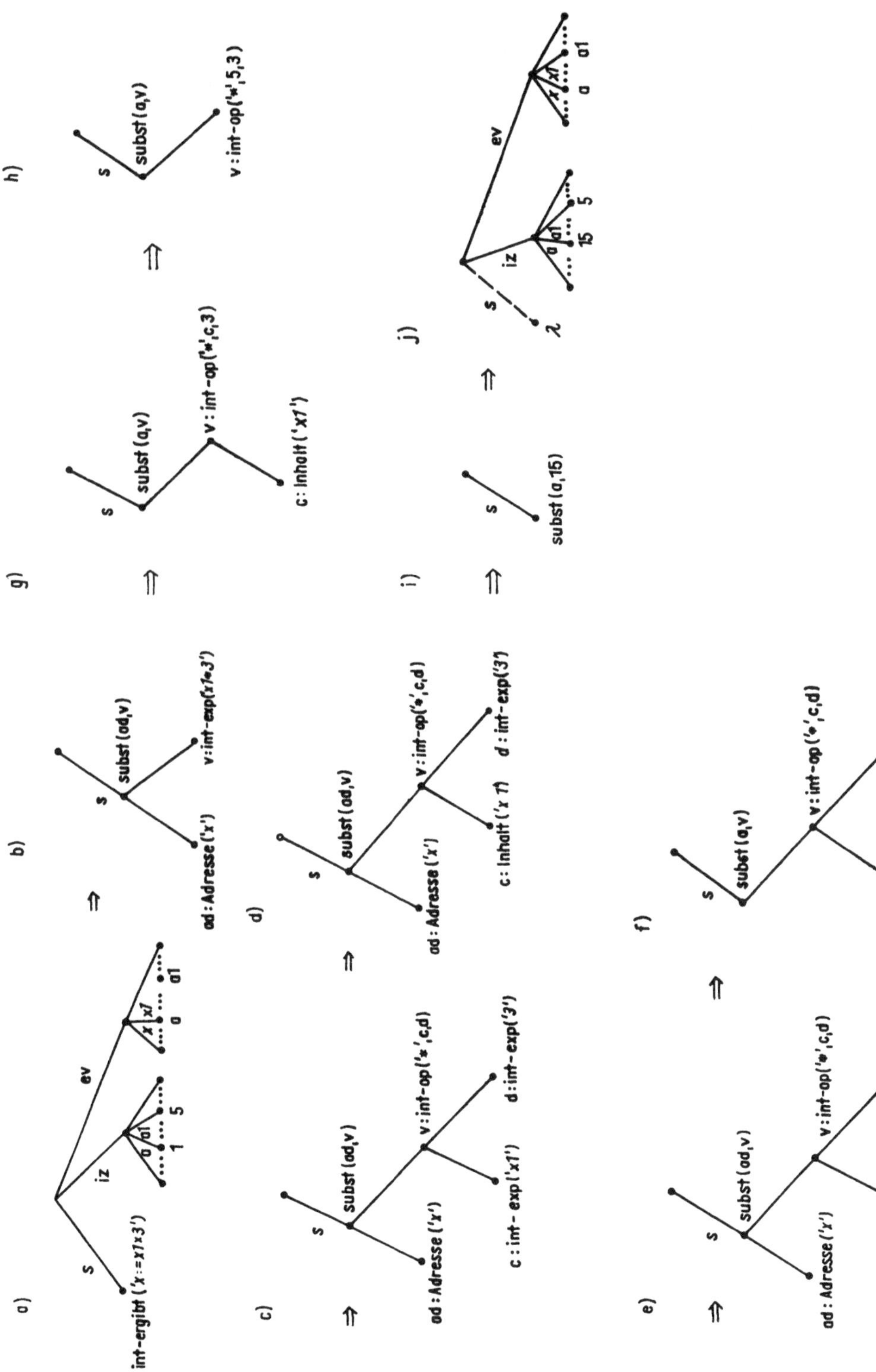

Abb. 3.15. Berechnung der Ergibtanweisung $x := (x1 * 3)$

- Adresse('x') ∈ Ad ist ein Objekt (Adresse), welches durch die Zusammensetzung des Selektors ev mit dem Selektor (dem Identifikator) x im Zustand z der w-Maschine angezeigt wird. In Abb. 3.15 gilt für den Baum, der den Anfangszustand darstellt
Adresse('*x*') = a , Adresse('*x1*') = a1 .
- Inhalt('x') ∈ D ist ein Objekt (Wert), welches durch die Zusammensetzung des Selektors iz mit dem Selektor Adresse('x') im Zustand z der w-Maschine angezeigt wird. In Abb. 3.15 gilt Inhalt('*x*') = 1, Inhalt('*x1*') = 5.

3. Eine Anweisung, die den inneren Zustand ändert, ist subst (ad, v). Das Ergebnis dieser Anweisung ist die Einsetzung des Wertes v anstelle des Objekts, welches durch die Zusammensetzung des Selektors iz mit dem Selektor (Adresse) ad angegeben wird.

Die Definition der übrigen Anweisungen (die den Steuerbaum entwickeln) kann der Leser aus dem Verlauf der Berechnung, die in Abb. 3.15 dargestellt ist, ersehen. Alle drei Bestandteile eines Zustands der w-Maschine werden nur durch den Anfangsbaum (Abb. 3.15a)) und den Endbaum (Abb. 3.15j)) wiedergegeben. Die übrigen (Abb. 3.15 b)—3.15 i)) beschränken sich auf das Aufzeigen der Änderungen im Steuerbaum, die durch die Ausführung einer der möglichen Anweisungen verursacht wurden.

3.2.3. Systeme semantischer Regeln

Die Funktion (Relation) oper (vgl. (3.2.1)), deren Bestimmung wir als Grundlage für die Semantikdefinition durch die operationale Methode angenommen haben, kann auf verschiedene Weise definiert werden. Beispiele haben wir bei der Beschäftigung mit der direkten Implementation einer Sprache auf einer gegebenen Maschine kennengelernt. Wir beschäftigen uns nun mit einer allgemeinen Art der Darstellung dieser Funktion, die einen natürlichen Übergang zur Semantikdefinition durch andere Methoden bildet. Es sind *Systeme semantischer Regeln.* Wir zeigen, daß jedes solche System durch eine Relation oper bestimmt wird. Ferner formulieren wir eine Bedingung dafür, daß diese Relation eine Funktion ist.

Wir beginnen mit einem schon bekannten Beispiel. Die Menge der Steuerkonfigurationen im Fall der Funktion int aus dem Beispiel 3.1.2 (direkte Interpretation von BPS) war die Sprache BPS selbst, welche durch die terminale Konfiguration ε ergänzt wurde. Die Funktion int bestimmt für jedes Paar von Steuerkonfigurationen (k_1, k_2) eindeutig eine partielle Funktion F_{k_1,k_2} in der Menge der Zustände der Computerumgebung C auf folgende Weise:

$$F_{k_1,k_2}(c) = c' \quad \text{genau dann, wenn} \quad \mathrm{int}(k_1, c) = (k_2, c') .$$

Diese Funktion ist für eine Reihe von Paaren nicht definiert. Das ist z. B. der Fall, wenn k_1 = **if** E **then** I_1 **else** I_2 **fi** und k_2 eine beliebige von I_1 und I_2 verschiedene Anweisung der Sprache BPS ist. Wenn demgegenüber $k_2 = I_1$ oder $k_2 = I_2$ ist, so ergibt die obige Formel zwei verschiedene Funktionen, die Einschränkungen der Funktion $F_{E,\varepsilon}$ auf die Mengen von Computerumgebungen sind, für die der Ausdruck E die Werte **W** bzw. **F** annimmt.

Eine *semantische Regel* sei ein beliebiges Tripel (k_1, F_{k_1,k_2}, k_2), für das F_{k_1,k_2} keine undefinierte Funktion ist. Intuitiv ist zu erkennen, daß die Menge aller semantischen

Regeln die Funktion int vollständig charakterisiert. Diese Eigenschaft formulieren wir präzise im Satz 3.2.1 für eine beliebige Relation oper aus 3.2.1.

Wir unterstreichen, daß das Arbeiten mit Mengen semantischer Regeln vorteilhaft ist, obwohl der Übergang zu solchen Mengen rein technischen Charakter hat.

Es sei $\boldsymbol{S} = (\mathsf{S}, \mathsf{St}, \varphi)$ eine feste Steuerung für die Programmiersprache PS und $\boldsymbol{C} = (\mathsf{C}, \mathsf{d})$ eine dazugehörige feste Computerumgebung. Ein *System semantischer Regeln* für die Sprache PS (bei festem $\boldsymbol{S}$ und $\boldsymbol{C}$) ist ein System

$$\mathsf{SR} = (\boldsymbol{F}, \boldsymbol{P}) .$$

Dabei ist $\boldsymbol{F}$ eine Menge binärer Relationen in C einschließlich der Identität Id und $\boldsymbol{P} \subseteqq (\mathsf{S} - \mathsf{St}) \times \boldsymbol{F} \times \mathsf{S}$ die Menge der *semantischen Regeln* des Systems SR. $\boldsymbol{F}$ heißt die *Basis* des Systems SR.

Es sei $\mathsf{p} \in \mathsf{PS}$. Wir bezeichnen mit $\mathsf{res_p}$ die binäre Relation in C, die auf folgende Weise durch das System SR bestimmt wird:

$$\mathsf{c}\ \mathsf{res_p}\ \mathsf{c}' \quad \text{genau dann, wenn eine Folge} \quad (\mathsf{k_0}, \mathsf{c_0}), \ldots, (\mathsf{k_n}, \mathsf{c_n})$$

existiert, so daß gilt

1. $\mathsf{k_0} = \varphi(\mathsf{p})$, $\mathsf{k_n} \in \mathsf{St}$, $\mathsf{c_0} = \mathsf{c}$, $\mathsf{c_n} = \mathsf{c}'$.

2. Zu jedem $1 \leqq \mathsf{i} \leqq \mathsf{n}$ existiert eine semantische Regel $(\mathsf{k_{i-1}}, \mathsf{F}, \mathsf{k_i}) \in \boldsymbol{P}$, so daß $\mathsf{c_{i-1}} \mathsf{F} \mathsf{c_i}$.

Nun ist leicht der Zusammenhang zwischen der operationalen Methode der Definition der Semantik und Systemen semantischer Regeln zu sehen. Diesen Zusammenhang drücken wir im folgenden einfachen Satz für beliebige S, C und PS aus.

Satz 3.2.1. *Zu jeder binären Relation* oper *in der Menge* $\mathsf{S} \times \mathsf{C}$, *die die Bedingung* (3.2.2) *erfüllt, existiert ein System semantischer Regeln* SR, *so daß für jedes* $\mathsf{p} \in \mathsf{PS}$

$$\mathsf{soper(p)} = \mathsf{res_p}$$

gilt. Die Umkehrung gilt ebenfalls.

Beweis. Es sei das System SR gegeben. Dann gilt $(\mathsf{k}, \mathsf{c})\, \mathsf{oper}(\mathsf{k}', \mathsf{c}')$ genau dann, wenn eine semantische Regel $(\mathsf{k}, \mathsf{F}, \mathsf{k}')$ existiert, für die cFc'. Offensichtlich (aus der Definition der Regelmenge $\boldsymbol{P}$) erfüllt oper (3.2.2).

Nun sei oper gegeben, und $\langle(\mathsf{k_1}, \mathsf{c_1}), (\mathsf{k_2}, \mathsf{c_2})\rangle \in \mathsf{oper}$. Wir definieren die Relation $\mathsf{F_{k_1,k_2}}$ folgendermaßen: $\mathsf{cF_{k_1,k_2}c}'$ genau dann, wenn $\langle(\mathsf{k_1}, \mathsf{c}), (\mathsf{k_2}, \mathsf{c}')\rangle \in \mathsf{oper}$. Die Basis des Systems semantischer Regeln ist die Menge

$$\boldsymbol{F}_{\mathsf{oper}} = \{\mathsf{F_{k_1,k_2}} \mid (\exists \mathsf{c_1}, \mathsf{c_2} \in \mathsf{C}) \langle (\mathsf{k_1}, \mathsf{c_1}), (\mathsf{k_2}, \mathsf{c_2})\rangle \in \mathsf{oper}\} \cup \{\mathsf{Id}\} .$$

Die Menge semantischer Regeln ist

$$\boldsymbol{P}_{\mathsf{oper}} = \{(\mathsf{k_1}, \mathsf{F_{k_1,k_2}}, \mathsf{k_2}) \mid \mathsf{F_{k_1,k_2}} \in \boldsymbol{F}_{\mathsf{oper}}\} .$$

Die Übereinstimmung der Relationen soper(p) und $\mathsf{res_p}$ für das definierte System semantischer Regeln folgt nun direkt aus ihrer Definition. ■

Der folgende Satz gibt an, welche Einschränkungen der Definition von Systemen semantischer Regeln garantieren, daß $\mathsf{res_p}$ eine Funktion ist.

Satz 3.2.2. *Damit die Relation* $\mathsf{res_p}$ *für ein System semantischer Regeln* $\mathsf{SR} = (\boldsymbol{F}, \boldsymbol{P})$ *eine (partielle) Funktion ist, ist notwendig und hinreichend, daß* $\boldsymbol{F}$ *eine Menge partieller Funktionen ist, wobei für jedes Regelpaar* $(\mathsf{k}, \mathsf{F}, \mathsf{k_1}), (\mathsf{k}, \mathsf{F'}, \mathsf{k_2}) \in \boldsymbol{P}$ *gilt, daß die Definitionsbereiche von* F *und* $\mathsf{F'}$ *disjunkt sind.* ■

Den einfachen Beweis dieses Satzes überlassen wir dem Leser.

Systeme, die die im Satz 3.2.2 genannten Voraussetzungen erfüllen, nennen wir *deterministisch.*

Auf diese Weise erhalten wir also eine völlige Übereinstimmung zwischen der operationalen Methode, den abstrakten Maschinen und den Systemen semantischer Regeln. Die Verwendung der entsprechenden Funktionen (Relationen) soper, $\mathsf{Res_M}$ und res führt in jedem Fall zur Definition der Bedeutung eines Programms p als einer bestimmten partiellen Funktion (Relation) in einer bestimmten Computerumgebung.

Den im Satz 3.2.1 ausgedrückten Zusammenhang wollen wir nun illustrieren, wobei wir an die im Beispiel 3.1.2 für die Sprache BPS definierte Funktion int anknüpfen.

Beispiel 3.2.2. Übereinstimmend mit der Konstruktion im Beweis des Satzes 3.2.1 erhalten wir:

$$\begin{aligned}\boldsymbol{F}_{\mathsf{int}} = {} & \{\mathsf{F_E} \mid \mathsf{E} \in \mathsf{Exp}\} \cup \{\mathsf{F_E}|\mathsf{Wert_E} \mid \mathsf{E} \in \mathsf{Exp}\} \cup \{\mathsf{F_E}|\overline{\mathsf{Wert_E}} \mid \mathsf{E} \in \mathsf{Exp}\} \cup \\ & \{\mathsf{F_{as}} \mid \mathsf{as} \equiv \mathsf{x} := \mathsf{E}, \mathsf{x} \in \mathsf{Ide},\ \mathsf{E} \in \mathsf{Exp}\} \cup \{\mathsf{Id}\}\end{aligned}$$

(der Index ε wurde weggelassen, d. h., wir schreiben $\mathsf{F_{as}}$, $\mathsf{F_E}$ usw. anstelle von $\mathsf{F_{as,\varepsilon}}$, $\mathsf{F_{E,\varepsilon}}$ usw.).

Wir benötigen hier den Begriff der Einschränkung einer Funktion: Wenn $\mathsf{f}: \mathsf{X} \to \mathsf{X}$ und $\mathsf{Y} \subset \mathsf{X}$, dann bedeutet $\mathsf{f}|\mathsf{Y}$ die Funktion f eingeschränkt auf die Menge Y.

In unserem Fall sind die Mengen $\mathsf{Wert_E}$ und $\overline{\mathsf{Wert_E}}$ folgendermaßen definiert:

$$\mathsf{Wert_E} = \{\mathsf{c} \in \mathsf{C} \mid \mathsf{Wert}(\mathsf{E}, \mathsf{c}) = \mathbf{W}\}\ , \quad \overline{\mathsf{Wert_E}} = \{\mathsf{c} \in \mathsf{C} \mid \mathsf{Wert}(\mathsf{E}, \mathsf{c}) = \mathbf{F}\}\ .$$

Die Funktionen $\mathsf{F_E}|\mathsf{Wert_E}$ bzw. $\mathsf{F_E}|\overline{\mathsf{Wert_E}}$ sind somit Einschränkungen der Funktion $\mathsf{F_E}$ auf die Mengen von Computerumgebungen, für die E den Wert **W** bzw. **F** hat.

Die Menge der semantischen Regeln ist:

$$\begin{aligned}\boldsymbol{P}_{\mathsf{int}} = {} & \{(\mathsf{E}, \mathsf{F_E}, \varepsilon) \mid \mathsf{E} \in \mathsf{Exp}\} \cup \{(\textbf{skip}; \mathsf{p}, \mathsf{Id}, \mathsf{p}) \mid \textbf{skip}; \mathsf{p} \in \mathrm{BPS}\} \cup \\ & \{(\mathsf{as}; \mathsf{p}, \mathsf{F_{as}}, \mathsf{p}) \mid \mathsf{as}; \mathsf{p} \in \mathrm{BPS}, \mathsf{as} \equiv \mathsf{x} := \mathsf{E}, \mathsf{x} \in \mathsf{Ide}, \mathsf{E} \in \mathsf{Exp}\} \cup \\ & \{(\textbf{if}\ \mathsf{E}\ \textbf{then}\ \mathsf{l_1}\ \textbf{else}\ \mathsf{l_2}\ \textbf{fi}; \mathsf{p}, \mathsf{F_E}|\mathsf{Wert_E}, \mathsf{l_1}; \mathsf{p}) \mid \\ & \quad \textbf{if}\ \mathsf{E}\ \textbf{then}\ \mathsf{l_1}\ \textbf{else}\ \mathsf{l_2}\ \textbf{fi}; \mathsf{p} \in \mathrm{BPS}\} \cup \\ & \{(\textbf{if}\ \mathsf{E}\ \textbf{then}\ \mathsf{l_1}\ \textbf{else}\ \mathsf{l_2}\ \textbf{fi}; \mathsf{p}, \mathsf{F_E}|\overline{\mathsf{Wert_E}}, \mathsf{l_2}; \mathsf{p}) \mid \\ & \quad \textbf{if}\ \mathsf{E}\ \textbf{then}\ \mathsf{l_1}\ \textbf{else}\ \mathsf{l_2}\ \textbf{fi};\ \mathsf{p} \in \mathrm{BPS}\} \\ & \{(\textbf{while}\ \mathsf{E}\ \textbf{do}\ \mathsf{l}\ \textbf{od};\ \mathsf{p}, \mathsf{F_E}|\mathsf{Wert_E}, \mathsf{l}; \textbf{while}\ \mathsf{E}\ \textbf{do}\ \mathsf{l}\ \textbf{od}; \mathsf{p}) \mid \\ & \quad \textbf{while}\ \mathsf{E}\ \textbf{do}\ \mathsf{l}\ \textbf{od};\ \mathsf{p} \in \mathrm{BPS}\} \cup \\ & \{(\textbf{while}\ \mathsf{E}\ \textbf{do}\ \mathsf{l}\ \textbf{od}; \mathsf{p}, \mathsf{F_E}|\overline{\mathsf{Wert_E}}, \mathsf{p}) \mid\ \textbf{while}\ \mathsf{E}\ \textbf{do}\ \mathsf{l}\ \textbf{od};\ \mathsf{p} \in \mathrm{BPS}\} \cup \\ & \{(\textbf{begin}\ \mathsf{d};\ \mathsf{l}\ \textbf{end}, \mathsf{Id}, \mathsf{l}) \mid \textbf{begin}\ \mathsf{d};\ \ \mathsf{l}\ \textbf{end} \in \mathrm{BPS}\}\end{aligned}$$

($\alpha \in$ BPS bedeutet, α ist ein Programm oder Programmteil aus der Sprache BPS). Damit erhalten wir eine endliche Menge von Regelmustern, wobei jedes Muster eine unendliche Menge von Regeln repräsentiert. Solche Systeme semantischer Regeln interessieren uns in der Praxis als eine konstruktive Art der Definition der operationalen Semantik.

Achtung! In den obigen Regelmustern setzten wir voraus, daß das Semikolon nicht auftritt, wenn $\mathsf{p} = \varepsilon$ ist. ■

3.2.4. Verallgemeinerte Systeme semantischer Regeln

Im vorhergehenden Abschnitt zeigten wir, wie sich jede operationale Semantik einer Programmiersprache als System semantischer Regeln darstellen läßt. Wir betrachteten bisher Semantiken, die den Wörtern einer Sprache als Bedeutung Transformationen in der Menge der Zustände einer bestimmten Computerumgebung zuordnen. Man kann sich fragen, ob man — die Idee der operationalen Methode nutzend — nicht andere Objekte zuordnen kann. Beispielsweise kann man fragen, ob nicht die Bedeutung einer Sprache durch die Wörter einer anderen Sprache ausgedrückt werden kann. Der Begriff eines verallgemeinerten Systems semantischer Regeln erleichtert die Antwort auf diese Frage.

Wir können hier über eine operationale Methode im verallgemeinerten Sinn sprechen, um nicht die Bedeutung des zuvor eingeführten und in der Literatur gebräuchlichen Begriffs zu ändern. Die Art der Verallgemeinerung soll im weiteren erklärt werden.

Das System $\mathsf{SR} = (\boldsymbol{F}, \boldsymbol{P})$ wurde bisher für eine feste Steuerung $\boldsymbol{S} = (\mathsf{S}, \mathsf{St}, \varphi)$ und eine feste Computerumgebung $\boldsymbol{C} = (\mathsf{C}, \mathsf{d})$, die mit einer Programmiersprache PS verbunden sind, betrachtet. In diesem Fall war $\boldsymbol{F}$ die Menge der binären Basisrelationen in der Menge C. Wir lassen jetzt diese Voraussetzung fallen und nehmen an, $\boldsymbol{F}$ sei eine Menge von Basiselementen aus einem Definitionsbereich $\boldsymbol{D}$. Damit unterstreichen wir die Tatsache, daß das Wesen eines Systems von Regeln SR nicht darin besteht, wo wir interpretieren, sondern wie wir das machen. Das können wir intuitiv in folgender Aufgabe formulieren, die den Sinn der „Anwendung“ eines Systems von Regeln repräsentiert: „Um ein Programm p zu interpretieren, interpretiere einen gewissen Programmteil (d. h., nimm als Interpretation dieses Programmteils das Basisobjekt F der Regel $(\varphi(\mathsf{p}), \mathsf{F}, \mathsf{k})$) und gehe zum Interpretieren des verbleibenden „Restes“ über (d. h. des Programmteils, der durch die Steuerkonfiguration k repräsentiert wird).“ Die Art und Weise der Anwendung eines Systems von Regeln sagt noch nicht, was für ein Objekt wir einem Programm als Ganzes zuordnen. Beispielsweise war die Relation $\mathsf{res}_{\mathsf{p}}$ ein solches Objekt. In der Definition dieser Relation benutzten wir mittelbar (über Folgen von Konfigurationen und Zuständen) den Begriff der Verkettung von Relationen. Somit nutzten wir bestimmte Eigenschaften des Definitionsbereichs, welcher die Menge $\mathsf{Rel}(\mathsf{C})$ aller binären Relationen in C ist, aus. Die Einschränkung, die wir im folgenden für den Definitionsbereich $\boldsymbol{D}$ einführen, wird eine einfache Verallgemeinerung dieser Eigenschaften sein. Die dazu notwendigen Begriffe, werden im Anhang erklärt.

Wir nennen $(\boldsymbol{D}, \sqsubseteq, \cdot, \mathsf{I})$ *Definitionsbereich einer Interpretation*, wenn folgende Bedingungen erfüllt sind:

1. $(\boldsymbol{D}, \sqsubseteq)$ ist ein vollständiger Verband.

2. Eine zweistellige Operation $\cdot$ in $\boldsymbol{D}$ ist stetig und endlich additiv (d. h., für jedes $a \in \boldsymbol{D}$ und jede endliche Untermenge $\boldsymbol{D}_0 \in \boldsymbol{D}$ gilt

$$(a \cdot \sqcup \boldsymbol{D}_0) = \sqcup (a \cdot \boldsymbol{D}_0)\,, \quad (\sqcup \boldsymbol{D}_0) \cdot a = \sqcup (\boldsymbol{D}_0 \cdot a)\,,$$

wobei $\boldsymbol{D}_0 \cdot a = \{x \cdot a \mid x \in \boldsymbol{D}_0\}$ und $a \cdot \boldsymbol{D}_0 = \{a \cdot x \mid x \in \boldsymbol{D}_0\}$) im Verband $(\boldsymbol{D}, \sqsubseteq)$.

3. $\mathsf{I} \in \boldsymbol{D}$ ist das Einselement in der Menge $\boldsymbol{D}$ bezüglich der Operation $\cdot$, d. h., für jedes $x \in \boldsymbol{D}$ gilt $x \cdot \mathsf{I} = \mathsf{I} \cdot x = x$.

4. Für jedes $x \in \boldsymbol{D}$ ist $x \cdot \perp = \perp \cdot x = \perp$, wobei $\perp$ das kleinste Element des Verbands $(\boldsymbol{D}, \sqsubseteq)$ ist.

Systeme mit solchen Eigenschaften werden auch *Netze* genannt (siehe [13]).

Im weiteren werden wir Definitionsbereiche von Interpretationen durch ihre Trägermenge $\boldsymbol{D}$ identifizieren. Beispiele für Definitionsbereiche von Interpretationen lernen wir später noch kennen. Wir definieren nun ein verallgemeinertes System von semantischen Regeln.

Ein verallgemeinertes System semantischer Regeln für eine Programmiersprache PS, für eine feste Steuerung $\boldsymbol{S} = (\mathsf{S}, \mathsf{St}, \varphi)$ und einen Definitionsbereich $\boldsymbol{D}$ ist ein System

$$\mathsf{VSR} = (\boldsymbol{F}, \boldsymbol{P})\,,$$

für welches $\boldsymbol{F}$ die Basis ist, die auch das Einselement I des Definitionsbereichs $\boldsymbol{D}$ enthält, und $\boldsymbol{P} \subseteq (\mathsf{S} - \mathsf{St}) \times \boldsymbol{F} \times \mathsf{S}$ die Menge der Regeln ist.

Wir versuchen nun, analoge Begriffe in die Relation res_p des vorhergehenden Abschnitts für einen beliebigen Definitionsbereich einer Interpretation einzuführen. Wir behalten diese Bezeichnung auch weiterhin bei. So wie zuvor galt $\mathsf{res}_\mathsf{p} \in \mathsf{Rel}(\mathsf{C})$, wird nun gelten $\mathsf{res}_\mathsf{p} \in \boldsymbol{D}$.

Es sei $k \in \mathsf{S}$. Mit $\mathsf{B}(k)$ bezeichnen wir folgende Menge von Elementen aus dem Definitionsbereich $\boldsymbol{D}$: Es ist $x \in \mathsf{B}(k)$ genau dann, wenn eine Folge von Regeln

$$(k_0, F_1, k_1)\,,\ (k_1, F_2, k_2), \ldots, (k_{n-1}, F_n, k_n)$$

aus $\boldsymbol{P}$ von VSR existiert, so daß gilt

1. $k_0 = k, \quad k_n \in \mathsf{St}$,
2. $x = F_1 \cdot F_2 \cdot \ldots \cdot F_n$.

res_k können wir nun folgendermaßen definieren: $\mathsf{res}_k = \sqcup \mathsf{B}(k)$, wobei $\sqcup$ das Supremum im Verband $(\boldsymbol{D}, \sqsubseteq)$ bezeichnet.

Für $p \in \mathsf{PS}$ definieren wir: $\mathsf{res}_\mathsf{p} =_{\mathrm{def}} \mathsf{res}_{\varphi(\mathsf{p})}$. Diese Definition stimmt mit der von res_p (siehe vorherigen Abschnitt) überein, wenn $\boldsymbol{D} = \mathsf{Rel}(\mathsf{C})$. Auf diese Weise gelangen wir zu einer Verallgemeinerung der operationalen Methode.

Der wichtigste von uns betrachtete Definitionsbereich ist auch weiterhin die Menge aller Relationen (Funktionen) in einer bestimmten Computerumgebung. Trotzdem lohnt es sich, ebenfalls andere Möglichkeiten zu untersuchen.

Beispiel 3.2.3. $\boldsymbol{D} = \mathsf{Rel}(\mathsf{C})$, d. h., der Definitionsbereich der Interpretation ist ein System von Relationen, in dem eine reflexive Halbordnungsrelation durch die Inklusion von Mengen gegeben ist. Somit gilt $\perp = \emptyset$. Die Operation $\cdot$ ist die Verkettung von Relationen und I die Identität. Es ist leicht zu zeigen, daß $\cdot$ stetig im Verband $(\mathsf{Rel}(\mathsf{C}), \subseteq)$ ist. Das Supremum einer Menge von Relationen ist offensichtlich die Vereinigung $\sqcup$ der Relationen dieser Menge. Somit ist res_p die Relation, die wir vorher bereits definiert haben. Wenn das System semantischer Regeln zusätzlich deterministisch ist, dann ist res_p eine partielle Funktion (siehe Satz 3.2.2). ■

Beispiel 3.2.4. $\boldsymbol{D}$ sei die Menge aller Sprachen über einem festen Alphabet V. Als reflexive Halbordnungsrelation nehmen wir die Inklusion von Sprachen, als Operation · die Verkettung von Sprachen und als Einselement von $\boldsymbol{D}$ die Sprache $\{\varepsilon\}$. Dieser Definitionsbereich ist nicht isomorph mit dem Definitionsbereich Rel(C), weil $R_1 \cdot R_2 = \emptyset$ nicht unbedingt nur dann gilt, wenn R_1 oder R_2 eine „leere" Relation ist, während im Definitionsbereich der Sprachen die Gleichheit genau dann gilt, wenn wenigstens eine der Sprachen R_1, R_2 die leere Sprache ist.

Bei einem solchen Definitionsbereich der Interpretation ist res_p eine bestimmte Sprache über dem Alphabet V. Allgemein kann man sich fragen, welche Klassen von Sprachen (der CHOMSKY-Hierarchie) entsprechen den Klassen von Programmen mit einer festen Basis des Systems semantischer Regeln. ■

Beispiel 3.2.5. Im Beispiel 3.2.2 waren die Basisobjekte Funktionen in einer bestimmten Computerumgebung $\boldsymbol{C} = (\mathsf{C}, \mathsf{d})$. Zur Illustration betrachten wir die Basisfunktion, die einer Ergibtanweisung x := E zugeordnet ist. Diese Funktion ordnet jedem Zustand $c \in C$ als Ergebnis einen neuen Zustand $c' \in C$ mit der Eigenschaft zu, daß der Wert von x im Zustand c' der Wert des Ausdrucks E im Zustand c wird. Eine Funktion, die das vermag, kann auf verschiedene Weise definiert werden. Eine Art ist die direkte Angabe der Berechnung, d. h. einer Folge von Zuständen, die aus dem Zustand c in den Zustand c' mit der angeführten Eigenschaft führt. Wir können somit eine Funktion mit den geforderten Eigenschaften durch eine Menge von Folgen von Zuständen definieren, wobei allerdings verschiedene Mengen benutzt werden können. Beispielsweise kann es darum gehen, eine vollständige konkrete Berechnung anzugeben. Eine solche Semantik könnten wir *Berechnungssemantik* nennen. Der nachfolgend angegebene Definitionsbereich erlaubt uns eine präzise Definition dieses Begriffs im operationalen Fall.

Wir betrachten die Menge aller (endlichen und unendlichen) Folgen von Elementen der Menge C einschließlich der leeren Folge ε. Solche Folgen nennen wir *Berechnungen*. Eine Berechnung $(c_1, \ldots, c_n)$ ist *unendlich*, wenn $n = \infty$, und *endlich*, wenn $n < \infty$ gilt. Die Operation · der *Verkettung* von Berechnungen definieren wir folgendermaßen:

$$(c_1, \ldots, c_n) \cdot (c_1', \ldots, c_m') = \begin{cases} (c_1, \ldots, c_n, c_2', \ldots, c_m'), & \text{wenn } n < \infty, m \leqq \infty \\ & \text{und } c_n = c_1', \\ (c_1, \ldots, c_n), & \text{wenn } n = \infty, \\ \varepsilon & \text{sonst}. \end{cases}$$

C_1 und C_2 seien Mengen von Berechnungen, dann ist

$$C_1 \cdot C_2 = \{x \cdot y \mid x \in C_1, \ y \in C_2\}.$$

Sind C_1 und C_2 Mengen von Berechnungen bestimmter Programmteile, dann wird die sequentielle Verknüpfung dieser Programmteile durch die Menge von Berechnungen $C_1 \cdot C_2$ repräsentiert. Die Elemente des Definitionsbereichs der Interpretation sind Mengen von Berechnungen. Die Inklusion der Mengen nehmen wir als für den Definitionsbereich einer Interpretation geforderte Halbordnungsrelation. Man kann zeigen, daß die Operation · stetig ist und daß das Einselement der Menge die Menge aller einelementigen Berechnungen ist. $\perp$ ist $\{\varepsilon\}$.

Wählen wir, wie zuvor, als Bedeutung eines Programms p das Objekt res_p, so erhalten wir eine Semantik (operational im verallgemeinerten Sinn), in der die Bedeutungen von Programmen Mengen von Berechnungen sind. ■

Die obigen Beispiele von Definitionsbereichen von Interpretationen begründen die eingeführte Verallgemeinerung. Zu diesen Definitionsbereichen kehren wir zurück, wenn wir uns mit anderen Methoden der Semantikdefinition beschäftigen. Zum Abschluß dieses Abschnitts definieren wir noch eine Menge semantischer Regeln, die mit einzelnen Wörtern (Programmen) einer Sprache zusammenhängen. Sie stellt einen Ausgangspunkt für weitere Untersuchungen dieses Kapitels dar.

Wir betrachten ein beliebiges verallgemeinertes System semantischer Regeln VSR = $(\boldsymbol{F}, \boldsymbol{P})$ für eine Programmiersprache PS. Es sei p ∈ PS. Wir definieren die Menge $\boldsymbol{P}(\mathsf{p})$ als kleinste Menge semantischer Regeln, die folgende Bedingungen erfüllen:

1. Wenn $(\mathsf{k}_1, \mathsf{F}, \mathsf{k}_2) \in \boldsymbol{P}$ und $\varphi(\mathsf{p}) = \mathsf{k}_1$, dann $(\mathsf{k}_1, \mathsf{F}, \mathsf{k}_2) \in \boldsymbol{P}(\mathsf{p})$.
2. Wenn $(\mathsf{k}_1, \mathsf{F}, \mathsf{k}_2) \in \boldsymbol{P}(\mathsf{p})$ und $(\mathsf{k}_2, \mathsf{F}', \mathsf{k}_3) \in \boldsymbol{P}$, dann $(\mathsf{k}_2, \mathsf{F}', \mathsf{k}_3) \in \boldsymbol{P}(\mathsf{p})$.

Beschränken wir uns in der Definition von res_p auf die Regeln aus der Menge $\boldsymbol{P}(\mathsf{p})$, so ist res_p das gleiche Objekt aus dem Definitionsbereich $\boldsymbol{D}$ wie zuvor.

Auf diese Weise ordneten wir jedem Element p der Sprache PS eindeutig eine Menge $\boldsymbol{P}(\mathsf{p})$ zu, die wir mit p identifizieren können. Eine derartige Konstruktion bildet auch die Grundlage der Beschäftigung mit *abstrakten Systemen* (diese Systeme werden manchmal auch *Algorithmen* genannt [80]). Die Funktion (Relation) res_p definierte dabei die Bedeutung des Elements p.

Uns interessieren offensichtlich solche Systeme semantischer Regeln, deren Mengen $\boldsymbol{P}(\mathsf{p})$ für die Programme p der entsprechenden Programmiersprache endlich sind oder sich mit Hilfe einer endlichen Anzahl von Regelmustern beschreiben lassen. In den folgenden Abschnitten beschäftigen wir uns näher mit diesen Systemen.

Im Fall von Programmiersprachen ohne rekursive Prozeduren (z. B. BPS oder $\mathrm{BPS_a}$) sind die einzigen sinnvollen Systeme semantischer Regeln solche, für die die $\boldsymbol{P}(\mathsf{p})$ endlich sind. Man kann daher die Menge der Regeln $\boldsymbol{P}(\mathsf{p})$ leicht in Form eines Diagramms (Flußbilds) darstellen, in welchem die Knoten Steuerkonfigurationen sind und die Kanten zwischen den Knoten durch entsprechende Objekte der Basis $\boldsymbol{F}$ markiert sind.

Zum Abschluß geben wir ein Beispiel, welches die hier eingeführten Begriffe illustriert. Es bezieht sich auf das System semantischer Regeln aus dem Beispiel 3.2.2.

Beispiel 3.2.6. Wir betrachten eine Folge von Anweisungen aus der Sprache BPS und bezeichnen ihre Bestandteile folgendermaßen:

$$\mathsf{p}_0 \left\{ \begin{array}{l} x := 1; \\ \mathsf{p}_1 \left\{ \begin{array}{l} \textbf{while} \quad (i > 0) \ \textbf{do} \ x := (2 * x); \\ \qquad\qquad\qquad\quad i := (i - 1) \\ \qquad\qquad\quad \textbf{od} \end{array} \right. \end{array} \right.$$

In Übereinstimmung mit der Definition eines Systems semantischer Regeln für ein Programm und unter Anwendung des Systems semantischer Regeln aus dem Beispiel

3.2.2 erhalten wir die Menge

$$\begin{aligned} \boldsymbol{P}(\mathsf{p}_0) = \{(&\mathsf{p}_0, [\![x := 1]\!], \mathsf{p}_1), \\ (&\mathsf{p}_1, [\![(i > 0)]\!], \mathsf{p}_2), \\ (&\mathsf{p}_1, [\![(i \leqq 0)]\!], \varepsilon), \\ (&\mathsf{p}_2, [\![x := (2 * x)]\!], \mathsf{p}_3), \\ (&\mathsf{p}_3, [\![i := (i - 1)]\!], \mathsf{p}_1)\}, \end{aligned}$$

wobei die Notation $[\![\mathsf{f}]\!]$ eine dem Programmteil f entsprechende Funktion (verallgemeinert ein Objekt des Definitionsbereichs der Interpretation $\boldsymbol{D}$) der Basis $\boldsymbol{F}$ bezeichnet, z. B.

$$[\![(i > 0)]\!] = \mathsf{F}_{(i>0)} | \mathsf{Wert}_{(i>0)} \quad \text{usw.}$$

p_2 steht für $x := (2 * x);\ i := (i - 1);\ \mathsf{p}_1$ und p_3 für

$$i := (i - 1);\ \mathsf{p}_1 .$$

Das entsprechende Diagramm gibt Abb. 3.16 an. ■

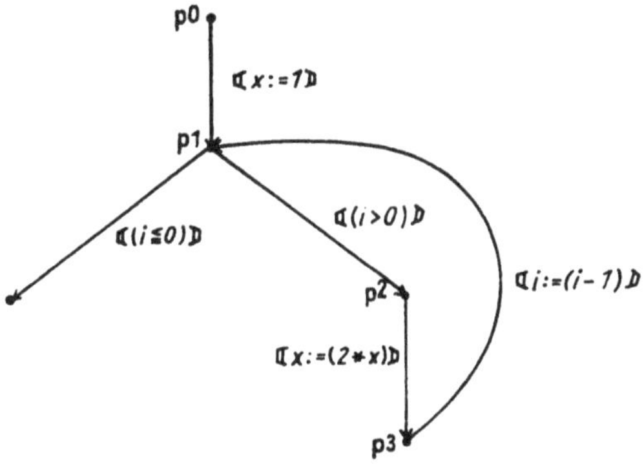

Abb. 3.16. Diagramm der Anweisungsfolge

$$\begin{cases} x := 1; \\ \textbf{while } (i > 0) \textbf{ do } x := (2 * x); \\ \qquad\qquad\qquad\quad i := (i - 1) \\ \qquad\qquad \textbf{od} \end{cases}$$

3.3. Semantikdefinition durch Fixpunkte von Gleichungssystemen

In den vorhergehenden Abschnitten lernten wir operationale Methoden der Zuordnung von Bedeutungen zu den Elementen einer Programmiersprache kennen. Die Operationalität dieser Methoden beruhte darauf, daß das Bedeutungsobjekt durch eine bestimmte Menge von Folgen erzeugt wurde. Die Betonung lag also darauf, auf welche Weise die entsprechenden Folgen von Berechnungen aufgebaut wurden. Die Methode, mit der wir uns jetzt beschäftigen, soll die Bedeutungsobjekte von Programmen ohne direkte Berufung auf Folgen von Berechnungen charakterisieren. Die semantische Definition dieser Art konzentriert unsere Untersuchung eher darauf, was die Programmberechnung ist, als darauf, wie die Berechnung verläuft. Um die Verbindungen zwischen verschiedenen Methoden aufzuzeigen, verwenden wir als Ausgangspunkt die vorherigen Betrachtungen über operationale Semantiken.

Für ein Programm einer Programmiersprache ist durch jedes System semantischer Regeln der Sprache eindeutig eine bestimmte Untermenge dieser Regeln festgelegt. Wir beschäftigen uns nun mit diesen Mengen und beginnen mit der Fortsetzung des Beispiels 3.2.6.

Beispiel 3.3.1. Wir betrachten die Menge $\boldsymbol{P}(\mathsf{p}_0)$ aus dem Beispiel 3.2.6 und schreiben die Elemente dieser Menge unter Anwendung folgender Regel um: Wenn

$$(\mathsf{p}_i, \mathsf{F}_1, \mathsf{p}_{i_1}), \dots, (\mathsf{p}_i, \mathsf{F}_k, \mathsf{p}_{i_k}) \in \boldsymbol{P}(\mathsf{p}_0)$$

und wenn das alle Regeln sind, die mit p_i beginnen, dann schreiben wir:

$$\mathsf{p}_i = \mathsf{F}_1 \cdot \mathsf{p}_{i_1} \sqcup \dots \sqcup \mathsf{F}_k \cdot \mathsf{p}_{i_k},$$

wobei $\mathsf{F}_s \cdot \mathsf{p}_{i_s}$ zu F_s reduziert wird, falls $\mathsf{p}_{i_s} = \varepsilon$, $1 \leqq s \leqq k$.

Durch die Anwendung dieser Regel erhalten wir anstelle von $\boldsymbol{P}(\mathsf{p}_0)$ eine Folge von Gleichungen

$$\mathsf{p}_0 = [\![x := 1]\!] \cdot \mathsf{p}_1,$$
$$\mathsf{p}_1 = [\![(i > 0)]\!] \cdot \mathsf{p}_2 \sqcup [\![(i \leqq 0)]\!],$$
$$\mathsf{p}_2 = [\![x := (2 * x)]\!] \cdot \mathsf{p}_3,$$
$$\mathsf{p}_3 = [\![i := (i - 1)]\!] \cdot \mathsf{p}_1.$$

Behandeln wir die p_i als Unbekannte mit einem bestimmten Definitionsbereich (in unserem Fall $\boldsymbol{D} = \mathsf{Rel}(\mathsf{C})$) und die durch $[\![\ ]\!]$ geklammerten Ausdrücke als Elemente von $\boldsymbol{D}$, so erhalten wir ein System formaler Gleichungen, in denen $\cdot$ und $\sqcup$ zweistellige Operatoren in $\boldsymbol{D}$ sind. ■

Noch allgemeiner können wir obiges System als Spezialfall eines Systems der Form

$$\mathsf{x}_i = \mathsf{h}_i(\mathsf{x}_1, \dots, \mathsf{x}_n), \qquad 1 \leqq i \leqq m, \tag{3.3.1}$$

auffassen, wobei die x_i Unbekannte mit einem bestimmten Definitionsbereich $\boldsymbol{D}$ sind und $\mathsf{h}_i : \boldsymbol{D}^n \to \boldsymbol{D}$. Ein System der Form (3.3.1.) nennen wir *Gleichungssystem zur Bestimmung des Fixpunkts der Funktionen* h_i (oder kurz *Fixpunktgleichungen*).

Auf diese Weise ordnen wir jedem Element $\mathsf{p} \in$ BPS ein System formaler Gleichungen mit einer ausgezeichneten Unbekannten zu, die zur Bezeichnung der Bedeutung von p dient. Wir erkennen diese Zuordnung als „richtig“ an, wenn es auf ihrer Grundlage möglich ist, das Bedeutungsobjekt durch „Lösung“ des Systems zu definieren. Das ist die eigentliche Idee der Methode der Semantikdefinition mit Hilfe von Fixpunktgleichungen. Allgemein formuliert beruht sie auf:

1. der Zuordnung eines bestimmten Gleichungssystems (3.3.1) zu jedem Element p einer Programmiersprache PS im Zusammenhang mit der Bestimmung einer Unbekannten x_i, die zur Bezeichnung der Bedeutung von p dient;

2. der Akzeptierung einer ausgezeichneten Lösung des Systems bezüglich einer Unbekannten x_i als Bedeutung von p.

Bei einer solchen Herangehensweise tritt natürlich eine Reihe von Problemen auf. Nach welchen Regeln können z. B. Fixpunktgleichungen zu den Elementen einer

Sprache aufgestellt werden? Die Antwort hierauf ist nicht eindeutig. Sogar wenn wir die operationale Semantik als Bezugspunkt nehmen, sind die Regeln im Beispiel **3.3.1** nicht die einzigen „vernünftigen". Sie sind sogar unzureichend, wenn man die Programmiersprache um rekursive Prozeduren erweitert. Allerdings bilden sie eine natürliche Grundlage für solche Regeln, die mit komplizierteren Programmkonstruktionen zusammenhängen. Wir werden uns mit diesen Problemen noch beschäftigen (siehe Abschnitt 3.5.4.). Vorläufig sehen wir sie als hinreichend allgemein zur Darstellung des Zusammenhangs zwischen der dargestellten Methode und der operationalen Methode (im verallgemeinerten Sinn) an.

Das nächste Problem betrifft die Gleichungssysteme selbst. Uns interessiert die Existenz einer Lösung des Systems und insbesondere die Bestimmung einer solchen Lösung, die vom Standpunkt der Semantikdefinition aus interessant ist. Diesem Problem wird der folgende Abschnitt gewidmet sein, in dem allgemeine Bedingungen für die Funktionen h_i und den Definitionsbereich $\boldsymbol{D}$ formuliert werden, damit die geforderte Lösung existiert und bestimmt werden kann.

In 3.3.2. weisen wir nach, daß die durchgeführte Transformation von Programmen in Gleichungssysteme vom Standpunkt des operationalen Verständnisses der Semantik korrekt ist. Trotz der Beschränkung auf eine ausgewählte Transformation[1]) stellt dieses Ergebnis eine klare Begründung der Zweckmäßigkeit der Anwendung der Methode der Lösung von Fixpunktgleichungen dar.

3.3.1. Gleichungssysteme und ihre Lösung

In diesem Abschnitt geben wir die wichtigsten Aussagen über Fixpunktgleichungen der Form (3.3.1) wieder. Dabei beschränken wir uns auf solche Fakten, die wir später brauchen werden. Wir geben sie in möglichst einfach begründbaren Formulierungen wieder und werden nicht darauf eingehen, wie einige Voraussetzungen abgeschwächt werden können. Die zum Verständnis notwendigen Begriffe findet der Leser im Anhang.

Vom obigen Standpunkt (siehe Einleitung) wird uns die Existenz und die Bestimmung einer ausgezeichneten Lösung der Gleichungen (3.3.1) interessieren. Wir wollen sie „kleinste" Lösung nennen und damit eine erste Voraussetzung an den Definitionsbereich $\boldsymbol{D}$ suggerieren. Betrachtet werden also Mengen mit einer Halbordnungsrelation $(\boldsymbol{D}, \sqsubseteq)$.

Der Einfachheit halber verwenden wir die Gleichung

$$\mathsf{X} = \boldsymbol{H}(\mathsf{X}), \tag{3.3.2}$$

wobei X eine Variable mit dem Definitionsbereich $\boldsymbol{D}$ ist und $\mathsf{H}: \boldsymbol{D} \to \boldsymbol{D}$. Das System (3.3.1) können wir als Spezialfall von (3.3.2) behandeln, in dem H eine Vektorfunktion ist, die komponentenweise durch die Funktionen h_i definiert ist.

Die *kleinste Lösung* der Gleichung (3.3.2) definieren wir für eine bestimmte Halbordnungsrelation $\sqsubseteq$ auf folgende Weise:

$\mathsf{A} \in \boldsymbol{D}$ ist die kleinste Lösung der Gleichung (3.3.2) (oder der *kleinste Fixpunkt* von H) genau dann, wenn $\mathsf{A} = \mathsf{H}(\mathsf{A})$ (d. h., A ist eine *Lösung der Gleichung* oder ein *Fixpunkt* der Funktion H), und für jede Lösung B gilt $\mathsf{A} \sqsubseteq \mathsf{B}$.

[1]) Wie wir sehen werden, erfordert sie im Fall rekursiver Prozeduren eine Erweiterung.

Falls diese Lösung existiert, werden wir sie mit $\boldsymbol{Y}(\mathsf{H})$ bezeichnen.

Als *kleinsten Fixpunkt des Gleichungssystems* (3.3.1) bezeichnen wir den kleinsten Fixpunkt der Funktion $\mathsf{H} : \boldsymbol{D}^n \to \boldsymbol{D}^n$, für die gilt

$$\mathsf{H}(a_1, \dots, a_n) = (h_1(a_1, \dots, a_n), \dots, h_n(a_1, \dots, a_n)) .$$

Daraus folgt, daß jeder Fixpunkt des Systems ein Vektor $(b_1, \dots, b_n)$ ist, für den $h_i(b_1, \dots, b_n) = b_i$, $1 \leqq i \leqq n$, ist. Ist $(b_1, \dots, b_n)$ der kleinste Fixpunkt des Systems (3.3.1), so nennen wir b_i den *kleinsten Fixpunkt des Systems bezüglich der Unbekannten* x_i und bezeichnen ihn mit $[\boldsymbol{Y}(\mathsf{H})]_i$.

Der folgende Satz sagt etwas über die Existenz und die Bestimmung der kleinsten Lösung aus. Er wird oft *Approximationssatz* genannt.

Satz 3.3.1. *Wenn* $(\boldsymbol{D}, \sqsubseteq)$ *ein vollständiger Verband und* H *eine stetige Funktion ist, dann existiert* $\boldsymbol{Y}(\mathsf{H})$ *und*

$$\boldsymbol{Y}(\mathsf{H}) = \bigsqcup_{i=1}^{\infty} \mathsf{H}^i(\bot) ,$$

wobei $\bot$ *das kleinste Element des Verbandes* $\boldsymbol{D}$ *bezeichnet.* H^i *ist die* i*-fache Verkettung der Funktion* H.

Beweis. Wir zeigen zuerst: Wenn $X = \bigsqcup_{i=1}^{\infty} \mathsf{H}^i(\bot)$, dann ist X eine Lösung.

Wegen der Monotonie von H (denn H ist stetig) gilt $\mathsf{H}^i(\bot) \sqsubseteq \mathsf{H}^{i+1}(\bot)$ für jedes $i = 1, 2, \dots$. Somit folgt aus der Stetigkeit von H

$$X = \bigsqcup_{i=1}^{\infty} \mathsf{H}^i(\bot) = \bigsqcup_{i=1}^{\infty} \mathsf{H}(\mathsf{H}^i(\bot)) = \mathsf{H}\,(\bigsqcup_{i=1}^{\infty} \mathsf{H}^i(\bot)) = \mathsf{H}(X) .$$

Wenn Y eine Lösung ist, d. h. $\mathsf{H}(Y) = Y$, dann ist wegen $\bot \sqsubseteq Y$ und der Monotonie von H auch $\mathsf{H}(\bot) \sqsubseteq \mathsf{H}(Y) = Y$. Durch Induktion folgt $\mathsf{H}^i(\bot) \sqsubseteq Y$ für jedes $i \geqq 1$ und schließlich $X \sqsubseteq Y$. ■

Folgerung 3.3.1. *Wenn* $(\boldsymbol{D}, \sqsubseteq)$ *ein vollständiger Verband ist und* h_j *stetige Funktionen sind, dann existiert der kleinste Fixpunkt des Systems* (3.3.1), *d. h. der kleinste Fixpunkt der Funktion* $\mathsf{H} = (h_1, \dots, h_n)$, *und*

$$[\boldsymbol{Y}(\mathsf{H})]_j = \bigsqcup_{i=1}^{\infty} h_j^i(\bot, \dots, \bot) , \qquad j = 1, \dots, n ,$$

mit

$$h_j^1(\bot, \dots, \bot) = h_j(\bot, \dots, \bot) ,$$

$$h_j^{i+1}(\bot, \dots, \bot) = h_j(h_1^i(\bot, \dots, \bot), \dots, h_n^i(\bot, \dots, \bot)). \ ■$$

Den einfachen Beweis dieser Folgerung überlassen wir dem Leser.

Die folgende Behauptung erlaubt die Lösung von Gleichungssystemen durch die Methode der *Elimination von Unbekannten* und somit im allgemeinen Fall eine vorteilhaftere Methode als die im Satz 3.3.1 beschriebene. Wir betrachten ein Gleichungssystem

$$\begin{aligned} X &= F(X, Y) , \\ Y &= G(X, Y) , \end{aligned} \tag{3.3.3}$$

wobei die Variablen X und Y den gleichen Definitionsbereich $\boldsymbol{D}$ haben. F und G sind Funktionen aus $\boldsymbol{D}^2$ in $\boldsymbol{D}$. Es sei $A \in \boldsymbol{D}$. Wir bezeichnen mit F_A eine solche Funktion aus $\boldsymbol{D}$ in $\boldsymbol{D}$, für die

$$F_A(X) = F(X, A) \tag{3.3.4}$$

für jedes $X \in \boldsymbol{D}$ gilt. Wenn die Funktion F stetig ist, so ist auch F_A offensichtlich eine stetige Funktion. Somit existiert wegen Satz 3.3.1 $\boldsymbol{Y}(F_A)$ für jedes $A \in \boldsymbol{D}$. Für ein beliebiges $A \in \boldsymbol{D}$ können wir dann definieren

$$H(A) = \boldsymbol{Y}(F_A)\,. \tag{3.3.5}$$

Als erstes Problem ergibt sich, ob eine so definierte Funktion eine stetige Funktion ist. Eine Antwort darauf gibt uns das nachfolgende Lemma.

Lemma 3.3.1. *Wenn* $F : \boldsymbol{D}^2 \to \boldsymbol{D}$ *eine stetige Funktion ist und* $\boldsymbol{D}$ *ist ein vollständiger Verband, dann ist die durch* (3.3.5) *definierte Funktion* H *stetig.*

Beweis. $A_1, A_2, \ldots$ sei eine wachsende Folge von Elementen des Definitionsbereichs $\boldsymbol{D}$. Weiterhin sei $A = \bigsqcup_{j=1}^{\infty} A_j$. Aus der Monotonie der Funktion F folgt sofort für alle $i, j \geqq 1$

$$F^i_{A_j}(\bot) \sqsubseteq F^i_{A_{j+1}}(\bot)\,, \tag{$*$}$$

wobei die Funktionen F_{A_j} durch (3.3.4) definiert sind. Wir zeigen nun durch Induktion, daß

$$F^i_A(\bot) = \bigsqcup_{j=1}^{\infty} F^i_{A_j}(\bot) \quad \text{für jedes} \quad i \geqq 1\,. \tag{$**$}$$

Für $i = 1$ gilt wegen der Stetigkeit von F

$$F_A(\bot) = F(\bot, A) = F(\bot, \bigsqcup_{j=1}^{\infty} A_j) = \bigsqcup_{j=1}^{\infty} F(\bot, A_j) = \bigsqcup_{j=1}^{\infty} F_{A_j}(\bot)\,.$$

Wir setzen $(**)$ für ein festes $i \geqq 1$ voraus. Aus $(*)$ und der Stetigkeit von F ergibt sich

$$F^{i+1}_A(\bot) = F_A(F^i_A(\bot)) = F(F^i_A(\bot), A) = F(\bigsqcup_{j=1}^{\infty} F^i_{A_j}(\bot), \bigsqcup_{j=1}^{\infty} A_j)$$

$$= \bigsqcup_{j=1}^{\infty} F(F^i_{A_j}(\bot), A_j) = \bigsqcup_{j=1}^{\infty} F_{A_j}(F^i_{A_j}(\bot)) = \bigsqcup_{j=1}^{\infty} F^{i+1}_{A_j}(\bot)\,.$$

Wir zeigen jetzt die Stetigkeit der Funktion H unter Verwendung von Satz 3.3.1 und $(**)$

$$H(A) = \boldsymbol{Y}(F_A) = \bigsqcup_{i=1}^{\infty} F^i_A(\bot) = \bigsqcup_{i=1}^{\infty} \bigsqcup_{j=1}^{\infty} F^i_{A_j}(\bot)$$

$$= \bigsqcup_{j=1}^{\infty} \bigsqcup_{i=1}^{\infty} F^i_{A_j}(\bot) = \bigsqcup_{j=1}^{\infty} H(A_j)\,. \blacksquare$$

Mit Hilfe von Lemma 3.3.1 können wir zeigen, daß das System (3.3.3) durch das System

$$\begin{aligned} X &= H(Y)\,, \\ Y &= G(H(Y), Y) \end{aligned} \tag{3.3.6}$$

ersetzt werden kann, d. h., die Unbekannte X wird eliminiert. H ist durch die Formel (3.3.5) definiert.

Satz 3.3.2. *Wenn* (A, B) *der kleinste Fixpunkt des Systems* (3.3.6) *ist, dann ist er ebenfalls der kleinste Fixpunkt des Systems* (3.3.3), *in dem* F *und* G *stetige Funktionen sind.*

Beweis. Wenn F und G stetige Funktionen sind, dann existiert nach Folgerung 3.3.1 der kleinste Fixpunkt des Systems (3.3.3). Auf der Grundlage von Lemma 3.3.1 existiert auch der kleinste Fixpunkt des Systems (3.3.6), weil H ebenfalls eine stetige Funktion ist. Ist nun (A, B) ein Fixpunkt von (3.3.6), dann ist mit Hilfe der Fixpunktdefinition und aus der Definition der Funktion H leicht zu zeigen, daß (A, B) ein Fixpunkt des Systems (3.3.3) ist.

Es sei $K(Y) = G(H(Y), Y)$. Aus Satz 3.3.1 erhalten wir

$$B = \bigsqcup_{i=1}^{\infty} K^i(\bot) .$$

Weiterhin bezeichne (A_1, B_1) einen beliebigen Fixpunkt des Systems (3.3.3). Wir zeigen durch Induktion, daß für jedes $i \geqq 1$

$$K^i(\bot) \sqsubseteq B_1 . \qquad (*)$$

Da H monoton ist und nach Voraussetzung

$$B_1 = G(A_1, B_1), \quad A_1 = F(A_1, B_1) = F_{B_1}(A_1) , \qquad H(B_1) = \boldsymbol{Y}(F_{B_1})$$

gilt, folgt aus der Definition von H dann $H(\bot) \sqsubseteq H(B_1) \sqsubseteq A_1$. Da G ebenfalls monoton ist, ist für $i = 1$

$$K(\bot) = G(H(\bot), \bot) \sqsubseteq G(A_1, B_1) = B_1 .$$

Wir setzen die Richtigkeit von $(*)$ für ein festes $i \geqq 1$ voraus. Folglich gilt

$$K^{i+1}(\bot) = G(H(K^i(\bot)) , K^i(\bot)) \sqsubseteq G(H(B_1), B_1) \sqsubseteq G(A_1, B_1) = B_1 ,$$

und somit $B \sqsubseteq B_1$. Weil $A = H(B)$ ist, gilt $A \sqsubseteq H(B_1) \sqsubseteq A_1$, was den Beweis beendet. ■

Wir führen nun das *Induktionsprinzip für Fixpunkte* an, welches die direkte Anwendung des Satzes 3.3.1 zum Nachweis von Eigenschaften von Programmen ermöglicht, deren semantische Definition durch Fixpunktgleichungen gegeben ist.

$\boldsymbol{D}$ sei ein vollständiger Verband und q ein in $\boldsymbol{D}$ definiertes Prädikat. Wir sagen, daß die Gültigkeit von q für die Suprema in $\boldsymbol{D}$ erhalten bleibt, wenn für jede wachsende Folge in $\boldsymbol{D}$ $f_0 \sqsubseteq f_1 \sqsubseteq \ldots \sqsubseteq f_n \sqsubseteq \ldots$ aus der Gültigkeit von $q(f_i)$ für jedes $i \geqq 0$ die Gültigkeit von $q(\bigsqcup_{i=0}^{\infty} f_i)$ folgt. Das ist ein Analogon zur Stetigkeit von Funktionen.

Satz 3.3.3 (*Induktionsprinzip*). *$\boldsymbol{D}$ sei ein vollständiger Verband,* q *sei ein Prädikat* in *$\boldsymbol{D}$, dessen Gültigkeit für die Suprema in $\boldsymbol{D}$ erhalten bleibt.* $F : \boldsymbol{D} \to \boldsymbol{D}$ *sei eine stetige Funktion. Wenn*

1. $q(\bot)$ *gilt* $(F^0(\bot) = \bot)$ *und wenn*
2. *für jedes* $i \geqq 0$ *aus* $q(F^i(\bot))$ *auch* $q(F^{i+1}(\bot))$ *folgt, dann gilt* $q(\boldsymbol{Y}(F))$.

Beweis. Der Beweis folgt direkt aus dem Satz 3.3.1 und aus der Definition eines Prädikats, dessen Gültigkeit für Suprema erhalten bleibt. ■

Der Satz wird in Abschnitt 3.6.2. angewendet zum Beweis von Satz 3.6.1.

In diesem Abschnitt werden Ergebnisse sowohl über die Existenz des kleinsten Fixpunktes eines Gleichungssystems als auch über Methoden zu seiner Bestimmung vorgestellt. Wir müssen allerdings betonen, daß diese Methoden in der Praxis manchmal wertlos sind, wenn das System zu groß ist oder die in ihm auftretenden Funktionen zu kompliziert sind. Trotzdem bleibt als wichtigster Teil der Nachweis der Existenz übrig. Sie erlaubt uns, ein wohldefiniertes mathematisches Objekt zu verwenden, unabhängig davon, wie dieses Objekt „aussieht".

Wir beschäftigen uns nun mit sehr einfachen, durch Transformationen entstandenen Gleichungssystemen, die die Regeln aus dem Beispiel 3.3.1 beschreiben. Wir betrachten also Systeme der Form

$$x_i = a_{i1} \cdot x_1 \sqcup a_{i2} \cdot x_2 \sqcup \ldots \sqcup a_{in} \cdot x_n \sqcup b_i \,, \qquad 1 \leqq i \leqq n \,, \tag{3.3.7}$$

im Definitionsbereich der Interpretation $\boldsymbol{D}$ (im Sinne von 3.2.6.), wobei $a_{ij}, b_i \in \boldsymbol{D}$, $1 \leqq i, j \leqq n$. Daher haben wir es nun mit der stetigen Operation der Verkettung $\cdot$ und der (offensichtlich ebenfalls stetigen) Operation des Supremums im Verband $(\boldsymbol{D}, \sqsubseteq)$ zu tun. Weil der Verband in allen Beispielen ein Verband von Mengen ist und die Halbordnung durch die Inklusion von Mengen definiert ist, werden wir anstelle von $\bigsqcup$ oder $\sqcup$ das Symbol der Vereinigung von Mengen schreiben und das Symbol der Verkettung weglassen.

Anknüpfend an die Systeme semantischer Regeln und an die Regeln, die ihnen Gleichungssysteme zuordnen, bemerken wir, daß in diesem Fall gilt

$$a_{ij} = \bigsqcup \{F \mid (k_i, F, k_j) \in \boldsymbol{P} \,,\; k_j \notin St\} \,, \quad b_i = \bigsqcup \{F \mid (k_i, F, k_j) \in \boldsymbol{P},\; k_j \in St\} \,,$$

d. h., die a_{ij} und b_i sind entweder Elemente der Basis des Systems, oder sie repräsentieren das kleinste Element des Verbands (d. h., der j-te Bestandteil einer Gleichung oder b_i treten nicht in (3.3.7) auf). Gleichungssysteme der obigen Form werden oft *lineare Fixpunktgleichungen* genannt. Sie sind für Programmiersprachen ohne Rekursivitäten, aber mit beliebigen iterativen Konstruktionen geeignet. Lineare Gleichungssysteme kann man immer durch die Methode der Elimination von Unbekannten lösen, und die Lösungen lassen sich mit Hilfe der a_{ij}, b_i und der Operationen $\cdot$, $\sqcup$ und $*$ (siehe Anhang) ausdrücken.

Die Operation $*$, die die *Iteration von Relationen*, *Funktionen*, *Sprachen* usw. darstellt, reicht hier aus, um den Operator $\boldsymbol{Y}$ auszudrücken. Davon spricht das folgende Lemma, welches direkt aus dem Approximationssatz folgt.

Lemma 3.3.2. $\boldsymbol{Y}(ax \sqcup b) = a^*b$. ∎

Offensichtlich können hier a und b durch beliebige, von x unabhängige Funktionen ersetzt werden. Daher können wir Lemma 3.3.2 auf die i-te Gleichung von (3.3.7) zur Elimination der i-ten Unbekannten anwenden. Wir erhalten z. B. für $i = 1$

$$x_1 = a_{11}^*(a_{12}x_2 \sqcup \ldots a_{1n}x_n \sqcup b_1) \,.$$

Wir wenden nun diese Ergebnisse auf das Gleichungssystem im Beispiel 3.3.1 an. Dabei interessiert uns die Lösung bezüglich der Unbekannten p_0, die das gesamte untersuchte Programm repräsentiert. Nach einer Reihe von Ersetzungen erhalten wir

$$p_0 = [\![x := 1]\!]\; p_1 \,,$$

$$p_1 = [\![(i > 0)]\!]\; [\![x := (2 * x)]\!]\; [\![i := (i - 1)]\!]\; p_1 \sqcup [\![(i \leqq 0)]\!] \,.$$

Durch die Anwendung des Lemmas 3.3.2 auf die zweite Gleichung und Einsetzung in die erste bekommen wir schließlich

$$\mathsf{p_0} = [\![x := 1]\!]\,([\![(i > 0)]\!]\,[\![x := (2 * x)]\!]\,[\![i := (i - 1)]\!])^* \,[\![(i \leqq 0)]\!] \,.$$

Wenn wir für die durch $[\![\;]\!]$ geklammerten Elemente in Abhängigkeit von der Anwendung (Definitionsbereich der Interpretation) Relationen (Funktionen), Sprachen (Symbole) oder Mengen von Folgen einsetzen, dann definiert der entstandene Ausdruck das entsprechende Objekt in einem konkreten Definitionsbereich. In diesem Fall ist dieses Objekt nicht nur durch die Existenz des kleinsten Fixpunkts eines Gleichungssystems definiert, sondern es ist auch in Form eines Ausdrucks dargestellt, dessen Bestandteile elementar sind. Im folgenden Abschnitt wird nachgewiesen, daß das durch den obigen Ausdruck definierte Objekt identisch mit dem vorher definierten „operationalen“ Objekt $\mathsf{res_p}$ ist.

3.3.2. Fixpunktmethode und operationale Methode

Der gesamte Abschnitt ist einem einzigen Satz gewidmet. Wir beweisen nämlich, daß das in Abschnitt 3.2.4. „operational“ durch ein System $(\boldsymbol{F}, \boldsymbol{P})$ definierte Objekt $\mathsf{res_p}$ für ein beliebiges Element p der Programmiersprache PS der kleinste Fixpunkt eines Gleichungssystems ist, welches durch die Regeln aus dem Beispiel 3.3.1 gewonnen wurde. Es soll noch einmal unterstrichen werden, daß sich diese Behauptung auf solche Sprachen bezieht, in denen die Regelmengen $\boldsymbol{P}(\mathsf{p})$ endlich sind, z. B. auf die Sprachen BPS und BPS_a. Im entgegengesetzten Fall erfordert die Behauptung eine Verallgemeinerung (siehe 3.5.5.).

Der Satz beschreibt somit eine Art „Äquivalenz“ der operationalen Methode und der Fixpunktmethode. Folglich können wir von einer Äquivalenz von Semantiken sprechen, die durch verschiedene Methoden in der gleichen Computerumgebung definiert werden. Das gibt eine bestimmte Vorstellung über das Problem der Korrektheit einer Implementation, die wir als Spezialfall der operationalen Methode behandelten. Offensichtlich scheint eine solche Korrektheit unbefriedigend zu sein, da das Wesen der Semantik höherer Programmiersprachen im Bestreben nach Rechnerunabhängigkeit besteht. Auf dieses Problem kommen wir noch in Abschnitt 3.4.2. zurück. Erinnern wir uns daran: Obwohl die Grundlage unserer Untersuchungen die Definition der Bedeutung eines Programms als Transformation in einer bestimmten Computerumgebung ist, ist das nicht der einzige mögliche Definitionsbereich einer Interpretation.

Wir führen nun die für die Formulierung und den Beweis des Satzes notwendigen Bezeichnungen ein.

Es sei ein verallgemeinertes System semantischer Regeln $\mathsf{VSR} = (\boldsymbol{F}, \boldsymbol{P})$ für eine Sprache PS gegeben. Das System

$$\mathsf{k_i} = \mathsf{F_{i1}} \cdot \mathsf{k_1} \sqcup \mathsf{F_{i2}} \cdot \mathsf{k_2} \sqcup \ldots \sqcup \mathsf{F_{in}} \cdot \mathsf{k_n} \sqcup \mathsf{F_i}\,, \qquad 1 \leqq \mathsf{i} \leqq \mathsf{n}\,, \tag{3.3.8}$$

sei einem gegebenem $\mathsf{p} \in \mathsf{PS}$ zugeordnet, und $\mathsf{k_i} = \varphi(\mathsf{p})$ für ein bestimmtes i, $1 \leqq \mathsf{i} \leqq \mathsf{n}$. Weiterhin sei $\mathsf{F_{ij}}, \mathsf{F_i} \in \boldsymbol{F} \cup \{\bot\} \in \boldsymbol{D}$, wobei $\boldsymbol{D}$ der Definitionsbereich der Interpretation ist. Zur Vereinfachung nehmen wir an, k_i bezeichne hier sowohl eine Steuerkonfiguration der Steuerung $\boldsymbol{S} = (S, St, \varphi)$ als auch eine Unbekannte im Gleichungssystem.

Aus der Definition der Menge $B(k)$ (siehe 3.2.4.) und den Transformationsregeln aus dem Beispiel 3.3.1 ergibt sich unmittelbar

$$B(k_i) = \{F_i\} \cup \bigcup_{j=1}^{n} F_{ij} \cdot B(k_j)\,, \tag{3.3.9}$$

wobei für jedes $a \in \boldsymbol{D}$ und $A \subseteq \boldsymbol{D}$ gilt $a \cdot A = \{a \cdot b \mid b \in A\}$. Wir definieren schließlich die Mengen $B_m(k)$, $m \geqq 1$, analog zur Menge $B(k)$, wobei wir uns auf die Folgen beschränken, deren Länge nicht größer als m ist (siehe 3.2.5.). Also ist

$$B(k) = \bigcup_{m=1}^{\infty} B_m(k)\,. \tag{3.3.10}$$

Satz 3.3.4. $(res_{k_1}, \dots, res_{k_n})$ *ist der kleinste Fixpunkt des Systems* (3.3.8).

Beweis. Wir zeigen zuerst, daß $(res_{k_1}, \dots, res_{k_n})$ ein Fixpunkt ist. Dazu nutzen wir die Stetigkeit der Operation $\cdot$, die Stetigkeit des Supremums $\sqcup$ sowie die Formel (3.3.9). Wir erhalten mit $res_{k_j} = \sqcup B(k_j)$

$$\bigsqcup_{j=1}^{n} F_{ij} \cdot res_{k_j} \sqcup F_i = \bigsqcup_{j=1}^{n} F_{ij} \cdot \sqcup B(k_j) \sqcup F_i$$

$$= \bigsqcup_{j=1}^{n} (\sqcup F_{ij} \cdot B(k_j) \sqcup F_i) = \sqcup (\bigcup_{j=1}^{n} F_{ij} \cdot B(k_j) \cup \{F_i\}) = \sqcup B(k_i) = res_{k_i}\,.$$

Es sei $(a_1, \dots, a_n)$ ein beliebiger Fixpunkt des Systems (3.3.8). Wir zeigen, daß für jedes $i, 1 \leqq i \leqq n$, gilt $res_{k_i} \sqsubseteq a_i$. Wegen (3.3.10) genügt es zu zeigen, daß für jedes $m \geqq 1$ gilt $\sqcup B_m(k_i) \sqsubseteq a_i$. Wir beweisen das durch Induktion bezüglich m:

1. $m = 1$: $\sqcup B_1(k_i) = F_i \sqsubseteq a_i$.

2. Wir setzen die Gültigkeit von $\sqcup B_p(k_i) \sqsubseteq a_i$ für alle $p \leqq m$, $i = 1, \dots, n$, voraus. Aus der Definition und aus (3.3.9) erhalten wir

$$B_{m+1}(k_i) = \bigcup_{j=1}^{n} F_{ij} \cdot B_m(k_j) \cup \{F_i\}\,.$$

Somit folgt aus der Stetigkeit der Operationen

$$\sqcup B_{m+1}(k_i) = \sqcup (\bigcup_{j=1}^{n} F_{ij} \cdot B_m(k_j) \cup \{F_i\}) = \bigsqcup_{j=1}^{n} F_{ij} \cdot \sqcup B_m(k_j) \sqcup F_i$$

$$\sqsubseteq \bigsqcup_{j=1}^{n} F_{ij} \cdot a_j \sqcup F_i = a_i\,. \blacksquare$$

Eine direkte Folgerung aus diesem Satz ist: Wenn $k_i = \varphi(p)$ für ein bestimmtes i, $i \leqq n$, gilt, dann ist res_p der kleinste Fixpunkt des Systems (3.3.8) bezüglich der Unbekannten k_i.

3.4. Die denotationale Methode der Semantikdefinition und Übereinstimmung verschiedenartig definierter Semantiken

Ende der 60er, Anfang der 70er Jahre veröffentlichten SCOTT und STRACHEY eine Reihe von Arbeiten (siehe [116], [117]), die den Beginn der Ausarbeitung einer Methode der Definition der Semantik von Programmiersprachen, der *denotationalen Methode*, bedeuteten. Diese Bezeichnung setzte sich übrigens erst viel später durch. Anfänglich (oftmals auch heute noch) wurde diese Methode *mathematisch* oder *funktional* genannt. Einige ihrer Elemente wurden allerdings schon früher angewendet. Wir nennen hier nur die fundamentalen Arbeiten von MCCARTHY [139]. Parallel zu den Arbeiten von SCOTT und STRACHEY entstanden Arbeiten, die ähnliche Ideen enthielten, z. B. von MAZURKIEWICZ [80] und BEKIČ [9]. Das Verdienst von SCOTT und STRACHEY ist aber der Versuch, eine einheitliche Theorie zu schaffen, in deren Rahmen es möglich ist, die Bedeutung auch von komplizierten Programmkonstruktionen zu erklären. Um die Bedeutung dieses Herangehens und gleichzeitig das Ziel dieses Abschnitts besser zu erläutern, berufen wir uns darauf, was J. E. STOY in seiner breit angelegten Monographie [122] schreibt. Er betont vor allem, daß das denotationale Herangehen durch zwei Aspekte charakterisiert wird. Erstens ist es ein Beitrag für die mathematischen Grundlagen der Theorie der Berechnungen (hauptsächlich dank den Arbeiten von SCOTT). Der zweite Aspekt ist die Ausarbeitung bestimmter Techniken der Definition von Programmiersprachen (hauptsächlich dank den Ideen von STRACHEY):

„*Der zweite Teil stützt sich deutlich auf den ersten, wobei er aus ihm die mathematischen Prinzipien schöpft; dieser Zusammenhang ist allerdings ähnlich dem, welcher zwischen der Arithmetik der reellen Zahlen und der Theorie der Dedekindschen Schnitte existiert. Die Definitionstechnik beruft sich selten direkt auf die theoretischen Grundlagen, und im allgemeinen nimmt sie sie als von oben gegeben an. In der Realität eilten die Techniken der Theorie um Jahre voraus.*“

Wir werden uns hier auf den zweiten Aspekt beschränken, denn der theoretische Teil in seiner ganzen Kompliziertheit überschreitet den Rahmen dieses Buches. Daher charakterisieren wir im folgenden Abschnitt die denotationale Methode auf sehr allgemeine Weise und illustrieren sie durch ein einfaches Beispiel. In den weiteren Abschnitten wird diese Technik auf komplizierte Programmkonstruktionen angewendet.

In 3.4.2. beschäftigen wir uns mit dem Vergleich (Äquivalenz) von Semantiken, die durch verschiedene Methoden und zum Teil in verschiedenen Computerumgebungen definiert wurden. Dieses Problem hängt mit der Untersuchung z. B. der Korrektheit der Implementation bezüglich einer gegebenen Semantik zusammen. Als Beispiel dient uns die früher definierte Implementation der Sprache BPS (siehe 3.1.3.), die wir bezüglich der denotationalen Semantik dieser Sprache untersuchen werden (3.4.1.).

3.4.1. Die denotationale Methode

Will man die denotationale Methode der Definition der Semantik von Programmiersprachen sehr allgemein charakterisieren, kann man sagen, daß in dieser Methode auf eine konsequenten Trennung der Begriffe, die mit der Implementation, und der Begriffe, die mit der Definition von Sprachen zusammenhängen, geachtet wird. Gleichzeitig ist ein wesentliches Merkmal dieser Methode der Versuch, den Zusammenhang zwischen diesen Begriffen nicht zu verlieren. Wir zitieren noch einmal J. E. Stoy:

„... *die denotationale Semantik ist die Definition einer Sprache mit normativem Charakter: sie stellt einen vorteilhaften Standard auf, in dem die Frage der Korrektheit sowohl einer Implementation als auch der Programme der Sprache gestellt werden kann. Von dieser Seite gesehen umfaßt die operationale Definition zusätzlich Implementationseinzelheiten, die, solange sie keine direkte Bedeutung für ein spezielles Problem haben, nur der weiteren Komplizierung des schon genügend komplizierten Definitionsbereichs dienen.*"

Wir beschäftigten uns bereits mehrere Male mit dem Unterschied zwischen dem, was eine durch ein Programm definierte Berechnung ist, und dem, wie die Berechnung verläuft. Dabei behaupteten wir u. a., daß die operationale Definitionsmethode selten in „reiner" Form auftritt. Das bedeutet, in operationalen Semantikdefinitionen sind die Begriffe vermischt. Wenn wir die Bedeutung der sequentiellen Verknüpfung von Programmteilen p_1 und p_2, deren Bedeutungen die Funktionen $S(p_1)$ und $S(p_2)$ sind, als

$$S(p_1 \; ; \; p_2) = S(p_1) \cdot S(p_2)$$

definieren, dann scheint uns die operationale (Implementations-)Bedeutung dieser Definition nur deshalb klar zu sein, weil wir gut wissen, wie man diese einfachen Operationen realisieren kann. Die Definition selbst sagt allerdings nichts über diese Realisierung aus und ist nur die Bezeichnung (englisch *denotation*) einer bestimmten Funktion. Der Unterschied wird viel eher klar, wenn auf der rechten Seite der Gleichung z. B. der Operator Y (Fixpunktoperator) auftritt, obwohl seine mathematische Rolle analog zu $\cdot$ ist. Nebenbei gesagt ist die Theorie der Fixpunkte stetiger Funktionen ein wesentlicher Bestandteil des denotationalen Vorgehens. Die denotationale Theorie und ihre Bedeutung gehen bei weitem über das hinaus, was wir in den vorherigen Abschnitten besprochen haben. Wir werden uns mit ihr nicht in ihrer ganzen Kompliziertheit beschäftigen.

In diesem Abschnitt konzentrieren wir unsere Aufmerksamkeit auf die Grundelemente der denotationalen Methode und illustrieren sie durch ein einfaches Beispiel.

Es erhebt sich folgende Frage: In welchem Grade unterscheidet sich die Fixpunktmethode von der denotationalen Methode? Gerade bei der Fixpunktmethode betonten wir, daß die Definition der Bedeutung als kleinster Fixpunkt eines bestimmten Gleichungssystems, d. h. als Wert des Operators Y, nicht direkt darauf verweist, wie Y realisiert (implementiert) werden soll. Der wesentliche Unterschied scheint unter ähnlichen Voraussetzungen darauf zu beruhen, daß wir im vorigen Fall die Ähnlichkeit der untersuchten Strukturen, d. h. der Elemente der Programmiersprache und des Definitionsbereichs der Interpretation, nur ungenügend nutzten. Wir ersetzten nämlich Programme der Sprache durch Gleichungssysteme, wobei die Information über den Aufbau der Programme aus elementaren Sprachkonstruktionen verloren ging. Erst nach einer eventuellen Lösung des Gleichungssystems (was ja nicht immer möglich ist) gab der erhaltene Ausdruck den Zusammenhang zwischen bestimmten Symbolen (Programmkonstruktionen) der Sprache und den Operationen des Definitionsbereichs der Interpretation wieder. So entspricht „;" beispielsweise „·", und „**if-then-else-fi**" entspricht „$\sqcup$". Das sind aber nur sehreinfache Beispiele. Kompliziertere Konstruktionen berufen sich auf Operatoren, die, wie z. B. Y auf (stetigen) Funktionen des Definitionsbereichs der Interpretation operieren. Die Beachtung struktureller Übereinstimmungen erlaubte die Anwendung des bekannten Mechanismus der induktiven Definitionen. Als Beispiel dafür wurde die Art und Weise der Interpretation der Zusammensetzung von Programmen durch die Zusammensetzung der Funktionen zur Interpretation ihrer Bestandteile gegeben. Dieser Mechanismus ist grundlegend für die denotationale Methode. Das bedeutet, die Definition der Semantik einer Programmiersprache durch diese Methode beruht auf folgendem:

1. Bestimmten *primitiven* (*Basis-*)*Elementen* der Sprache werden bestimmte Objekte des Definitionsbereichs zugeordnet, in dem die Interpretation ausgeführt wird.

2. Wenn ein Sprachelement aus bestimmten „Teilen" besteht, deren Bedeutung bekannt ist, dann stellen wir die Bedeutung dieses Elements als bestimmte Kombination der Bedeutungen dieser Teile dar.

Bei einem solchen Vorgehen ist die präzise Definition der *syntaktischen* (was interpretiert wird) und der *semantischen* (wo die Interpretation stattfindet) *Definitionsbereiche* eine prinzipielle Angelegenheit. Die ersteren sind durch die Syntax einer Programmiersprache gegeben. Die semantischen Definitionsbereiche müssen bestimmte Voraussetzungen erfüllen, damit die Operatoren, die wir anwenden wollen, wohldefiniert sind, z. B. Voraussetzungen über die Existenz des kleinsten Fixpunkts, die uns die Wohldefiniertheit des Operators $\boldsymbol{Y}$ garantieren. In der Originalarbeit von Scott und Strachey [117] (und auch in anderen umfangreichen Monographien zur denotationalen Semantik) wird für alle Definitionsbereiche vorausgesetzt, daß sie vollständige und stetige Verbände sind. Unter diesen Voraussetzungen erhält man ohne Beschränkung der Allgemeinheit eine einheitliche und elegante Charakteristik der betrachteten Definitionsbereiche. In Spezialfällen ist diese Voraussetzung außerdem notwendig. Da wir sie allerdings im wesentlichen nicht verwenden werden, übergehen wir sie in unseren Betrachtungen.

Ähnlich wie zuvor kann die Bedeutung von Programmen durch die denotationale Methode in verschiedenen Definitionsbereichen definiert werden. Allerdings scheint es, daß sowohl die Schöpfer als auch die Kommentatoren dieser Methode die Begründung auf einer Menge von Zuständen einer bestimmten Computerumgebung und auf den mit ihnen verbundenen Transformationen als integralen Bestandteil des denotationalen Herangehens ansehen. Das unterstreicht, daß die abstraktesten Lösungen als Ziel die Erklärung wesentlicher Probleme der Berechnungsrealität haben, während die Semantik von Programmiersprachen, die die Betonung darauf legen muß, was die Bedeutung von Programmen ist, nicht übergehen darf, wie die Berechnung verläuft, denn diese Sprachen *„unterscheiden sich durch ihren dynamischen Charakter von ihren mathematischen Entsprechungen"* ([117]). Aus diesen Gründen beschränken wir uns auf ein Beispiel, in dem die Bedeutung von Programmen (partielle) Funktionen in einer Menge von Zuständen sind.

Die denotationale Methode erfordert die Aufstellung von

– *syntaktischen Definitionsbereichen* der Bestandteile der Programmiersprache, z. B. Identifikatoren, Anweisungen, Ausdrücke usw.,
– *semantischen Definitionsbereichen*, wozu die Menge der Zustände einer ausgewählten Computerumgebung und andere Definitionsbereiche, notwendig zur Definition der Zustandsmenge, eine Wertemenge u. ä. gehören,

– *Basisfunktionen,* deren Definitionsbereiche die semantischen Definitionsbereiche sind und mit deren Hilfe wir die Interpretation ausführen,
– *funktionalen Operatoren* wie z. B. Verkettung, Selektion, Fixpunktoperator usw., die eine Definition zusammengesetzter semantischer Objekte erlauben.

Die Auswahl der aufgeführten Elemente hängt vom Sprachprojektanten und von den gestellten Zielen ab. Im Beispiel, welches die Sprache BPS betrifft, wählten wir die einfachste Computerumgebung aus, d. h., die Menge der Zustände ist die Menge der Bewertungen (siehe 3.1.3.). Damit wollen wir zweierlei unterstreichen:

(i) Die Semantik einer Programmiersprache kann in verschiedenen Computerumgebungen definiert sein. Eine davon lernten wir bei der Implementation von BPS kennen, weitere stellen wir jetzt vor.

(ii) Bei der denotationalen Methode müssen wir uns von überflüssigen Einzelheiten freimachen und das Prinzip anwenden, eine Computerumgebung nur von einem solchen Komplexitätsgrad auszuwählen, wie er unbedingt zur Beschreibung der Semantik der gegebenen Sprache notwendig ist.

In den folgenden Abschnitten überzeugen wir uns, daß die hier ausgewählte Computerumgebung sicherlich nicht ausreicht, wenn wir die Sprache BPS um bestimmte neue Konstruktionen erweitern.

Beispiel 3.4.1. *Syntaktische Definitionsbereiche*:

$\mathsf{Op} = \{+, -, *, \ldots, \neg, \wedge, \vee, \ldots, =\}$ Symbole für arithmetische Operationen, Vergleichsoperatoren und Trennzeichen (*syntaktischer Basisdefinitionsbereich*),
Exp Menge arithmetischer und logischer Ausdrücke in BPS,
Ins Menge der Anweisungen in BPS;

Semantische Definitionsbereiche:

$\mathsf{WF} = \{\mathbf{W}, \mathbf{F}\}$ logische Werte,
$Z = \{\ldots, -2, -1, 0, 1, 2, \ldots\}$ Menge der ganzen Zahlen,
$\mathsf{D} = \mathsf{WF} \cup \mathsf{Z} \cup \{\bot\}$ Definitionsbereich der Werte,
$\mathsf{C} = \mathsf{Bew} = [\mathsf{Ide} \to \mathsf{D}]$ Menge der Zustände der Computerumgebung (Bewertungen siehe 3.1.3.),
$[\mathsf{C} \to \mathsf{D}]$ Definitionsbereich „Werte in einem Zustand" (für Ausdrücke),
$[\mathsf{C} \circ\!\!\to \mathsf{C}]$ Definitionsbereich der Interpretation (siehe Beispiel 3.2.3);

Basisfunktionen: Die einzigen Basisfunktionen sind arithmetische Operationen, Vergleichsoperationen (vertreten durch ihre charakteristischen Funktionen), logische Operationen. Der Unterschied zwischen dem syntaktischen Definitionsbereich Op und den Basisfunktionen ist zu beachten. Auf der einen Seite treten bestimmte Symbole auf und auf der anderen abstrakte Operationen. Wir drücken das auf folgende Weise aus: Wenn $\circ$ ein bestimmtes Operationssymbol ist, so bezeichnet $\underline{\circ}$ seine abstrakte Entsprechung.

Analog zum Beispiel 3.1.1 setzen wir voraus, daß diese Operationen überall in der Menge D definiert sind, aber den Wert $\bot$ annehmen, wenn eines der Argumente nicht in WF (für logische Operationen) oder Z (für arithmetische Operationen) enthalten ist. Diese Voraussetzung hat rein technischen Charakter, und wir machen sie nur wegen der späteren Formulierung der Übereinstimmung der Implementation mit der hier definierten Semantik in einer Form, die keine zusätzliche Behandlung von Spezialfällen verlangt. Wie bei der Definition einer Maschine kann $\perp$ eliminiert werden, wenn man partielle Funktionen verwendet.

Funktionale Operatoren:

1. Verkettung partieller Funktionen: Wenn $f\colon A \circ\!\!\rightarrow B$ und $g\colon B \circ\!\!\rightarrow C$, dann ist $f \cdot g\colon A \circ\!\!\rightarrow C$ und $(f \cdot g)(a) = g(f(a))$, falls $f(a)$ und $g(f(a))$ definiert sind. Sonst ist $(f \cdot g)(a)$ nicht definiert.

2. Auswahloperation: Wenn D eine Menge ist, die WF enthält, und $f, g\colon A \circ\!\!\rightarrow B$ sowie $t\colon A \circ\!\!\rightarrow D$, dann ist $(t \rightarrow f, g)\colon A \circ\!\!\rightarrow B$ mit

$$(t \rightarrow f, g)(a) = \begin{cases} f(a), & \text{wenn } t(a) = \mathbf{W} \text{ und } f(a) \text{ ist definiert}, \\ g(a), & \text{wenn } t(a) = \mathbf{F} \text{ und } g(a) \text{ ist definiert}, \\ \text{nicht definiert} & \text{sonst}. \end{cases}$$

3. Substitution: Wenn $f\colon A \circ\!\!\rightarrow B$ und $a_1 \in A$, $b \in B$, dann ist $f(a_1/b)\colon A \circ\!\!\rightarrow B$, wobei der Definitionsbereich von $f(a_1/b)$ der Definitionsbereich von f vereinigt mit $\{a_1\}$ ist und

$$f(a_1/b)(a) = \begin{cases} f(a), & \text{wenn } a \neq a_1, \\ b, & \text{wenn } a = a_1. \end{cases}$$

4. Fixpunktoperator: Wenn $f \in [A \rightarrow A]$ eine stetige Funktion ist, wobei $(A, \sqsubseteq)$ ein vollständiger Verband ist (diese Voraussetzung kann abgeschwächt werden), dann ist $Y(f)$ der kleinste Fixpunkt der Gleichung $f(a) = a$.

Semantik der Ausdrücke aus Exp: In diesem Fall können wir sofort sagen, daß Ausdrücke einen Zustand nicht ändern, d. h., sie haben keine Nebeneffekte. Ihre Bedeutung ist daher die Identität. Es bleibt somit nur die Hilfsfunktion

$$\text{Wert}\colon \text{Exp} \rightarrow [C \circ\!\!\rightarrow D]$$

zu definieren, die den Wert eines Ausdrucks in einem Zustand berechnet. Diese Funktion steht nun im Mittelpunkt.

$\text{Wert}(\textbf{true})(c) = \mathbf{W}$, $\text{Wert}(\textbf{false})(c) = \mathbf{F}$,
$\text{Wert}(n)(c) = \underline{n} \in Z$ ($\underline{n}$ ist die ganze Zahl, die durch n bezeichnet wird),
$\text{Wert}(x)(c) = c(x)$ für $x \in \text{Ide}$,
$\text{Wert}(E_1 \circ E_2)(c) = \text{Wert}(E_1)(c) \underline{\circ} \text{Wert}(E_2)(c)$ für einen beliebigen zweistelligen Operator $\circ$ aus Op,
$\text{Wert}(\circ E)(c) = \underline{\circ}(\text{Wert}(E)(c))$ für ein beliebiges einstelliges Operatorsymbol $\circ$ aus Op

Semantik der Anweisungen aus Ins:

$\text{SD}\colon \text{Ins} \rightarrow [C \circ\!\!\rightarrow C]$ (beachte: $C = \text{Bew}$),
$\text{SD}(\textbf{skip}) = \text{Id}$ (Id bedeutet die Identität auf C),
$\text{SD}(x := E)(c) = c(x/\text{Wert}(E)(c))$,
$\text{SD}(\textbf{if } E \textbf{ then } I_1 \textbf{ else } I_2 \textbf{ fi}) = (\text{Wert}(E) \rightarrow \text{SD}(I_1), \text{SD}(I_2))$,
$\text{SD}(\textbf{while } E \textbf{ do } I \textbf{ od}) = Y(F)$, wobei $F(\xi) = (\text{Wert}(E) \rightarrow \text{SD}(I) \cdot \xi, \text{Id})$,
$\text{SD}(I_1; I_2) = \text{SD}(I_1) \cdot \text{SD}(I_2)$,
$\text{SD}(\textbf{begin } d; I \textbf{ end}) = \text{SD}(I)$.

Somit ist z. B. die semantische Bedeutung einer Ergibtanweisung $x := E$ durch eine Funktion $SD(x := E): C \circ\!\!\rightarrow C$ gegeben, die einen gegebenen Zustand $c \in C$ in einen Zustand $c' = c(x/Wert(E)(c))$ überführt. Da wegen der Definition des funktionalen Operators Substitution gilt

$$c(x/Wert(E)(c))(a) = \begin{cases} c(a), & \text{wenn } a \neq x, \\ Wert(E)(c), & \text{wenn } a = x, \end{cases}$$

unterscheidet sich c' von c nur im Wert, der dem Identifikator x zugeordnet wurde. Er ist im Zustand c' $Wert(E)(c)$. ■

Dieses einfache Beispiel spiegelt die Prinzipien der denotationalen Technik wider, die die Bedeutung zusammengesetzter Programmkonstruktionen als bestimmte Komposition der Bedeutungen syntaktischer Bestandteile ausdrückt. Hier beruft sich nur die **while**-Konstruktion auf den Operator Y, und nur an dieser Stelle brauchen wir bestimmte Elemente der Theorie, um die Wohldefiniertheit zu sichern.

Um die Definition der Semantik der **while**-Anweisung verständlicher zu machen, erinnern wir an die Ergebnisse des Abschnitts 3.3. Offensichtlich kann die Anweisung **while** E **do** I **od** durch die Anweisung

if E **then** I; **while** E **do** I **od** **else** **skip** **fi**

ersetzt werden. Folglich ist

$$SD(\textbf{while } E \textbf{ do } I \textbf{ od}) = SD(\textbf{if } E \textbf{ then } I; \textbf{while } E \textbf{ do } I \textbf{ od else skip fi}).$$

Wir ersetzen nun $\xi = SD(\textbf{while } E \textbf{ do } I \textbf{ od})$ und wenden die Gleichungen für die bedingte Anweisung, für die Verkettung von Anweisungen und für **skip** an und erhalten so die Fixpunktgleichung

$$\xi = (Wert(E) \rightarrow SD(I) \cdot \xi, Id),$$

deren kleinste Lösung die Bedeutung der **while**-Anweisung liefert.

3.4.2. Korrektheit und Äquivalenz semantischer Definitionen

In diesem Abschnitt fassen wir die bisherigen Untersuchungen zusammen, um zu zeigen, wie man trotz der Anwendung verschiedener Methoden zur Definition der Semantik einer bestimmten Programmiersprache in verschiedenen Computerumgebungen immer die „gleiche" Bedeutung definieren kann. Programmiersprachen höherer Ordnung werden selten direkt durch eine Implementation definiert. Wir haben es deshalb mit mindestens zwei Definitionen zu tun: mit der durch den Projektanten der Sprache gegebenen Semantik und mit der Semantik, die sich durch eine Implementation ergibt. Die letztere muß dabei so sein, daß sie mit der Definition der ersteren „übereinstimmt", wir sagen, die Implementation ist bezüglich der ersteren „korrekt". Diese „Korrektheit", „Richtigkeit" oder „Äquivalenz" zweier verschiedener Semantiken der gleichen Sprache wollen wir hier formulieren. Eine Einführung in die folgenden Untersuchungen gab der Abschnitt 3.1.3.

Zuerst betonen wir, daß

- wir uns nur mit Definitionsbereichen beschäftigen, in denen die Bedeutungen von Programmen Funktionen (Relationen) in der Zustandsmenge einer bestimmten Computerumgebung sind; andere Semantiken übergehen wir als vom praktischen Standpunkt aus weniger interessant;
- die eingeführten Begriffe und Formulierungen nicht die einzig möglichen sind; sie scheinen allerdings natürlich und genügend allgemein zu sein.

Es sei PS eine gegebene Programmiersprache, und D_1 und D_2 seien zwei Definitionsbereiche für Werte (von Variablen). Folglich haben wir es mit zwei Mengen von Bewertungen $Bew(D_1)$ und $Bew(D_2)$ zu tun. Nun sei $\mathcal{C}_i = (C_i, d_i)$ für $i = 1, 2$ eine Computerumgebung für PS und D_i, d. h. $d_i\colon C_i \to Bew(D_i)$. Schließlich bezeichnen wir mit I_i, $i = 1, 2$, die Semantik von PS in der Computerumgebung $\mathcal{C}_i$. Damit ist für jedes $p \in PS$

$$I_i(p): C_i \circ\!\!\to C_i \; .$$

Wir erinnern daran, daß wir bereits im Abschnitt 3.1.3. einen Vergleich der Semantiken skom und sint mit Hilfe der Bewertungen der Variablen in Programmen durchführten. Auf diese Weise vernachlässigten wir alles, was in der Computerumgebung vom „äußeren" Standpunkt aus unwesentlich ist. Dazu diente die Funktion d_i („Dekodierfunktion") der Bewertung in den Zuständen der Computerumgebung. Das gleiche Prinzip verwenden wir nun im allgemeinen Fall. Zuerst müssen wir allerdings den Zusammenhang zwischen den Werten der Definitionsbereiche D_1 und D_2 bestimmen. Diesen Zusammenhang gibt uns eine beliebige Funktion

$$kod: D_1 \to D_2 ,$$

die wir *Kodierung* der Elemente des Definitionsbereichs D_1 im Definitionsbereich D_2 nennen wollen. Als Definitionsbereich D_1 könnten wir z. B. die Menge der ganzen Zahlen Z nehmen und als D_2 etwa die Menge aller ganzen Zahlen, die im Absolutwert nicht größer als eine bestimmte natürliche Zahl n sind. Die Kodierungsfunktion kann z. B. die Identität für alle Zahlen k sein, für die $|k| \leqq n$. Alle übrigen Werte werden auf ein Objekt „Unendlich" aus der Menge D_2 abgebildet. Ein weiteres Beispiel ist die Darstellung einer Folge von Symbolen über einem bestimmten Alphabet (von Wörtern) durch Zahlen u. ä. In jedem Fall geht es um die „Korrektheit" oder „Richtigkeit" zweier Definitionen bezüglich einer bestimmten Kodierung.

Es seien $w_1 \in Bew(D_1)$ und $w_2 \in Bew(D_2)$, und kod sei eine gegebene Kodierung. Wir sagen, daß w_1 und w_2 bezüglich der Kodierung kod genau dann übereinstimmen, wenn für jeden Identifikator x gilt

$$kod(w_1(x)) = w_2(x) \; .$$

Analog sagen wir, daß $c_1 \in C$ und $c_2 \in C_2$ bezüglich der Kodierung kod genau dann übereinstimmen, wenn $d_1(c_1)$ und $d_2(c_2)$ bezüglich dieser Kodierung übereinstimmen.

I_1 und I_2 stimmen bezüglich der Kodierung kod überein, wenn für jedes $p \in PS$ und jedes Paar $c_1 \in C_1$ und $c_2 \in C_2$ aus der Übereinstimmung von c_1 und c_2 bezüglich kod folgt, daß entweder $I_1(p)\,(c_1)$ und $I_2(p)\,(c_2)$ gleichzeitig undefiniert sind oder bezüglich kod übereinstimmen, d. h., für jedes $x \in Ide$ gilt

$$kod(d_1(I_1(p)\,(c_1))\,(x)) = d_2(I_2(p)\,(c_2))\,(x) \; .$$

Mit anderen Worten, uns interessiert überhaupt nicht, wie I_1 bzw. I_2 definiert sind. Wir achten einzig darauf, daß jedes Programm bei „übereinstimmenden" Eingabedaten „übereinstimmende" Ergebnisse in beiden Definitionen liefert.

Wenn $D_1 = D_2$, so ist die Kodierung die Identität, und I_1 und I_2 stimmen überein. Dann sagen wir, I_1 und I_2 sind *äquivalent*.

Beispiel 3.4.2. Wir untersuchen die Äquivalenz der denotationalen Semantik SD der Sprache BPS (Beispiel 3.4.1) und der operationalen Semantik sint (siehe 3.2.1.), ausgedrückt durch die direkte Interpretation int (Beispiel 3.1.2). Die Äquivalenz dieser Definitionen führt zur sogenannten *Korrektheit einer Implementation* bezüglich einer gegebenen denotationalen Semantik: Wir haben es hier einerseits mit einer Computerumgebung zu tun, die identisch mit der Menge der Bewertungen Bew (denotationale Semantik) ist, und andererseits mit einer Computerumgebung mit der Zustandsmenge $Z \times Ev$, wobei Z die Menge der Zustände einer Maschine (Beispiel 3.1.1) und Ev die Menge aller Umgebungen ist, d. h. einer Menge von Funktionen, die Identifikatoren Adressen zuordnen. Wir erinnern daran, daß der Wert eines beliebigen Identifikators x in einem Zustand z der Maschine und in einer Umgebung u durch die Dekodierfunktion d mit

$$d(z, u)(x) = z(u(x)).w$$

bestimmt ist, d. h. durch den Wert auf dem Feld w des Speicherplatzes (mit der Adresse) u(x) im Zustand z. Der Nachweis der Äquivalenz beider Semantiken beruht somit im Sinn der obigen Definition darauf zu zeigen, daß für jedes $p \in$ BPS und jedes

$$(z, u) \in Z \times Ev$$

$$d(sint(p)(z, u)) = SD(p)(d(z, u))$$

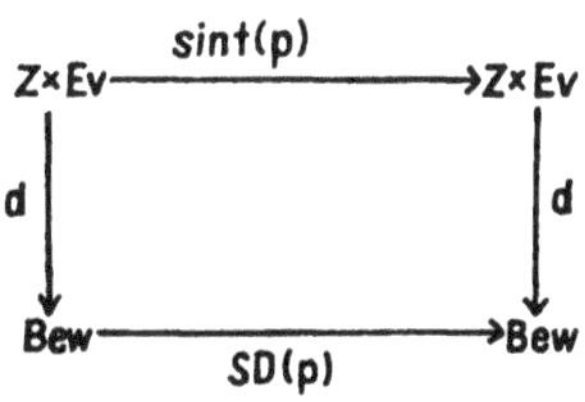

Abb. 3.17. Übereinstimmung von sint und SD

gilt (siehe Abb. 3.17). Da der induktiv geführte Beweis dieser offensichtlichen Äquivalenz ziemlich mühselig ist, werden wir ihn hier nicht ausführen. Der wichtigste Punkt des Beweises ist die folgende Gleichung:

$$sint(p_1; p_2) = sint(p_1) \cdot sint(p_2) .$$

Die Grundlage der denotationalen Semantik war nämlich die Voraussetzung, daß die syntaktische Operation der Verkettung von Programmteilen der Verkettung der Funktionen (Relationen), die deren Bedeutungen sind, entspricht. Die obige Gleichung besagt das gleiche für die operationale Semantik. In diesem Fall ist es allerdings keine der Definition eigene Eigenschaft, sondern sie ergibt sich aus der Konstruktion. ■

3.5. Erweiterung: Semantik ausgewählter Programmkonstruktionen

Die Beispielprogrammiersprache BPS wurde so einfach gewählt, um die grundlegenden Ideen der bisher untersuchten Methoden deutlich werden zu lassen. Deshalb wurden keine allzu komplizierten Programmkonstruktionen berücksichtigt. Wir wollen nun kurz die Semantik ausgewählter und typischer Konstruktionen charakterisieren. Ziel dieses Abschnitts ist der Nachweis, daß sich die in den bisherigen Definitionen genutzten Mittel als unzureichend erweisen können, wenn wir neue Sprachelemente einführen, ohne die Grundbegriffe zu verändern.

Wir führen die sprachlichen Erweiterungen schrittweise ein, d. h., wir geben keine semantische Definition, die sofort alle neu eingeführten Konstruktionen berücksichsigt. Damit soll klar der Zusammenhang zwischen der einzelnen syntaktischen Konstruktion und der sich daraus schließlich ergebenden semantischen Modifikation gezeigt werden. Die Semantik einer Sprache ist im allgemeinen nicht einfach die Summe der eingeführten Begriffe, sondern deren entsprechende Komposition.

Wir beginnen mit der denotationalen Charakterisierung einer Sprache unter der Berücksichtigung der Sprunganweisung **goto** (siehe 3.5.1.). Die Ideologie der denotationalen Semantik erfordert in diesem Fall einen zusätzlichen Begriff, die *Fortsetzung*, die es erlaubt, Programme in „strukturierter" semantischer Art und Weise ohne die entsprechende syntaktische Struktur (hier sind es Sprünge) auszudrücken.

In Abschnitt 3.5.2. beschäftigen wir uns mit Programmen mit Blockstruktur, und in 3.5.3. mit einer Sprache, die durch nichtrekursive Prozeduren ergänzt wurde, die, wie wir zeigen werden, nur eine syntaktische Maßnahme zur bequemen Anwendung einer Sprache sind. Wesentliche semantische Änderungen erfordert die Rekursivität, die in Abschnitt 3.5.4. unter Berücksichtigung ihrer operationalen Semantik und der Fixpunktsemantik behandelt wird. Die Anwendung der Fortsetzung in der Definition der Semantik rekursiver Prozeduren wird in 3.5.5. gegeben.

Die Abschnitte 3.5.6. und 3.5.7. sind den Ein- und Ausgabeanweisungen und strukturierten Datentypen gewidmet.

Eine vollständige syntaktische Definition der in diesem Teil untersuchten Sprachen findet der Leser in 2.3.2.

3.5.1. Sprünge und Fortsetzung

Im Beispiel 3.2.1. zeigten wir die Definition der operationalen Semantik für die Sprache BPS_a, die beliebige Sprünge enthielt. Die Konstruktion eines Systems semantischer Regeln für die gegebene operationale Semantik und der Übergang zu Gleichungssystemen erlaubte die Definition der Semantik dieser Sprache durch die Fixpunktmethode. Im Prinzip könnten wir uns damit zufriedengeben. Wir wollen allerdings in diesem Abschnitt an die Technik anknüpfen, die in solchen Fällen bei der denotationalen Methode angewendet wird. Die **goto**-Anweisung stört nämlich auffällig die Grundvoraussetzungen über die Entsprechung von bestimmten syntaktischen Operatoren der Sprache und von Operationen im Definitionsbereich der Interpretation.

Als einfaches Beispiel untersuchen wir folgendes Programmfragment:

$$A: \textbf{if}\ (x > 0)\ \textbf{then}\ x := (x - 1);\quad \textbf{goto}\ A\ \textbf{else}\ x := 0\ \textbf{fi}\,.$$

Die Bedeutung dieses Fragments läßt sich nicht als einfache Kombination der Bedeutungen der einzelnen Bestandteile definieren. Die Bedeutung der Folge von Anweisungen

$$x := (x - 1);\ \textbf{goto}\ A$$

hängt nämlich erneut von der Bedeutung des gesamten Fragments ab. Im Fall der denotationalen Semantik besteht die Lösung darin, daß in die semantischen Funktionen die Information übernommen wird, die vorher (im operationalen Sinn) durch die Steuerkonfigurationen ausgedrückt wurde.

Wir nehmen an, die Bedeutung jedes Programmfragments ist von einem zusätzlichen Parameter abhängig, der, intuitiv gesprochen, all das repräsentiert, was nach der Ausführung des Fragments zur Ausführung übrigbleibt. In der operationalen Definition hatten die Steuerkonfigurationen die Rolle dieses Parameters. Jetzt wünschen wir allerdings, daß die Darstellung einen semantischen Sinn hat und nicht, wie zuvor, einen syntaktischen. Daher ist dieser Parameter eine partielle Funktion in der Zustandsmenge der Computerumgebung (die Bedeutung dessen, was zur Ausführung übrigbleibt), in der wir die Interpretation ausführen. Diesen Parameter nennen wir *Fortsetzung* (englisch *continuation*). Die Menge aller Fortsetzungen ist somit die Menge

$$\mathsf{Con} = [\mathsf{C} \circ\!\!\rightarrow \mathsf{C}]\,.$$

Die Fortsetzung einer Anweisung I ist eine Funktion auf den Zuständen einer Computerumgebung, die einen augenblicklichen Zustand $\mathbf{z}$, der erreicht wird, wenn die Realisierung eines Programms mit den nach I „folgenden" Konstruktionen beginnt, auf einen Zustand $\mathbf{z}'$ abbildet.

Die Fortsetzung kann auch noch anschaulicher charakterisiert werden: Die meisten Konstruktionen eines Programms transformieren gewisse „Eingabedaten" in „Ausgabedaten". Die Ausgabedaten einer Konstruktion dienen dabei jeweils als Eingabedaten für eine andere Konstruktion. Normalerweise geschieht die Datenübergabe an die textlich nachfolgende Konstruktion. Das ist allerdings nicht der Fall z. B. beim Auftreten von Systemfehlern oder bei Sprunganweisungen. Zur Darstellung dieser Tatsache dient die Fortsetzung. Sie ist eine Abbildung dessen, was der „Rest" eines Programms als „Zwischenresultat" erwartet, auf ein endgültiges Resultat.

Die *Bedeutung einer Anweisung* I ist als Funktion in der Menge der Fortsetzungen definiert: Sie transformiert eine gegebene Fortsetzung, die die Realisierung eines Programms, beginnend mit der Ausführung der der Anweisung I „folgenden" Konstruktion, charakterisiert, in eine neue Fortsetzung, die die Realisierung des Programms, beginnend mit der Ausführung von I, charakterisiert.

Wir können nun die denotationale Semantik der Sprache $\mathrm{BPS_a}$ durch die Funktion

$$\mathsf{SD} : \mathrm{BPS_a} \rightarrow [\mathsf{Con} \circ\!\!\rightarrow \mathsf{Con}] \tag{3.5.1}$$

definieren (sie unterliegt für die Menge Exp einer gewissen Modifikation).

Wir werden folgenden Bezeichnungen benutzen:

$\mathsf{SD(p)}$ bezeichnet eine bestimmte Transformation von Fortsetzungen,

SD(p) (k) bezeichnet eine bestimmte Fortsetzung, die transformierte Fortsetzung k,

SD(p) (k) (c) bezeichnet das Ergebnis, d. h. den Zustand der Computerumgebung nach Ausführung des Programms p bei einer Fortsetzung k und ausgehend vom Zustand c.

Als Beispiel definieren wir die Bedeutung einer Ergibtanweisung x := E in der Computerumgebung $\mathcal{C}$ mit der Zustandsmenge C = Bew (siehe 3.4.1.). Im Sinn der obigen Definitionen ist diese Bedeutung die Funktion SD(x := E), welche zu jeder Fortsetzung k eine Fortsetzung SD(x := E) (k) = k′ bestimmt, so daß für jedes $c \in C$

$$\mathsf{SD}(x := E)\,(k)\,(c) = k(c(x/\mathsf{Wert}(E)\,(c))) = c'\,.$$

Während die Fortsetzung k die Realisierung des „Programmrests", beginnend mit der der Anweisung x := E folgenden Anweisung, charakterisiert, charakterisiert die Fortsetzung k′ die Realisierung des Programms, beginnend mit der Anweisung x := E, und k′ bildet den Zustand c auf den Zustand c′ ab. Anschaulich gesprochen transformieren die Ergibtanweisung und der Programmrest (symbolisiert durch k) den Zustand c in einen Zustand c′. Dabei ergibt sich c′ aus dem durch die Ergibtanweisung geänderten Zustand (der Identifikator x erhielt den Wert Wert(E) (c) zugeordnet) und durch die Fortsetzung der Ergibtanweisung.

Nicht ohne Grund bezeichnen wir die Fortsetzung wie die Steuerkonfigurationen mit dem Buchstaben k. Wir werden nämlich zeigen, daß die echten Fortsetzungen im engen Zusammenhang mit den Steuerkonfigurationen stehen.

Das Hauptproblem ist nun die Definition der syntaktischen Bedeutung der Operation der Verkettung von Programmteilen bei gegebener Fortsetzung:

$$\mathsf{SD}(p_1;\, p_2)\,(k) = \mathsf{SD}(p_1)\,(\mathsf{SD}(p_2)\,(k)) \tag{3.5.2}$$

Das heißt, die Bedeutung von $p_1; p_2$ bei einer Fortsetzung k ist die Bedeutung des Programmteils p_1 bei einer Fortsetzung, die die Bedeutung des Programmteils p_2 bei der Fortsetzung k ist. Anders ausgedrückt, die Formel (3.5.2) bestätigt die Tatsache, daß wir jetzt die Bedeutung eines Programms „vom Ende her" über die Berufung auf die Reihenfolge der Verkettungsoperation betrachten.

Als nächstes beschäftigen wir uns mit der Semantik der Anweisung **goto** A. Diese Semantik hängt offensichtlich nicht von der „aktuellen" Fortsetzung ab. Der eigentliche Zweck dieser Anweisung ist die Unterbrechung der „normalen" Reihenfolge der Berechnung. Sie ist daher eine konstante Funktion, die die Fortsetzung bestimmt, die mit der Marke A zusammenhängt:

$$\mathsf{SD}(\textbf{goto}\ A)\,(k) = k_A\,. \tag{3.5.3}$$

Schließlich kommen wir zur Semantik von (arithmetischen und logischen) Ausdrücken unserer Programmiersprache. In diesem Fall müssen die Werte eines Ausdrucks beachtet werden, und SD aus (3.5.1) muß entsprechend modifiziert werden. Der Einfachheit halber übernehmen wir die Voraussetzungen aus dem Beispiel 3.4.1, d. h., die Zustandsmenge der Computerumgebung ist die Menge aller Bewertungen in der Menge $D = WF \cup Z \cup \{\perp\}$. Die Funktion Wert, die einem Ausdruck in einem Zustand einen Wert zuordnet, ist identisch mit der Funktion im Beispiel. SD für

Ausdrücke der Menge Exp definieren wir durch (wir bleiben bei der gleichen Bezeichnung)

$$\mathsf{SD}\colon \mathsf{Exp} \to [[\mathsf{D} \circ\!\!\to \mathsf{Con}] \circ\!\!\to \mathsf{Con}]\,,$$

wobei für jedes $\mathsf{dk} \in [\mathsf{D} \circ\!\!\to \mathsf{Con}]$, $\mathsf{c} \in \mathsf{C}$, $\mathsf{E} \in \mathsf{Exp}$. (3.5.4)

$$\mathsf{SD}(\mathsf{E})\,(\mathsf{dk})\,(\mathsf{c}) = \mathsf{dk}(\mathsf{Wert}(\mathsf{E})\,(\mathsf{c}))\,(\mathsf{c})\,.$$

Diese etwas komplizierte Definition gibt an, auf welche Weise die Ausführung eines Ausdrucks (der Wert eines Ausdrucks) die Auswahl einer Fortsetzung beeinflußt.

Nach Skizzierung der Rolle der Fortsetzungen beschreiben wir, wie durch sie die Bedeutung eines ganzen Programms ausgedrückt werden kann, wobei im Programm beliebige Kombinationen von Anweisungen auftreten können. Jede Folge von Anweisungen der Sprache $\mathrm{BPS_a}$ läßt sich eindeutig in der Form

$$\mathsf{I} \equiv \mathsf{A}_1\colon \mathsf{I}_1;\ \dots\ ;\ \mathsf{A}_n\colon \mathsf{I}_n$$

darstellen, wobei $\mathsf{A}_1, \dots, \mathsf{A}_n$ alle in I auftretenden (verschiedenen) Marken sind, d. h., die Anweisungen (oder Folgen von Anweisungen) I_j enthalten keine markierten Anweisungen. Das ist eine bestimmte Vereinfachung, da nämlich in I auch keine Marke aufzutreten braucht, aber dann hat I den gleichen Sinn wie $\mathsf{A} : \mathsf{I}$, weil in I keine **goto**-Anweisung auftritt.

$\mathsf{k}_{\mathsf{A}_j}$ bezeichne die Fortsetzung der Marke A_j in I und k die Fortsetzung, bezüglich welcher wir die Semantik SD für I definieren wollen. Unmittelbar aus der Form von I sowie aus (3.5.2) ergibt sich, daß $\mathsf{k}_{\mathsf{A}_j}$ folgendes Gleichungssystem erfüllen muß:

$$\begin{aligned} \mathsf{k}_{\mathsf{A}_j} &= \mathsf{SD}(\mathsf{I}_j)\,(\mathsf{k}_{\mathsf{A}_{j+1}})\,, \qquad 1 \leqq j < n\,,\\ \mathsf{k}_{\mathsf{A}_n} &= \mathsf{SD}(\mathsf{I}_n)\,(\mathsf{k})\,. \end{aligned} \tag{3.5.5}$$

Intuitiv bedeutet das, daß alles, was der Ausführung der Anweisung I_j folgen soll, durch die Fortsetzung der Marke A_{j+1}, $j < n$, ausgedrückt wird. Nach der Ausführung der Anweisung I_n kann nur das folgen, was der Kontext der gesamten Folge von Anweisungen I ausdrückt (offensichtlich kann diese Fortsetzung wegen eventuell vorhandener **goto**-Anweisungen erneut I verwenden; ähnliches gilt für jedes I_j). Um exakt zu sein, müßten wir eigentlich die Funktion SD durch eine bestimmte Umgebung für Marken, d. h. durch die Zuordnung der Fortsetzung $\mathsf{k}_{\mathsf{A}_j}$ zur Marke A_j, parametrisieren. Wir übergehen allerdings die formale Einführung dieses Parameters, damit die semantischen Funktionen nicht zusätzlich kompliziert werden. Zur Definition der Bedeutung der Anweisungsfolge I bezüglich k ist es notwendig, das Gleichungssystem bezüglich $\mathsf{k}_{\mathsf{A}_1}$ (Anfangsmarke) zu lösen. Hier wenden wir daher die Fixpunkttheorie in Verbindung mit der induktiven Definitionsform an, die für die denotationale Methode charakteristisch ist, und erhalten

$$\mathsf{SD}(\mathsf{I})\,(\mathsf{k}) = [\boldsymbol{Y}(\mathsf{H})]_1\,, \tag{3.5.6}$$

$$\mathsf{H} = (\mathsf{h}_1, \dots, \mathsf{h}_n), \qquad \mathsf{h}_j(\mathsf{k}_{\mathsf{A}_1}, \dots, \mathsf{k}_{\mathsf{A}_n}) = \mathsf{SD}(\mathsf{I}_j)\,(\mathsf{k}_{\mathsf{A}_{j+1}}), \qquad 1 \leqq j < n,$$

$$\mathsf{h}_n(\mathsf{k}_{\mathsf{A}_1}, \dots, \mathsf{k}_{\mathsf{A}_n}) = \mathsf{SD}(\mathsf{I}_n)\,(\mathsf{k}).$$

Bevor wir uns zum Schluß einem Beispiel zuwenden, definieren wir die semantische Bedeutung der bedingten Anweisung **if — then — else — fi**:

$$\begin{aligned}&\mathsf{SD}(\mathbf{if}\ \mathsf{E}\ \mathbf{then}\ \mathsf{I}_1\ \mathbf{else}\ \mathsf{I}_2\ \mathbf{fi})\,(\mathsf{k})\\&\quad = \mathsf{SD}(\mathsf{E})\,(\mathsf{Auswahl}(\mathsf{SD}(\mathsf{I}_1)\,(\mathsf{k}),\ \mathsf{SD}(\mathsf{I}_2)\,(\mathsf{k})))\,,\end{aligned} \tag{3.5.7}$$

wobei für beliebige Fortsetzungen k_1 und k_2 gilt

$$\mathsf{Auswahl}(\mathsf{k}_1, \mathsf{k}_2)\colon \mathsf{D} \circ\!\!\rightarrow \mathsf{Con} \quad \text{und}$$

$$\mathsf{Auswahl}(\mathsf{k}_1, \mathsf{k}_2)\,(\mathsf{x}) = \begin{cases}\mathsf{k}_1\,, & \text{wenn } \mathsf{x} = \mathbf{W}\,,\\ \mathsf{k}_2\,, & \text{wenn } \mathsf{x} = \mathbf{F}\,,\\ \text{undefiniert} & \text{sonst}\,.\end{cases}$$

Beispiel 3.5.1. Wir untersuchen die Anweisungsfolge

$$\mathsf{I} \equiv A\colon \mathbf{if}\ (x > 0)\ \mathbf{then}\ x := (x - 1);\ \mathbf{goto}\ A\ \mathbf{else}\ x := 1\ \mathbf{fi}\,.$$

Entsprechend (3.5.5) und (3.5.6) wird die Semantik dieser Anweisung durch

$$\begin{aligned}\mathsf{SD}(\mathsf{I})\,(\mathsf{k}) = Y(\mathsf{SD}((x > 0))\,(\mathsf{Auswahl}(\mathsf{SD}\,(x := (x - 1);\ \ \mathbf{goto}\ A)\,(\mathsf{k})\,,\\ \mathsf{SD}(x := 1)\,(\mathsf{k}))))\end{aligned}$$

definiert. Wenn wir zum Gleichungssystem (3.5.5) übergehen, so ist $\mathsf{SD}(\mathsf{I})(\mathsf{k})$ der kleinste Fixpunkt der Gleichung

$$\begin{aligned}\mathsf{k}_A = \mathsf{SD}((x > 0))\,(\mathsf{Auswahl}(\mathsf{SD}(x := (x - 1);\ \mathbf{goto}\ A)\,(\mathsf{k})\,,\\ \mathsf{SD}(x := 1)\,(\mathsf{k})))\,.\end{aligned}$$

Wir verwenden nun (3.5.2) und (3.5.3) und erhalten

$$\begin{aligned}\mathsf{SD}(x := (x - 1);\ \mathbf{goto}\ \ A)\,(\mathsf{k}) &= \mathsf{SD}(x := (x - 1))\,(\mathsf{SD}(\mathbf{goto}\ A)\,(\mathsf{k}))\\ &= \mathsf{SD}(x := (x - 1))\,(\mathsf{k}_A)\,.\end{aligned}$$

Durch Einsetzen gehen wir zur Gleichung

$$\mathsf{k}_A = \mathsf{SD}((x > 0))\,(\mathsf{Auswahl}(\mathsf{SD}(x := (x - 1))\,(\mathsf{k}_A)\,,\ \ \mathsf{SD}(x := 1)(\mathsf{k}))) \tag{3.5.8}$$

über. Nun nehmen wir an, die Fortsetzung k sei die identische Fortsetzung, um die Tatsache auszudrücken, daß I in keinem Kontext vorkommt (in jedem Fall ist k bestimmt). Folglich ist $\mathsf{SD}(x := 1)\,(\mathsf{k})$ eine konkrete Fortsetzung, die, wenn k die Identität ist, die Bedeutung der Ergibtanweisung $x := 1$ im „gewöhnlichen" Sinn sein soll, d. h. daß sie z. B. wie im Beispiel 3.4.1 definiert ist.

Kehren wir nun zur Definition der Basisfunktionen in der operationalen Semantik der Sprache $\mathrm{BPS_a}$ (Beispiel 3.2.1) zurück, d. h. zur Bedeutung der Ausdrücke und Ergibtanweisungen der Sprache im Beispiel 3.4.1. Wenn wir zu einem System semantischer Regeln und danach zu einem Gleichungssystem übergehen (siehe 3.2.4. und 3.3.), so erhalten wir (nach Vereinfachung) eine Gleichung für I in folgender Form

$$\mathsf{k}_A = [\![(x < 0)]\!] \cdot [\![x := (x - 1)]\!] \cdot \mathsf{k}_A \sqcup [\![(x \leqq 0)]\!] \cdot [\![x := 1]\!]\,. \tag{3.5.9}$$

Den Vergleich von (3.5.8) und (3.5.9) überlassen wir dem Leser (Anwendung von (3.5.2) und (3.5.4), der Definition des Operators Auswahl und der oben angeführten Voraussetzungen über die Fortsetzung k). Wir betrachten nun den Zusammenhang zwischen den Fortsetzungen und den Steuerkonfigurationen, die in (3.5.9) durch Unbekannte bezeichnet sind. Die Steuerkonfigurationen markieren den textlichen Anfang dessen, was anschließend berechnet wird, während die Fortsetzung schon die Bedeutung dessen ist, was folgt. Während also Steuerkonfigurationen Programmfortsetzungen syntaktisch ausdrücken, geschieht das durch die Fortsetzung auf semantische Weise. Im Endergebnis wird die Bedeutung eines Programms durch Gleichungen von ähnlicher Struktur aber anderer Interpretation der Verkettungsoperation gegeben. ∎

Wie aus bisherigen Betrachtungen ersichtlich ist, besteht der Nutzen der Einführung der semantischen Fortsetzung in der Erhaltung des Prinzips, daß sich die semantische Bedeutung komplexer Programmkonstruktionen aus den semantischen Bedeutungen der Bestandteile der Programmkonstruktion ergibt.

Zum Schluß erwähnen wir noch, daß die semantische Fortsetzung einen allgemeineren Sinn haben kann, d. h., sie kann einen Endwert (Antwort) ausdrücken, z. B. den Zustand einer äußeren Einrichtung, wobei uns nicht alle Einzelheiten, die sich bei der Realisierung ergeben, interessieren.

3.5.2. Programme mit Blockstruktur

Wie wir schon betonten, ist der Begriff eines Blocks eines Programms in der Sprache BPS (oder BPS_a) von rein syntaktischer Natur. Die Vereinbarungen dienen nur als Information bei der Untersuchung der Kontexteigenschaften der Programme.

In diesem Abschnitt definieren wir die Semantik der Sprache BPS_b, die sich von BPS durch Hinzunahme von „inneren" Blöcken unterscheidet. Dadurch erlaubt sie eine Blockschachtelung und folglich die lokale Vereinbarung von Variablen. Vereinbarungen haben hier also eine zusätzliche Rolle. Sie dienen der automatischen Generierung und Entfernung von Objekten. Diese Eigenschaft wollen wir mit Hilfe semantischer Funktionen beschreiben. Offensichtlich bleibt die Sprache auch im weiteren noch sehr einfach, allerdings reicht sie zur Illustration des Mechanismus der Blockstruktur und ihrer semantischen Beschreibung. Die Möglichkeit lokaler Vereinbarungen ist eine sehr wichtige und vorteilhafte Eigenschaft von Programmiersprachen. Sie erlaubt den Aufbau großer Programme aus kleinen Blöcken, wobei die Bezeichnungen von lokalen Variablen (allgemein Objekten) verschiedener Blöcke nicht aufeinander abgestimmt werden müssen.

Wir müssen nun streng zwischen einem inneren Block und einem Programm unterscheiden. Letzteres ist zwar ebenfalls ein Block, aber es erfüllt zusätzliche Forderungen, insbesondere müssen in ihm alle Variablen (Objekte) vereinbart sein. Dagegen brauchen in einem inneren Block nicht alle Variablen, die in ihm verwendet werden, vereinbart sein. Die verwendeten Variablen (Objekte) dürfen auch aus übergeordneten Blöcken sein. Daher werden wir in diesem Abschnitt konsequent Programme von inneren Blöcken durch die Klammern **begin program** und **end program** unterscheiden.

Wir beginnen mit einem einfachen Beispiel.

Beispiel 3.5.2. Wir untersuchen folgendes Programmschema:

```
1. begin program x: integer; y: integer;
                  I1(x, y);
2.                begin y: boolean;
                        I2(x, y);
3.                      begin x: integer;
                              I3(x, y)
                        end;
                        I4(x, y);
4.                      begin y; integer;
                              I5(x, y)
                        end;
                        I6(x, y)
                  end;
                  I7(x, y)
   end program
```

Wir setzen voraus, daß die Anweisungen I_j keine Blöcke enthalten. Folglich verwendet die Anweisung I_1 die im Block 1 vereinbarten Variablen x und y. I_2 verwendet das im Block 1 vereinbarte x und das im Block 2 vereinbarte y. Die im Block 1 vereinbarte Variable y ist in diesem Moment nicht erreichbar. Für I_3 sind die im Block 3 vereinbarte Variable x und die im Block 2 vereinbarte Variable y erreichbar. Die im Block 1 vereinbarten x und y sind nicht erreichbar. Die Anweisung I_4 verwendet erneut die im Block 1 vereinbarte Vairable x, während die Variable x aus Block 3 nicht erreichbar ist. Die Variable y aus Block 2 bleibt erreichbar. I_5 verwendet die im Block 1 vereinbarte Variable x und die im Block 4 lokal vereinbarte Variable y. I_6 kehrt zur Variablen y, vereinbart im Block 2, zurück, und schließlich wird I_7 wiederum für die im Block 1 vereinbarten Variablen x und y ausgeführt. Alle übrigen Variablen sind in diesem Moment unerreichbar. ■

Die Analyse des Beispiels erlaubt eine kurze intuitive Formulierung der Interpretation des Mechanismus der Blockstruktur:

– Ein Block generiert die im Block vereinbarten Variablen und macht gleichnamige Variablen aus äußeren Blöcken unerreichbar.
– Mit der Beendigung eines Blocks werden alle im Block vereinbarten Variablen entfernt – sie sind nicht mehr zugängig –, während erneut die Variablen der übergeordneten Blöcke, die durch die im Block vereinbarten gleichnamigen Variablen „verdeckt“ waren, zugängig werden.

Die auf dem Niveau der Implementation angewendete Speicherorganisation ist eine natürliche Realisierung dieses Mechanismus, die wir nun durch semantische Funktionen ausdrücken wollen. Unser Ziel ist allerdings nicht die Beschreibung der Realisierung auf einer Maschine (und damit der operationalen Semantik), die eine Menge unwesentlicher Einzelheiten enthält. Wir nutzen hier den Vorteil der denotationalen Methode aus: Sie erlaubt uns nämlich, ohne Berufung auf einzelne Realisierungsschritte die semantische Bedeutung eines Blocks als ein Ganzes zu definieren, das aus den semantischen Bedeutungen seiner Bestandteile zusammengesetzt ist. Noch einmal unterstreichen wir hiermit den wesentlichen Unterschied zwischen den Methoden. Man kann sich diesen Unterschied verdeutlichen, wenn man eine Implementation von Blöcken auf der Maschine aus dem Beispiel 3.1.1 versucht.

Wir wählen zuerst als günstigste Computerumgebung $\boldsymbol{C} = (\mathsf{C}, \mathsf{d})$ eine solche Umgebung aus, für die jeder Zustand $\mathsf{c} \in \mathsf{C}$ eine Funktion

$$\mathsf{c}\colon \mathsf{Ide} \to \mathsf{D}^+$$

ist, wobei D^+ die Menge aller nichtleeren endlichen Folgen von Elementen des Definitionsbereichs der Werte

$$\mathsf{D} = \mathsf{WF} \cup \boldsymbol{Z} \cup \{\bot\}$$

bezeichnet. Die Funktion d, die den aktuellen Wert einer Variablen x im Zustand c definiert, ist folgendermaßen definiert:

$$\mathsf{d(c)\,(x)} = \mathsf{w}_1, \quad \text{wenn} \quad \mathsf{c(x)} = (\mathsf{w}_1, \dots, \mathsf{w}_k)\,.$$

Bei einer solchen Computerumgebung ist die Hilfsfunktion **Wert** für die Menge **Exp** wie im Beispiel 3.4.1 (denotationale Semantik) definiert. Ausgenommen sind die Ausdrücke, die nur Variablen sind. In diesem Fall gilt

$$\mathsf{Wert(x)\,(c)} = \mathsf{d(c)\,(x)}\,.$$

Die Semantik **SD** ist für die Elemente der Menge **Exp** die gleiche partielle Funktion wie im Beispiel 3.4.1 (wenn auch mit anderer Computerumgebung).

Semantik lokaler Vereinbarungen (Vereinbarungen in einem inneren Block)
Hier müssen wir den Unterschied zwischen *lokalen* und *globalen Vereinbarungen* betonen. Globale Vereinbarungen sind die Vereinbarungen im Programmblock. Dieser Unterschied hat rein technischen Charakter und ergibt sich daraus, daß wir uns nicht für die „Herkunft“ der Programmdaten (Ein- und Ausgabedaten; siehe dazu 3.5.6.) interessieren. Wir setzen voraus, daß die Daten bereits auf irgendeine Weise im Anfangszustand vorhanden sind. In diesem Sinne dürfen sie für das gesamte Programm nicht verdeckt sein. Für einen inneren Block wiederum müssen einige äußere Daten verdeckt sein. Wir definieren daher für jedes $\mathsf{c} \in \mathsf{C}$, für das $\mathsf{c(x)} = (\mathsf{w}_1, \dots, \mathsf{w}_k)$ gilt,

$$\mathsf{SD(x\colon typ)\,(c)} = \mathsf{c}' \quad (\mathsf{typ} \text{ steht für } \textbf{boolean} \text{ oder } \textbf{integer})\,,$$

wobei $\mathsf{c}'(\mathsf{x}) = (\bot, \mathsf{w}_1, \dots, \mathsf{w}_k)$. Abgesehen von x unterscheiden sich c und c' nicht. Das ist ein Fall einer Vereinbarung in einem inneren Block, in welchem wir immer einen neuen „Platz“ für die vereinbarte Variable schaffen. Zu dieser Funktion definieren wir eine in einem bestimmten Sinn „inverse“ Funktion **SD1**:

$$\mathsf{SD1(x\colon typ)\,(c)} = \mathsf{c}'\,,$$

wobei $\mathsf{c}'(\mathsf{x}) = (\mathsf{w}_2, \dots, \mathsf{w}_k)$ für jedes c mit $\mathsf{c(x)} = (\mathsf{w}_1, \dots, \mathsf{w}_k)$, $k \geqq 1$. Außer für x unterscheiden sich c und c' nicht. Diese Funktion wird uns zur Entfernung von Variablen beim Austritt aus einem Block und zur Aufdeckung von gleichnamigen Variablen aus äußeren Blöcken dienen.

Wenn d_1 und d_2 Vereinbarungen sind, dann gilt

$$\mathsf{SD1}(\mathsf{d}_1; \mathsf{d}_2) = \mathsf{SD1}(\mathsf{d}_1) \cdot \mathsf{SD1}(\mathsf{d}_2)\,, \qquad \mathsf{SD}(\mathsf{d}_1; \mathsf{d}_2) = \mathsf{SD}(\mathsf{d}_1) \cdot \mathsf{SD}(\mathsf{d}_2)\,.$$

Semantik von Anweisungen

$$\mathsf{SD}(\mathsf{x} := \mathsf{E})\,(\mathsf{c}) = \mathsf{c}',$$

wobei $\mathsf{c}'(\mathsf{x}) = (\mathsf{Wert}(\mathsf{E})\,(\mathsf{c}), \mathsf{w}_2, \dots, \mathsf{w}_k)$, wenn $\mathsf{c}(\mathsf{x}) = (\mathsf{w}_1, \dots, \mathsf{w}_k)$.

$$\mathsf{SD}(\mathbf{skip})\,(\mathsf{c}) = \mathsf{c}.$$

SD ist für die Verkettung von Anweisungen, für die **if-then-else-fi**-Anweisungen und die **while**-Anweisungen wie im Beispiel 3.4.1 definiert.

$$\mathsf{SD}(\mathbf{begin}\ \mathsf{d};\ \mathsf{I}\ \mathbf{end}) = \mathsf{SD}(\mathsf{d}) \cdot \mathsf{SD}(\mathsf{I}) \cdot \mathsf{SD1}(\mathsf{d}).$$

Die Semantik eines inneren Blocks besagt, daß wir zuerst die in d vereinbarten Variablen generieren, dann I ausführen und danach die in d vereinbarten Variablen entfernen.

Semantik eines Programms

$$\mathsf{SD}(\mathbf{begin\ program}\ \mathsf{d};\ \mathsf{I}\ \mathbf{end\ program}) = \mathsf{SD}(\mathsf{I}).$$

Hier ist der Unterschied zwischen einem Block und einem Programm zu sehen. Nach der Ausführung eines Programms sind wir nicht an der Entfernung der Variablen interessiert, da ja die Werte dieser Variablen für uns interessant sind. Ein innerer Block kann die Kriterien eines Programms in dem Sinn erfüllen, daß alle in ihm verwendeten Variablen auch in ihm vereinbart sind. In einem solchen Fall hat er keinen Einfluß auf das gesamte Ergebnis, da er nicht nach außen kommuniziert. Diese Tatsache wird durch die Semantik eines Blocks widergespiegelt.

Die betrachtete Beispielsprache und ihre Semantik illustrieren gut das Prinzip der Blockstruktur. Im Fall erweiterter Vereinbarungen muß aber die Computerumgebung entsprechend erweitert werden. Die Einführung z. B. der **goto**-Anweisung, selbst im Sinn von ALGOL 60, würde die Situation stark verändern und die semantischen Funktionen sehr komplizieren.

Die Anwendung semantischer Funktionen auf die Definition des Mechanismus lokaler Vereinbarungen ist nicht notwendig, wenn uns nur die Ein- und Ausgabefunktion eines Programms interessiert. Dann ist nämlich offensichtlich, daß wir durch entsprechende Umbenennungen der Variablen den gleichen Effekt ohne Lokalität erreichen würden.

3.5.3. Prozeduren (Funktionen)

Wenn ein Programmteil mehrfach angewendet wird, ist es vorteilhaft, ihm eine feste Bezeichnung zu geben, ihn gesondert zu definieren und sich in den Programmabschnitten wo er gebraucht wird, auf ihn, zu berufen. So wird die Beschreibung eines Algorithmus erleichtert und gekürzt. Das ist unter anderem der Sinn der Einführung von Prozeduren (Funktionen) in einer Programmiersprache. „Unter anderem" deshalb, weil die Nutzung rekursiver Definitionen bei Prozeduren die Einführung einer vollkommen neuen Qualität in den Methoden der Definition von Algorithmen bedeutet. Der letztere Aspekt wird im folgenden Abschnitt behandelt.

Wir wollen uns hier auf Prozeduren ohne Parameter beschränken. Eine vollständige Diskussion aller Varianten der Entsprechung aktueller und formaler Parameter überschreitet den Rahmen unseres Buches. Obwohl die durch den Projektanten einer

Sprache aufgestellten Regeln auch die semantischen Funktionen komplizieren können, scheinen sie doch in jedem Fall das Prinzip des Zusammenhangs zwischen lokalen und äußeren Objekten zu bestätigen, auf welches wir im vorhergehenden Abschnitt bei der Einführung der Blockstruktur eingegangen sind. Sogar in einem solch einfachen Fall sind die allgemein üblichen Regeln der Anwendung von Variablen nicht die einzig möglichen. Jedoch kann man sich bei Kenntnis dieser Regeln und ihrer semantischen Definition leicht eine ähnliche Definition unter anderen Voraussetzungen vorstellen.

Auch Funktionen (Funktionsprozeduren) werden wir nicht extra untersuchen. Der Leser kann dies selbst tun, indem er davon ausgeht, daß eine Funktion einen Mechanismus zur Definition von Ausdrücken einer Sprache darstellt, während die Prozeduren ein System von Anweisungen eines Programms aufbauen.

In diesem Abschnitt beschränken wir uns auf Programme, die keine Rekursivität in der Anwendung von Prozeduren erlauben, d. h., keine Prozedur kann sich direkt oder indirekt selbst aufrufen. Unter diesen Voraussetzungen wollen wir zeigen, daß die Semantik von Programmen mit Prozeduren auf die Semantik einer Sprache mit Blockstruktur, aber ohne Prozeduren führt. Der Überführungsalgorithmus, der das realisiert, wird nur so genau wie nötig beschrieben. Zum Verständnis reicht die Untersuchung eines Beispiels. Mit einem Wort, wir werden die Einführung der Prozeduren als rein syntaktische Maßnahme erkennen, die von zusätzlichen Regeln für die Kommunikation der Prozedur mit dem Kontext abhängt, in dem sie aufgerufen wird. Diese Regeln stellt der Projektant einer Sprache auf. Sie können deshalb sehr unterschiedlich sein. Die Unterschiede werden wir anhand eines Beispiels illustrieren.

Zunächst aber möchten wir daran erinnern, wie unsere untersuchte Sprache aussieht. Es ist die Sprache BPS mit Blockstruktur, Prozedurvereinbarungen und Prozeduraufrufen:

$$\langle \text{Prozedurvereinbarung} \rangle ::= \textbf{proc} \langle \text{Identifikator} \rangle \langle \text{Block} \rangle$$
$$\langle \text{Prozeduraufruf} \rangle ::= \textbf{call} \langle \text{Identifikator} \rangle$$

Ein Programm in dieser Sprache ist, wie zuvor, ein (Programm-)Block, der eine Reihe von Kontextbedingungen bezüglich der Eignung der verwendeten Identifikatoren, Vereinbarungen u. ä. erfüllt. Diese Sprache wurde im Kapitel 2 mit BPS_c bezeichnet. In ihrem Fall kann für jedes Programm leicht über das Fehlen oder Vorhandensein von Rekursivitäten entschieden werden.

Wir betrachten hier nur vollständige und korrekte Programme und sprechen daher nicht über die Semantik eines Prozeduraufrufs ohne den Kontext, in dem er auftritt. Dabei berufen wir uns auf das folgende Beispiel.

Beispiel 3.5.3. Wir setzen für die Anweisungen $I_1 - I_7$ voraus, daß sie keine Prozeduraufrufe und innere Blöcke enthalten.

```
begin program x, integer; y: integer;
            proc p1
                begin y: boolean;
                    I2(x, y);
                    call p2;
                    I4(x, y);
                    call p3
                    I6(x, y)
                end;
```

```
                    proc p2
                         begin x: integer;
                              l3(x, y)
                         end;
                    proc p3
                         begin y: integer;
                              l5(x, y)
                         end;
                    l1(x, y);
                    call p1;
                    l7(x, y)
end program                        ■
```

Wir transformieren dieses Programm durch Ersetzen aller Prozeduraufrufe durch die „Körper" der entsprechenden Prozeduren und entfernen anschließend alle Prozedurvereinbarungen. Damit erhalten wir das Programm aus Beispiel 3.5.2. Die semantische Bedeutung dieses Programms betrachten wir als semantische Bedeutung des Programms aus Beispiel 3.5.3. Wir betonen hier, daß der Algorithmus der Umformung voraussetzt, daß der Bereich der Wirksamkeit (Erreichbarkeit) der Variablen dynamischen Charakter hat, d. h., er wird durch den Ort des Prozeduraufrufs und nicht der Prozedurvereinbarung bestimmt. Solche Sprachen wie z. B. ALGOL 60 gehen von einem anderen Prinzip für Prozeduren aus. Die syntaktische Umformung ist dann komplizierter. Beispiel 3.5.4 illustriert den Unterschied.

Beispiel 3.5.4.

```
begin program x: integer; y: integer;
               l1(x, y);
               begin
                    proc p1
                         begin y: boolean;
                              l2(x, y); call p2;
                              l4(x, y); call p3;
                              l6(x, y)
                         end;
                    proc p2
                         begin x: integer;
                              l3(x, y)
                         end;
                    proc p3
                         begin y: integer;
                              l5(x, y)
                         end;
                    call p1
               end;
               l7(x, y)
end program                        ■
```

Wenn wir die für das vorige Beispiel beschriebene Umformung auf dieses Beispiel anwenden würden, so erhielten wir ein anderes Programm als dort (einen Block mehr). Beide Programme sind aber semantisch äquivalent, da es gleichgültig ist, wo die Prozeduren vereinbart sind. Wir nehmen nun das z. B. in ALGOL 60 allgemein angewendete Prinzip an, daß sich eine im Prozedurkörper auftretende nichtlokale Variable auf eine Variable bezieht, die im kleinsten Block vereinbart wurde, der den Prozedurkörper enthält. Somit würde eine korrekte Umformung des Programms aus dem Beispiel 3.5.3 die Bereitstellung entsprechender Kopien der Prozedur mit umbenannten Variablen erfordern, um Bezeichnungskonflikten auszuweichen (siehe Aufruf der Prozedur *p3* im Prozedurkörper der Prozedur *p1*). Unabhängig davon, welche Methode man bei der Umformung anwendet, läßt sich die Bedeutung eines Programms mit Prozeduren durch ein Programm ohne Prozeduren ausdrücken. Ein solches Vorgehen erlaubt, die Bedeutung einer Prozedur mit Parametern durch entsprechend kompliziertere syntaktische Umformungen auszudrücken. Damit ist auch gezeigt, daß der Mechanismus der Prozeduren ohne rekursiven Aufruf prinzipiell keine neue „semantische Qualität", sondern nur Vorteile beim Programmieren bringt.

3.5.4. Rekursive Prozeduren

Wir beschäftigen uns nun mit der Sprache BPS_c ohne Einschränkungen und speziell mit dem Zusammenhang zwischen der operationalen Definition und der denotationalen Definition, die Fixpunktgleichungen verwendet. Kehren wir daher zur schon früher erwähnten Verallgemeinerung der Lösung in den Abschnitten 3.2.3. bis 3.3.2. zurück.

Im weiteren nehmen wir zur Vereinfachung an, daß der Wirkungsbereich von Variablen dynamischen Charakter hat. Das ist keine Beschränkung der Allgemeinheit, obwohl es zweifellos das Programmieren erschwert. Dafür erlaubt es aber, daß man sich nicht um den textlichen Zusammenhang zwischen den Vereinbarungen und den Aufrufen von Prozeduren kümmern muß, und erleichtert die Beschäftigung mit dem Problem der Rekursion.

Die Sprache BPS_c untersuchen wir nun in ihrer Gesamtheit. Die obigen Voraussetzungen erlauben, Programme in BPS_c unter einem neuen Aspekt zu betrachten. Wir können uns nämlich zuerst auf solche Programme beschränken, in denen die Vereinbarungen aller Prozeduren im Programmblock auftreten. Außerdem können wir jeden Block und somit auch den Programmblock wie eine besondere Prozedur behandeln und schließlich sogar voraussetzen, daß in keinem Prozedurkörper innere Blöcke auftreten. Das bedeutet, erneut ohne Beschränkung der Allgemeinheit, allerdings auf Kosten der Effektivität des Programmierens, daß man jedes Programm in BPS_c als endliche Folge von Anweisungen (*Prozeduren*) des Typs

begin proc p d; I **end proc** p (3.5.10)

behandeln kann, wobei d entweder leer oder eine Vereinbarung lokaler Variablen ist. I sind die Anweisungen der Prozedur (*Prozedurkörper*). In dieser Folge gibt es eine *ausführbare Prozedur*, d. h. einen Programmblock in der früheren Bedeutung dieses Wortes.

Beispiel 3.5.5. Für das Programm aus den Beispielen 3.5.3 und 3.5.4 würde eine solche Folge von Prozeduren aus den Vereinbarungen der Prozeduren *p1*, *p2* und *p3* (z. B. **begin proc** *p2 x*: **integer**; $l_3(x, y)$ **end proc** *p2*) sowie der ausführbaren Prozedur

```
begin proc program
        x: integer; y: integer;
        l1(x, y); call p1; l7(x, y)
end proc program
```

bestehen. ■

Beispiel 3.5.6. Wir betrachten das folgende Programm zur Berechnung der Fakultät:

```
begin program n: integer; s: integer;
           proc Fakultät
                begin if (n = 0) then s := 1
                                 else n := (n - 1);
                                      call Fakultät;
                                      n := (n + 1);
                                      s := (s * n)
                      fi
                end;
           call Fakultät
end program
```

Diesem Programm entspricht eine Folge, bestehend aus der Vereinbarung der Prozedur *Fakultät* sowie aus der ausführbaren Prozedur

```
begin proc program
        n: integer; s: integer;
        call Fakultät
end proc program
```

Nach dieser Umformung enthält keine Prozedur die Anweisung **call** *program* oder eine ausführbare Prozedur. ■

Schließlich entspricht die Ausführung eines Programms in BPS_c bei einer solchen Betrachtung der Ausführung einer ausführbaren Prozedur. Wir betonen, daß diese Umformungen von Programmen der Sprache BPS_c rein technischen Charakter haben und einzig die Beschreibung der Rekursivität erleichtern.

Das Beispiel 3.5.6 illustriert auch, daß uns die Rekursivität wesentlich über die bisherigen Betrachtungen hinausführt. Die Ersetzung der Prozeduraufrufe durch die Prozedurkörper gemäß 3.5.3. ist nämlich ein unendlicher Prozeß. Daher ist es nicht möglich, das Problem der semantischen Definition solcher Programme ohne zusätzliche, über die Syntax hinausgehende Maßnahmen auf die semantische Definition von Programmen ohne Prozeduren zurückführen.

Wir kehren jetzt zu Begriffen zurück, die mit der operationalen Methode der Semantikdefinition verbunden sind. Dazu stellen wir ein System semantischer Regeln auf, durch das wir für jedes Programm in BPS_c, das als endliche Menge von Prozeduren der Form (3.5.10) verstanden wird, zu einem System von Gleichungen kommen. Eine grundsätzliche Schwierigkeit besteht darin, ein endliches System zu erhalten, wie es im Fall der Sprachen BPS oder BPS_a möglich ist.

Als Umgebung, in der wir die Interpretation durchführen, verwenden wir die Computerumgebung $C = (\mathsf{C}, \mathsf{d})$ aus 3.5.2. (Blockstruktur), d. h., jeder Zustand c ist eine Funktion

$$\mathsf{c}: \mathsf{Ide} \to \mathsf{D}^+ .$$

D^+ ist die Menge aller nichtleeren Folgen von Werten aus $\mathsf{D} = \mathsf{WF} \cup \boldsymbol{Z} \cup \{\bot\}$. Die Basisfunktionen sind die in Abschn. 3.5.2. für elementare Konstruktionen der Sprache BPS definierten semantischen Funktionen sowie Funktionen für die Anweisung **call** p und **end proc** p. Sie werden durch entsprechenden Text in Klammern bezeichnet, z. B. [[**skip**]], [[E]], [[x := E]], [[x : **integer**]], [[**call** p]], [[**end proc** p]]. Die Funktion [[**call** p]] ist die Identität (wie [[**skip**]]), während für p (p ≠ *program*) als Bezeichnung einer gewissen Prozedur

begin proc p d; I **end proc** p

gilt, so ist [[**end proc** p]] (c) = SD1(d) (c), wobei SD1 die in 3.5.2. definierte Funktion ist (Beseitigung von lokalen Variablen und Aufdeckung von äußeren Variablen). Schließlich ist

[[**end proc** *program*]] (c) = c für jedes c .

Als nächstes soll die Steuerung $S = (\mathsf{S}, \mathsf{St}, \varphi)$ definiert werden. Die Steuerkonfiguration ist hier ein zusammengesetztes Objekt. Wir müssen nämlich den Kontext definieren, in dem die ausführbare Prozedur abgearbeitet wird, d. h. die übrigen Prozeduren sowie die „aktuellen" Konfigurationen, die mit der Abarbeitung der ausführbaren Prozedur zusammenhängen. Jede Konfiguration $\mathsf{k} \in \mathsf{S}$ hat daher zwei prinzipielle Bestandteile k_1 und k_2. Der Bestandteil k_2 ist eine endliche, eventuell leere Menge von Prozeduren der Form (3.5.10). Der Bestandteil k_1 ist ein beliebiges Wort über dem Alphabet der Sprache.

Die Sprache $\mathrm{BPS_c}$ schließt in sich die Sprache BPS ein. Für Programme aus BPS stimmt die Definition mit geringen Änderungen mit der vorher (siehe 3.2.1.) gegebenen überein (k_1 bezeichnet dann ein Programm in BPS, und k_2 ist die leere Menge).

Wir definieren nun die Funktion φ, die den Zusammenhang zwischen den Programmen der Sprache und den Steuerkonfigurationen herstellt.

Die Menge von Prozeduren

P = {**begin proc** *program* d; I **end proc** *program* ,

begin proc p_1 d_1; I **end proc** p_1 , (3.5.11)

⋮

begin proc p_n d_n; I_n **end proc** p_n}

repräsentiert ein bestimmtes Programm der Sprache $\mathrm{BPS_c}$. Folglich ist $\varphi(\mathsf{P}) = (\mathsf{k}_1, \mathsf{k}_2)$, wobei k_1 die Folge I **end proc** *program* und k_2 die Menge der übrigen Prozeduren mit den Bezeichnungen $\mathsf{p}_1, \ldots, \mathsf{p}_n$ sind. Die Menge der terminalen Konfigurationen St ist die Menge der Paare $(\mathsf{k}_1, \mathsf{k}_2)$, für die $\mathsf{k}_1 = \varepsilon$ ist. Uns interessieren nun besonders die Konfigurationen $\mathsf{k} = (\mathsf{k}_1, \mathsf{k}_2)$, in denen $\mathsf{k}_1 = \mathsf{rx}$ gilt, r eine Einzelanweisung und x ein beliebiges Wort (auch ein leeres) über dem Alphabet der Sprache ist. Unter einer Einzelanweisung verstehen wir ein Wort der Form

x := E , **skip**, **if** E **then** I_1 **else** I_2 **fi**, x: typ, **call** p, **end proc** p ,
while E **do** I **od**

mit einem eventuellen nachfolgenden „;".

Nun kommen wir zur Definition der Muster für die semantischen Regeln. Wir sagen, $((k_1, k_2), F, (k_1', k_2'))$ ist das Muster einer semantischen Regel, wenn folgende Bedingungen erfüllt sind:

1. $k_2 = k_2'$ (die semantischen Regeln ändern den „Kontext" nicht)

2. k_1 ist eine Einzelanweisung:
   2.1. wenn $k_1 \equiv$ x := E (;), dann F = ⟦x := E⟧ und $k_1' = \varepsilon$,
   2.2. wenn $k_1 \equiv$ **skip** (;), dann F = ⟦**skip**⟧ und $k_1' = \varepsilon$,
   2.3. wenn $k_1 \equiv$ x: typ (;), dann F = ⟦x: typ⟧ und $k_1' = \varepsilon$,
   2.4. wenn $k_1 \equiv$ **if** E **then** I_1 **else** I_2 **fi** (;), dann
   F = ⟦E⟧ und $k_1' = I_1$ (;) oder
   F = ⟦¬ E⟧ und $k_1' = I_2$ (;) ,
   2.5. wenn $k_1 \equiv$ **while** E **do** I **od** (;), dann
   F = ⟦E⟧ und k_1' = I; **while** E **do** I **od** (;) oder
   F = ⟦¬ E⟧ und $k_1' = \varepsilon$,
   2.6. wenn $k_1 \equiv$ **call** p (;), dann
   begin proc p d; I **end proc** p $\in k_2$ und
   F = ⟦**call** p⟧, k_1' = d; I **end proc** p (;) ,
   2.7. wenn $k_1 \equiv$ **end proc** p (;), dann
   F = ⟦**end proc** p⟧ und $k_1' = \varepsilon$,
   2.8. wenn $k_1 \equiv$ **end proc** *program*, dann
   F = ⟦**end proc** *program*⟧ und $k_1' = \varepsilon$.

Schließlich ist

$$((k_1, k_2), F, (k_1', k_2')) \tag{*}$$

eine semantische Regel des betrachteten Systems $(\boldsymbol{F}, \boldsymbol{P})$, d. h., (*) gehört zu $\boldsymbol{P}$ genau dann, wenn ein Regelmuster

$$((k_1^1, k_2), F, (k_1^2, k_2')) \tag{3.5.12}$$

existiert, so daß $k_1 = k_1^1 x$ und $k_1' = k_1^2 x$ für ein bestimmtes Wort x über dem Alphabet der Sprache ist. Es ist zu beachten, daß jedes Regelmuster eine Regel des Systems ist, aber nicht umgekehrt. Die Regelmuster dienen uns zur einfachen Notation der Menge aller Regeln $\boldsymbol{P}$. Der Bestandteil k_1 der Steuerkonfigurationen repräsentiert einen Stapel von Einzelanweisungen. Bei der Anwendung interessiert nur die Anweisung an der Spitze des Stapels und das, was nach der Ausführung von F an ihre Stelle geschrieben wird (das kann auch das leere Wort sein, was die Entfernung der ursprünglichen Anweisung bedeutet). Unter Berufung auf die allgemeinen Definitionen 3.2.3 und 3.2.4 definierten wir auf diese Weise die operationale Semantik der Sprache BPS_c.

Die Einführung von Regelmustern im obigen Sinne erlaubt nun die Definition einer endlichen Menge solcher Muster für ein konkretes Programm. In 3.2.4. definierten wir eine Menge semantischer Regeln $\boldsymbol{P}$(p) zu einem Programm p bei gegebenem System $(\boldsymbol{F}, \boldsymbol{P})$. Jeder Regel des oben definierten Systems entspricht dabei genau ein Muster. Die Menge aller Muster, die mit Regeln aus $\boldsymbol{P}$(P) für ein beliebiges Programm P der Form (3.5.11) zusammenhängen, ist endlich, da die Menge der Einzelanweisungen aller Prozeduren in P endlich ist. Somit haben wir eine ähnliche Situation wie im Fall einer Sprache ohne Prozeduren. Wir betonen noch, daß die Menge $\boldsymbol{P}(\mathsf{P})$ im allgemeinen unendlich ist.

Beispiel 3.5.7. Wir kommen nun auf das Programm aus Beispiel 3.5.6 zurück (Prozedur zur Berechnung der Fakultät).

$$\mathsf{P} = \{\textbf{begin proc } \textit{program } x\text{: } \textbf{integer}\text{; } s\text{: } \textbf{integer}\text{; } \textbf{call } \textit{Fakultät } \textbf{end proc } \textit{program}\ ,$$

$$\mathsf{k}_2 \begin{cases} \textbf{begin proc } \textit{Fakultät} \\ \qquad \mathsf{r}_1 \begin{cases} \textbf{if } (n = 0) \textbf{ then } s := 1 \\ \qquad \textbf{else } n := (n - 1)\text{; } \textbf{call } \textit{Fakultät}\text{;} \\ \qquad\quad n := (n + 1)\text{; } s := (s * n) \\ \textbf{fi} \end{cases} \\ \textbf{end proc } \textit{Fakultät}\} \end{cases}$$

Somit ist $\varphi(\mathsf{P}) = (\mathsf{k}_1, \mathsf{k}_2)$, wobei k_2 der Text der Prozedur *Fakultät* ist und

$$\mathsf{k}_1 \equiv \underbrace{\textbf{call } \textit{Fakultät}}_{\mathsf{r}_2}\ \underbrace{\textbf{end proc } \textit{program}}_{\mathsf{r}_3}\ .$$

Wir bezeichnen außerdem

$\mathsf{r}_4 \equiv s := 1\,,\quad \mathsf{r}_5 \equiv n := (n\ -\ 1)\text{;}\quad \mathsf{r}_6 \equiv n := (n + 1)\text{; ,}$

$\mathsf{r}_7 \equiv s := (s * n)\,,\quad \mathsf{r}_8 \equiv \textbf{end proc } \textit{Fakultät}\ .$

Folglich ist die Menge aller Regelmuster zu Regeln aus $\boldsymbol{P}(\mathsf{P})$ folgende (k_1 vernachlässigen wir als unveränderlichen Bestandteil):

$(\mathsf{r}_2, [\![\textbf{call } \textit{Fakultät}]\!], \mathsf{r}_1\mathsf{r}_8)$ (siehe 2.6.) ,
$(\mathsf{r}_1, [\![(n = 0)]\!], \mathsf{r}_4)$ (siehe 2.4.) ,
$(\mathsf{r}_1, [\![(n \neq 0)]\!], \mathsf{r}_5\mathsf{r}_2\mathsf{r}_6\mathsf{r}_7)$ (siehe 2.4.) ,
$(\mathsf{r}_4, [\![s := 1]\!], \varepsilon)$ (siehe 2.1.) ,
$(\mathsf{r}_5, [\![n := (n - 1)]\!], \varepsilon)$ (siehe 2.1.) ,
$(\mathsf{r}_6, [\![n := (n + 1)]\!], \varepsilon)$ (siehe 2.1.) ,
$(\mathsf{r}_7, [\![s := (s * n)]\!], \varepsilon)$ (siehe 2.1.) ,
$(\mathsf{r}_8, [\![\textbf{end proc } \textit{Fakultät}]\!], \varepsilon)$ (siehe 2.7.) ,
$(\mathsf{r}_3, [\![\textbf{end proc } \textit{program}]\!], \varepsilon)$ (siehe 2.8.) .

Wir versuchen, das Programm für $n = 2$ und $s = 0$ „auszuführen", d. h. in einem solchen Zustand c, in welchem dem Identifikator n die einelementige Folge (2) und dem Identifikator s die einelementige Folge (0) zugeordnet wird. Die Anfangssteuerkonfiguration ist $\mathsf{k}_1 = \mathsf{r}_2\mathsf{r}_3$. Die Berechnung verläuft auf folgende Weise (ein Tripel bedeutet: Konfiguration, Wert für n, Wert für s):

$(\mathsf{r}_2\mathsf{r}_3, 2, 0), (\mathsf{r}_1\mathsf{r}_8\mathsf{r}_3, 2, 0), (\mathsf{r}_5\mathsf{r}_2\mathsf{r}_6\mathsf{r}_7\mathsf{r}_8\mathsf{r}_3, 2, 0)\,,$

$(\mathsf{r}_2\mathsf{r}_6\mathsf{r}_7\mathsf{r}_8\mathsf{r}_3, 1, 0), (\mathsf{r}_1\mathsf{r}_8\mathsf{r}_6\mathsf{r}_7\mathsf{r}_8\mathsf{r}_3, 1, 0), (\mathsf{r}_5\mathsf{r}_2\mathsf{r}_6\mathsf{r}_7\mathsf{r}_8\mathsf{r}_6\mathsf{r}_7\mathsf{r}_8\mathsf{r}_3, 1, 0)\,,$

$(\mathsf{r}_2\mathsf{r}_6\mathsf{r}_7\mathsf{r}_8\mathsf{r}_6\mathsf{r}_7\mathsf{r}_8\mathsf{r}_3, 0, 0), (\mathsf{r}_1\mathsf{r}_8\mathsf{r}_6\mathsf{r}_7\mathsf{r}_8\mathsf{r}_6\mathsf{r}_7\mathsf{r}_8\mathsf{r}_3, 0, 0)\,,$

$(\mathsf{r}_4\mathsf{r}_8\mathsf{r}_6\mathsf{r}_7\mathsf{r}_8\mathsf{r}_6\mathsf{r}_7\mathsf{r}_8\mathsf{r}_3, 0, 0), (\mathsf{r}_8\mathsf{r}_6\mathsf{r}_7\mathsf{r}_8\mathsf{r}_6\mathsf{r}_7\mathsf{r}_8\mathsf{r}_3, 0, 1)\,,$

$(\mathsf{r}_6\mathsf{r}_7\mathsf{r}_8\mathsf{r}_6\mathsf{r}_7\mathsf{r}_8\mathsf{r}_3, 0, 1), (\mathsf{r}_7\mathsf{r}_8\mathsf{r}_6\mathsf{r}_7\mathsf{r}_8\mathsf{r}_3, 1, 1), (\mathsf{r}_8\mathsf{r}_6\mathsf{r}_7\mathsf{r}_8\mathsf{r}_3, 1, 1)\,,$

$(\mathsf{r}_6\mathsf{r}_7\mathsf{r}_8\mathsf{r}_3, 1, 1), (\mathsf{r}_7\mathsf{r}_8\mathsf{r}_3, 2, 1), (\mathsf{r}_8\mathsf{r}_3, 2, 2), (\mathsf{r}_3, 2, 2), (\varepsilon, 2, 2)\,.$ ■

Der hier beschriebene Prozeß führt in jedem Fall auf eine endliche Menge von Regelmustern. Der Übergang zu Gleichungssystemen ist nun analog wie in Abschnitt 3.3. Wir betrachten lediglich den ersten Bestandteil der Konfigurationen (wie im obigen Beispiel), weil der zweite nur zur „Abspeicherung" des Kontexts dient, in dem die ausführbare Prozedur abgearbeitet wird.

$r_1, \ldots, r_n$ bezeichne alle Einzelanweisungen der Prozeduren, die in P auftreten. Jedes Muster für P ist daher von der Form (r_i, F, x), wobei x eine bestimmte Folge (eventuell die leere Folge) von Elementen über dem Alphabet $\{r_1, \ldots, r_n\}$ bezeichnet. Zu jedem r_i gehört eine endliche Menge von Mustern, deren erster Bestandteil r_i ist:

$$(r_i, F_1, x_1), \ldots, (r_i, F_{n_i}, x_{n_i}),$$

jeder solchen Menge ordnen wir eine Gleichung

$$r_i = F_1x_1 \sqcup F_2x_2 \sqcup \ldots \sqcup F_{n_i}x_{n_i}$$

zu, wobei sich der Bestandteil F_jx_j für $x_j = \varepsilon$ zu F_j reduziert. Zu dem so konstruierten Gleichungssystem fügen wir zuletzt eine Gleichung für die ausführbare Prozedur und somit die Anfangssteuerkonfiguration k_1 hinzu. Sie ist stets eine Folge von Einzelanweisungen, also ein Wort y über dem Alphabet $\{r_1, \ldots, r_n\}$. Daher schreiben wir

$$k_1 = y .$$

k_1 ist die Unbekannte, deren Wert wir durch die Lösung des Gleichungssystems bestimmen werden.

Wenn wir in Übereinstimmung mit der vorher verwendeten Notation (vgl. Abschnitt 3.3.) bleiben wollen, so müssen wir konsequent schreiben:

Wenn $x_j = r_{j_1} \cdot r_{j_2} \cdot \ldots \cdot r_{j_{k_j}}$, dann

$$r_i = F_1 \cdot r_{1_1} \cdot \ldots \cdot r_{1_{k_1}} \sqcup \ldots \sqcup F_{n_i} \cdot r_{n_{i1}} \cdot \ldots \cdot r_{n_{ik_{n_i}}} .$$

Zur Vereinfachung lassen wir das Operationssymbol für den Verkettungsoperator weg. Vom formalen Standpunkt aus müssen auch die Bezeichnungen der Unbekannten in den Gleichungen von den Konfigurationen in den Mustern unterschieden werden.

Beispiel 3.5.8. Wir wählen wieder das Gleichungssystem für die Prozedur *Fakultät* aus dem Beispiel 3.5.7:

$$k_1 = r_2r_3 ,$$

$$r_2 = [\![\textbf{call } \textit{Fakultät}]\!]\ r_1r_8 ,$$

$$r_3 = [\![\textbf{end proc } \textit{program}]\!] ,$$

$$r_1 = [\![(n = 0)]\!]\ r_4 \sqcup [\![(n \neq 0)]\!]\ r_5r_2r_6r_7 ,$$

$$r_4 = [\![s := 1]\!] ,$$

$$r_5 = [\![n := (n - 1)]\!] ,$$

$$r_6 = [\![n := (n + 1)]\!] ,$$

$$r_7 = [\![s := (s * n)]\!] ,$$

$$r_8 = [\![\textbf{end proc } \textit{Fakultät}]\!] .$$

Nach offensichtlichen Vereinfachungen und Einsetzungen reduziert sich das System zu

$$\mathsf{k}_1 = \mathsf{r}_1 ,$$

$$\mathsf{r}_1 = [\![(n = 0)]\!] [\![s := 1]\!] \sqcup [\![(n \neq 0)]\!] [\![n := (n - 1)]\!] \mathsf{r}_1 \\ [\![n := (n + 1)]\!] [\![s := (s * n)]\!] .$$

Das System ist nichtlinear (siehe 3.2.1.), und daher läßt sich seine Lösung nicht mit Hilfe der Operatoren $\cdot$, $\sqcup$ und $*$ darstellen. Damit ist gezeigt, daß die rekursiven Prozeduren Möglichkeiten der Definition einer Sprache erweitern. ■

Es bleibt die Frage, die wir in 3.2. für Programmiersprachen ohne rekursive Prozeduren stellten, ob das durch die operationale Methode auf der Basis des oben definierten Systems semantischer Regeln definierte Objekt res_p (siehe 3.2.3. oder die Verallgemeinerung in 3.2.4.) wirklich der kleinste Fixpunkt des Gleichungssystems ist, welches wir durch die entsprechende Umformung erhielten. Die Antwort auf diese Frage ist positiv. Die entsprechende Aussage ist eine Verallgemeinerung des Satzes 3.3.4, und ihr Beweis verläuft analog zum Beweis dieses Satzes. Wir lassen sie hier aus und verweisen den interessierten Leser auf BLIKLE [16].

Auf diese Weise definierten wir die Semantik der Sprache BPS_c durch Fixpunktgleichungen und ihren Zusammenhang mit der operationalen Semantik. Der Leser kann leicht überprüfen, daß die durchgeführte Konstruktion eine Verallgemeinerung der Lösung bezüglich der Sprache BPS ist. Das heißt, sie liefert bei Anwendung auf Programme in BPS die gleichen semantischen Regeln und Gleichungssysteme wie schon zuvor.

Der Definitionsbereich der Interpretation braucht auch diesmal keine Menge von Relationen oder partiellen Funktionen in einer Computerumgebung zu sein. Andererseits hätten die Probleme, die z. B. mit Blockstrukturen verbunden sind, keinen großen Sinn in einem Definitionsbereich von Sprachen.

3.5.5. Prozeduren und Fortsetzungen

An dieser Stelle knüpfen wir an den Abschnitt 3.5.1. an, in dem wir die denotationale Semantik für Programme mit Sprüngen skizzierten. Eine wesentliche Rolle spielten dort die Fortsetzungen. Ihre Aufgabe war die Schaffung einer Möglichkeit, die semantischen Funktionen eines Programms durch die Bedeutung seiner Bestandteile auszudrücken, auch wenn der „normale" Ablauf durch einen unbedingten Sprung unterbrochen ist. Die semantischen Funktionen drückten den Übergang von Fortsetzung zu Fortsetzung aus. Die Fortsetzung selbst wurde als partielle Funktion in der Menge der Zustände einer bestimmten Computerumgebung definiert.

Es ergibt sich die Frage, was der Unterschied zwischen der Anweisung **goto** A und dem Prozeduraufruf **call** p ist und ob nicht ein ähnlicher Definitionsmechanismus angewendet werden kann. Gerade der Unterschied ist wesentlich, aber der Definitionsmechanismus bleibt trotzdem erhalten. Den Unterschied kann man sehr einfach unter Berufung auf die Intuition, die mit der sequentiellen Verkettung von Anweisungen verbunden ist, ausdrücken. Dazu betrachten wir die Anweisungsfolgen

... **goto** A; x := E ...

... **call** p; x := E ...

Im ersten Beispiel wird die Anweisung $\mathsf{x} := \mathsf{E}$ niemals ausgeführt, weil die Steuerung nach Ausführung der mit A markierten Anweisung nicht zu dem Punkt „zurückkehrt“, an dem die Steuerung durch die Anwendung des Sprungs unterbrochen wurde. Im zweiten Beispiel wird die Ergibtanweisung nach der Ausführung der Prozedur p ausgeführt. Wenn nun k_A die mit der Marke A verbundene Fortsetzung und k_p die mit der Prozedurbezeichnung p verbundene Fortsetzung bezeichnet, dann ist, wie wir wissen, für eine beliebige Fortsetzung k

$$\mathsf{SD}(\textbf{goto}\ \mathsf{A})\,(\mathsf{k}) = \mathsf{k_A}\,,$$

während

$$\mathsf{SD}(\textbf{call}\ \mathsf{p})\,(\mathsf{k}) = \mathsf{k_p} \cdot \mathsf{k} \tag{3.5.13}$$

gilt, was intuitiv die Rückkehr zur Ausführung dessen ausdrückt, was durch die Fortsetzung k dargestellt wird. So wie die Fortsetzung k_A ein Parameter ist, der für die Bedeutung all dessen im gegebenen Programm steht, was mit der durch A markierten Anweisung beginnt, so ist k_p ein ähnlicher Parameter, der für die Bedeutung der Prozedur p steht.

Wir beschränken uns hier auf die Angabe der Semantik eines einzelnen Prozeduraufrufs sowie auf Beispiele.

k_p bezeichne die mit der Prozedurbezeichnung p verbundene Fortsetzung und k eine beliebige Fortsetzung. Der Prozedurkörper I von p sei ein Block. Dann ist

$$\mathsf{SD}(\textbf{proc}\ \mathsf{p}\ \mathsf{I})\,(\mathsf{k}) = Y(\mathsf{SD}(\mathsf{I})\,(\mathsf{k}))\,. \tag{3.5.14}$$

Man beachte, daß in dieser Definition ein Parameter k_p aus der Menge der Fortsetzungen versteckt auftritt. Weil in I die Anweisung **call** p auftreten kann und wegen (3.5.13) ist SD(I) (k) bei fester Fortsetzung k eine von k_p abhängige Funktion. Die obige Definition besagt nun, daß die Bedeutung der Prozedur p der kleinste Fixpunkt der Gleichung

$$\mathsf{k_p} = \mathsf{SD}(\mathsf{I})\,(\mathsf{k})$$

ist.

Beispiel 3.5.9. Wir untersuchen die Prozedur *Fakultät* aus den Beispielen 3.5.7 und 3.5.8 und wenden dabei die in 3.5.1. für SD und Auswahl eingeführten Definitionen an. I sei

```
begin if (n = 0) then s := 1
                 else n := (n − 1); call Fakultät;
                      n := (n + 1); s := (s * n)
      fi
end
```

Dann ist

$$\mathsf{SD}(\mathsf{I})\,(\mathsf{k}) = \mathsf{SD}((n = 0))\,(\mathsf{Auswahl}(\mathsf{SD}(s := 1)\,(\mathsf{k})\,,$$
$$\mathsf{SD}(n := (n - 1);\ \textbf{call}\ \textit{Fakultät};\ \ n := (n + 1);\ s := (s * n))\,(\mathsf{k})))\,.$$

Durch weitere Umformungen erhalten wir

$$\begin{aligned}
&\mathsf{SD}(n := (n - 1);\ \textbf{call}\ \textit{Fakultät};\ n := (n + 1);\ s := (s * n))\,(\mathsf{k})\\
&= \mathsf{SD}(n := (n - 1)\,)\,(\mathsf{SD}(\textbf{call}\ \textit{Fakultät};\ n := (n + 1);\ s := (s * n))\,(\mathsf{k}))\\
&= \mathsf{SD}(n := (n - 1))\,(\mathsf{SD}(\textbf{call}\ \textit{Fakultät})\,(\mathsf{SD}(n := (n + 1);\, s := (s * n))\,(\mathsf{k})))\\
&= \mathsf{SD}(n := (n - 1))\,(\mathsf{k}_{\textit{Fakultät}} \cdot (\mathsf{SD}(n := (n + 1);\ s := (s * n))\,(\mathsf{k})))\,.
\end{aligned}$$

Wenn wir zur Gleichung (3.5.14) übergehend, ist SD(**proc** *Fakultät* I) (k) der kleinste Fixpunkt der Gleichung

$$\mathsf{k}_{Fakultät} = \mathsf{SD}((n = 0))\,(\mathsf{Auswahl}(\mathsf{SD}(s := 1)\,(\mathsf{k})\,,$$

$$\mathsf{SD}(n := (n - 1))\,(\mathsf{k}_{Fakultät} \cdot (\mathsf{SD}(n := (n + 1);\; s := (s * n))\,(\mathsf{k})))))\,.$$

Man kann nun die für die Unbekannte r_1 (welche die semantische Bedeutung von I bezeichnet) erhaltene Gleichung im Beispiel 3.5.8 mit dieser Gleichung vergleichen. Eine gründliche Analyse zeigt, daß wir die gleiche Bedeutung bekommen, wenn wir die Tatsache vernachlässigen, daß SD immer in einem bestimmten Kontext definiert ist, der durch die Fortsetzung k repräsentiert wird. ■

Beispiel 3.5.10. Wir betrachten folgende Prozedur:

```
proc p
     begin if (n > 0) then n := (n − 1); call p;
                           s := (s + 1); call p; n := (n + 1)
                      else skip
           fi
     end
```

Nach entsprechenden Umformungen erhalten wir die Gleichung

$$\mathsf{k}_p = \mathsf{SD}((n > 0))\,(\mathsf{Auswahl}(\mathsf{SD}(n := (n - 1))\,(\mathsf{k}_p \cdot (\mathsf{SD}(s := (s + 1))$$
$$(\mathsf{k}_p \cdot (\mathsf{SD}(n := (n - 1))\,(\mathsf{k})))))\,,\,\mathsf{k}))\,.$$

Wir überlassen dem interessierten Leser die Ausführung der im vorigen Abschnitt beschriebenen Umformungen, die Herleitung der Fixpunktgleichungen und den anschließenden Vergleich der Ergebnisse. ■

3.5.6. Ein- und Ausgabeanweisungen

Wir nahmen bisher an, die Anfangsdaten eines Programms (Werte der Variablen) seien in einem Zustand der Computerumgebung kodiert und interessierten uns nicht dafür, auf welche Weise das geschieht. Das führte einerseits zu der Forderung, daß ein Programm unserer Sprache alle in ihm verwendeten Objekte vereinbarte (definierte), und andererseits mußten wir auf die Initiierung jeder Variablen innerhalb des Programms und daher auf die Beachtung verschiedener möglicher Anfangswerte durch die semantische Definition verzichten. Nur die Vereinbarungen wurden nicht einheitlich behandelt (siehe Blockstruktur). Dieser Schwierigkeit kann man ausweichen, wenn die Definition der Computerumgebung auch Ein- und Ausgabegeräte einschließt und die Sprache um bestimmte Anweisungen ergänzt wird, welche die Art der Kommunikation mit diesen Geräten definieren. Daß dieses Problem oft nicht beachtet wird, liegt daran, daß äußere Einrichtungen eng mit einem konkreten System zusammenhängen, in dem die Programmiersprache angewendet wird. Somit hat auch die Erweiterung keinen universellen Charakter.

In diesem Abschnitt geben wir nur den Charakter der Erweiterungen in der Anwendung auf die Sprache BPS an. Als Grundlage dient das Beispiel 3.4.1 (denotationale Semantik). Dabei werden wir uns nicht auf die Definition einer konkreten äußeren Einrichtung berufen, sondern definieren nur ihre Rolle als äußerer Informationsträger.

Zuerst erweitern wir BPS zu BPS_d (siehe 2.3.2.):

(i) Zur Menge der Ausdrücke Exp fügen wir den elementaren Ausdruck **read** hinzu, den wir als reservierten Identifikator behandeln werden, aber dessen Semantik (als Ausdruck) anders definiert sein wird als die der übrigen Identifikatoren. Im allgemeinen Fall sollte **read** deshalb eher als Bezeichnung einer Standardfunktion angesehen werden, deren Anwendung das „Einlesen" eines entsprechenden Werts vom äußeren Informationsträger bewirkt.

(ii) Zur Menge der Anweisungen Ins fügen wir die Anweisung **write** E hinzu, wobei E ein beliebiger Ausdruck aus der Menge Exp ist. Die Verwendung dieser Anweisung bedeutet das „Schreiben" eines Werts E auf den äußeren Informationsträger.

Zusätzlich wählen wir aus der Menge der Identifikatoren zwei Identifikatoren z_1 und z_2 aus, die für den Programmierer nicht zugängig sind und die die Ein- bzw. Ausgabegeräte bezeichnen. In der der Implementation entsprechenden Computerumgebung müssen wir zwei Adressen (Speicherplätze) festlegen.

Jeder Zustand c der Computerumgebung ist nun eine Funktion aus der Menge der Identifikatoren mit

— $c(z_i) \in D^+$ (nichtleere Folge von Werten aus dem Definitionsbereich D), $i = 1, 2$,
— wenn $c(z_1) = w_1, \ldots, w_n$, dann $c(\mathbf{read}) = w_1$,
— $c(x) \in D$ für alle übrigen Identifikatoren.

Die denotationale Semantik SD ist genau wie im Beispiel 3.4.1 definiert. Zusätzlich führen wir ein

$$\mathrm{Wert}(\mathbf{read})\,(c) = c(\mathbf{read})\,,$$
$$\mathrm{SD}(\mathbf{read})\,(c) = c' \text{ mit } c'(z_1) = w_2, \ldots, w_n, w_1\,, \text{ wenn } c(z_1) = w_1, \ldots, w_n$$
$$(\text{somit } c'(\mathbf{read}) = w_2)\,,$$
$$c'(x) = c(x) \text{ für die übrigen Identifikatoren}\,.$$

Auf diese Weise ist $c(z_1)$ immer definiert. Infolge dieser Definitionen können wir ein Eingabegerät als ein unendlich langes Band ansehen, auf dem nicht die Information verschoben wird, sondern nur ein „Kopf", der die einzelnen Positionen überprüft.

$$\mathrm{SD}(\mathbf{write}\ E)\,(c) = c' \quad \text{mit} \quad c'(z_2) = \mathrm{Wert}(E)\,(c),\ w_1, \ldots, w_n\,,$$
$$\text{wenn} \quad c(z_2) = w_1, \ldots, w_n\,,$$
$$c'(x) = \mathrm{SD}(E)\,(c)\,(x) \quad \text{für alle übrigen Identifikatoren}\,.$$

Beachten wir, daß die Semantik von Ausdrücken aus Exp nicht frei von Seiteneffekten ist, die die Verwendung von **write** begleiten können. Das heißt für die Implementation, daß die Reihenfolge der Ausführung wesentlich ist.

Wir können nun die Vereinbarungen in BPS einheitlich behandeln, d. h. den Programmen die Initialisierung aller Variablen übertragen:

$$\mathrm{SD}(x\colon \mathrm{typ})\,(c) = c(x/\bot)\,.$$

Im weiteren hat die Definition des Typs einer Variablen, von diesem Gesichtspunkt aus gesehen, keine Bedeutung. Im Zusammenhang mit einer Maschine sagen wir, eine Vereinbarung „generiert" immer einen neuen „Speicherplatz" für eine Variable und ordnet ihr einen undefinierten Wert zu.

3.5.7. Datentypen

In den bisherigen Beispielsprachen waren die Werte, die die Variablen annehmen konnten, auf ganze Zahlen und logische Werte beschränkt. Offensichtlich stört die Einführung weiterer Bezeichnungen von Typen (neben **integer** und **boolean**) für reelle Zahlen (**real**), Zeichen (**char**) u. ä. sowie von weiteren Operationssymbolen im allgemeinen nicht unsere Definitionen. Es geschieht lediglich eine Erweiterung des Definitionsbereichs für Werte D durch Mengen des entsprechenden Typs und die Definition von Operationen in diesen Mengen für die eingeführten Operationssymbole.

Uns interessiert nicht nur die Einführung neuer Grunddatentypen, sondern die Möglichkeit, zusammengesetzte Objekte aus Grundobjekten aufzubauen. Diese Möglichkeit ist z. B. durch *Felder* oder *Strukturen* (*Records*) gegeben. Eine vollständige Diskussion des allgemeineren Problems von Datenstrukturen in Programmiersprachen würde den Rahmen des Buches jedoch überschreiten.

Zum Verständnis des Wesens semantischer Definitionen für Felder oder Strukturen reicht es vollkommen, den einfachsten Fall der eindimensionalen Felder mit Elementen der Grunddatentypen und somit die Sprache BPS_e (siehe 2.3.2.) zu untersuchen. Lassen wir zu, daß Feldelemente ebenfalls Felder sein können, so gelangen wir zum Begriff des mehrdimensionalen Felds. Strukturen (Records) kann man als Felder ansehen, wobei jede Komponente von einem anderen Typ sein kann.

Wir erweitern nun die Vereinbarungen von BPS um Vereinbarungen für Variable, die Felder repräsentieren (mit ganzzahligen oder logischen Werten):

$$x\colon \textbf{integer array } [k_1 : k_2]\,,$$

$$x\colon \textbf{boolean array } [k_1 : k_2]\,.$$

Dabei setzen wir k_1 und k_2 als ganzzahlige Konstanten voraus und zur Vereinfachung $k_1 = 1$ und $k_2 \geqq 1$.

Die Menge der Ausdrücke Exp der Sprache BPS wird um Ausdrücke der Form A[E] erweitert, wobei A ein beliebiger Identifikator und E ein beliebiger Ausdruck aus Exp ist.

Die Menge der Anweisungen von BPS ändert sich nur insoweit, daß die linke Seite einer Ergibtanweisung $x := E$ jetzt auch ein Ausdruck der Form A[E] sein kann und nicht nur ein Identifikator.

Die denotationale Semantik SD der so erweiteren Sprache definieren wir in einer Computerumgebung, in der jeder Zustand $c \in C$ eine Bewertung

$$c\colon \mathsf{Ide} \to \mathsf{D} \cup \mathsf{Df}$$

ist, wobei, wie zuvor, der Definitionsbereich $D = WF \cup Z \cup \{\bot\}$ ist. Df ist die Menge aller Funktionen f, wobei $f\colon \{1, \ldots, k\} \to D$ für ein festes $k \geqq 1$ ist. Die Werte der Variablen in einem Zustand c können somit sowohl Elemente aus D als auch Vektoren dieser Elemente (Funktionen aus Df) sein. Wir betonen den Unterschied zwischen einem Vektor mit einer Komponente (einelementiges Feld) und einem Element. Diese Objekte sind nicht identisch.

Die Semantik SD unterscheidet sich prinzipiell nicht von der Semantik aus Beispiel 3.3.1 (unter Beachtung der Änderung der Computerumgebung). Wir geben daher nur die Erweiterung an, die die neuen Sprachelemente betrifft.

Ausdrücke:

$\mathsf{Wert}(\mathsf{A}[\mathsf{E}])(\mathsf{c}) = \mathsf{c}(\mathsf{A})(\mathsf{Wert}(\mathsf{E})(\mathsf{c}))$, falls $\mathsf{c}(\mathsf{A}) \in \mathsf{Df}$ und $\mathsf{Wert}(\mathsf{E})(\mathsf{c})$ ist eine ganze Zahl aus dem Definitionsbereich der Funktion $\mathsf{c}(\mathsf{A})$. Sonst ist die Funktion **Wert** für $\mathsf{A}[\mathsf{E}]$ nicht definiert.

Oft ist es nützlich, daß ein Feld nur über seine Elemente „zugängig" ist, d. h. daß es nicht möglich ist, mit ihm als Ganzes weder in Ausdrücken noch auf der linken Seite von Ergibtanweisungen zu manipulieren. In diesem Fall müssen wir die Bedeutung der Funktion **Wert** für Identifikatoren ändern:

$$\mathsf{Wert}(\mathsf{x})(\mathsf{c}) = \mathsf{c}(\mathsf{x}), \quad \text{wenn} \quad \mathsf{c}(\mathsf{x}) \in \mathsf{D}.$$

Für alle übrigen Fälle ist $\mathsf{Wert}(\mathsf{x})(\mathsf{c})$ nicht definiert. Die Funktion **Wert** für Identifikatoren fällt jetzt nicht mit den Bewertungen zusammen. Die Bedeutung eines Ausdrucks E ist eine partielle Funktion, die identisch mit $\mathsf{Wert}(\mathsf{E})$ ist.

Ergibtanweisung:

$\mathsf{SD}(\mathsf{x} := \mathsf{E})(\mathsf{c}) = \mathsf{c}(\mathsf{x}/\mathsf{Wert}(\mathsf{E})(\mathsf{c}))$, wenn $\mathsf{c}(\mathsf{x}) \in \mathsf{D}$ und $\mathsf{Wert}(\mathsf{E})(\mathsf{c})$ ist definiert.

$\mathsf{SD}(\mathsf{A}[\mathsf{E}_1] := \mathsf{E}_2)(\mathsf{c})$ ist definiert, wenn $\mathsf{Wert}(\mathsf{A}[\mathsf{E}_1])(\mathsf{c})$ und $\mathsf{Wert}(\mathsf{E}_2)(\mathsf{c})$ definiert sind.

Somit $\mathsf{SD}(\mathsf{A}[\mathsf{E}_1] := \mathsf{E}_2)(\mathsf{c}) = \mathsf{c}'$, wobei $\mathsf{c}'(\mathsf{A}) = \mathsf{c}(\mathsf{A})(\mathsf{Wert}(\mathsf{A}[\mathsf{E}_1])(\mathsf{c})/\mathsf{Wert}(\mathsf{E}_2)(\mathsf{c}))$ und c' unterscheidet sich von c nicht für die restlichen Identifikatoren. $\mathsf{c}'(\mathsf{A})$ und $\mathsf{c}(\mathsf{A})$ sind folglich zwei Vektoren (Funktionen aus Df), die sich nur im Wert der Komponente $\mathsf{Wert}(\mathsf{A}[\mathsf{E}_1])(\mathsf{c})$ unterscheiden. Der neue Wert dieser Komponente ist $\mathsf{Wert}(\mathsf{E}_2)(\mathsf{c})$.

Wir bemerken, daß die hier angenommene Computerumgebung maschinenunabhängig ist, denn wir operieren unmittelbar auf Werten. Wenn wir voraussetzen würden, daß wir die Variablen mit Adressen einer bestimmten Maschine verbinden und die Werte an die Adressen gebunden sind, dann würden Felder durch Adreßvektoren und nicht durch Werte dargestellt sein, d. h. durch Funktionen

$$\mathsf{f}\colon \{1, \ldots, \mathsf{k}\} \to \mathsf{Ad}.$$

Unter der Annahme, Ad ist eine Menge aufeinanderfolgender natürlicher Zahlen, könnten wir zusätzlich fordern, daß die Felder „sequentiell" abgespeichert werden. Das kann man für jede Funktion f durch

$$\mathsf{f}(\mathsf{i}) = \mathsf{f}(1) + \mathsf{i} - 1, \qquad 1 < \mathsf{i} \leqq \mathsf{k},$$

ausdrücken. Diese und ähnliche Voraussetzungen haben Implementationscharakter und stellen vom Standpunkt der meisten Nutzer eine überflüssige semantische Information dar.

3.6. Die axiomatische Methode der Semantikdefinition

Der Standpunkt des Nutzers einer Programmiersprache zum Problem der Bedeutung eines Programms unterscheidet sich gewöhnlich vom Standpunkt des Sprachprojektanten oder Compilerkonstrukteurs. Es interessiert ihn nicht immer, auf welche Weise die durch das Programm gesteuerte Berechnung auf einer Maschine verläuft, nicht einmal, wie die Funktion definiert ist, die das Programm in einer mehr oder weniger konkreten Computerumgebung berechnet, wohl aber interessieren ihn die Eigenschaften des verwendeten Programms und was das Programm bewirkt (daß es z. B. die Lösungen linearer Gleichungssysteme findet oder eine Folge von Elementen einer gegebenen Menge sortiert). Der Anwender kann an einer selbständigen Überprüfung einer Programmeigenschaft interessiert sein, und oft braucht er Hilfsmittel für eine klare und genaue Dokumentation des projektierten Algorithmus. Deshalb ist eine Sprache notwendig, die die Formulierung folgender oder ähnlicher Aussagen erlaubt:

„Wenn die Eingabedaten eines Programms p *die Eigenschaft* α *besitzen und das Programm beendet die Berechnung, dann haben die Ausgabedaten die Eigenschaft* β.“

„Wenn die Eingabedaten des Programms p *die Eigenschaft* α *haben, dann beendet das Programm die Berechnung vorschriftsmäßig, und die Ausgabedaten haben die Eigenschaft* β.“

Aussagen der ersten Art faßt man unter dem Begriff *partielle Korrektheit von* p *bezüglich* α *und* β zusammen, während man im zweiten Fall von *totaler Korrektheit von* p *bezüglich* α *und* β spricht.

Nicht weniger wichtig für eine Sprache, in der obige oder ähnliche Aussagen formal ausgedrückt werden können, ist die Möglichkeit ihrer Verifizierung ohne Berufung auf die Spezifik der Anlage, die die Berechnung ausführt. Die Konsequenz solcher Forderungen waren Versuche zur Definition von Systemen der formalen Logik, in denen Folgerungen mit Hilfe von Umformungen von Zeichenketten durchgeführt werden. Dabei müssen die Umformungen mit den Folgerungen bezüglich einer Interpretation der Zeichenketten aus einer ausgewählten Klasse von Interpretationen übereinstimmen. Mit anderen Worten, uns interessiert eine formalisierte Theorie von Programmen, in der die Auswahl der Axiome und der Schlußregeln von der Programmiersprache und der zu beweisenden Eigenschaft abhängt. Sie unterscheiden sich deshalb im Fall der partiellen Korrektheit und im Fall der totalen Korrektheit. Ebenso sind sie auch für Programmiersprachen mit verschiedenen Programmkonstruktionen unterschiedlich.

Die Menge aller Theoreme einer gegebenen Theorie über ein Programm, d. h. der Aussagen, die wir über dieses Programm aus den Axiomen mit Hilfe der Schlußregeln ableiten, können wir als seine „abstrakteste“ semantische Charakterisierung ansehen. Sie erfüllt die Forderung der vollständigen Unabhängigkeit von einem Rechner. Korrekte Interpretationen (Implementationen) sind solche, die die gegebene Theorie modellieren, d. h. in denen die Aussagen wahr sind. In diesem Sinn kann man durch die Angabe einer formalisierten Theorie für eine gegebene Programmiersprache ihre Semantik definieren. Die vorher durch verschiedene Methoden definierten Bedeutungen von Programmen haben den Charakter verschiedener möglicher Definitionen eines bestimmten Modells der entsprechenden Theorie.

Erstmalig wurde diese Art „axiomatischen“ Herangehens bei der Definition der Programmiersprache PASCAL angewendet ([50]). Seitdem wurde diese Methode mit mehr oder weniger Erfolg genutzt, in der Mehrzahl der Fälle in Sprachprojekten mit Studiencharakter. Eine natürliche Konsequenz waren auch Versuche des Aufbaus von Systemen zur automatischen Herleitung von Aussagen über Programme (siehe [140]). Unabhängig von der praktischen Nützlichkeit dieser Definitionen und der Effektivität der Systeme stellten sie einen wichtigen Schritt auf dem Weg des Erkennens und Ordnens der logischen Struktur von Programmiersprachen dar und beeinflußten maßgeblich die Schaffung von Prinzipien einer Programmiertechnologie.

Das axiomatische Herangehen an die Spezifizierung einer Sprache schafft eine Reihe logischer Probleme. Eine vollständige Diskussion dieser Probleme überschreitet bei weitem den Rahmen dieses Buches. Deshalb definieren wir nur prinzipielle Begriffe, welche die Beschreibung der gegenseitigen Beziehungen zwischen

— einer Programmiersprache,
— einer formalisierten Theorie, in der wir über Programme sprechen,
— einer Interpretation

ermöglichen. Wir beschränken uns außerdem auf eine Theorie erster Ordnung und widmen diesem Problem den Abschnitt 3.6.1., soweit das zum Verständnis der folgenden Abschnitte notwendig ist. In 3.6.2. untersuchen wir das HOAREsche System zur partiellen Korrektheit von Programmen. Es dient uns als Modellbeispiel, mit dessen Hilfe wir die vorher eingeführten Begriffe illustrieren und diskutieren. Dazu führen wir in diesem Abschnitt eine vollständige Herleitung notwendiger Aussagen durch. Die folgenden zwei Abschnitte enthalten eine Erweiterung des HOAREschen Systems auf Programme mit Blockstruktur und rekursiven Prozeduren. Wir illustrieren an ihrem Beispiel Beschränkungen und Schwierigkeiten, die mit dem axiomatischen Herangehen im Fall komplizierterer Programmkonstruktionen verknüpft sind.

Spezielle Aufmerksamkeit widmen wir der Rolle, die die vorher eingeführten semantischen Definitionen bezüglich der betrachteten Theorien spielen.

Den Leser, der an den logischen Grundlagen, Systemen für totale Korrektheit, Verifikationssystemen u. ä. interessiert ist, verweisen wir auf die umfangreiche Literatur.

3.6.1. Formalisierte Theorien und formalisierte Theorien erster Stufe für Programmiersprachen

In diesem Abschnitt geben wir die für uns notwendigen Begriffe der formalisierten Theorien wieder. Wir setzen voraus, daß der Leser in bestimmtem Maße mit den Grundlagen der Logik vertraut ist. Unser Hauptaugenmerk richten wir darauf, in welchem Sinn ein System der formalen Logik für Programme als semantische Definition einer Programmiersprache angesehen werden kann.

Eine *formalisierte Theorie* ist ein System $T = (L, A, R)$, wobei L die (*formalisierte*) *Sprache* der Theorie T ist, $A \subset L$ die *Axiome* der Theorie T und R die Menge der *Schlußregeln* (*Beweisregeln*) der Theorie T sind.

Jede Schlußregel $r \in R$ ist eine $n(r)$-stellige partielle Operation $r: L^{n(r)} \circ\!\!\rightarrow L$, die wir als

$$\frac{\alpha_1, \dots, \alpha_{n(r)}}{\beta}$$

schreiben. Die α_i, $1 \leqq i \leqq n(r)$ heißen *Prämissen* und β *Conclusio* der Regel r.

Es sei $\alpha \in L$. Eine *Ableitung* (*Beweis*) von α in der Theorie T ist eine Folge $\alpha_0, \dots, \alpha_n$ ($\alpha_i \in L$), für die gilt

1. $\alpha = \alpha_n$,

2. für jedes i, $0 \leqq i \leqq n$, ist entweder $\alpha_i \in A$ oder α_i ist die Conclusio einer Regel $r \in R$, für die unter den Ausdrücken $\alpha_0, \ldots, \alpha_{i-1}$ Prämissen existieren, d. h.

$$\alpha_i = r(\alpha_{i_1}, \ldots, \alpha_{i_{n(r)}}) \quad \text{und} \quad 0 \leqq i_j \leqq i - 1, \; j = 1, \ldots, n(r) .$$

Ein *Theorem* der Theorie T ist jeder Ausdruck (Wort) α der Sprache L, für den ein Beweis in T existiert. Diese Tatsache werden wir durch $\vdash_T \alpha$ bezeichnen.

Die Wörter der Sprache L dienen in der formalisierten Theorie zur Formulierung von Aussagen über Objekte, welche die Theorie betrifft. Folglich nehmen sie unter einer beliebigen Interpretation die Werte wahr (**W**) oder falsch (**F**) an. Hier beschäftigen wir uns mit einer bestimmten Klasse von Sprachen (Theorien), die unserem intuitiven Verständnis von Aussagen über Programme entsprechen. Wir beschränken uns dabei auf die Theorie des *Prädikatenkalküls* (PK) *erster Stufe*. Wir verwenden folgende Mengen von Symbolen:

1. V ist die Menge der *Individuenvariablen.*
2. F_m ist die Menge der m*-stelligen Funktionssymbole*, $m = 0, 1, \ldots$; F_0 bezeichnet dabei *Individuenkonstanten.*
3. **true** und **false** sind logische Konstanten (Symbole für „wahr" und „falsch").
4. P_m ist die Menge der m*-stelligen Prädikatsymbole*, $m = 1, 2, \ldots$,
5. $\{\wedge, \vee, \Rightarrow, \Leftrightarrow, \neg, \exists, \forall\}$ ist eine Menge *logischer Operationssymbole* und *Quantifikatoren.*
6. Weiterhin brauchen wir eine Menge von *Hilfssymbolen* wie Komma, Klammern u. ä.

Die Mengen sind paarweise disjunkt. Ihre Vereinigung nennen wir *Alphabet des* PK.

Auf standardisierte Weise bilden wir Mengen von *Termen* (TR) und *Formeln* (FR). TR ist die kleinste Menge von Wörtern über dem Alphabet des PK, so daß

- $V \subset TR$, $F_0 \subset TR$,
- wenn $f \in F_m$ und $t_1, \ldots, t_m \in TR$, dann $f(t_1, \ldots, t_m) \in TR$.

FR ist die kleinste Menge von Wörtern über dem Alphabet des PK, so daß

- **true**, **false** $\in FR$,
- wenn $q \in P_m$ und $t_1, \ldots, t_m \in TR$, dann $q(t_1, \ldots, t_m) \in FR$,
- wenn α und β Formeln sind und $x \in V$, dann sind $\neg\alpha$, $\alpha \vee \beta$, $\alpha \wedge \beta$, $\alpha \Rightarrow \beta$, $\forall x\alpha$, $\exists x\beta$, (α), $\alpha \Leftrightarrow \beta$ Formeln.

Eine Variable x in einer Formel α heißt *gebunden*, wenn sie in einer Unterformel der Form $\forall x\beta$ oder $\exists x\beta$ der Formel α auftritt. Eine Variable, die nicht gebunden ist, ist eine *freie Variable.*

Der PK ist eine formalisierte Theorie, deren Sprache L die Menge aller Formeln FR ist ($FR \equiv L$).

Die Menge A der Axiome des PK kann aus folgenden Formeln bestehen:

(a1) $\alpha \Rightarrow (\beta \Rightarrow \alpha)$,

(a2) $(\alpha \Rightarrow (\beta \Rightarrow \gamma)) \Rightarrow ((\alpha \Rightarrow \beta) \Rightarrow (\alpha \Rightarrow \gamma))$,

(a3) $((\alpha \Rightarrow \textbf{false}) \Rightarrow \textbf{false}) \Rightarrow \alpha$,

(a4) $\forall x(\alpha \Rightarrow \beta) \Rightarrow (\alpha \Rightarrow \forall x\beta)$ unter der Voraussetzung, daß x keine in α freie Variable ist, (a5) $\forall x \alpha(x) \Rightarrow \alpha(t)$, wobei $\alpha(x)$ eine Formel ist. $\alpha(t)$ entstand aus $\alpha(x)$ durch Ersetzen des x durch den Term t an den Stellen von $\alpha(x)$, wo x als freie Variable in $\alpha(x)$ auftritt, und kein Auftreten von t in $\alpha(t)$ enthält eine gebundene Variable.

Als Elemente der Menge von Schlußregeln R kann man z. B. nehmen:

$$\text{(r1)} \quad \frac{\alpha, \alpha \Rightarrow \beta}{\beta},$$

$$\text{(r2)} \quad \frac{\alpha(x)}{\forall y \alpha(y)}.$$

Wenn wir konkrete Funktions- und Prädikatsymbole im PK spezifizieren und zur Menge A der Axiome neue Formeln hinzufügen (spezifische Axiome der Theorie), dann erhalten wir eine *formalisierte Theorie erster Stufe*. Beispielsweise bekommen wir die Arithmetik der natürlichen Zahlen durch Angabe der folgenden bekannten Axiome, wobei wir voraussetzen, daß das Alphabet die Symbole $=$, 1, $+$, $<$, $*$ enthält:

(a6) $x = x$,
(a7) $x_1 = x_2 \Rightarrow x_2 = x_1$,
(a8) $x_1 = x_2 \Rightarrow (x_2 = x_3 \Rightarrow x_1 = x_3)$,
(a9) $x_1 = x_2 \Rightarrow (x_3 = x_4 \Rightarrow (x_1 + x_3 = x_2 + x_4))$,
(a10) $x_1 = x_2 \Rightarrow (x_3 = x_4 \Rightarrow (x_1 * x_3 = x_2 * x_4))$,
(a11) $x_1 = x_2 \Rightarrow (x_3 = x_4 \Rightarrow (x_1 < x_3 \Rightarrow x_2 < x_4))$,
(a12) $\neg (1 = x + 1)$,
(a13) $x_1 + 1 = x_2 + 1 \Rightarrow x_1 = x_2$,
(a14) $x_1 + (x_2 + 1) = (x_1 + x_2) + 1$,
(a15) $x_1 * 1 = x_1$,
(a16) $x_1 * (x_2 + 1) = (x_1 * x_2) + x_1$,
(a17) $x_1 < x_2 \Leftrightarrow \exists x_3(x_1 + x_3 = x_2)$,
(a18) $\alpha(1) \wedge \forall x(\alpha(x) \Rightarrow \alpha(x + 1)) \Rightarrow \forall x \alpha(x)$ für jede Formel α.

Unschwer erkennt man die wohlbekannten arithmetischen Gesetze wieder.

Da unser Ziel die Untersuchung formalisierter Theorien für Programme ist, setzen wir die Definition zweier syntaktischer Kategorien über dem Alphabet des PK voraus:

- *Programme* PR,
- *Spezifikationen* (von Programmen) SP.

Die letzteren sind formale Notationen, die unter einer beliebigen Interpretation eine bestimmte Aussage über Programme formulieren. Beide Kategorien werden wir im Moment nicht weiter präzisieren. Das geschieht erst bei der Untersuchung einer konkreten Theorie, d. h. einer Theorie, die konkrete Eigenschaften einer konkreten Programmiersprache betrifft.

Da wir voraussetzten, daß die Programmiersprachen die Menge der Identifikatoren Ide gemeinsam haben, und da wir in diesem Abschnitt Programmiersprachen über dem Alphabet des PK definieren wollen, so nehmen wir $V = Ide$ an.

Wir betrachten ein beliebiges PK, einen festen, nichtleeren Definitionsbereich D sowie die Menge $WF = \{\mathbf{W}, \mathbf{F}\}$ der logischen Werte. Die Bewertung definieren wir als Funktion aus der Menge der Variablen V (der Identifikatoren Ide) in die Menge D.

Eine *Interpretation* ist eine beliebige Zuordnung I, die

- jedem $a \in F_0$ ein Element $a_I \in D$ zuordnet,
- jedem $f \in F_m$, $m = 1, 2, \ldots$, eine Funktion f_I: $D_m \to D$ zuordnet,
- jedem $q \in P_m$, $m = 1, 2, \ldots$, ein Prädikat q_I: $D_m \to \{W, F\}$ zuordnet.

Es sei $C = (C, d)$ eine bestimmte Computerumgebung für den Definitionsbereich D, d. h., d transformiert jeden Zustand c in eine Bewertung $d(c)$ der Variablen. Die Interpretation erweitern wir auf Terme, Formeln, Programme und Spezifikationen auf folgende Weise:

- für jedes $t \in TR$ ist $t_I: C \to D$,
- für jedes $\alpha \in FR \cup SP$ ist $\alpha_I: C \to \{W, F\}$,
- für jedes $p \in PR$ ist $p_I: C \circ\!\!\to C$.

Diese Erweiterungen präzisieren wir vorläufig nicht weiter, sondern sagen nur soviel, daß wir für Terme und Formeln eine Standarderweiterung meinen. Im Fall von Programmen und Spezifikationen hängt diese entsprechend von der Programmiersprache und den Eigenschaften ab, deren Gültigkeit durch die Spezifikationen ausgedrückt werden soll.

Wir sagen, daß $\alpha \in FR \cup SP$ unter der Interpretation I und im Zustand c *wahr* (*gültig*) ist, wenn $\alpha_I(c) \Rightarrow W$. Wir schreiben dann $\models_I \alpha(c)$.

I ist ein *Modell für* $\alpha \in FR \cup SP$, wenn α für jedes $c \in C$ wahr ist. Wir schreiben $\models_I \alpha$.

I ist ein *Modell für eine Menge von Formeln oder Spezifikationen*, wenn es ein Modell für jede Formel oder Spezifikation der Menge ist.

Wir wenden uns nun den formalisierten Theorien zu, in denen die Sprache L die Vereinigung der Formeln FR und der Spezifikationen SP über dem Alphabet eines festen PK ist. Daher werden außer den aus Formeln des PK zusammengesetzten Axiomen A_{FR} auch Axiome A_{SP} auftreten, die Spezifikationen sind. Außer den Schlußregeln R_{FR} für Formeln werden wir auch die spezifischen Regeln R_{SP} beachten, die mit Schlüssen über Spezifikationen verbunden sind, d. h. solchen, deren Conclusio immer eine Spezifikation ist. Offensichtlich sind für uns nur die Spezifikationen und das mit ihnen zusammenhängende Schlußsystem von Bedeutung. In diesem Zusammenhang ist es gleichgültig, welches System von Axiomen A_{FR} (z. B. (a1) bis (a18)) und Regeln R_{FR} (z. B. (t1) und (r2)) zu den Formeln gehört. Daher verwenden wir ein Verfahren (eingeführt von Cook [27]), welches erlaubt, die Aufmerksamkeit auf die Spezifikationen der Programme PR der untersuchten Sprache zu konzentrieren. Wir setzen voraus, daß wir Axiome A_{SP} und Regeln R_{SP} sowie eine feste Interpretation I haben. Mit pr_I bezeichnen wir die Menge aller Formeln α, für die I ein Modell ist:

$$pr_I = \{\alpha \in FR \mid \models_I \alpha\} .$$

Wir beschäftigen uns nun mit den formalisierten Theorien

$$T_I = (FR \cup SP,\ pr_I \cup A_{SP},\ R_{SP}) ,$$

wobei I eine beliebige Interpretation ist. Das sind solche Theorien, die bei einer gegebenen Interpretation von außen durch eine Art „orakelhafte" Entscheidung über die Gültigkeit oder Ungültigkeit einer beliebigen Formel, d. h. über deren Zugehörigkeit zu pr_I, „unterstützt" werden und die in diesem Sinn von der Interpretation I abhängen. Von diesem Standpunkt aus interessiert uns das System (A_{SP}, R_{SP}), welches wir *System von Schlußregeln für Programme* nennen wollen.

Die Einschränkung unserer Untersuchungen auf Systeme von Schlußregeln ist im Sinn der Logik eine einschneidende Maßnahme. Wir setzten nämlich in der Theorie T_I eine Menge von Axiomen voraus, die im allgemeinen umfangreicher ist als die Menge der Theoreme, die mit ihrer Hilfe bewiesen werden können. Deshalb bemerken wir noch einmal, daß die angenommenen Voraussetzungen die logischen Probleme, die unmittelbar Programmiersprachen betreffen, betont hervorheben und unterstreichen sollen.

Theoreme der Theorie T_I sind solche Spezifikationen, die in der Theorie T_I einen Beweis haben.

Bleiben wir noch eine Weile bei den eingeführten Begriffen. Was bedeutet in dieser Terminologie, daß die Semantik einer bestimmten Programmiersprache axiomatisch charakterisiert wurde? Es bedeutet, daß die untersuchte Sprache als Menge PR über dem Alphabet eines bestimmten PK angesehen wird und daß ein System von Schlußregeln für Programme (A_{SP}, R_{SP}) gegeben wird. Dabei fordern wir, daß

1. die Eigenschaften, die wir durch das System beweisen können, auch in der Realität vorhanden sind,
2. die in der Realität vorhandenen Eigenschaften von Programmen (die durch Spezifikationen beschrieben sind) im System beweisbar sind.

Die Erfüllung dieser Forderungen muß der Projektant einer Sprache sichern. Wir werden nun erläutern, auf welche Weise das geschieht.

Beginnen wir mit der ersten Forderung. Offensichtlich beruht die Auswahl der Axiome A_{SP} und der Schlußregeln R_{SP} auf einem bestimmten Verständnis der Bedeutung der Programme und der Spezifikationen. Das bedeutet, der Projektant einer Sprache hat eine bestimmte Klasse von Interpretationen im Sinn, bezüglich derer er sein System von Schlußregeln bildet (und deren eindeutige Erweiterung im oben formulierten Sinn auf Terme, Formeln, Programme und Spezifikationen). Die Angabe einer Erweiterung der Interpretationen auf Programme legt eine bestimmte Klasse von Semantiken der untersuchten Programmiersprache fest. Bei der Angabe eines Systems von Schlußregeln muß der Projektant mindestens davon überzeugt sein, daß das System nicht im Widerspruch zu den Interpretationen der ausgewählten Klasse steht (Forderung 1). Vom formalen Standpunkt aus bedeutet diese Überzeugung den Beweis der *Widerspruchsfreiheit*, d. h., es muß gezeigt werden, daß für eine beliebige Interpretation I der ausgewählten Klasse von Interpretationen INT alle Spezifikationen, die einen Beweis in der Theorie T_I besitzen (und somit Theoreme dieser Theorie sind) wahr sind, d. h., I ist ein Modell der Theorie T_I.

Wir nennen ein System von Schlußregeln *widerspruchsfrei* (oder *korrekt*) *bezüglich einer Klasse von Interpretationen* INT, wenn für jede Interpretation $I \in \mathsf{INT}$ und jede Spezifikation Φ gilt:

$$\text{Wenn } \vdash_{\mathsf{T}_I} \Phi\,, \quad \text{dann} \quad \models_I \Phi\,. \tag{3.6.1}$$

Ist (3.6.1) erfüllt, so sagen wir, I ist ein *Modell des Systems* (A_{SP}, R_{SP}).

Aus der Definition einer Ableitung (eines Beweises) erhalten wir direkt das folgende Lemma (durch Induktion bezüglich der Länge einer Ableitung).

Lemma 3.6.1. *I ist ein Modell des Systems* (A_{SP}, R_{SP}) *genau dann, wenn*
— *I ein Modell für A_{SP} ist und*

– *für jede Regel aus* R_{SP} *gilt: Ist* $\boldsymbol{I}$ *ein Modell für die Prämissen dieser Regel, so ist es ebenfalls ein Modell für die Conclusio (die Regel ist korrekt bezüglich* $\boldsymbol{I}$*).* ■

Ein System von Schlußregeln kann zwar widerspruchsfrei (korrekt), aber gleichzeitig zu arm sein, um die Gültigkeit der uns interessierenden Spezifikationen zu beweisen (Forderung 2). Wir sagen dann, das System ist nicht *vollständig*. Genauer gesagt, ein System von Schlußregeln für Programme ist (*relativ*) *vollständig bezüglich einer Klasse von Interpretationen* INT, wenn für jede Interpretation $\boldsymbol{I} \in \mathsf{INT}$ und jede Spezifikation Φ die zur Implikation (3.6.1) umgekehrte Implikation gilt.

Die Aufgabe eines Projektanten einer Programmiersprache ist daher die Bestätigung der Widerspruchsfreiheit und der Vollständigkeit des Systems von Schlußregeln sowie die Definition der Klasse der Interpretationen INT, bezüglich der die Eigenschaften untersucht werden. Unter diesem Blickwinkel betrachten wir die Beispiele von Systemen in den folgenden Abschnitten. Wie wir schon an einfachen Beispielen sehen werden, verursacht der Nachweis der Vollständigkeit große Schwierigkeiten. Man kann ihn allerdings nicht übergehen, wenn man sich für die axiomatische Methode der Definition der Semantik einer Programmiersprache entschieden hat.

Aus den obigen Betrachtungen ist der Zusammenhang zwischen einem System von Schlußregeln für eine Programmiersprache und ihrer in einer bestimmten Computerumgebung auf beliebige Weise (durch Implementation auf einer konkreten Maschine, operational, denotational u. ä.) definierten Semantik klar. Die Semantik muß ein Modell für das System sein. Genauer gesagt bestimmt die Semantik ein gewisses Modell (d. h. eine Interpretation in einer Klasse INT), welches mit ihr für die Programme der Sprache identisch ist.

Wir beenden diesen Abschnitt mit der Definition einer Standarderweiterung einer beliebigen Interpretation auf Terme und Formeln, der Angabe einer Sprache zur Formulierung von Spezifikationen, die wir in den folgenden Abschnitten verwenden werden, und möglicher Erweiterungen der Interpretation auf die Spezifikationen.

$\boldsymbol{I}$ sei eine beliebige Interpretation im Definitionsbereich D und $\boldsymbol{C} = (\mathsf{C}, \mathsf{d})$ eine beliebige Computerumgebung, so daß

$$\mathsf{d(c)\,(x)} \in \mathsf{D} \quad \text{für} \quad \mathsf{c} \in \mathsf{C} \quad \text{und} \quad \mathsf{x} \in \mathsf{Ide}\,.$$

Wir erweitern $\boldsymbol{I}$ bezüglich eines beliebigen Zustands $\mathsf{c} \in \mathsf{C}$.

Erweiterung von $\boldsymbol{I}$ für Terme:

– $\mathsf{x}_{\boldsymbol{I}}(\mathsf{c}) = \mathsf{d(c)\,(x)}$ für $\mathsf{x} \in \mathsf{V} \equiv \mathsf{Ide}$,
– $\mathsf{a}_{\boldsymbol{I}}(\mathsf{c}) = \mathsf{a}_{\boldsymbol{I}}$ für $\mathsf{a} \in \mathsf{F}_0$,
– $(\mathsf{f}(\mathsf{t}_1, \dots, \mathsf{t}_m))_{\boldsymbol{I}}(\mathsf{c}) = \mathsf{f}_{\boldsymbol{I}}(\mathsf{t}_{1\boldsymbol{I}}(\mathsf{c}), \dots, \mathsf{t}_{m\boldsymbol{I}}(\mathsf{c}))$ für $\mathsf{f} \in \mathsf{F}_m$, $\mathsf{t}_1, \dots, \mathsf{t}_m \in \mathsf{TR}$, $m = 1, 2, \dots$;

Erweiterung von $\boldsymbol{I}$ für Formeln: $(\alpha, \beta \in \mathsf{FR}, \mathsf{x} \in \mathsf{V},\ \mathsf{t}_1, \dots, \mathsf{t}_m \in \mathsf{TR},\ \mathsf{q} \in \mathsf{P}_m)$,

– $\mathbf{true}_{\boldsymbol{I}}(\mathsf{c}) = \mathbf{W}$, $\mathbf{false}_{\boldsymbol{I}}(\mathsf{c}) = \mathbf{F}$,
– $(\mathsf{q}(\mathsf{t}_1, \dots, \mathsf{t}_m))_{\boldsymbol{I}}(\mathsf{c}) = \mathsf{q}_{\boldsymbol{I}}(\mathsf{t}_{1\boldsymbol{I}}(\mathsf{c}), \dots, \mathsf{t}_{m\boldsymbol{I}}(\mathsf{c}))$,
– $(\neg\alpha)_{\boldsymbol{I}}(\mathsf{c}) = \mathbf{W}$ genau dann, wenn $\alpha_{\boldsymbol{I}}(\mathsf{c}) = \mathbf{F}$,
– $(\alpha \vee \beta)_{\boldsymbol{I}}(\mathsf{c}) = \mathbf{F}$ genau dann, wenn $\alpha_{\boldsymbol{I}}(\mathsf{c}) = \mathbf{F}$ und $\beta_{\boldsymbol{I}}(\mathsf{c}) = \mathbf{F}$,
– $(\alpha \wedge \beta)_{\boldsymbol{I}}(\mathsf{c}) = \mathbf{W}$ genau dann, wenn $\alpha_{\boldsymbol{I}}(\mathsf{c}) = \mathbf{W}$ und $\beta_{\boldsymbol{I}}(\mathsf{c}) = \mathbf{W}$,
– $(\alpha \Rightarrow \beta)_{\boldsymbol{I}}(\mathsf{c}) = \mathbf{F}$ genau dann, wenn $\alpha_{\boldsymbol{I}}(\mathsf{c}) = \mathbf{W}$ und $\beta_{\boldsymbol{I}}(\mathsf{c}) = \mathbf{F}$,
– $(\forall \mathsf{x}\alpha)_{\boldsymbol{I}}(\mathsf{c}) = \mathbf{W}$ genau dann, wenn $\alpha_{\boldsymbol{I}}(\mathsf{c}') = \mathbf{W}$ für alle c', die sich von c höchstens in x unterscheiden

— $(\exists x\alpha)_I(\mathsf{c}) = \mathbf{W}$ genau dann, wenn ein c' existiert, welches sich von c höchstens in x unterscheidet, so daß $\alpha_I(\mathsf{c}') = \mathbf{W}$.

Bemerkung: c' unterscheidet sich von c höchstens in x bedeutet, die Bewertungen $\mathsf{d}(\mathsf{c})$ und $\mathsf{d}(\mathsf{c}')$ unterscheiden sich höchstens im Wert für die Variable x.

Spezifikationen sind Ausdrücke der Form

$$\{\alpha\}\ \mathsf{p}\{\beta\}$$

für beliebige $\alpha, \beta \in \mathsf{FR}$ und $\mathsf{p} \in \mathsf{PR}$. Solche Spezifikationen dienen zur Formulierung der partiellen oder totalen Korrektheit eines Programms p bezüglich der Eingabeeigenschaften α und der Ausgabeeigenschaften β in Abhängigkeit davon, wie wir die Erweiterung der Interpretationen auf Spezifikationen definieren.

Die Interpretation I sei auf die Programme PR erweitert. Es sei $\mathsf{c} \in \mathsf{C}$. Wir definieren die Korrektheit von Spezifikationen bezüglich eines Zustands c für zwei Fälle:

1. *Partielle Korrektheit*

$(\{\alpha\}\ \mathsf{p}\{\beta\})_I(\mathsf{c}) = \mathbf{W}$ genau dann, wenn gilt: Wenn $\models_I \alpha(\mathsf{c})$ und $\mathsf{p}_I(\mathsf{c})$ ist definiert, dann $\models_I \beta(\mathsf{p}_I(\mathsf{c}))$.

2. *Totale Korrektheit*

$(\{\alpha\}\ \mathsf{p}\{\beta\})_I(\mathsf{c}) = \mathbf{W}$ genau dann, wenn gilt: Wenn $\models_I \alpha(\mathsf{c})$, dann ist $\mathsf{p}_I(\mathsf{c})$ definiert und $\models_I \beta(\mathsf{p}_I(\mathsf{c}))$.

In Übereinstimmung mit diesen Definitionen bedeutet „I ist ein *Modell der Spezifikationen* $\{\alpha\}\ \mathsf{p}\{\beta\}$ (d. h. $\models_I \{\alpha\}\ \mathsf{p}\{\beta\}$)" das gleiche, wie „das Programm p ist partiell bzw. total) korrekt (bezüglich α und β) unter der Interpretation I".

Mit diesen Spezifikationen, hauptsächlich für partielle Korrektheit, werden wir uns in Beispielen beschäftigen. Das bedeutet allerdings nicht, daß Spezifikationen keine andere Form haben könnten oder keine anderen Eigenschaften betreffen könnten, als z. B. das Problem der Beendigung der Berechnung eines Programms. Spezifikationen könnten z. B. die Form

$$\{\alpha\}\ \mathsf{p} \quad \text{für} \quad \alpha \in \mathsf{FR} \quad \text{und} \quad \mathsf{p} \in \mathsf{PR}$$

mit folgender Interpretation haben:

3. *Beendigung*

$(\{\alpha\}\ \mathsf{p})_I(\mathsf{c}) = \mathbf{W}$ genau dann, wenn gilt: Wenn $\models_I \alpha(\mathsf{c})$, dann ist $\mathsf{p}_I(\mathsf{c})$ definiert.

Beispiel 3.6.1. p bezeichne folgendes Programm:

$i := n;\ x := 1;$ **while** $(i \neq 0)$ **do** $x := (2 * x);\ i := (i - 1)$ **od**

Spezifikationen für die Fälle 1 und 2 wären z. B.

$$\{\mathbf{true}\}\ \mathsf{p}\{x = 2^n\}\,, \qquad \{n \geqq 0\}\ \mathsf{p}\{x = 2^n\}$$

und für den Fall 3

$$\{n \leqq 5\}\ \mathsf{p}\,.$$

Die Interpretation 1 (partielle Korrektheit) ist ein Modell für die beiden ersten Spezifikationen, während die Interpretation 2 (totale Korrektheit) nur ein Modell für die zweite Spezifikation ist. Die Interpretation 3 (Beendigung) ist kein Modell für die dritte Spezifikation. Die Konstante **true** in der ersten Spezifikation bedeutet, daß wir keine Anforderungen an die Eingabedaten stellen (in Übereinstimmung mit $\models_I$ **true** für jedes I). ■

3.6.2. Das Hoaresche System von Schlußregeln für iterative Programme

Das System von Schlußregeln, mit dem wir uns hier beschäftigen werden, wurde von Hoare in [47] vorgeschlagen und bildete die Grundlage für viele Arbeiten, die die Grenzen seiner Anwendung erweiterten und seine Eigenschaften erforschten (siehe Literatur). In [47] wurde zum ersten Mal explizit die Forderung nach der semantischen Spezifizierung von Programmiersprachen durch die axiomatische Methode und unabhängig von der Rolle, die diese Methode bei der Verifikation von Programmen vor ihrer Ausführung spielt, gestellt.

Wir betrachten ein festes Alphabet des PK, in dem Terme und Formeln auf gewohnte Weise definiert sind. Die Menge der Programme über diesem Alphabet definieren wir als Untermenge Inst der Menge der Anweisungen Ins der Beispielprogrammiersprache BPS, d. h. als kleinste Klasse von Wörtern über dem Alphabet des PK, so daß

- **skip** $\in$ Inst ,
- wenn x eine Variable ist und t ein Term, dann ist x := t $\in$ Inst,
- wenn I, I_1 und I_2 Programme sind und b ist eine offene Formel,

dann gehören

I_1; I_2 , **if** b **then** I_1 **else** I_2 **fi**, **while** b **do** I **od**

zu Inst. Der Unterschied zwischen Inst und Ins besteht darin, daß wir explizit Terme und Formeln voneinander trennen, was in Übereinstimmung mit unserem „logischen" Aufbau der Sprache ist. Die Menge der Ausdrücke der Sprache BPS, die wir durch Exp bezeichnen, ist die Vereinigung der Menge der Terme und der Menge der offenen Formeln.

Wir setzen voraus, daß das Hilfsalphabet des PK die Symbole :=, **if**, **then**, **else**, **fi** usw. enthält, die zur Definition der Programme nötig sind.

Spezifikationen seien, wie im vorigen Abschnitt, Ausdrücke der Form $\{\alpha\}$ I$\{\beta\}$ für beliebige Formeln α und β sowie Anweisungen (Programme) I.

Hoaresches System von Schlußregeln (H):

(0) *Axiom der* **skip**-*Anweisung*

$\{\alpha\}$ **skip** $\{\alpha\}$.

(1) *Axiom für Ergibtanweisungen*

$\{\alpha(x/t)\}$ x := t$\{\alpha\}$.

$\alpha(x/t)$ ergibt sich aus α durch die Einsetzung des Terms t anstelle jedes freien Auf tretens der Variablen x in der Formel α.

(2) *Verkettungsregel für Anweisungen*

$$\frac{\{\alpha\}\ I_1\{\beta\},\ \{\beta\}\ I_2\ \{\gamma\}}{\{\alpha\}\ I_1;\ I_2\ \{\gamma\}}\ .$$

(3) *Regel für bedingte Anweisungen*

$$\frac{\{\alpha \wedge \mathsf{b}\}\ \mathsf{l}_1\{\beta\},\ \{\alpha \wedge \neg \mathsf{b}\}\ \mathsf{l}_2\{\beta\}}{\{\alpha\}\ \textbf{if b then } \mathsf{l}_1 \textbf{ else } \mathsf{l}_2 \textbf{ fi } \{\beta\}}.$$

(4) *Regel für Iterationen*

$$\frac{\{\alpha \wedge \mathsf{b}\}\ \mathsf{l}\{\alpha\}}{\{\alpha\}\ \textbf{while b do l od } \{\alpha \wedge \neg \mathsf{b}\}}$$

(5) *Implikationsregel*

$$\frac{\alpha \Rightarrow \alpha_1,\ \{\alpha_1\}\ \mathsf{l}\{\alpha_2\},\ \alpha_2 \Rightarrow \beta}{\{\alpha\}\ \mathsf{l}\{\beta\}}.$$

Wir illustrieren die Anwendung dieses Systems am Beispiel eines Beweises der Korrektheit eines Programms.

Beispiel 3.6.2. Als Definitionsbereich der Interpretation nehmen wir die Menge der ganzen Zahlen $\mathbf{Z}$. Wir setzen voraus, daß der verwendete PK geeignete Symbole für Funktionen und Vergleiche wie $+$, $*$, $-$, $=$, $\geqq$ u. ä. enthält, die wir anwenden und denen die Interpretation $\boldsymbol{I}$ die gewohnte Bedeutung zuordnet. Als Zustandsmenge der Computerumgebung nehmen wir die Menge der Bewertungen **Bew**. Die Interpretation $\boldsymbol{I}$ erweitern wir auf Programme, wie das in **3.4.1.** für die Anweisungen der Sprache BPS in der denotationalen Semantik definiert wurde. Wir bemerken, daß die Gleichungen, die die Hilfsfunktion **Wert** definieren, nichts anderes sind als die Definition der Standarderweiterung der Interpretation $\boldsymbol{I}$ auf (offene) Formeln und Terme. Schließlich erweitern wir die Interpretation $\boldsymbol{I}$ auf Spezifikationen in Übereinstimmung mit der Definition für partielle Korrektheit.

Unter diesen Voraussetzungen leiten wir die erste Spezifikation aus dem Beispiel **3.6.1** ab, d. h.

(a) $\{\textbf{true}\}\ i := n; x := 1;\ \textbf{while}\ (i \neq 0)\ \textbf{do}\ x := (2 * x); i := (i - 1)\ \textbf{od}\ \{x = 2^n\}$.
(Für jedes ganzzahlige n gilt: Falls die Berechnung des Programms abbricht, ist 2^n der Wert der Variablen x.)

Wenn wir zuerst

(b) $\{\textbf{true}\}\ i := n;\ x := 1\ \{i \leqq n \wedge x = 2^{n-i}\}$ sowie
(c) $\{i \leqq n \wedge x = 2^{n-i}\}\ \textbf{while}\ (i \neq 0)\ \textbf{do}\ x := (2 * x);\ i := (i - 1)\ \textbf{od}\ \{x = 2^n\}$

ableiten, dann ist (a) unter Anwendung der Verkettungsregel auf (b) und (c) bewiesen.
Aus dem Axiom für Ergibtanweisungen folgt

(b.1) $\{i \leqq n \wedge 1 = 2^{n-i}\}\ x := 1\ \{i \leqq n \wedge x = 2^{n-i}\}$,
(b.2) $\{n \leqq n \wedge 1 = 2^{n-n}\}\ i := n\ \{i \leqq n \wedge 1 = 2^{n-i}\}$.

Die Anwendung der Verkettungsregel auf (b.1) und (b.2) ergibt

(b.3) $\{n \leqq n \wedge 1 = 2^{n-n}\}\ i := n; x := 1\ \{i \leqq n \wedge x = 2^{n-i}\}$.

Da

(b.4) $\textbf{true} \Rightarrow n \leqq n \wedge 1 = 2^{n-n}$

bei unserer Interpretation immer gültig ist, so erhalten wir (b) nach Anwendung der Implikationsregel.

Aus dem Axiom für Ergibtanweisungen folgt

(c.1) $\{i - 1 \leqq n \wedge x = 2^{n-(i-1)}\}$ $i := (i - 1)$ $\{i \leqq n \wedge x = 2^{n-i}\}$,
(c.2) $\{i - 1 \leqq n \wedge 2 * x = 2^{n-(i-1)}\}$ $x := (2 * x)$ $\{i - 1 \leqq n \wedge x = 2^{n-(i-1)}\}$.

Durch die Anwendung der Verkettungsregel ergibt sich

(c.3) $\{i - 1 \leqq n \wedge 2 * x = 2^{n-(i-1)}\}$ $x := (2 * x);$ $i := (i - 1)$ $\{i \leqq n \wedge x = 2^{n-i}\}$.

Da

(c.4) $i \leqq n \wedge x = 2^{n-i} \wedge i \neq 0 \Rightarrow i - 1 \leqq n \wedge 2 * x = 2^{n-(i-1)}$

immer gültig ist, gilt somit auch

(c.5) $\{i \leqq n \wedge x = 2^{n-i} \wedge i \neq 0\}$ $x := (2 * x);$ $i := (i - 1)$ $\{i \leqq n \wedge x = 2^{n-i}\}$.

Daher folgt aus der Regel für Iterationen

(c.6) $\{i \leqq n \wedge x = 2^{n-i}\}$ **while** $(i \neq 0)$ **do** $x := (2 * x);$ $i := (i - 1)$ **od**
$\{i \leqq n \wedge x = 2^{n-i} \wedge i = 0\}$.

Aus der Gültigkeit von

(c.7) $i \leqq n \wedge x = 2^{n-i} \wedge i = 0 \Rightarrow x = 2^n$

ergibt sich (c) nach Anwendung der Implikationsregel. ■

In diesem Beispiel wollen wir den Formeln (b.4), (c.4) und (c.7) etwas mehr Aufmerksamkeit schenken. Hier nutzen wir die Abhängigkeit der Ableitung von der Interpretation. Die Formeln, die im Bereich der ganzen Zahlen gültig sind, werden gemäß der obigen Abmachung als Axiome behandelt. Wie man leicht sieht, kann man auf diese Voraussetzung verzichten und dafür eine Theorie erster Stufe für ganze Zahlen hinzufügen, in der diese Formeln einen Beweis haben. Damit wäre der gesamte Beweis der Spezifikationen unabhängig von der Interpretation. Uns geht es aber nur darum, daß das System H wie im obigen Beispiel von der Interpretation unabhängig ist. Die Anwendung einer beliebigen Regel beruhte auf rein syntaktischer Manipulation. Es ergibt sich die Frage, ob das immer so ist, d. h. ob das System korrekt ist.

Wir setzen die Erweiterung einer beliebigen Interpretation $\boldsymbol{I}$ auf die Elemente aus Inst in einer beliebigen Computerumgebung $\boldsymbol{C} = (\mathsf{C}, \mathsf{d})$ wie im Beispiel 3.4.1 voraus, d. h. gemäß der denotationalen Semantik für Anweisungen. Für jedes $\mathsf{I} \in$ Inst und jeden Zustand $\mathsf{c} \in \mathsf{C}$ ist

$$\mathsf{I}_{\boldsymbol{I}}(\mathsf{c}) = \mathsf{SD}(\mathsf{I})\,(\mathsf{c})\,.$$

Die Interpretation $\boldsymbol{I}$ wird auf die Spezifikationen im Sinn der Definition der partiellen Korrektheit erweitert. Unter solchen Voraussetzungen gilt der folgende Satz.

Satz 3.6.1. *Das System* H *ist korrekt.*

Beweis. Nach Lemma 3.6.1 zeigen wir, daß jede Interpretation $\boldsymbol{I}$ ein Modell des Axioms der **skip**-Anweisung und des Axioms für Ergibtanweisungen ist, und wenn $\boldsymbol{I}$ ein Modell für die Prämissen jeder der Regeln 2 bis 5 ist, dann ist sie ebenfalls ein Modell für ihre Conclusia.

0. *Axiom der* **skip**-*Anweisung*

Zu beweisen ist $(\{\alpha\}$ **skip** $\{\alpha\})_{\boldsymbol{I}}(\mathsf{c}) = \mathbf{W}$ für alle $\mathsf{c} \in \mathsf{C}$.

$\mathbf{skip}_I$ (c) = SD(**skip**) (c) = c für alle $c \in C$. Wenn nun $\models_I \alpha(c)$, folglich auch $\models_I \alpha(\mathbf{skip}_I(c))$ für alle $c \in C$. Somit ist gemäß Definition der partiellen Korrektheit das Axiom der **skip**-Anweisung unter der Interpretation $\boldsymbol{I}$ korrekt.

1. *Axiom für Ergibtanweisungen*

Zu beweisen ist $(\{\alpha(x/t)\}\ x := t\{\alpha\})_I(c) = \mathbf{W}$ für alle $c \in C$.

$(x := t)_I\,(c) = SD(x := t)\,(c) = c(x/t_I(c))$ (dabei ist $t_I(c)$ der Wert des Terms t im Zustand c unter der Interpretation $\boldsymbol{I}$), und somit ist $(x := t)_I\,(c)$ für alle $c \in C$ definiert.

Wenn $\models_I \alpha(x/t)\,(c)$, dann $\models_I \alpha(c(x/t_I(c)))$. Folglich ist auch das Axiom für Ergibtanweisungen korrekt.

2. *Verkettungsregel für Anweisungen*

Zum Beweis der Korrektheit der Verkettungsregel ist wegen Lemma 3.6.1 zu zeigen: Wenn

$$\{\alpha\}\ l_1\{\beta\} \tag{1}$$

und

$$\{\beta\}\ l_2\ \{\gamma\} \tag{2}$$

unter der Interpretation $\boldsymbol{I}$ gültig sind, so ist auch $\{\alpha\}\ l_1;\ l_2\{\gamma\}$ unter der Interpretation $\boldsymbol{I}$ gültig. Das heißt, wenn $\models_I \alpha(c)$ gilt, und $(l_1;\ l_2)_I\,(c)$ ist definiert, dann gilt auch $\models_I \gamma((l_1;\ l_2)_I\,(c))$.

Es sei $\models_I \alpha(c)$. $C_0 =_{\text{def}} \{c \in C \mid l_{1I}(c)$ und $l_{2I}(l_{1I}(c))$ sind definiert$\}$.

Für $c \in C_0$ gilt wegen (1) $\models_I \beta(l_{1I}(c))$. Wegen (2) gilt für $c' \in l_{1I}(C_0)$

$$\models_I \gamma(l_{2I}(c'))\,. \tag{3}$$

Aus

$$\begin{aligned}(l_1;\ l_2)_I\,(c) &= SD(l_1;\ l_2)\,(c) = SD(l_1)\cdot SD(l_2)\,(c)\\ &= l_{1I}\cdot l_{2I}(c) = l_{2I}(l_{1I}(c))\end{aligned}$$

und aus (3) folgt $\models_I \gamma((l_1;\ l_2)_I\,(c)$ für $c \in C_0$. Für alle übrigen $c \in C$ ist $(l_1;\ l_2)_I\,(c)$ nicht definiert. Somit ist $\{\alpha\}\ l_1;\ l_2\{\gamma\}$ unter der Interpretation $\boldsymbol{I}$ gültig.

3. *Regel für bedingte Anweisungen*

Wegen Lemma 3.6.1 ist aus der Gültigkeit von $\{\alpha \wedge b\}\ l_1\{\beta\}$ und $\{\alpha \wedge \neg\, b\}\ l_2\{\beta\}$ die Gültigkeit von $\{\alpha\}$ **if** b **then** l_1 **else** l_2 **fi** $\{\beta\}$ unter der Interpretation $\boldsymbol{I}$ zu zeigen, d. h., wenn $\models_I \alpha(c)$ gilt und (**if** b **then** l_1 **else** l_2 **fi**)$_I$ (c) ist definiert, dann ist $\models_I \beta(($**if** b **then** l_1 **else** l_2 **fi**)$_I$ (c)).

$$\begin{aligned}&(\textbf{if } b \textbf{ then } l_1 \textbf{ else } l_2 \textbf{ fi})_I\,(c) = SD(\textbf{if } b \textbf{ then } l_1 \textbf{ else } l_2 \textbf{ fi})\,(c)\\ &= (b_I(c) \rightarrow SD(l_1)\,(c)\,,\ SD(l_2)\,(c)) = (b_I(c) \rightarrow l_{1I}(c)\,,\ l_{2I}(c))\,.\end{aligned}$$

Wenn also $b_I(c) = \mathbf{W}$, dann ist

$$(\textbf{if } b \textbf{ then } l_1 \textbf{ else } l_2 \textbf{ fi})_I\,(c) = l_{1I}(c)\,,$$

und wenn $b_I(c) = \mathbf{F}$, dann gilt

$$(\textbf{if } b \textbf{ then } l_1 \textbf{ else } l_2 \textbf{ fi})_I q(\ c) = l_{2I}(c).$$

Aus den Voraussetzungen folgt $\models_I \beta(\mathsf{l}_{1I}(\mathsf{c}))$ für $\models_I \{\alpha \wedge \mathsf{b}\}\ \mathsf{l}_1\{\beta\}$ bzw. $\models_I \beta(\mathsf{l}_{2I}(\mathsf{c}))$ für $\models_I \{\alpha \wedge \neg\, \mathsf{b}\}\ \mathsf{l}_2\{\beta\}$ und somit $\models_I \beta\,((\textbf{if}\ \mathsf{b}\ \textbf{then}\ \mathsf{l}_1\ \textbf{else}\ \mathsf{l}_2\ \textbf{fi})_I\,(\mathsf{c}))$.

4. *Regel für Iterationen*

Hier verwenden wir das Induktionsprinzip für Fixpunkte (siehe 3.3.1.). Wir erinnern daran, daß die denotationale Semantik für Iterationen deren Bedeutung als partielle Funktion

$$(\textbf{while}\ \mathsf{b}\ \textbf{do}\ \mathsf{l}\ \textbf{od})_I\,(\mathsf{c}) = Y(\mathsf{F})$$

gibt, wobei

$$\mathsf{F}\colon [\mathsf{C} \multimap \mathsf{C}] \to [\mathsf{C} \multimap \mathsf{C}]$$

folgendermaßen definiert ist:

$$\mathsf{F}(\xi) = \mathsf{b}_I \cdot \mathsf{Auswahl}\,(\mathsf{l}_I \cdot \xi,\ \mathsf{Id}) \quad (\mathsf{Id}\ \text{ist die Identität})\,.$$

Wegen Lemma 3.6.1 und in Übereinstimmung mit dem Induktionsprinzip für Fixpunkte reicht es zu zeigen, daß für jedes $\mathsf{i} \geqq 0$ gilt:

a) Aus $\models_I \{\alpha \wedge \mathsf{b}\}\ \mathsf{l}\{\alpha\}$ folgt $\models_I \{\alpha\}\ \mathsf{F}^{\mathsf{i}}(\bot)\ \{\alpha \wedge \neg\, \mathsf{b}\}$. Die Conclusio dieser Implikation bedeutet für jedes $\mathsf{c} \in \mathsf{C}$:

b) Wenn $\models_I \alpha(\mathsf{c})$, und $\mathsf{F}^{\mathsf{i}}(\bot)\,(\mathsf{c})$ ist definiert, dann ist

$$\models_I (\alpha \wedge \neg\, \mathsf{b})\,(\mathsf{F}^{\mathsf{i}}(\bot)\,(\mathsf{c}))\,.$$

$\mathsf{i} = 0$. Folglich ist $\mathsf{F}^0(\bot) = \bot$, d. h., $\bot$ ist eine Funktion, die nirgends definiert ist. Somit ist b) gültig.

$\mathsf{i} > 0$. Es sei $\models_I \alpha(\mathsf{c})$, und $\mathsf{F}^{\mathsf{i}+1}(\bot)\,(\mathsf{c})$ sei definiert. Gemäß Definition ist $\mathsf{F}^{\mathsf{i}+1}(\bot) = \mathsf{F}(\mathsf{F}^{\mathsf{i}}(\bot)) = \mathsf{b}_I \cdot \mathsf{Auswahl}(\mathsf{l}_I \cdot \mathsf{F}^{\mathsf{i}}(\bot),\ \mathsf{Id})$ mit den Fällen:

1. $\mathsf{b}_I(\mathsf{c}) = \mathbf{F}$: Folglich ist $\mathsf{F}^{\mathsf{i}+1}(\bot)\,(\mathsf{c}) = \mathsf{c}$, und b) gilt.

2. $\mathsf{b}_I(\mathsf{c}) = \mathbf{W}$: Folglich ist $\mathsf{F}^{\mathsf{i}+1}(\bot)\,(\mathsf{c}) = \mathsf{F}^{\mathsf{i}}(\bot)\,(\mathsf{l}_I(\mathsf{c})) = \mathsf{c}'$. Weil $\models_I (\alpha \wedge \mathsf{b})\,(\mathsf{c})$ gilt und $\mathsf{l}_I(\mathsf{c})$ definiert ist, folgt $\models_I \alpha(\mathsf{l}_I(\mathsf{c}))$ aus der Voraussetzung der Implikation a). Aus der Induktionsvoraussetzung ergibt sich (nach der Ersetzung von c durch $\mathsf{l}_I(\mathsf{c})$) $\models_I (\alpha \wedge \neg\, \mathsf{b})\,(\mathsf{c}')$.

Damit ist die Korrektheit der Regel für Iteratinonen bewiesen.

5. *Implikationsregel*

Wenn $\models_I \alpha(\mathsf{c})$, und $\mathsf{l}_I(\mathsf{c})$ ist definiert, dann folgt $\models_I \alpha_1(\mathsf{c})$ wegen $\models_I (\alpha \Rightarrow \alpha_1)$. Somit folgt aus $\models_I \{\alpha_1\}\ \mathsf{l}\{\alpha_2\}$ und $\models_I (\alpha_2 \Rightarrow \beta)$, daß $\models_I \beta(\mathsf{l}_I(\mathsf{c}))$. ■

Im obigen Beweis verdient die Regel für Iterationen etwas mehr Aufmerksamkeit. Kehren wir aber zunächst zur Ableitung (Beweis) aus dem Beispiel 3.6.2 zurück. Dabei bemerken wir einerseits, daß bei Anwendung der Schlußregeln und Verwendung der totalen Korrektheit anstelle der partiellen Korrektheit die Ableitung unverändert bleibt. Andererseits ist dieses Programm offensichtlich nicht total korrekt, weil für $n < 0$ die **while**-Anweisung unendlich oft wiederholt wird, d. h., für solche Werte von n ist die Funktion, die die Bedeutung eines Programms angibt, nicht definiert. Hierbei zeigt sich, wie wichtig der Nachweis der Korrektheit des Systems ist. Es ergibt sich die Frage, wo wir im Beweis des Satzes 3.6.1 die partielle Korrektheit genutzt haben. Die Regel für Iterationen gibt uns die Antwort. Wie man sich leicht überzeugen kann, wird sie zum Beweis der Korrektheit der Regel für Iterationen gebraucht. Die Annahme der totalen Korrektheit würde zum Mißerfolg führen.

Als nächstes wollen wir die Vollständigkeit des Systems H untersuchen, in diesem Fall relativ bezüglich einer Interpretation. Es zeigt sich, daß H sogar in diesem schwachen Sinne nicht vollständig ist. WAND zeigte in [129] für eine feste Sprache des PK, eine feste Interpretation $\boldsymbol{I}$ sowie eine Spezifikation Φ, daß zwar $\models_{\boldsymbol{I}} \Phi$, aber nicht $\vdash_{T_{\boldsymbol{I}}} \Phi$ gilt. Dieses Ergebnis weist auf die Existenz einer Interpretation hin, für die die Formeln FR nicht zur Definition bestimmter, für die Ableitung gültiger Spezifikationen notwendiger Invarianter ausreichend sind. Das führt zur Untersuchung bestimmter Einschränkungen auf der Klasse der Interpretationen aus der Sicht des Problems der Vollständigkeit des Systems H.

Wir geben hier ein Ergebnis wieder, welches im Prinzip von COOK [27] stammt. Daher werden wir über die *relative Vollständigkeit im Sinne* COOKS oder einfach über die *relative C-Vollständigkeit* sprechen. Wir formulieren diese Vollständigkeit unabhängig vom System H.

Es seien $\mathsf{I} \in \mathsf{PR}$, $\beta \in \mathsf{FR}$, und $\boldsymbol{I}$ sei eine feste Interpretation. Für eine beliebige Computerumgebung $\boldsymbol{C} = (\mathsf{C}, \mathsf{d})$ nennen wir die Menge von Zuständen

$$\mathsf{sv}_{\boldsymbol{I}}(\mathsf{I}, \beta) = \{\mathsf{c} \in \mathsf{C} \mid \text{wenn } \mathsf{I}_{\boldsymbol{I}}(\mathsf{c}) \text{ definiert ist, dann } \models_{\boldsymbol{I}} \beta(\mathsf{I}_{\boldsymbol{I}}(\mathsf{c}))\}$$

die schwächste Vorbedingung für I bezüglich β.

Wir sagen, die Interpretation $\boldsymbol{I}$ ist in FR bezüglich PR darstellbar, wenn für jedes $\mathsf{I} \in \mathsf{PR}$ und $\beta \in \mathsf{FR}$ ein $\alpha \in \mathsf{FR}$ existiert, welches $\mathsf{sv}_{\boldsymbol{I}}(\mathsf{I}, \beta)$ definiert, d. h.

$$\{\mathsf{c} \in \mathsf{C} \mid \models_{\boldsymbol{I}} \alpha(\mathsf{c})\} = \mathsf{sv}_{\boldsymbol{I}}(\mathsf{I}, \beta) .$$

Die Menge aller für einen gegebenen PK darstellbarer Interpretationen bezeichnen wir mit DI(FR, PR).

Das System von Schlußregeln ($\mathsf{A_{SP}}$, $\mathsf{R_{SP}}$) ist *relativ C-vollständig*, wenn es *relativ vollständig in der Klasse der darstellbaren Interpretationen* DI(FR, PR) ist, d. h. wenn für jede Spezifikation Φ sowie $\boldsymbol{I} \in \mathsf{DI}(\mathsf{FR}, \mathsf{PR})$ aus $\models_{\boldsymbol{I}} \Phi$ auch $\vdash_{T_{\boldsymbol{I}}} \Phi$ folgt.

Wenn wir für das System H die Voraussetzungen des vorherigen Satzes beibehalten, dann gilt:

Satz 3.6.2. *Das System von Schlußregeln* H *ist relativ C-vollständig.*

Beweis. Es sei $\boldsymbol{I} \in \mathsf{DI}(\mathsf{FR}, \mathsf{Inst})$. Den Beweis führen wir durch Induktion bezüglich der Struktur der Programme durch.

0. Zu beweisen ist: Wenn $\models_{\boldsymbol{I}} \{\alpha\}$ **skip** $\{\beta\}$, dann $\vdash_{T_{\boldsymbol{I}}} \{\alpha\}$ **skip** $\{\beta\}$.

Aus der Definition von $\models_{\boldsymbol{I}} \{\alpha\}$ **skip** $\{\beta\}$ und der Definition von $(\alpha \Rightarrow \beta)_{\boldsymbol{I}}$ folgt sofort $\alpha \Rightarrow \beta$. Somit erhalten wir $\vdash_{T_{\boldsymbol{I}}} \{\alpha\}$ **skip** $\{\beta\}$ aus der Anwendung der Implikationsregel auf das Axiom der **skip**-Anweisung.

1. Zu beweisen ist: Wenn $\models_{\boldsymbol{I}} \{\alpha\}\ \mathsf{x} := \mathsf{t}\{\beta\}$, dann $\vdash_{T_{\boldsymbol{I}}} \{\alpha\}\ \mathsf{x} := \mathsf{t}\{\beta\}$.

Aus $\models_{\boldsymbol{I}} \{\alpha\}\ \mathsf{x} := \mathsf{t}\{\beta\}$ folgt $\alpha \Rightarrow \beta(\mathsf{x}/\mathsf{t})$. Durch Anwendung der Implikationsregel auf das Axiom für Ergibtanweisungen $\{\beta(\mathsf{x}/\mathsf{t})\}\ \mathsf{x} := \mathsf{t}\{\beta\}$ erhalten wir $\vdash_{T_{\boldsymbol{I}}} \{\alpha\}\ \mathsf{x} := \mathsf{t}\{\beta\}$.

2. Zu beweisen ist: Wenn $\models_I \{\alpha\}\ \mathsf{I}_1;\ \mathsf{I}_2\{\beta\}$, dann $\vdash_{T_I} \{\alpha\}\ \mathsf{I}_1;\ \mathsf{I}_2\{\beta\}$.

$\models_I \{\alpha\}\ \mathsf{I}_1;\ \mathsf{I}_2\{\beta\}$ bedeutet: Wenn $\models_I \alpha(\mathsf{c})$ gilt, und $(\mathsf{I}_1;\ \mathsf{I}_2)_I(\mathsf{c})$ ist definiert, dann $\models_I \beta((\mathsf{I}_1;\ \mathsf{I}_2)_I(\mathsf{c}))$, d. h. $\models_I \beta(\mathsf{I}_{2I}(\mathsf{I}_{1I}(\mathsf{c})))$.

Es sei $\mathsf{C}_0 = \{\mathsf{c} \in \mathsf{C} \mid (\mathsf{I}_1;\ \mathsf{I}_2)_I(\mathsf{c})$ ist definiert$\}$ und $\mathsf{C}' = \mathsf{I}_{1I}(\mathsf{C}_0)$. Aus der Definition von $\mathsf{sv}_I(\mathsf{I}_2, \beta)$ folgt $\models_I \{\gamma\}\ \mathsf{I}_2\{\beta\}$ und außerdem $\models_I \{\alpha\}\ \mathsf{I}_1\{\gamma\}$ (denn $\mathsf{sv}_I(\mathsf{I}_2, \beta)$ enthält alle $\mathsf{I}_{1I}(\mathsf{c})$). Gemäß Induktionsvoraussetzung erhalten wir

$$\vdash_{T_I} \{\alpha\}\ \mathsf{I}_1\{\gamma\} \quad \text{und} \quad \vdash_{T_I} \{\gamma\}\ \mathsf{I}_2\{\beta\}\ .$$

Die Anwendung der Verkettungsregel ergibt dann $\vdash_{T_I} \{\alpha\}\ \mathsf{I}_1;\ \mathsf{I}_2\{\beta\}$.

3. Wenn $\models_I \{\alpha\}$ **if** b **then** I_1 **else** I_2 **fi** $\{\beta\}$, dann folgt aus der Definition der bedingten Anweisung

$$\models_I \{\alpha \wedge \mathsf{b}\}\ \mathsf{I}_1\{\beta\} \quad \text{sowie} \quad \models_I \{\alpha \wedge \neg\, \mathsf{b}\}\ \mathsf{I}_2\{\beta\}\ .$$

Somit ergibt sich aus der Induktionsvoraussetzung und aus der Regel für bedingte Anweisungen

$$\vdash_{T_I} \{\alpha\}\ \textbf{if}\ \mathsf{b}\ \textbf{then}\ \mathsf{I}_1\ \textbf{else}\ \mathsf{I}_2\ \textbf{fi}\ \{\beta\}\ .$$

4. Es sei $\models_I \{\alpha\}$ **while** b **do** I **od** $\{\beta\}$, und γ sei eine Formel, die sv_I(**while** b **do** I **od**, β) definiert. Es reicht nun die Gültigkeit von

$$\models_I \alpha \Rightarrow \gamma,\ \models_I (\gamma \wedge \neg\, \mathsf{b}) \Rightarrow \beta \quad \text{sowie} \quad \models_I \{\gamma \wedge \mathsf{b}\}\ \mathsf{I}\{\gamma\}$$

zu zeigen. Wenden wir nämlich die Induktionsvoraussetzung, die Regel für Iterationen und die Implikationsregel an, so bekommen wir

$$\vdash_{T_I} \{\alpha\}\ \textbf{while}\ \mathsf{b}\ \textbf{do}\ \mathsf{I}\ \textbf{od}\ \{\beta\}\ .$$

Mit wh bezeichnen wir die Anweisung **while** b **do** I **od**. Es sei $\mathsf{c} \in \mathsf{C}$.

a) Wenn $\alpha_I(\mathsf{c}) = \mathbf{W}$, dann ist $\mathsf{c} \in \mathsf{sv}_I(\mathsf{wh}, \beta)$ und somit $\gamma_I(\mathsf{c}) = \mathbf{W}$ (d. h. $\models_I \alpha \Rightarrow \gamma$), denn γ definiert gemäß Definition alle solche Zustände c, für die gilt: Entweder $\mathsf{wh}_I(\mathsf{c})$ ist nicht definiert, oder $\mathsf{wh}_I(\mathsf{c})$ ist definiert und $\models_I \beta(\mathsf{wh}_I(\mathsf{c}))$.

b) Wenn $(\gamma \wedge \neg\, \mathsf{b})_I(\mathsf{c}) = \mathbf{W}$, dann bedeutet das $\mathsf{wh}_I(\mathsf{c}) = \mathsf{c}$. Dies folgt aus $(\neg\, \mathsf{b})_I(\mathsf{c}) = \mathbf{W}$ und $\mathsf{c} \in \mathsf{sv}_I(\mathsf{wh}, \beta)$. Somit ist $\beta_I(\mathsf{c}) = \mathbf{W}$, d. h. $\models_I (\gamma \wedge \neg\, \mathsf{b}) \Rightarrow \beta$.

c) Es seien $(\gamma \wedge \mathsf{b})_I(\mathsf{c}) = \mathbf{W}$ und $\mathsf{I}_I(\mathsf{c}) = \mathsf{c}'$. Aus der Definition von wh_I ergibt sich $\mathsf{wh}_I(\mathsf{c}) = \mathsf{wh}_I(\mathsf{c}')$, d. h., beide Seiten sind gleichzeitig entweder undefiniert oder definiert und gleich. Wenn also $\mathsf{c} \in \mathsf{sv}_I(\mathsf{wh}, \beta)$ ist, dann ist ebenfalls $\mathsf{c}' \in \mathsf{sv}_I(\mathsf{wh}, \beta)$, und das bedeutet $\gamma_I(\mathsf{c}') = \mathbf{W}$. Wir bekommen daher $\models_I \{\alpha \wedge \mathsf{b}\}\ \mathsf{I}\{\gamma\}$. ■

Wir wollen das System H und die erzielten Ergebnisse genauer analysieren. Dabei interessiert uns vor allem der Zusammenhang zwischen verschiedenen Semantikdefinitionen von Programmiersprachen und wie diese Definitionen verschiedene Forderungen, die mit der Anwendung einer Sprache zusammenhängen, erfüllen. Drei verschiedene Gesichtspunkte müssen wir bei der axiomatischen Definition betrachten: den Gesichtspunkt des Sprachprojektanten, des „äußeren“ Anwenders und des Implementators einer Sprache. Wir werden sie kurz charakterisieren.

Der Sprachprojektant, der in seiner Beschreibung ein System von Schlußregeln für Programme angibt, hat die Korrektheit des Systems zu sichern und seine Grenzen, in denen die Realität wiedergegeben wird, d. h. seine Vollständigkeit, nachzuweisen. Er muß also die Prinzipien der Erweiterung der Interpretationen auf Programme formulieren und die Bedeutung von Spezifikationen festlegen. Je breiter die Klasse der Interpretationen ist, bezüglich derer ein System korrekt ist, desto mehr Möglichkeiten hat der Sprachimplementator, d. h. desto nützlicher ist das System für den durchschnittlichen Anwender.

Wie wir sahen, ist das System H korrekt für eine beliebige Interpretation, die die durch Gleichungen definierten Bedingungen erfüllt, welche in der denotationalen Semantik für sehr einfache iterative Programme auftreten. Die Erfüllung dieser Bedingungen stellt weder konkrete Forderungen an den Definitionsbereich der Werte der Zustände der Computerumgebung noch an die Methode der Definition der Bedeutung von Programmen. Sie gibt somit ein gewisses Minimum von Informationen, die für die Implementation notwendig sind. Für den Anwender entsteht außerdem das Problem des Verständnisses einer Implementation. Durch eine rein formale Anwendung des Systems von Schlußregeln (d. h. auf allgemein bekannte Tatsachen der Mathematik gestützt) kann er die Eigenschaften der geschriebenen Programme formulieren und verifizieren. Dabei kann er sicher sein, daß jede Eigenschaft, die eine Ableitung (Beweis) besitzt, in jeder korrekten Implementation der Sprache erhalten bleibt. Die Vollständigkeit des Systems H bezüglich darstellbarer Interpretationen besagt, daß das System „genügend mächtig" ist, um eine beliebige korrekte Eigenschaft unter einer solchen Interpretation zu beweisen. Allerdings könnten „unnatürliche" Einschränkungen der Klasse der Interpretationen (das trifft für H nicht zu) oder die Armut des Systems von Schlußregeln selbst es wertlos machen. Der Anwender würde dann bemerken, daß intuitiv richtige Fakten im System keinen Beweis hätten.

Das Problem der Vollständigkeit ist allerdings in vielen Fällen sehr subtil. Einige natürliche Interpretationen bewirken, daß in ihnen korrekte Fakten nicht im System beweisbar sind. Andererseits sind die Fakten oftmals ein Ergebnis einer konkreten Implementation, und es liegt uns gerade daran, daß sie nicht durch den Anwender genutzt werden können. Ein solches Beispiel lernen wir im folgenden Abschnitt kennen.

3.6.3. Ein System von Schlußregeln für Programme mit Blockstruktur und nichtrekursiven Prozeduren

In diesem Abschnitt geben wir einige zusätzliche Regeln an, die zusammen mit den Regeln des Systems H Ableitungen (Beweise) über Programme mit Blockstruktur und Prozeduren erlauben. Wir erinnern am Anfang daran, daß wir die Vereinbarungen

$$\mathsf{x}\colon \mathsf{typ} \tag{3.6.1}$$

als Information zur Formulierung und Kontrolle der Kontextbedingungen einer Sprache und als Anweisung zur Generierung einer lokalen Variablen verwendet haben. Diese zweite Rolle mit dynamischem Charakter sei hier die gleiche wie in 3.5.2. In diesem Sinne hat typ keine Bedeutung (typ bezeichnet **integer** oder **boolean**).

Wir betrachten zuerst über dem Alphabet eines festen PK die Sprache Inst_b, d. h. eine Menge, die den Anweisungen der Sprache BPS_b entspricht. Die Menge Inst ergänzen wir durch Anweisungen der Form

$$\textbf{begin}\ \mathsf{d};\ \mathsf{I}\ \textbf{end}\,, \tag{3.6.2}$$

wobei d eine Folge einzelner Vereinbarungen (3.6.1) ist und $\mathsf{I} \in \mathsf{Inst}_b$.

Die Schlußregel sollte die Tatsache ausdrücken, daß die Gültigkeit der Spezifikation

$\{\alpha\}$ **begin** d; I **end** $\{\beta\}$

bewiesen ist, wenn

$\{\alpha\}$ I$\{\beta\}$

gültig ist unabhängig davon, welche Bezeichnungen für die lokalen Variablen in der Vereinbarung d verwendet wurden. Wir können die Gültigkeit der Spezifikation

$$\{x = -1 \wedge z > 0\} \textbf{ begin } y\textbf{: integer}; \; y := 5 \textbf{ end } \{x < 0\} \tag{3.6.3}$$

direkt beweisen, da

$$\{x = -1 \wedge z > 0\} \; y := 5 \; \{x < 0\} \tag{3.6.4}$$

gilt. Gleichzeitig muß die Gültigkeit der intuitiv äquivalenten Spezifikation

$$\{x = -1 \wedge z > 0\} \textbf{ begin } x\textbf{: integer}; \; x := 5 \textbf{ end } \{x < 0\} \tag{3.6.5}$$

beweisbar sein, während

$$\{x = -1 \wedge z > 0\} \; x := 5 \; \{x < 0\} \tag{3.6.6}$$

offensichtlich nicht gültig ist. Wir brauchen folglich eine Regel, die die Ableitung der Gültigkeit von (3.6.5) aus der Gültigkeit von (3.6.4) gestattet. (3.6.4) unterscheidet sich von (3.6.6) nur durch die Ersetzung von x durch y, wodurch der Bezeichnungskonflikt vermieden wurde, der durch die Verwendung des gleichen Identifikators x innerhalb und außerhalb eines Blocks entstand. Die unten angeführte Regel spiegelt diese Maßnahme wider.

Das Auftreten einer Variablen x in einer Anweisung I $\in$ $\mathsf{Inst_b}$ nennen wir *gebunden*, wenn es innerhalb des Blocks (in der Anweisung I), wo x vereinbart ist, in der Form (3.6.2) auftritt. Ein Auftreten von x, welches nicht gebunden ist, nennen wir *freies Auftreten in* I. Vereinbarungen in Blöcken binden somit das Auftreten von Variablen in Programmen ähnlich wie Quantifikatoren in Formeln.

Mit $\bar{\mathsf{x}} = (\mathsf{x}_1, \ldots, \mathsf{x}_n)$ und $\bar{\mathsf{y}} = (\mathsf{y}_1, \ldots, \mathsf{y}_n)$ bezeichnen wir Vektoren von Variablen. $\mathsf{I}(\bar{\mathsf{x}}/\bar{\mathsf{y}})$ bezeichne eine Anweisung I, in der y_i für die in I frei auftretenden x_i eingesetzt sind, $i = 1, \ldots, n$.

Wir ergänzen das System H durch

(6) *Regel für (innere) Blöcke*

$$\frac{\{\alpha\} \; \mathsf{I}(\bar{\mathsf{x}}/\bar{\mathsf{y}}) \; \{\beta\}}{\{\alpha\} \textbf{ begin } \mathsf{d}; \; \mathsf{I} \textbf{ end } \{\beta\}}.$$

Mit $\bar{\mathsf{x}} = (\mathsf{x}_1, \ldots, \mathsf{x}_n)$ wird der Vektor der in d vereinbarten Variablen und mit $\bar{\mathsf{y}} = (\mathsf{y}_1, \ldots, \mathsf{y}_n)$ ein beliebiger Vektor von Variablen bezeichnet, wobei die y_i nicht frei in α, β und I auftreten.

Die Spezifikation (3.6.6) könnten wir deshalb durch die Spezifikation (3.6.4) ersetzen, weil y weder in der Anweisung $x := 5$ noch in den Formeln $x = -1 \wedge z > 0$ und $x < 0$ frei auftritt. Eine Ersetzung von (3.6.6) durch

$$\{x = -1 \wedge z > 0\} \; z := 5 \; \{x < 0\}$$

wäre dagegen nicht möglich, denn z tritt in $x = -1 \wedge z > 0$ frei auf.

Wir verzichten darauf, Klassen von Interpretationen zu definieren, für die unser System korrekt ist. Man kann sich leicht davon überzeugen, daß die Semantik, die wir für die Sprache BPS_b in Abschnitt 3.5.2. anführten, ein Modell für das um die Regel für Blöcke ergänzte System H ist. Genauer gesagt ist die Erweiterung einer Interpretation $\boldsymbol{I}$ auf die Anweisungen der Menge Inst_b, die in der Computerumgebung mit der Zustandsmenge $[\mathsf{Ide} \to \mathsf{D}^+]$ gemäß Definition in 3.5.2. durchgeführt wird, für alle Definitionsbereiche von Werten D und jede Interpretation $\boldsymbol{I}$, die die Bedeutung von Funktions- und Vergleichssymbolen in D bestimmt, ein Modell dieses Systems. Somit ist das System wenigstens nicht widersprüchlich (es ist korrekt bezüglich solcher Interpretationen). Der dort definierte Mechanismus des Generierens und Entfernens von Variablen gibt gut den Sinn der Lokalität wieder. Wir nehmen hier wie zuvor an, daß Spezifikationen die partielle Korrektheit von Programmen beschreiben.

Wir betrachten folgende einfache Anweisungen:

$$\mathsf{I}_1 \equiv \textbf{begin}\ x\colon \mathsf{typ};\ y := x\ \textbf{end}$$

$$\mathsf{I}_2 \equiv \textbf{begin}\ u\colon \mathsf{typ};\ z := u\ \textbf{end}\,.$$

Ziehen wir die in 3.5.2. besprochene Interpretation in Betracht, dann ist die Spezifikation

$$\{\textbf{true}\}\ \mathsf{I}_1;\ \mathsf{I}_2\{y = z\}$$

unter dieser Interpretation offensichtlich gültig, da wir voraussetzten, daß wir eine generierte Variable mit dem Wert $\perp$ initialisieren. Allerdings lassen sich diese Spezifikationen auf keine Weise in unserem System beweisen. Das System ist daher unvollständig bezüglich jeder Klasse, die die obigen Interpretationen enthält. Damit stehen wir vor folgendem Problem: Wir möchten die, wie es scheint, natürliche Interpretation erhalten, aber gleichzeitig liegt uns nichts an einer Ergänzung des Systems durch solche Axiome und Regeln, die die Gültigkeit ähnlicher Spezifikationen zu beweisen erlauben würden. „Implementationseinzelheiten" dieser Art, die zuweilen für den Implementator einer Sprache einen nützlichen Hinweis bilden, müssen für den äußeren Nutzer „unsichtbar" sein. In diesem Fall akzeptieren wir auch die Unvollständigkeit des Systems, da sie sich nicht aus der „Schwäche" seiner Regeln, sondern aus einer „allzu genauen" Definition der Semantik ergibt.

Im folgenden Abschnitt treffen wir auf die entgegengesetzte Situation. Das System von Schlußregeln, welches wir angeben werden, ist trotz seiner Korrektheit bezüglich bestimmter Interpretationen für rekursive Prozeduren offensichtlich zu „schwach" zur Ableitung uns interessierender Spezifikationen.

Es scheint, daß diese Beispiele gut die Probleme illustrieren, die aus dem Vergleich der axiomatischen Definition einer Programmiersprache mit ihrer konkreten Implementation entstehen können, speziell wenn sie komplizierte Konstruktionen betreffen.

Wir betrachten nun die Menge Inst_c, die Inst_b enthält und in Programmen das Auftreten von Prozeduraufrufen und Prozedurvereinbarungen zuläßt. Wir setzen voraus, daß die Prozeduren nicht rekursiv sind (siehe 3.5.3.) und daß wir die Prozedurvereinbarungen von der ausführbaren Prozedur trennen (siehe 3.5.4.). Das ist eine syntaktische Maßnahme, die nur besagt, daß wir das Prinzip des dynamisch bestimmten Wirkungsbereichs von Variablen voraussetzen oder, mit anderen Worten, daß die Bedeutung eines Programms nicht davon abhängt, wo die Prozeduren im Text vereinbart wurden.

Wir ergänzen das System H durch

(7) *Regel für Prozeduraufrufe*

$$\frac{\{\alpha\}\ \mathsf{I}\{\beta\}}{\{\alpha\}\ \mathbf{call}\ \mathsf{p}\{\beta\}}\ .$$

I ist der Prozedurkörper von p, d. h., **proc** p I ist die Vereinbarung dieser Prozedur und $\mathsf{I} \in \mathsf{Inst}_c$. Die Semantik, die wir für diese Sprache in 3.5.3. angaben, ist offensichtlich ein Modell des Systems H einschließlich der Ergänzungsregeln (6) und (7), wenn wir die Bedeutung einer Anweisungsfolge, die einen Prozeduraufruf enthält, auf die Bedeutung einer Anweisungsfolge aus Inst_b zurückführen, wobei jeder Prozeduraufruf durch den Prozedurkörper ersetzt wurde. Die Unvollständigkeit des Systems hat die gleiche Ursache wie im oben diskutierten Fall.

3.6.4. Ein System von Schlußregeln für rekursive Prozeduren

Die letzte Erweiterung des Systems von Schlußregeln hat die Ergänzung durch solche Regeln zum Ziel, die es erlauben, Ableitungen partieller Korrektheit für rekursive Prozeduren zu erbringen, d. h. in unserem Fall für Inst_c ohne Einschränkungen.

Wir beschränken uns hier auf die Angabe entsprechender Regeln und die auf ein Beispiel gestützte intuitive Begründung ihrer Korrektheit (bezüglich einer zuvor definierten Semantik). Eine vollständige Diskussion ihrer Korrektheit, Vollständigkeit und ebenfalls von weiteren Erweiterungen kann der interessierte Leser in der zitierten Literatur finden.

Wenn wir Rekursivitäten zulassen, stehen wir vor dem bereits oben besprochenen Problem. Es ist intuitiv klar, daß die Regel (7) für Prozeduraufrufe für „vernünftige" Interpretationen korrekt ist. Wenn es uns gelingt, $\{\alpha\}$ I $\{\beta\}$ für den Körper I der Prozedur p zu beweisen, dann sollte daraus die Gültigkeit von $\{\alpha\}$ **call** p $\{\beta\}$ folgen. Diese Regel gibt uns allerdings nicht viel, denn im Körper I kann erneut die Anweisung **call** p auftreten. Die von HOARE in [48] vorgeschlagene Lösung beruht auf folgender Betrachtung: „Wenn es gelingt, $\{\alpha\}$ I $\{\beta\}$ unter der Voraussetzung zu beweisen, daß $\{\alpha\}$ **call** p$\{\beta\}$ für jedes Auftreten des Prozeduraufrufs **call** p im Körper I gültig ist, dann können wir folgern $\{\alpha\}$ **call** p$\{\beta\}$."
Damit erhalten wir als weitere Regel des Systems H:

(8) *Regel für Prozeduraufrufe rekursiver Prozeduren*

$$\frac{\{\alpha\}\ \mathbf{call}\ \mathsf{p}\{\beta\} \vdash \{\alpha\}\ \mathsf{I}\ \{\beta\}}{\{\alpha\}\ \mathbf{call}\ \mathsf{p}\ \{\beta\}}\ .$$

Die Begründung dieser Regel findet der Leser in 3.5.5., wo wir über den Zusammenhang zwischen denotationaler und operationaler Semantik für rekursive Prozeduren sprachen. Die Verwendung von Fortsetzungen entsprach genau unserem obigen Verständnis. Die Semantik des Prozeduraufrufs der Prozedur p, d. h. die Fortsetzung k_p, wurde durch eine Fixpunktgleichung einer Funktion ausgedrückt, deren Parameter die Fortsetzung k_p war. Eine andere Begründung kann man durch die Übertragung des Induktionsprinzips für Fixpunkte, welches in 3.3.1. formuliert und im Beweis des Satzes 3.6.1 zum Nachweis der partiellen Korrektheit benutzt wurde, im Rahmen der logischen Deduktion finden.

Die Form der Regel (8) (Prämisse der Gestalt $\alpha \vdash \beta$), deren Sinn wir oben erklärten, entspricht nicht dem, was wir zuvor über Schlußregeln voraussetzten. Das verursacht Schwierigkeiten technischer Natur. Das System, welches Regeln dieser Art benutzt, kann durch ein anderes ersetzt werden, welches die Voraussetzungen für die formalisierten Theorien erster Stufe erfüllt.

Das folgende Beispiel illustriert die Anwendung der Regel (8).

Beispiel 3.6.3. Der Definitionsbereich der Interpretation sei die Menge der ganzen Zahlen Z. Außerdem setzen wir die gewohnte Bedeutung der Funktions- und Vergleichssymbole voraus. Wir beweisen nun die partielle Korrektheit des Aufrufs der Prozedur p aus dem Beispiel 3.5.10. Der Körper dieser Prozedur ist die Anweisung

$$\begin{aligned} \mathsf{I} \equiv \textbf{if}\ (n > 0)\ \textbf{then}\ & n := (n - 1);\ \textbf{call}\ p;\ s := (s + 1); \\ & \textbf{call}\ p;\ n := (n + 1) \\ \textbf{else skip fi} & \end{aligned}$$

Wir beweisen folgende Spezifikation:

(a) $\{n = \mathsf{n_0} \wedge n \geqq 0 \wedge s = \mathsf{s_0}\}\ \textbf{call}\ p\ \{s = s_0' + 2^{\mathsf{n_0}} - 1 \wedge n = \mathsf{n_0} \wedge \mathsf{n_0} \geqq 0\}$,
$\mathsf{n_0'}, \mathsf{s_0'} \in Z$, beliebig.

In Übereinstimmung mit der Regel (8) unter der Voraussetzung (a) genügt es zu beweisen

(b) $\{n = \mathsf{n_0} \wedge \mathsf{n_0} \geqq 0 \wedge s = \mathsf{s_0}\}\ \mathsf{I}\{s = \mathsf{s_0} + 2^{\mathsf{n_0}} - 1 \wedge n = \mathsf{n_0} \wedge \mathsf{n_0} \geqq 0\}$.

Übereinstimmend mit der Regel für bedingte Anweisungen müssen wir zeigen

(c) $\{n = \mathsf{n_0} \wedge \mathsf{n_0} \geqq 0 \wedge s = \mathsf{s_0} \wedge n > 0\}\ n := (n - 1);\ \textbf{call}\ p;\ s := (s + 1);$

$\textbf{call}\ p;\ n := (n + 1)\ \{s = \mathsf{s_0} + 2^{\mathsf{n_0}} - 1 \wedge n = \mathsf{n_0} \wedge \mathsf{n_0} \geqq 0\}$

sowie

(d) $\{n = \mathsf{n_0} \wedge \mathsf{n_0} \geqq 0 \wedge s = \mathsf{s_0} \wedge n \leqq 0\}\ \textbf{skip}\ \{s = \mathsf{s_0} + 2^{\mathsf{n_0}} - 1 \wedge n = \mathsf{n_0} \wedge \mathsf{n_0} \geqq 0\}$.

Wegen des Axioms der **skip**-Anweisung gilt

(d.1) $\{n = \mathsf{n_0} \wedge \mathsf{n_0} \geqq 0 \wedge s = \mathsf{s_0} \wedge n \leqq 0\}\ \textbf{skip}\ \{n = \mathsf{n_0} \wedge \mathsf{n_0} \geqq 0 \wedge s = \mathsf{s_0} \wedge n \leqq 0\}$.

Außerdem gilt

(d.2) $n = \mathsf{n_0} \wedge \mathsf{n_0} \geqq 0 \wedge s = \mathsf{s_0} \wedge n \leqq 0 \Rightarrow n = \mathsf{n_0} \wedge \mathsf{n_0} = 0 \wedge s = \mathsf{s_0}$

$\Rightarrow s = \mathsf{s_0} + 2^{\mathsf{n_0}} - 1 \wedge n = \mathsf{n_0} \wedge \mathsf{n_0} \geqq 0$ (denn $2^2 = 1$).

Damit ist (d) nach Anwendung der Implikationsregel bewiesen. Aus dem Axiom für Ergibtanweisungen folgt

(c.1) $\{s = \mathsf{s_0} + 2^{\mathsf{n_0}} - 1 \wedge n + 1 = \mathsf{n_0} \wedge \mathsf{n_0} \geqq 0\}\ n$

$:= (n + 1)\ \{s = \mathsf{s_0} + 2^{\mathsf{n_0}} - 1 \wedge n = \mathsf{n_0} \wedge \mathsf{n_0} \geqq 0\}$.

Weil s_0 und n_0 beliebig waren, ist die Voraussetzung (a) auch dann gültig, wenn wir in ihr s_0 und n_0 durch feste s_1 bzw. n_1 ersetzen, d. h.

(c.2) $\{n = n_1 \wedge n_1 \geqq 0 \wedge s = s_1\}$ **call** $p\{s = s_1 + 2^{n_1} - 1 \wedge n = n_1 \wedge n_1 \geqq 0\}$.

Wenn wir in (c.2) nun $s_1 = s_0 + 2^{n_0 - 1}$ und $n_1 = n_0 - 1$ einsetzen, so erhalten wir

(c.3) $\{n = n_0 - 1 \wedge n_0 - 1 \geqq 0 \wedge s = s_0 + 2^{n_0-1}\}$ **call** p
$\{s = s_0 + 2^{n_0-1} + 2^{n_0-1} - 1 \wedge n = n_0 - 1 \wedge n_0 - 1 \geqq 0\}$.

Weil

(c.4) $s = s_0 + 2^{n_0-1} + 2^{n_0-1} - 1 \wedge n = n_0 - 1 \wedge n_0 - 1 \geqq 0 \Rightarrow s = s_0 + 2^{n_0} - 1$
$\wedge n + 1 = n_0 \wedge n_0 - 1 \geqq 0 \Rightarrow s = s_0 + 2^{n_0} - 1 \wedge n + 1 = n_0 \wedge n_0 \geqq 0$

sowie

(c.5) $n = n_0 - 1 \wedge n_0 - 1 \geqq 0 \wedge s - 1 = s_0 + 2^{n_0-1} - 1$
$\Rightarrow n = n_0 - 1 \wedge n_0 - 1 \geqq 0 \wedge s = s_0 + 2^{n_0-1}$

gilt, folgt dann aus der Anwendung der Implikationsregel auf (c.3), (c.4) und (c.5)

(c.6) $\{n = n_0 - 1 \wedge n_0 - 1 \geqq 0 \wedge s - 1 = s_0 + 2^{n_0-1} - 1\}$ **call** p
$\{s = s_0 + 2^{n_0} - 1 \wedge n + 1 = n_0 \wedge n_0 - 1 \geqq 0\}$.

Aus der Verkettungsregel, angewandt auf (c.1) und (c.6), ergibt sich

(c.7) $\{n = n_0 - 1 \wedge n_0 - 1 \geqq 0 \wedge s - 1 = s_0 + 2^{n_0-1} - 1\}$ **call** p;
$n := (n + 1)\ \{s = s_0 + 2^{n_0} - 1 \wedge n = n_0 \wedge n_0 \geqq 0\}$.

Aus dem Axiom für Ergibtanweisungen folgt

(c.8) $\{n = n_0 - 1 \wedge n_0 - 1 \geqq 0 \wedge s = s_0 + 2^{n_0-1} - 1\}\ s := (s + 1)$
$\{n = n_0 - 1 \wedge n_0 - 1 \geqq 0 \wedge s - 1 = s_0 + 2^{n_0-1} - 1\}$.

Nach Anwendung der Verkettungsregel auf (c.7) und (c.8) erhalten wir

(c.9) $\{n = n_0 - 1 \wedge n_0 - 1 \geqq 0 \wedge s = s_0 + 2^{n_0-1} - 1\}\ s := (s + 1)$;
call p; $n := (n + 1)\ \{s = s_0 + 2^{n_0} - 1 \wedge n = n_0 \wedge n_0 \geqq 0\}$.

Wenn wir in (c.2) nun $n_1 = n_0 - 1$ und $s_1 = s_0$ einsetzen, bekommen wir

(c.10) $\{n = n_0 - 1 \wedge n_0 - 1 \geqq 0 \wedge s = s_0\}$ **call** $p\ \{s = s_0 + 2^{n_0-1} - 1$
$\wedge n = n_0 - 1 \wedge n_0 - 1 \geqq 0\}$.

Aus (c.9) und (c.10) folgt nach Anwendung der Verkettungsregel

(c.11) $\{n = n_0 - 1 \wedge n_0 - 1 \geqq 0 \wedge s = s_0\}$ **call** p; $s := (s + 1)$;
call p; $n := (n + 1)\ \{s = s_0 + 2^{n_0} - 1 \wedge n = n_0 \wedge n_0 \geqq 0\}$.

Aus dem Axiom für Ergibtanweisungen folgt

(c.12) $\{n - 1 = n_0 - 1 \wedge n_0 - 1 \geqq 0 \wedge s = s_0\}\ n := (n - 1)$
$\{n = n_0 - 1 \wedge n_0 - 1 \geqq 0 \wedge s = s_0\}$.

Da

(c.13) $n = \mathsf{n_0} \wedge \mathsf{n_0} \geqq 0 \wedge s = \mathsf{s_0} \wedge n > 0 \Rightarrow n - 1 = \mathsf{n_0} - 1$
$\wedge\, \mathsf{n_0} - 1 \geqq 0 \wedge s = \mathsf{s_0}$

ist, ergibt sich unter Verwendung der Implikationsregel

(c.14) $\{n = \mathsf{n_0} \wedge \mathsf{n_0} \geqq 0 \wedge s = \mathsf{s_0} \wedge n > 0\}\; n := (n - 1)$
$\{n = \mathsf{n_0} - 1 \wedge \mathsf{n_0} - 1 \geqq 0 \wedge s = \mathsf{s_0}\}$.

Nach Anwendung der Verkettungsregel auf (c.11) und (c.14) erhalten wir (c), was zu beweisen war. ■

Dieser sehr ins Detail gehende Beweis ist das Ergebnis einer mühseligen schrittweisen Durchforschung des Ableitungsprozesses. Die Anwendung der geläufigen mathematischen Praxis könnte den Beweis bedeutend abkürzen. Allerdings ist es in allgemeiner Form schwierig, sich einen kürzeren Beweis vorzustellen, der direkt auf eine durch irgendeine Methode definierte Interpretation gestützt ist. In diesem Sinn scheint die Anwendung eines Systems von Schlußregeln speziell für Programme mit Rekursivitäten sehr nützlich zu sein.

Die Ausführlichkeit der Ableitung (des Beweises) hatte noch ein weiteres Ziel. Der Leser hat sicher bemerkt, daß das intuitive Vorgehen, welches zu (c.2) und (c.3) und danach zu (c.10) führt, vom Gesichtspunkt eines formalen Beweises unbegründet ist. Ähnlich ist die Anwendung der Formulierung „für beliebiges $\mathsf{s_0}$, $\mathsf{n_0} \in Z$“ in der Voraussetzung (a), wenn auch genügend überzeugend, eigentlich die Einführung eines Quantifikators, der Spezifikationen umfaßt, was nicht erlaubt war. Damit wird die Notwendigkeit einer weiteren Regel begründet.

$\mathsf{v(I)}$ und $\mathsf{v(t)}$ sollen die Mengen der in der Anweisung I bzw. im Term t auftretenden Variablen bezeichnen. Wenn I einen Prozeduraufruf enthält, dann bedeutet das, daß wir die im Prozedurkörper auftretenden Variablen in Betracht ziehen müssen. Weil die Anzahl der Prozeduren in jedem Programm endlich ist, ist somit diese Menge wohldefiniert und endlich.

Das System H ergänzen wir durch

(9) *Substitutionsregel*

$$\frac{\{\alpha\}\ \textbf{call}\ \mathsf{p}\{\beta\}}{\{\alpha(\mathsf{x}/\mathsf{t})\}\ \textbf{call}\ \mathsf{p}\{\beta(\mathsf{x}/\mathsf{t})\}} .$$

Dabei gilt $\mathsf{x} \notin \mathsf{v(I)}$, $\mathsf{v(t)} \cap \mathsf{v(I)} = \emptyset$, und I ist der Körper der Prozedur p.

Es ist nun klar, daß (c.2), (c.3) und (c.10) als Ergebnis der Anwendung dieser Regel entstanden sind. Die zitierte Wendung in der Voraussetzung (a) ist damit überflüssig; $\mathsf{n_0}$ und $\mathsf{s_0}$ bezeichnen Variablen, die nicht im Körper der betrachteten Prozedur auftreten.

Zum Schluß bemerken wir, daß die Regel (7) für nichtrekursive Prozeduren ein Spezialfall der Regel (8) ist.

Das System für Inst_c besteht nun aus:

— den Axiomen (0) und (1),
— den Schlußregeln (2) bis (5) des Systems H,
— den Regeln (6), (8) und (9).

Dieses System ist relativ C-vollständig (siehe [2]), wobei die Semantik weniger „speziell“ ist als in 3.5.4. und 3.5.5. (siehe Diskussion im vorhergehenden Abschnitt).

3.7. Bibliographie

Arbeiten, in denen verschiedene Methoden der Definition der Semantik von Programmiersprachen zusammengestellt sind und verglichen werden, gibt es nur wenige. Sie umfassen außerdem häufig nur wenige Methoden. Hier kann man die Arbeiten von Pagan [95], von Hoare und Lauer [49] oder die Übersichtsarbeit von Marcotty u. a. [79] anführen. Ein Fragment der Sprache PASCAL in denotationaler und axiomatischer Definition gibt Donahue [35]. Das übrige Material, welches wir verwendeten, ist verschiedenen Publikationen entnommen. Wir führen nur einige von ihnen an.

Maschinen und Implementation

Der Begriff der Maschine, den wir verwendeten, stammt im Prinzip von Pawlak [97], [98] und wurde zu verschiedenen Zwecken (oft auch unter verschiedenen Bezeichnungen) in einer Reihe der in [83] referierten Arbeiten verwendet. Die wichtigsten Ergebnisse zu Maschinen und Berechnungen wurden der Arbeit [138] entnommen. Inhaltlich gleiche Begriffe wurden unter der Bezeichnung Prozeß (Mazurkiewicz [82]) und im iterativen Modell (Blikle [14], [15]) als mathematisches Modell von Programmen verwendet.

Die Definition einer Sprache durch ihre Implementation geben im Grunde alle Beschreibungen von Maschinensprachen. Einen Versuch der formalen Behandlung eines solchen Herangehens in der Anwendung auf höhere Sprachen kann man bei Garwick [40] finden. Prinzipielle Kenntnisse über die Implementierung einer Sprache auf einer Maschine enthält z. B. das Buch von Turski [128].

Operationale Methode

Reports und Monographien zu speziellen Programmiersprachen liefern hier das meiste Material. Man kann dazu z. B. ALGOL 60 [105], ALGOL 68 [106] oder PL/I [70] anführen.

Zur Wiener Methode wurden bereits oben (siehe Abschnitt 2.6.) einige Arbeiten empfohlen.

Die Idee der semantischen Regeln und endlicher Mengen solcher Regeln für spezielle Programme entspricht dem durch Mazurkiewicz [80] eingeführten Begriff des Algorithmus, der in einer Reihe von Arbeiten zur Herleitung von Aussagen über Programme verwendet wird (z. B. in [82], [15], [16]).

Verschiedene semantische Definitionsbereiche wurden von Blikle [13] als Modelle abstrakter Netze untersucht. Die Ergebnisse zu diesem Thema sind in [16] zusammengestellt. Unter anderen wurde dort die Semantik näher untersucht, die wir in Abschnitt 3.2. definiert haben.

Systeme von Fixpunktgleichungen

Ein Beispiel der Anwendung ist die in der Arbeit [28] definierte Sprache für Mikroprogramme.

Theoretische Ergebnisse zur Lösung von Gleichungssystemen kann man in mehreren Arbeiten finden. Der Satz 3.3.1 stammt von Tarski [125]. Den Satz 3.3.2 bewiesen unabhängig voneinander Bekić [9] und Leszczyłowski [65] (für Verbände von

Sprachen). In [16] findet man einige Ergebnisse zu Gleichungssystemen, die auf die Herleitung von Aussagen über Programme angewendet wurden, speziell auf den Satz 3.3.3 (in etwas anderer Formulierung).

Das Induktionsprinzip für Fixpunkte tritt bei DE BAKKER und SCOTT [17] auf. Die Anwendung dieses Prinzips wird z. B. in [96] gezeigt.

Denotationale Methode und Fortsetzung

Wir nennen zuerst die Originalarbeiten von STRACHEY [123] und SCOTT [114], [115] und [116] sowie die gemeinsame Arbeit beider Autoren [117]. Eine klare Einführung gibt der Artikel von TENNET [126]. Nicht unerwähnt bleiben soll hier die sehr gut lesbare Arbeit von GORDON [44]. Sie erleichtert dem Leser das Verständnis der Problematik der Definitionsbereiche semantischer Funktionen, welches wir aus unseren Betrachtungen ausgeklammert haben. Sehr umfangreiche Monographien, die sowohl den theoretischen Aspekt (mathematisches Modell des λ-Kalküls) entwickeln als auch die praktische Anwendung besprechen, sind die von STOY [122] sowie MILNE und STRACHEY [86]. Der Leser findet dort ebenfalls den Begriff der Fortsetzung, der durch STRACHEY und WADSWORTH [124] eingeführt wurde. Außer diesen Monographien liefert der Report von MOSSES [87] zum Thema der Semantik von ALGOL 60 Beispiele der Anwendung der denotationalen Technik auf eine Reihe von Konstruktionen, die in 3.5. besprochen wurden. Theoretische Grundlagen zu rekursiven Prozeduren, gestützt auf die Fixpunkttheorie, sind u. a. in [5], [6], [15], [16], [80], [82], [93], [96] enthalten.

Axiomatische Methode

Grundlegend zu diesem Herangehen sind die Arbeiten von FLOYD [37], HOARE [26], [47], [48] sowie die prinzipielle Anwendung auf die Sprache PASCAL [50]. Eine zugängige Erklärung der FLOYDschen Idee findet man bei MAZURKIEWICZ [80]. Die Grundlagen der formalen Logik kann der Leser z. B. in [3] oder [19] studieren.

Die Auswahl von Problemen, mit denen wir uns in 3.6. beschäftigten, ist ähnlich der in der Arbeit [2].

Die Idee der relativen Vollständigkeit stammt von COOK [27]. Interessante Ergebnisse zur Nichtexistenz eines vollständigen HOAREschen Systems für bestimmte Programmkonstruktionen findet man in der Arbeit von CLARK [24].

Zum axiomatischen Herangehen an die Theorie der Programmiersprachen existiert eine umfangreiche Literatur. Hierzu kann man z.B die Arbeiten von MANNA und PNUELLI [78] sowie SOKOŁOWSKI [120] (Systeme für totale Korrektheit), DIJKSTRA [32], [33], OWICKI und GRIES [94] (Systeme für nichtdeterministische und parallele Programme) anführen. Die Anwendung formaler Systeme zur Herleitung der Korrektheit von Programmen und ebenfalls zur systematischen Projektierung kann man in solchen Arbeiten wie DIJKSTRA [34], MANNA [77] usw. finden.

Eine besondere Richtung stellen die metamathematischen Strömungen dar, d. h. solche, die sich mit den Eigenschaften dieser Systeme selbst beschäftigen. Hier seien die Arbeiten zur algorithmischen Logik (SALWICKI [112], RASIOWA [103], BANACHOWSKI u. a. [8]) sowie zur dynamischen Logik (PRATT [100], HAREL u. a. [45]) genannt.

4. Attributierte Grammatiken

Bei der bisherigen Vorgehensweise der Semantikdefinition interessierte uns nur, welche Objekte (semantische Bedeutungen) welchen Sprachkonstruktionen zugeordnet sind und, bei komplizierten Sprachkonstruktionen, wie das der Sprachkonstruktion zugeordnete Objekt aus Objekten zusammengesetzt werden kann, die Teilkonstruktionen der ursprünglichen Sprachkonstruktion zugeordnet sind. Uns interessierte dabei nicht der konkrete Syntaxbaum der jeweiligen Sprachkonstruktion.

Soll eine Semantikdefinition die Grundlage für automatische Implementationen bilden, so ist die formale Syntaxdefinition der betrachteten Sprache der einzige Bezugspunkt. Somit geht die automatische Implementation anstelle von Programmtexten von Syntaxbäumen aus. Die Semantikdefinition muß folglich so erfolgen, daß der Prozeß der „Konstruktion“ eines semantischen Objekts eng mit der Konstruktion des Syntaxbaums der jeweiligen Sprachkonstruktion verbunden ist. Wir sprechen deshalb auch von *syntaxorienterter* oder *syntaktisch gesteuerter Semantikdefinition.*

Die Bemühungen um eine syntaxorientierte Semantikdefinition und ihre praktische Realisierung spiegeln sich gerade in der Entstehungsgeschichte der *attributierten Grammatiken* wider. Die einfachste Realisierung der syntaktischen Steuerung geschah in Compilern zunächst dadurch, daß das Erkennen einer syntaktischen Einheit des Quellprogramms mit dem Aufruf einer semantischen Routine verbunden wurde, d. h., man ordnete faktisch den syntaktischen Regeln der zu implementierenden Sprache semantische Routinen zu.

Ein weiterer Schritt war die Verbindung eines impliziten Parameters mit jedem syntaktischen Element der Grammatik, wie das in der Methode von Irons [55] praktiziert wird. Dieser Parameter ist der Träger der semantischen Bedeutung der aus dem syntaktischen Element erzeugbaren Sprachkonstruktionen. Zur Bestimmung der Werte dieses Parameters gehört zu jeder syntaktischen Regel eine *semantische Regel.* Sie gibt an, wie der Wert des Parameters der linken Seite der syntaktischen Regel aus den Werten der Parameter der rechten Seite berechnet werden soll. Anstelle konkreter Funktionen werden in den semantischen Regeln aber nur Funktionsnamen verwendet, deren Bedeutung erst durch entsprechende Unterprogramme, die die aus der Sprachbeschreibung automatisch erzeugten Compiler ergänzen, festgelegt wird.

Sehen wir uns ein Beispiel an. Die in Tab. 4.1 zusammengestellten Regeln haben folgenden Aufbau:

$$\langle \text{syntaktische Regel mit vertauschten Seiten} \rangle \Rightarrow \{\langle \text{semantische Definition} \rangle\}.$$

Tab. 4.1

⟨E⟩ + ⟨T⟩	=::	⟨E⟩	⇒	$\{(f_2(P_1, P_3)\}$
⟨T⟩	=::	⟨E⟩	⇒	$\{P_1\}$
⟨T⟩ * ⟨P⟩	=::	⟨T⟩	⇒	$\{f_1(P_1, P_3)\}$
⟨P⟩	=::	⟨T⟩	⇒	$\{P_1\}$
(⟨E⟩)	=::	⟨P⟩	⇒	$\{P_2\}$
a	=::	⟨P⟩	⇒	$\{s_1\}$
b	=::	⟨P⟩	⇒	$\{s_2\}$

Gegenüber der Originaldefinition von IRONS haben wir die Notation geringfügig geändert. Die Regeln beschreiben den Aufbau arithmetischer Ausdrücke aus den terminalen Elementen

$$(\,) \, a \, b \, + \, * \, .$$

Die jeder syntaktischen Regel zugeordnete semantische Definition gibt an, wie sich die semantische Bedeutung des syntaktischen Elements rechts von „=::" aus den semantischen Bedeutungen der Elemente links von „=::" zusammensetzt. P_i bezeichnet die semantische Bedeutung des i-ten Elements links von „=::", s_1 bzw. s_2 die semantischen Bedeutungen von *a* bzw. *b*. Damit kann z. B. die semantische Definition der dritten Regel so interpretiert werden: Die semantische Bedeutung von ⟨T⟩ rechts von „=::" ist das Ergebnis der Ausführung der Funktion f_1 mit den Argumenten P_1 (semantische Bedeutung von ⟨T⟩ links von „=::") und P_3 (semantische Bedeutung von ⟨P⟩). Die Definition der Funktion f_1 geschieht außerhalb der Regelmenge.

Wie das Beispiel deutlich zeigt, wird durch die Methode von IRONS wie bei der denotationalen Semantikdefinition die semantische Bedeutung zusammengesetzter Sprachkonstruktionen aus den semantischen Bedeutungen der Teilkonstruktionen bestimmt.

Eine weitere Verallgemeinerung der Methode von IRONS führt zu den von KNUTH eingeführten attributierten Grammatiken. *Attributierte Grammatiken* sind kontextfreie Grammatiken, deren syntaktischen Elementen *Attribute* (*Parameter*) zugeordnet sein können. Die Werte dieser Attribute sind aus bestimmten Definitionsbereichen und werden durch gewisse (*semantische*) *Regeln* festgelegt. Mit Hilfe der Attribute und der semantischen Regeln können sowohl Kontextbedingungen als auch semantische Bedeutungen von Sprachkonstruktionen definiert werden. Ein wichtiger Vorteil ist, daß diese Definition lokal geschieht, d. h., eine semantische Regel arbeitet ausschließlich mit den Attributen der syntaktischen Regel, der sie zugeordnet ist. Verschiedene Arten attributierter Grammatiken unterscheiden sich hauptsächlich in ihrer Form, in der Arbeit mit den Attributen und den semantischen Regeln und damit in Lesbarkeit, Modifizierbarkeit, Übersichtlichkeit und Implementierbarkeit.

Ein wichtiges Problem für alle attributierten Grammatiken ist die Reihenfolge der Bestimmung der Werte von Attributen in Verbindung mit der jeweiligen syntaktischen Struktur. Darauf wird später noch genauer eingegangen. Bei der Berechnung der Attributwerte kann es außerdem zu *Zyklen* kommen, d. h., der Wert eines Attributs wird in letzter Konsequenz in Abhängigkeit von ihm selbst berechnet. Für praktische Belange ist es wichtig entscheiden zu können, ob eine attributierte Grammatik *zyklenfrei* ist. Damit gewinnt die Frage nach Einschränkungen, die Zyklenfreiheit garantieren, an Bedeutung. Wir wollen uns mit diesen Problemen nicht weiter beschäftigen und verweisen auf die entsprechende Spezialliteratur. Uns geht es vielmehr darum, die Verwendung attributierter Grammatiken zur vollständigen Definition von Programmiersprachen zu zeigen.

Im Abschnitt 4.1. stellen wir zwei Arten attributierter Grammatiken, nämlich die *attributierten Grammatiken vom* Knuth*schen Typ* und die *Grammatiken syntaktischer Funktionen* (GSF), vor. Die Anwendung dieser Grammatiken zur Definition bestimmter Teile der Semantik der Sprache BPS ist der Inhalt von Abschnitt 4.2.

4.1. Arten attributierter Grammatiken

Mit der Arbeit von Knuth [59] setzte eine breite Entwicklung der attributierten Grammatiken und ihrer Anwendungen ein. Im Literaturverzeichnis sind Arbeiten zu einigen der bekanntesten attributierten Grammatiken zusammengestellt. Außerdem wird dort auf einige Anwendungen hingewiesen. Wir wollen uns allerdings nur mit zwei Arten attributierter Grammatiken näher beschäftigen. Das sind einmal die durch Knuth eingeführten attributierten Grammatiken und zum andern die auf praktische Anwendungen orientierten Grammatiken syntaktischer Funktionen, deren Ausgangspunkt die Zweistufengrammatiken sind. Bei den Anwendungen beschränken wir uns auf die Definition der Semantik von Programmiersprachen mit Hilfe von Grammatiken syntaktischer Funktionen.

4.1.1. Knuthsche attributierte Grammatiken

Der Ausgangspunkt der Knuthschen attributierten Grammatiken ist die Möglichkeit der Zuordnung von „Bedeutungen“ zu den Worten kontextfreier Sprachen. Zu diesem Zweck werden den syntaktischen Elementen der kontextfreien Grammatik, die die entsprechende Sprache erzeugt, *Attribute* zugeordnet, deren Werte durch den syntaktischen Regeln zugehörige Funktionen (*semantische Regeln*) berechnet werden. Die Attribute eines syntaktischen Elements unterteilt man entsprechend der „Richtung“ ihrer Berechnung in *ererbte* und *synthetisierte* Attribute.

Es sei $\mathsf{G} = (\mathsf{N}, \mathsf{T}, \mathsf{P}, \sigma)$ eine kontextfreie Grammatik, w sei ein Wort der kontextfreien Sprache $\mathsf{L}(\mathsf{G})$. Ist nun s ein Syntaxbaum von w, dann können wir jedem Knoten des Syntaxbaums die Attribute zuordnen, die zu dem syntaktischen Element gehören, welches den Knoten bezeichnet. Ein Attribut eines Knotens (des entsprechenden syntaktischen Elements) heißt *ererbt*, wenn sein Wert aus Werten der Attribute des Vorgängerknotens berechnet wird. Ein Attribut eines Knotens heißt *synthetisiert*, wenn sein Wert aus Werten der Attribute von Nachfolgerknoten berechnet wird. Man sagt auch, ererbte Attribute werden *top-down* und synthetisierte Attribute *bottom-up* berechnet.

Bevor wir die Knuthschen attributierten Grammatiken formal definieren, geben wir zur Einführung ein Beispiel, welches von Knuth übernommen wurde.

Beispiel 4.1.1. L sei die Menge aller Binärzahlen. Mit Hilfe einer Knuthschen attributierten Grammatik soll jeder Binärzahl die Dezimalzahl als Bedeutung zugewiesen werden, deren binäre Darstellung die gegebene Binärzahl ist. L kann durch die kontextfreie Grammatik G_L aus Tab. 4.2 erzeugt werden. Wegen späterer Referenzen numerieren wir die Regeln. Indizes dienen zur Unterscheidung verschiedener Auftreten des gleichen nichtterminalen Elements innerhalb einer Regel.

Tab. 4.2

G_L	Semantische Regeln
1 $B \to$ *0*	$b(B) := 0$
2 $B \to$ *1*	$b(B) := 2^{p(B)}$
3 $L \to B$	$b(L) := b(B)$, $p(B) := p(L)$, $l(L) := 1$
4 $L_1 \to L_2B$	$b(L_1) := b(L_2) + b(B)$, $p(B) := p(L_1)$, $p(L_2) := p(L_1) + 1$, $l(L_1) := l(L_2) + 1$
5 $N \to L$	$b(N) := b(L)$, $p(L) := 0$
6 $N \to L_1 \cdot L_2$	$b(N) := b(L_1) + b(L_2)$, $p(L_1) := 0$, $p(L_2) := -l(L_2)$

Definitionsbereiche der Attribute
$D(b(B)) = D(p(B)) = D(b(L)) = D(p(L)) = D(l(L)) =$ Menge der ganzen Zahlen in Dezimaldarstellung
$D(b(N)) =$ Menge der rationalen Zahlen in Dezimaldarstellung

Das Startelement der Grammatik ist N. Die Menge der terminalen Elemente ist {*0*, *1*, .}, während die Menge der nichtterminalen Elemente {B, L, N} ist.

Widmen wir uns nun den Attributen und den semantischen Regeln. Folgende Attribute führen wir ein:

- B hat die Attribute $b(B)$ und $p(B)$ („Bedeutung“ und „Position“ von B).
- L hat die Attribute $b(L)$, $p(L)$ und $l(L)$ („Bedeutung“, „Position“ und „Länge“ von L).
- N hat das Attribut $b(N)$ („Bedeutung“ von N).

Der Wert von $b(N)$ ist die Bedeutung einer Binärzahl, die aus N durch die kontextfreie Grammatik G_L erzeugt werden kann. Eine semantische Regel $X := A$ ist so zu interpretieren: Der Wert von X ergibt sich aus dem Wert von A.

Auf Grund dieser Interpretation ist aus den semantischen Regeln leicht ersichtlich, daß die Menge der synthetisierten Attribute $\{b(B), b(L), b(N), l(L)\}$ und die Menge der ererbten Attribute $\{p(B), p(L)\}$ ist.

Die Bedeutung einer Binärzahl Z im obigen Sinn wird auf folgende Weise berechnet:

(i) Der Syntaxbaum von Z wird konstruiert.

(ii) Es werden die Werte der Attribute der Knoten im Syntaxbaum berechnet. Das geschieht mit Hilfe der semantischen Regeln, die durch die eindeutige Zuordnung von Teilbäumen zu syntaktischen Regeln und von syntaktischen Regeln zu semantischen Regeln festgelegt sind. Die Werte ererbter Attribute werden dabei top-down und die Werte synthetisierter Attribute bottom-up berechnet.

Hier ist deutlich die syntaktische Steuerung der Berechnung der Attributwerte zu erkennen. Wir zeigen die Berechnung der Attributwerte und damit einer Bedeutung für die Binärzahl *10.01*. Die Werte der Attribute sind aus der Abb. 4.1 ersichtlich (der kürzeren Schreibweise wegen wurden die Bezeichnungen der nichtterminalen Elemente aus den Attributbezeichnungen weggelassen). Durchgezogene Linien werden für die Darstellung des Syntaxbaums und gestrichelte Linien für die Darstellung der Richtung der Berechnung der Attributwerte verwendet. ■

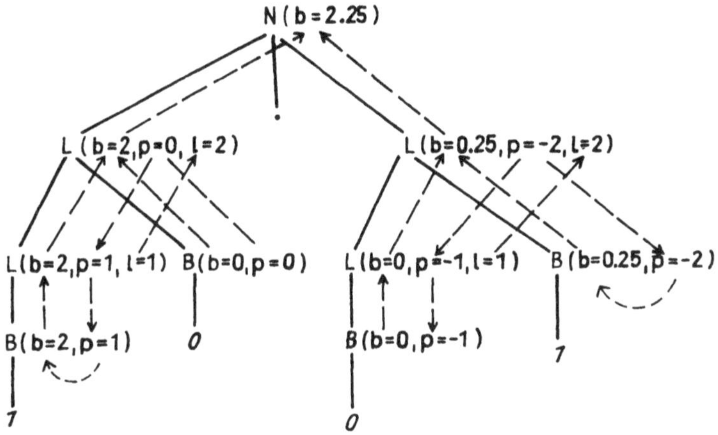

Abb. 4.1. Attributierter Syntaxbaum von *10.01* unter Verwendung einer KNUTHschen attributierten Grammatik

Nach diesem Beispiel geben wir nun eine formale Definition der KNUTHschen attributierten Grammatiken.

Es sei $G = (N, T, P, \sigma)$ eine kontextfreie Grammatik. Aus der Grammatik G erhalten wir eine *attributierte Grammatik*, indem wir zu jeder syntaktischen Regel eine Menge *semantischer Regeln* auf folgende Weise zuordnen:

(i) Wenn $X \in N \cup T$, dann wird X eine endliche Menge von *Attributen* $A(X)$ zugeordnet:

$$A(X) = A_s(X) \cup A_e(X)\,, \qquad A_s(X) \cap A_e(X) = \emptyset\,.$$

$A_s(X)$ ist die Menge der *synthetisierten Attribute* von X, und $A_e(X)$ ist die Menge der *ererbten Attribute* von X. Weiterhin muß gelten:

– $A_e(\sigma) = \emptyset$,

– Wenn $X \in T$, dann $A_s(X) = \emptyset$.

(ii) Zu jedem $\alpha \in A(X)$ sei D_α der Definitionsbereich des Attributs α.

(iii) $X_0 \to X_1X_2 \ldots X_n$ sei die p-te syntaktische Regel von G. Dann ist

$$f^p_{\alpha,k}: D_{\alpha_1} \times D_{\alpha_2} \times \ldots \times D_{\alpha_t} \to D_\alpha$$

eine *semantische Regel* zur Berechnung des Wertes des Attributs

$$\alpha \in A_e(X_k),\ k > 0, \quad \text{bzw.} \quad \alpha \in A_s(X_k)\,,\ k = 0, \quad \text{wobei} \quad \alpha_i \in \bigcup_{j=0}^{n} A(X_j)\,.$$

Anders ausgedrückt heißt das: Eine semantische Regel berechnet die Werte synthetisierter Attribute des nichtterminalen Elements der linken Seite einer syntaktischen

Regel bzw. die Werte ererbter Attribute von syntaktischen Elementen der rechten Seite in Abhängigkeit von den Werten gewisser Attribute aller syntaktischen Elemente der syntaktischen Regel.

Attributierte Grammatiken der eingeführten Form können nur zur Definition kontextfreier Programmiersprachen verwendet werden. Will man beliebige Programmiersprachen durch attributierte Grammatiken definieren, so müssen neben den Funktionen in semantischen Regeln auch Relationen zugelassen werden. Solche semantischen Regeln dienen der Formulierung von Bedingungen, die die Attributwerte erfüllen müssen. Damit können sie zur Überprüfung von Kontextbedingungen genutzt werden. Attributierte Grammatiken dieser Art sind den Typ-0-Grammatiken der CHOMSKY-Hierarchie äquivalent (siehe [134]).

Wir beschäftigen uns nun mit der Reihenfolge der Berechnung der Attributwerte. Am Beispiel sahen wir, daß die Berechnung der Attributwerte in zwei Schritten verläuft. Zunächst muß der Syntaxbaum eines Wortes aufgestellt werden, und danach werden die Werte der Attribute an den Knoten des Syntaxbaums berechnet. Dazu dienen die semantischen Regeln, die syntaktischen Regeln zugeordnet sind, welche ihrerseits gewissen Teilbäumen des Syntaxbaums entsprechen. Da der Syntaxbaum die Grundlage für die Berechnung der Attributwerte bildet, ist die Eindeutigkeit der jeweiligen kontextfreien Grammatik und damit die Existenz nur eines Syntaxbaums für jedes Wort der durch die Grammatik erzeugten Sprache wichtig.

Enthält eine attributierte Grammatik nur eine Art Attribute, so gibt es keinerlei Schwierigkeiten bei der Berechnung der Attributwerte, denn dann können sie in einem Durchlauf durch den Syntaxbaum bestimmt werden. Es kann leicht gezeigt werden (siehe [59]), daß attributierte Grammatiken, die nur synthetisierte Attribute verwenden, die gleichen Sprachen erzeugen wie attributierte Grammatiken, die noch zusätzlich ererbte Attribute benutzen. Die Verwendung von nur synthetisierten Attributen ist zwar vom Standpunkt eines Implementators günstig, aber sie führt zu einer „unnatürlichen" Definition von Attributen und zu komplizierten semantischen Regeln. Vom Nutzerstandpunkt ist daher die Verwendung beider Attributarten empfehlenswerter. Wie leicht zu sehen ist und wie auch das obige Beispiel zeigte, ergibt sich nun das Problem der Reihenfolge der Berechnung der Attributwerte. Außerdem kann es zu den schon vorn (siehe 4. Kapitel) erwähnten Zyklen kommen. Sind die semantischen Regeln so definiert, daß sie die Berechnung von Fixpunkten zulassen, dann stören Zyklen nicht. Im allgemeinen Fall muß allerdings die Zyklenfreiheit der attributierten Grammatik garantiert sein. Ob eine attributierte Grammatik zyklenfrei ist, läßt sich nur mit exponentiellem zeitlichem Aufwand feststellen (siehe [52]). Deshalb werden von verschiedenen Autoren Einschränkungen für attributierte Grammatiken angegeben, die die Zyklenfreiheit garantieren. Ein Beispiel hierfür sind die *geordneten attributierten Grammatiken* von KASTENS [57]. Ob eine attributierte Grammatik geordnet ist, kann bereits in polynomialer Zeit festgestellt werden. Bei diesen Grammatiken ist auch die Reihenfolge der Berechnung der Attributwerte bestimmt, da sich die Attribute jedes nichtterminalen Elements so ordnen lassen, daß ihre Werte in eben dieser Reihenfolge berechenbar sind.

Außer dieser Strategie gibt es eine Reihe weiterer Möglichkeiten zur Festlegung der Reihenfolge der Attributwertberechnung. Wir verweisen den interessierten Leser auf die dazu angeführte Literatur.

Im Zusammenhang mit dem Reihenfolgeproblem werden in der Literatur noch weitere Fragen diskutiert, wie z. B. die Notwendigkeit des Syntaxbaums für die Berechnung der Werte von Attributen, die Vermeidung von semantischen Regeln mit einfacher „Weitergabe“ des Wertes eines Attributs an ein anderes Attribut (*Kopierregeln*), Möglichkeiten der Verringerung des Speicherplatzbedarfs bei der Berechnung von Attributwerten (u. a. durch die Benutzung von Kellerspeichern), Möglichkeiten zur parallelen Berechnung von Attributwerten, die Vermeidung von „nutzlosen“ Berechnungen usw.

Zum Abschluß dieses Abschnitts wollen wir noch auf den Zusammenhang zweier weiterer attributierter Grammatiken mit den KNUTHschen attributierten Grammatiken hinweisen. Die *attributierten Transformationsgrammatiken* [67] unterscheiden sich von den attributierten Grammatiken nach KNUTH hauptsächlich durch *Aktionssymbole*, die auf den rechten Seiten der syntaktischen Regeln auftreten können und attributiert sein dürfen. Mit Hilfe solcher Grammatiken kann eine Übersetzung als Zuordnung einer Folge von Aktionssymbolen, deren Attribute bereits bestimmt sind, zu den Wörtern verstanden werden, die durch den kontextfreien Teil der Grammatik erzeugt werden. Die Interpretation der Aktionssymbole kann auf verschiedene Weise erfolgen.

Die *verallgemeinerten attributierten Grammatiken* [29] stammen ebenfalls von den attributierten Grammatiken nach KNUTH ab. Die Motivation für ihre Einführung war das Bestreben nach der Schaffung eines solchen Typs attributierter Grammatiken, von dem alle übrigen Typen ableitbar sind. Außerdem ging es darum zu zeigen, daß auch Zweistufengrammatiken als attributierte Grammatiken angesehen werden können.

Die Verallgemeinerung besteht hauptsächlich darin, daß die linken Seiten semantischer Regeln nicht nur Attribute, sondern auch Terme sein können. In den semantischen Regeln treten anstelle konkreter Funktionen Funktionssymbole auf. Erst durch eine Interpretation werden den Attributen konkrete Definitionsbereiche und den Funktionssymbolen konkrete Funktionen zugeordnet.

Die Attribute werden nicht mehr in ererbte und synthetisierte Attribute unterteilt. Die Verwendung etikettierter Syntaxbäume erlaubt eine solche Attributbezeichnung, daß semantische Regeln zu verschiedenen Teilbäumen des Syntaxbaums miteinander verknüpft werden können, ohne dadurch Bezeichnungskonflikte zu verursachen.

Zu jedem Wort, welches durch die kontextfreie Grammatik einer verallgemeinerten attributierten Grammatik erzeugt wird, kann ein Gleichungssystem konstruiert werden. Dieses Gleichungssystem besteht im Prinzip aus den semantischen Regeln, durch die die Attributwerte berechnet werden sollen, seine Lösbarkeit hängt im allgemeinen von der Existenz von Fixpunkten ab. Ein durch die kontextfreie Grammatik erzeugtes Wort ist genau dann ein Wort der durch die verallgemeinerte attributierte Grammatik erzeugten Sprache, wenn das zugehörige Gleichungssystem eine Lösung hat.

4.1.2. Grammatiken syntaktischer Funktionen

Bevor wir uns näher mit den *Grammatiken syntaktischer Funktionen* (GSF) beschäftigen, wollen wir uns noch etwas den Zweistufengrammatiken widmen, um die Motivation der GSF besser zu verstehen. Wie wir in Abschnitt 2.4. sahen, gestatten Zweistufengrammatiken die Definition von Kontextbedingungen. Man kann aber auch Funktionen definieren. Dazu formuliert man mit Hilfe geeigneter syntaktischer Regeln für Prädikate (im Sinne der Zweistufengrammatiken) Aussagen über den Zusammenhang zwischen den Argumenten der Funktion und dem durch die Funktion zu berechnenden Wert. Die „Berechnung“ einer Funktion für konkrete Argumente bedeutet dann, daß man für diese Argumente und einen angenommenen Wert überprüft, ob die Aussagen zutreffen. Hierfür setzt man die Argumente und den angenommenen Wert anstelle der entsprechenden Metabegriffe in das entsprechende Prädikat ein und versucht, das leere Wort aus dem entstandenen nichtterminalen Element zu erzeugen. Gelingt das, so ist der angenommene Wert der Wert der Funktion für die vorausgesetzten Argumente. Sonst ist der angenommene Wert für diese Argumente kein Funktionswert. Wir wollen dieses Vorgehen am Beispiel der Multiplikation zweier natürlicher Zahlen demonstrieren.

Beispiel 4.1.2. Für die Multiplikation zweier natürlicher Zahlen a und b gilt:

1. Wenn $\mathsf{a} * \mathsf{b} = \mathsf{c}$, dann $\mathsf{a} * (\mathsf{b} - 1) = \mathsf{c} - \mathsf{a}$.
2. $\mathsf{a} * 0 = 0$.

Diese beiden Aussagen formulieren wir mit Hilfe von Regeln einer Zweistufengrammatik:

⟨NL1 N ist N mal NL2 i⟩ ::= ⟨NL1 ist N mal NL2⟩ ,

⟨NULL ist N mal NULL⟩ ::=

Definitionsbereiche der Parameter:

$\mathsf{L}_\mathsf{N} = \{\mathrm{i}\}^+$, d. h., die Werte von N sind Zeichenketten, die nur aus dem Zeicheen „i“ gebildt werden

$\mathsf{L}_{\mathsf{NL1}} = \mathsf{L}_{\mathsf{NL2}} = \{\mathrm{i}\}^* = \mathsf{L}_\mathsf{N} \cup \{\varepsilon\}$,

$\mathsf{L}_{\mathsf{NULL}} = \{\varepsilon\}$.

Eine natürliche Zahl n wird durch eine Zeichenkette aus n Zeichen „i“ dargestellt. Die leere Zeichenkette ε repräsentiert die Null.

Überprüfen wir die Richtigkeit von $3 * 2 = 6$: Aus der ersten Regel erhalten wir durch die Ersetzungen

NL1 = iii , N = iii , NL2 = i

die kontextfreie Regel

⟨iii iii ist iii mal ii⟩ ::= ⟨iii ist iii mal i⟩ .

Durch die Ersetzungen

NL1 = ε , N = iii , NL2 = ε

entsteht ebenfalls aus der ersten Regel die kontextfreie Regel

⟨iii ist iii mal i⟩ ::= ⟨ist iii mal⟩ .

Die zweite Regel liefert durch die Ersetzungen

NULL = ε , N = iii

schließlich die kontextfreie Regel

⟨ist iii mal⟩ ::= .

Mit Hilfe der abgeleiteten kontextfreien Regeln können wir zeigen:

$$\langle \text{iii iii ist iii mal iii} \rangle \overset{*}{\Rightarrow}$$

und somit ist $\mathbf{3} * \mathbf{2} = \mathbf{6}$.

Der Leser kann sich auf analoge Weise überzeugen, daß z. B. die Annahme $\mathbf{3} * \mathbf{2} = \mathbf{5}$ in eine Sackgasse führt. ■

Das gerade am Beispiel demonstrierte Vorgehen kann dazu benutzt werden, syntaktischen Konstruktionen semantische Bedeutungen zuzuordnen. Eine komplette Sprachdefinition mit einer operationalen Semantik wird auf diese Weise z. B. in [25] für eine einfache Programmiersprache gegeben. Dieses Beispiel demonstriert aber gleichzeitig sowohl die Schwerfälligkeit als auch die Unübersichtlichkeit und schlechte Lesbarkeit solcher Sprachdefinitionen. Ein entscheidender Nachteil ist allerdings, daß es bisher noch keine Möglichkeit gibt, Zweistufengrammatiken direkt zur Sprachimplementation zu verwenden. Wegen der Vorteile der Zweistufengrammatiken stellt sich die Frage nach Modifikationen. Eine Modifikation ist die bereits oben (Abschnitt 2.4.3.) erwähnte Affixgrammatik. Eine andere Modifikation stellen die GSF dar. Sie sind, kurz gesagt, eine Verallgemeinerung der Methode von Irons, wobei eine andere Notation verwendet wurde. Die Verallgemeinerung besteht in folgendem:

(i) Den syntaktischen Elementen können mehrere Parameter explizit zugeordnet sein.

(ii) Die „Richtung" der Berechnung der Parameterwerte darf beliebig sein (bei Irons nur bottom-up).

Wir wollen die GSF in einem Einführungsbeispiel zur Definition der Untermenge U der Sprache BPS (siehe Abschnitt 2.4.2.) verwenden, um die Verwandtschaft mit den Zweistufengrammatiken aufzuzeigen. Die Ähnlichkeit soll dem Leser ebenfalls das Verständnis des Beispiels ohne Bemühung eines Formalismus erleichtern.

Beispiel 4.1.3. Bei der Definition der Untermenge U der Sprache BPS ging es uns vor allem darum zu zeigen, wie man Kontextbedingungen mit Hilfe von Zweistufengrammatiken darstellen kann. Als Kontextbedingung wurde ausgewählt:

„Zu jeder Variablen in einem Programm existiert genau eine Vereinbarung."

Die syntaktischen Regeln der entsprechenden GSF zur Definition von U sind in Tab. 4.3 enthalten. Auf die Regeln für die nichtterminalen Elemente Konstante, op1 und op2 wurde verzichtet. Wegen notwendiger Referenzen sind die Regeln numeriert.

Wir vergleichen nun die GSF mit der in Abschnitt 2.4.2. angeführten Zweistufengrammatik. Abgesehen von einem unwesentlichen notationellen Unterschied gibt es folgende Beziehungen:

(i) Den Hyperbegriffen der Zweistufengrammatiken entsprechen im allgemeinen die *syntaktischen Funktionen*, die *syntaktischen Hilfsfunktionen* und die *semantischen Funktionen* der GSF. In unserem Beispiel sind CON(N, N1, Z), SUCH(nil, A, N) und DEKL(V, V1, V2) syntaktische Hilfsfunktionen. Alle anderen Konstruktionen in den Regeln sind syntaktische Funktionen. Syntaktische Hilfsfunktionen und semantische

Tab. 4.3.

Syntaktische Regeln

1 Programm: begin-Symbol, Vereinbarungen (V), Semikolon-Symbol, Anweisungen (V), end-Symbol.
2 Vereinbarungen (V): Vereinbarungen (V1), Semikolon-Symbol, Vereinbarung (N), DEKL(V, V1, N).
3 Vereinbarungen (V): Vereinbarung (V).
4 Vereinbarung (V): Notation (V), Doppelpunkt-Symbol, Typ.
5 Typ: integer-Symbol.
6 Typ: boolean-Symbol.
7 Anweisungen (A): Anweisung (A), Semikolon-Symbol, Anweisungen (A).
8 Anweisungen (A): Anweisung (A).
9 Anweisung (A): skip-Symbol.
10 Anweisung (A): if-Symbol, Ausdruck (A), then-Symbol, Anweisungen (A), else-Symbol, Anweisungen (A), fi-Symbol.
11 Anweisung (A): while-Symbol, Ausdruck (A), do-Symbol, Anweisungen (A), od-Symbol.
12 Anweisung (A): Notation (N), Ergibtzeichen-Symbol, Ausdruck (A), SUCH(nil, A, N).
13 Ausdruck (A): Klammer-1-Symbol, Ausdruck (A), op2, Ausdruck (A), Klammer-2-Symbol.
14 Ausdruck (A): Klammer-1-Symbol, op1, Ausdruck (A), Klammer-2-Symbol.
15 Ausdruck (A): Konstante.
16 Ausdruck (A): Variable (A).
17 Variable (A): Notation (N), SUCH(nil, A, N).
18 Notation (Z): Zeichen-Symbol (Z).
19 Notation (N): Notation (N1), Zeichen-Symbol (Z), CON(N, N1, Z).

Repräsentation terminaler Elemente

begin-Symbol	**begin**
Semikolon-Symbol	;
end-Symbol	**end**
Doppelpunkt-Symbol	:
integer-Symbol	**integer**
boolean-Symbol	**boolean**
skip-Symbol	**skip**
if-Symbol	**if**
then-Symbol	**then**
else-Symbol	**else**
fi-Symbol	**fi**
while-Symbol	**while**
do-Symbol	**do**
od-Symbol	**od**
Ergibtzeichen-Symbol	:=
Klammer-1-Symbol	(
Klammer-2-Symbol	)

Definitionsbereiche der Parameter

Parameter	Parameterwerte
V, V1, A	Mengen von Identifikatoren
N, N1	Identifikatoren
Z	Buchstaben, Ziffern

Tab. 4.3. (Fortsetzung)

Syntaktische Hilfsfunktionen	
DEKL	prüft, ob ein vereinbarter Identifikator (Wert des dritten Parameters) schon in der Menge der bisher vereinbarten Identifikatoren (Wert des zweiten Parameters) enthalten ist. Ist das der Fall, erfolgt eine „Fehlermeldung“. Sonst wird der neue Identifikator in die Menge der vereinbarten Identifikatoren (Wert des ersten Parameters) übernommen.
SUCH	überprüft, ob ein Identifikator (Wert des dritten Parameters) aus einer Anweisung in der Menge der vereinbarten Identifikatoren (Wert des zweiten Parameters) enthalten ist. Wurde der Identifikator nicht vereinbart, erfolgt eine „Fehlermeldung“. Die Funktion berechnet keinen Wert (Wert des ersten Parameters ist nil).
CON	verlängert eine Zeichenkette (Wert des zweiten Parameters) um ein Zeichen (Wert des dritten Parameters). Diese neue Zeichenkette bildet den Wert des ersten Parameters.

Funktionen übernehmen die Rolle der Prädikate der Zweistufengrammatiken und können außerdem die in Zweistufengrammatiken implizit gegebenen Funktionen in einer GSF explizit ausdrücken (im Beispiel drückt CON explizit die Verkettung von Anfängen von Identifikatoren mit weiteren Zeichen aus). Im Gegensatz zu den Prädikaten erfolgt die Definition syntaktischer Hilfsfunktionen und semantischer Funktionen nicht durch syntaktische Regeln. Während wir bei den Zweistufengrammatiken mit Hilfe der syntaktischen Regeln feststellen können, ob aus einem Prädikat für bestimmte Parameterwerte das leere Wort oder eine leere Sprache erzeugbar ist, setzen die GSF voraus, daß wir „irgendwoher“ wissen, welche Parameterwerte zur Erzeugung der leeren Sprache („Fehlermeldung“ durch Erzeugung eines speziellen Sperrelements) oder des leeren Wortes führen. Damit verzichten die GSF auf Implementationseinzelheiten und sind folglich übersichtlicher. Sehen wir uns das am Beispiel der Vereinbarungen an.

Aus den Regeln (2) bis (6) und (18), (19) kann man analog zur Vorgehensweise in Abschnitt 2.4.2. beliebige Folgen der Form

$$z_1 : t_1 \; ; \ldots ; z_n : t_n \; \mathrm{DEKL}(\{z_1, z_2\}, \{z_1\}, z_2) \, ,$$

$$\mathrm{DEKL}\,(\{z_1, z_2, z_3\}, \{z_1, z_2\}, z_3), \ldots ,$$

$$\mathrm{DEKL}(\{z_1, z_2, \ldots , z_n\}, \{z_1, z_2, \ldots z_{n-1}\}, z_n)$$

erzeugen, wobei $z_1, \ldots , z_n$ Identifikatoren sind (der Einfachheit halber sollen sie nur aus einem Element bestehen, sonst müßte in der Folge noch die Funktion CON auftreten) und $t_1, \ldots , t_n \in \{$**boolean**, **integer**$\}$. Hierbei entspricht

$$\mathrm{DEKL}(\{z_1, \ldots , z_i\}, \{z_1, \ldots , z_{i-1}\}, z_i)$$

einem nichtterminalen Element

$$\langle z_i \text{ tritt nicht in } z_1 ; \ldots ; z_{i-1} \text{ auf}\rangle$$

aus Abschnitt 2.4.2. Während aber dort mit Hilfe der syntaktischen Regeln entweder die leere Sprache (wenn $z_i \in \{z_1, \ldots , z_{i-1}\}$) oder das leere Wort (wenn $z_i \notin \{z_1, \ldots , z_{i-1}\}$)

erzeugt wurden, setzen wir hier voraus, daß DEKL($\{z_1, \ldots, z_i\}, \{z_1, \ldots, z_{i-1}\}, z_i$) entweder eine „Fehlermeldung" (wenn $z_i \in \{z_1, \ldots, z_{i-1}\}$) oder das leere Wort (wenn $z_i \notin \{z_1, \ldots, z_{i-1}\}$) liefert.

(ii) Die GSF lassen die Verwendung beliebiger Parameternamen zu, d. h., die Bezeichnungen für die Parameter verschiedener nichtterminaler Elemente der Basisgrammatik können gleich sein, oder die Bezeichnungen des gleichen Parameters eines nichtterminalen Elements der Basisgrammatik können unterschiedlich sein. Im Gegensatz zu den Zweistufengrammatiken sind die Definitionsbereiche der Parameter nicht den Namen, sondern den Positionen von Parametern zugeordnet. Folglich können mit den gleichen Parameternamen in unterschiedlichen Regeln unterschiedliche Definitionsbereiche verbunden sein. Innerhalb einer Regel vertritt der gleiche Parametername allerdings immer gleiche Werte.

Zum Abschluß des Beispiels weisen wir noch darauf hin, daß die Erzeugung von Worten durch eine GSF in Analogie zu den Zweistufengrammatiken verläuft. ■

Bevor wir die wichtigsten Begriffe für GSF formal einführen, geben wir noch eine GSF für die im Beispiel 4.1.1 durch eine attributierte Grammatik nach KNUTH definierte Sprache an, um damit die Beziehungen zwischen diesen beiden Grammatiktypen zu verdeutlichen.

Beispiel 4.1.4. Als Basisgrammatik verwenden wir die Grammatik G_L aus Tab. 4.2. Um einen Vergleich mit dem Beispiel 4.1.1 zu ermöglichen, behalten wir die Bezeichnungen der nichtterminalen Elemente, allerdings ohne Indizierung, bei. Ansonsten verwenden wir wiederum die VAN WIJNGAARDEN-Form. Parameterbezeichnungen wurden soweit wie möglich beibehalten. Die GSF ist in Tab. 4.4 zusammengestellt.

Tab. 4.4

Syntaktische Regeln

1 B(0, p): Null-Symbol.
2 B(b, p): Eins-Symbol, EXP(b, p).
3 L(b, p, 1): B(b, p).
4 L(b1, p1, l1): L(b2, p2, l2), B(b, p1), ADD(b1, b2, b), ADD(p2, p1, 1), ADD(l1, l2, 1).
5 N(b): L(b, 0, 1).
6 N(b): L(b1, 0, l1), Punkt-Symbol, L(b2, p2, l2), ADD(b, b1, b2) NEG(p2, l2).

Repräsentation terminaler Elemente

Null-Symbol	*0*
Eins-Symbol	*1*
Punkt-Symbol	.

Definitionsbereiche der Parameter

Parameter	Definitionsbereiche
alle Parameter von B und L	Menge der ganzen Zahlen in Dezimaldarstellung
Parameter von N	Menge der rationalen Zahlen in Dezimaldarstellung

Tab. 4.4 (Fortsetzung)

Semantische Funktionen	
EXP	berechnet die p-te Potenz von 2 (p ist der Wert des zweiten Parameters) und weist das Ergebnis dem ersten Parameter zu.
ADD	addiert die Werte des zweiten und dritten Parameters und weist das Ergebnis dem ersten Parameter zu.
NEG	weist dem ersten Parameter den Wert des zweiten Parameters mit umgekehrtem Vorzeichen zu.

Der Vergleich der GSF mit der attributierten Grammatik nach KNUTH zeigt die unterschiedliche Form der semantischen Regeln. Während bei der KNUTHschen attributierten Grammatik die semantischen Regeln separat angeführt werden, verwendet die GSF „semantische Regeln" in Form von syntaktischen Hilfsfunktionen und semantischen Funktionen direkt in den syntaktischen Regeln. Die bei den GSF gewählte Form ermöglicht den Verzicht auf explizite Regeln, wenn Parameterwerte nur kopiert werden sollen bzw. wenn ihnen ein konstanter Wert zugeordnet werden soll. Der erste Fall wird einfach durch die Wahl gleicher Parameternamen und der zweite durch die Verwendung der entsprechenden Konstanten anstelle eines Parameternamens realisiert. So entspricht z. B. die semantische Regel

$$b(B) := 0$$

zur ersten syntaktischen Regel in Tab. 4.2 der 0 an der Stelle des ersten Parameters von B in der ersten Regel der GSF in Tab. 4.4, und der semantischen Regel

$$b(N) := b(L)$$

zur fünften syntaktischen Regel in Tab. 4.2 entspricht die Wahl des gleichen Parameternamens für jeweils den ersten Parameter von L und N in der fünften Regel der GSF.

Die Verwendung der semantischen Funktionen und der syntaktischen Hilfsfunktionen in der GSF anstelle der semantischen Regeln in der KNUTHschen attributierten Grammatik bedeutet zunächst den Verzicht auf Implementationseinzelheiten und damit eine kürzere und übersichtlichere Notation. Bei praktischen Anwendungen einer GSF muß allerdings, wie bei der Methode von IRONS, irgendwann einmal eine Realisierung der syntaktischen Hilfsfunktionen und der semantischen Funktionen (z. B. durch Unterprogramme) erfolgen.

Im Beispiel 4.1.3 wurde bereits darauf hingewiesen, daß diese Funktionen den Prädikaten der Zweistufengrammatiken entsprechen. Diese Rolle spielen sie aber nur im formalen Prozeß der Erzeugung eines Wortes. Bei praktischen Anwendungen werden sie immer wie Funktionsunterprogramme behandelt. Wir verwendeten deshalb sowohl im Beispiel 4.1.3 als auch in diesem Beispiel eine verbale Beschreibung als Funktion zur bedingten Berechnung des Wertes des ersten Parameters aus den Werten der übrigen Parameter und keine Beschreibung als Prädikat. Eine Beschreibung als Prädikat würde z. B. für die semantische Funktion ADD so aussehen: ADD liefert den Wert **true** (Erzeugung des leeren Wortes), wenn der Wert des ersten Parameters die Summe der Werte des zweiten und des dritten Parameters ist. Sonst liefert ADD den Wert **false** (Erzeugung der leeren Sprache; „Fehlermeldung"). ■

Nach diesen einführenden Beispielen sollen nun die wichtigsten Begriffe zu GSF definiert werden.

Eine GSF G ist ein System, welches aus folgenden Objekten besteht:

– aus einer kontextfreien *Basisgrammatik* B = (Nt, T, R′, ST), wobei Nt die Menge der nichtterminalen Elemente, T die Menge der terminalen Elemente, R′ die Menge der syntaktischen Regeln und ST $\in$ Nt das Startelement der Grammatik B sind.
  Die Elemente aus Nt $\cup$ T heißen *Namen syntaktischer Funktionen* und die Elemente aus T *Namen von Basisfunktionen*.

  Im Beispiel 4.1.4 ist B = (Nt, T, R′, ST) so definiert:

  Nt = {B, L, N}, T = {Null-Symbol, Eins-Symbol, Punkt-Symbol} ,
  R′ = {B : Null-Symbol. ,
  B : Eins-Symbol. ,
  L : B. ,
  L : L, B. ,
  N : L. ,
  N : L, Punkt-Symbol, L.} ,
  ST = N .

– aus einer endlichen Menge H von *Namen syntaktischer Hilfsfunktionen*,
– aus einer endlichen Menge S von *Namen semantischer Funktionen*,
– aus einer endlichen Menge V von *Variablennamen*,
– aus einer endlichen Menge K von *Konstantennamen* (die Elemente von V $\cup$ K heißen auch *Parameter*),
– aus einer endlichen Menge R *syntaktischer Regeln* der Form

$$f(P_1^f, \ldots, P_{n_f}^f) : f_1(P_1^{f_1}, \ldots, P_{n_{f_1}}^{f_1}), \ldots, f_r(P_1^{f_r}, \ldots, P_{n_{f_r}}^{f_r}),$$
$$h_1(P_1^{h_1}, \ldots, P_{n_{h_1}}^{h_1}), \ldots, h_s(P_1^{h_s}, \ldots, P_{n_{h_s}}^{h_s}).$$

  Dabei sind $h_1, \ldots, h_s \in H \cup S$, $P_k^f, P_l^{f_i}, P_m^{h_j} \in V \cup K$, $l = 1, \ldots, n_{f_i}$,

$$m = 1, \ldots, n_{h_j}, \quad k = 1, \ldots, n_f, \quad n_f, n_{f_i}, n_{h_j} \geqq 0, \quad i = 1, \ldots, r,$$

$$j = 1, \ldots, s, \quad \text{und} \quad f : f_1, \ldots, f_r \,.$$

  ist eine syntaktische Regel der Basisgrammatik, d. h. ein Element der Menge R′.
– aus einem Sperrelement SP $\notin$ Nt $\cup$ T $\cup$ H $\cup$ S $\cup$ V $\cup$ K.

Die Mengen Nt, T, H, S, V, K sind paarweise disjunkt.

Im Beispiel 4.1.4 treten folgende Mengen auf:

H = ∅ , S = {EXP, ADD, NEG} ,

V = {b, b1, b2, l, l1, l2, p, p1, p2} , K = {0, 1} .

Die Menge syntaktischer Regeln R ist die Regelmenge in Tab. 4.4. Jeder Parameterposition ist ein bestimmter Definitionsbereich zugeordnet. Ersetzt man Variablennamen in den Parameterlisten syntaktischer Hilfsfunktionen oder semantischer Funktionen durch Werte aus den entsprechenden Definitionsbereichen, dann erhält man in Abhängigkeit von diesen Werten als Funktionswert der syntaktischen Hilfsfunktion bzw. der semantischen Funktion entweder die leere Zeichenkette oder das Sperrelement SP.

So gilt z. B. für ADD aus dem Beispiel 4.1.4 ADD(2, 1, 1) $= \varepsilon$, aber auch ADD(1, 2, 1) $=$ SP.

Die Definition der Abhängigkeit dieser Funktionswerte liegt außerhalb der Definition der GSF.

Durch Ersetzen der Variablennamen in syntaktischen Funktionen durch Werte aus den entsprechenden Definitionsbereichen erhält man *Protobegriffe* (ein Protobegriff ist eine Folge, die aus dem Namen einer syntaktischen Funktion und eventuell aus einer in Klammern eingeschlossenen Liste von Parameterwerten besteht). Beispielsweise ist L(2, 1, 1) für die GSF aus dem Beispiel 4.1.4 ein Protobegriff.

Ersetzt man in einer syntaktischen Regel alle Variablennamen durch Werte aus den entsprechenden Definitionsbereichen, wobei gleiche Variablennamen innerhalb der Regel durch gleiche Werte ersetzt werden, so erhält man eine neue Regel. Die syntaktischen Hilfsfunktionen und semantischen Funktionen der Regel ergeben durch die Ersetzung entweder ε oder SP. Enthält die Regel kein Sperrelement SP, so nennen wir sie *Erzeugungsregel*. Für die GSF in Beispiel 4.1.4 wäre z. B.

N(2.25) : L(2, 0, 2), Punkt-Symbol, L(0.25, -2, 2) .

eine Erzeugungsregel, denn ADD(2.25, 2, 0.25) $= \varepsilon$ und NEG(-2, 2) $= \varepsilon$.
Aber aus

B(3, 1, 1) : Eins-Symbol, EXP(3, 1) .

ist keine Erzeugungsregel ableitbar, denn EXP(3, 1) $=$ SP.

Erzeugungsregeln sind kontextfreie syntaktische Regeln. Sie ermöglichen es, den Ableitungsbegriff der kontextfreien Grammatiken auf die GSF zu übertragen. Die Sprache L(G), die durch eine GSF G erzeugt wird, ist dann die Menge aller Wörter, die aus einem aus dem Startelement entstandenen Protobegriff mit Hilfe von Erzeugungsregeln der GSF erzeugt werden können.

Die Binärzahl *10.01* ist ein Element der Sprache, die durch die GSF aus dem Beispiel 4.1.4 erzeugt wird, denn sie kann durch die Menge von Erzeugungsregeln in Tab. 4.5 erzeugt werden:

N(2.25) $\Rightarrow$ L(2, 0, 2), Punkt-Symbol, L(0.25, -2, 2)
$\Rightarrow$ L(2, 1, 1), B(0, 0), Punkt-Symbol, L(0.25, -2, 2)
$\Rightarrow$ B(2, 1), B(0, 0), Punkt-Symbol, L(0.25, -2, 2)
$\Rightarrow$ Eins-Symbol, B(0, 0), Punkt-Symbol, L(0.25, -2, 2)
$\Rightarrow$ Eins-Symbol, Null-Symbol, Punkt-Symbol, L(0.25, -2, 2)
$\Rightarrow$ Eins-Symbol, Null-Symbol, Punkt-Symbol, L(0, -1, 1), B(0.25, -2)
$\Rightarrow$ Eins-Symbol, Null-Symbol, Punkt-Symbol, B(0, -1), B(0.25, -2)
$\Rightarrow$ Eins-Symbol, Null-Symbol, Punkt-Symbol, Null-Symbol, B(0.25, -2)
$\Rightarrow$ Eins-Symbol, Null-Symbol, Punkt-Symbol, Null-Symbol, Eins-Symbol.

Dem Leser wird aufgefallen sein, daß die Parameter nicht in synthetisierte und ererbte Parameter unterteilt werden. Diese Unterteilung ist nicht notwendig. Zu dieser Erkenntnis kam man auch im Zusammenhang mit den den GSF sehr ähnlichen, aber später eingeführten *erweiterten attributierten Grammatiken* [130].

Tab. 4.5

Erzeugungsregeln
N(2.25): L(2, 0, 2), Punkt-Symbol, L(0.25, —2, 2).
L(2, 0, 2): L(2, 1, 1), B(0, 0).
L(2, 1, 1): B(2, 1).
B(2, 1): Eins-Symbol.
B(0, 0): Null-Symbol.
L(0.25, —2, 2):L(0, —1, 1,) B(0.25, —2).
L(0, —1, 1) : B(0, —1).
B(0, —1): Null-Symbol.
B(0.25, —2): Eins-Symbol.

Was die Ausdrucksfähigkeit der GSF betrifft, so wurde nachgewiesen, daß sie den Grammatiken des Chomsky-Typs 0 äquivalent sind (siehe [134]). In praktischen Anwendungen interessieren uns meist nur GSF, deren Basisgrammatik eindeutig ist und deren syntaktische Hilfsfunktionen und semantische Funktionen effektiv berechenbar sind. Solche GSF definieren entscheidbare Sprachen.

Analog zum Problem der Reihenfolge der Berechnung der Attributwerte bei den attributierten Grammatiken nach Knuth steht bei den GSF das Problem der Parameterwertbestimmung oder, mit anderen Worten, die Bestimmung der Erzeugungsregeln, die ein gegebenes Wort der durch die GSF definierten Sprache erzeugen.

Sehen wir uns dieses Problem näher an einem Beispiel an.

Beispiel 4.1.5. Wir wollen die in Tab. 4.5 angeführten Erzeugungsregeln, die die Binärzahl *10.01* erzeugen, aus den syntaktischen Regeln der GSF in Tab. 4.4 ableiten. Zunächst führen wir die syntaktische Analyse von *01.01* bezüglich der Basisgrammatik der GSF durch. Sie liefert uns als Ergebnis die Regeln 6, 4, 3, 2, 1, 4, 3, 1, 2.

Tab. 4.6

I	(Nb): L(b1, 0, l1), Punkt-Symbol, L(b2, p2, l2), ADD(b, b1, b2), NEG(p2, l2).
II	L(b1, p1, l1): L(b2, p2, l2), B(b, p1), ADD(b1, b2, b), ADD(p2, p1, 1), ADD(l1, l2, 1).
III	L(b, p, 1): B(b, p).
IV	B(b, p): Eins-Symbol, EXP(b, p).
V	B(0, p): Null-Symbol.
VI	L(b1, p1, l1): L(b2, p2, l2), B(b, p1), ADD(b1, b2, b), ADD(p2, p1, 1), ADD(l1, l2, 1).
VII	L(b, p, 1): B(b, p).
VIII	B(0, p): Null-Symbol.
IX	B(b, p): Eins-Symbol, EXP(b, p).

Diese Regeln wurden in Tab. 4.6 zusammengestellt. Es steht nun die Aufgabe, die Variablennamen in diesen Regeln so durch Werte aus den entsprechenden Definitionsbereichen zu ersetzen, daß

1. die semantischen Funktionen als Wert das leere Wort ergeben und
2. die „Verbindung" zwischen den entstehenden Erzeugungsregeln entsprechend der kontextfreien Struktur gesichert ist (d. h., wenn N ein nichtterminales Element auf der rechten Seite der i-ten Regel der Basisgrammatik ist, welches im Ableitungsprozeß bezüglich der Basisgrammatik durch die rechte Seite der j-ten Regel der

Basisgrammatik ersetzt wird, dann müssen der aus dem N' auf der rechten Seite der i-ten Regel der GSF und der aus dem N' auf der linken Seite der j-ten Regel der GSF durch den Übergang zu Erzeugungsregeln entstandene Protobegriff gleich sein. N' sei die N entsprechende syntaktische Funktion). Das bedeutet z. B., daß durch den Übergang zu Erzeugungsregeln der aus L(b1, 0, l1) der Regel I entstehende Protobegriff identisch sein muß mit dem aus L(b1, p1, l1) der Regel II entstehenden Protobegriff.

Diese beiden Forderungen lassen sich in Gleichungen umsetzen, und somit kann dem durch die Basisgrammatik erzeugten Wort ein Gleichungssystem zur Bestimmung der Parameterwerte zugeordnet werden. Interessiert man sich nur für bestimmte Parameterwerte, so läßt sich das Gleichungssystem verkürzen. Wir wollen hier nicht näher darauf eingehen und verweisen den interessierten Leser stattdessen auf die Literatur.

Zur Binärzahl *10.01* gehört folgendes Gleichungssystem (um das Auftreten von gleichen Variablennamen in unterschiedlichen Regeln zu unterscheiden und um Bezeichnungskonflikte zu vermeiden, wurden die Variablennamen durch die Regelnummern gemäß Tab. 4.6 indiziert):

$$\begin{aligned}
\mathsf{ADD}(b_{\mathrm{I}}, b1_{\mathrm{I}}, b2_{\mathrm{I}}) &= \varepsilon\,, \\
\mathsf{NEG}(p2_{\mathrm{I}}, l2_{\mathrm{I}}) &= \varepsilon\,, \\
\mathsf{ADD}(b1_{\mathrm{I}}, b2_{\mathrm{II}}, 0) &= \varepsilon\,, \\
\mathsf{ADD}(p2_{\mathrm{II}}, 0, 1) &= \varepsilon\,, \\
\mathsf{EXP}(b2_{\mathrm{II}}, p2_{\mathrm{II}}) &= \varepsilon\,, \\
\mathsf{ADD}(b2_{\mathrm{I}}, 0, b_{\mathrm{VI}}) &= \varepsilon\,, \\
\mathsf{ADD}(l2_{\mathrm{I}}, 1, 1) &= \varepsilon\,, \\
\mathsf{EXP}(b_{\mathrm{VI}}, p2_{\mathrm{I}}) &= \varepsilon\,.
\end{aligned} \tag{4.1.1}$$

Dieses Gleichungssystem ist bereits verkürzt. Da uns nur der Wert von b_{I} (semantische Bedeutung von *10.01*) interessiert, haben wir alle „trivialen" Gleichungen eingearbeitet (Gleichungen, die entweder auf beiden Seiten nur einen Variablennamen oder auf einer Seite einen Variablennamen und auf der anderen eine Konstante haben) und alle „überflüssigen" Gleichungen weggelassen (Gleichungen, die zur Berechnung von b_{I} „keinen Beitrag leisten").

Die Konstruktion des Gleichungssystems läßt sich sehr gut veranschaulichen. Dazu stellen wir die Beziehungen zwischen den Parametern innerhalb einer syntaktischen Regel durch Graphen dar. Die Bestandteile dieser elementaren Graphen sind

(i) Knoten, die den Parametern der syntaktischen Funktionen entsprechen und die mit Variablennamen bezeichnet werden, wobei uns der Wert dieser Parameter nicht weiter interessiert. Wir wollen sie *Verbindungsknoten* nennen und im Graphen durch • darstellen.

(ii) Knoten, die

- Parametern der syntaktischen Funktionen entsprechen und mit Konstantennamen oder Variablennamen bezeichnet werden, wobei uns die Werte der letzteren interessieren;
- syntaktischen Hilfsfunktionen und semantischen Funktionen entsprechen und mit deren Namen bezeichnet werden;

– Konstantennamen in der Parameterliste von syntaktischen Hilfsfunktionen und semantischen Funktionen entsprechen.

Diese Knoten wollen wir *Berechnungsknoten* nennen und im Graphen durch ∘ darstellen.

(iii) Kanten zwischen

– Verbindungsknoten mit gleichem Variablennamen;
– einem Verbindungsknoten und einem Berechnungsknoten, der durch den Namen einer syntaktischen Hilfsfunktion bzw. einer semantischen Funktion bezeichnet wird, wenn der Variablenname des Verbindungsknotens in der Parameterliste der syntaktischen Hilfsfunktion bzw. der semantischen Funktion auftritt;
– zwei Berechnungsknoten, wenn entweder beide durch Namen syntaktischer Hilfsfunktionen oder semantischer Funktionen bezeichnet werden und ihre Parameterlisten den gleichen Variablennamen enthalten, oder wenn einer durch einen Namen einer syntaktischen Hilfsfunktion oder einer semantischen Funktion und der andere durch einen Konstantennamen aus der Parameterliste dieser Funktion bezeichnet wird.

Man kann eine Orientierung der Kanten durch die Festlegung einer „Berechnungsrichtung" einführen. Wir wollen eine Berechnungsrichtung dadurch einführen, daß wir bis zum Ende dieses Kapitels festlegen, daß der erste Parameter einer syntaktischen Hilfsfunktion oder einer semantischen Funktion immer ein „Ausgabeparameter" ist und alle anderen Parameter dieser Funktionen „Eingabeparameter" sind. Sollte eine solche Funktion keine Ausgabe haben, so wird als erster Parameter der Konstantenname „nil" gewählt.

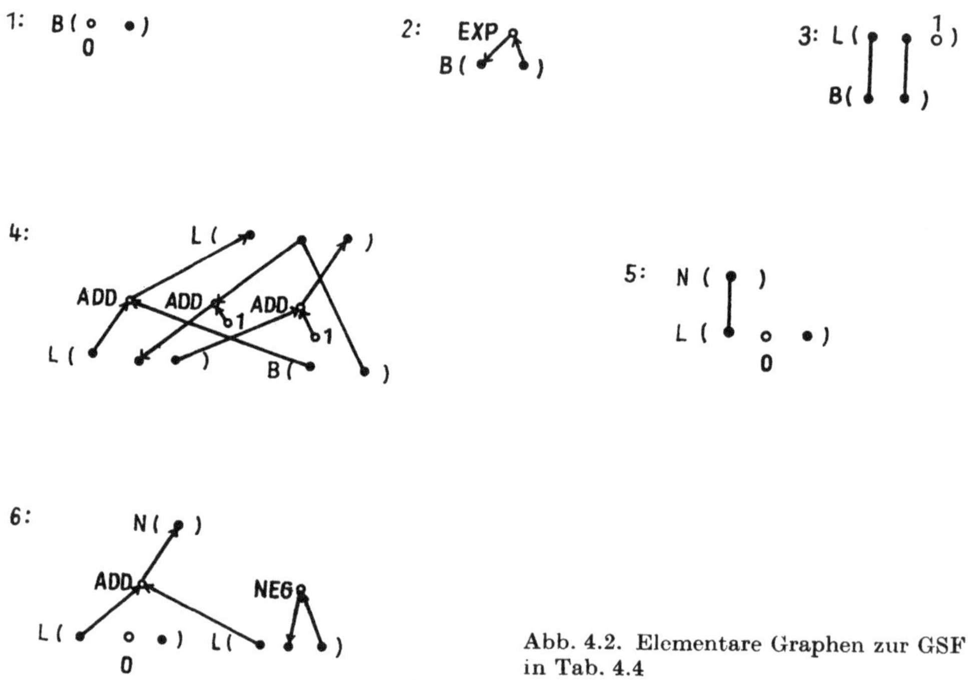

Abb. 4.2. Elementare Graphen zur GSF in Tab. 4.4

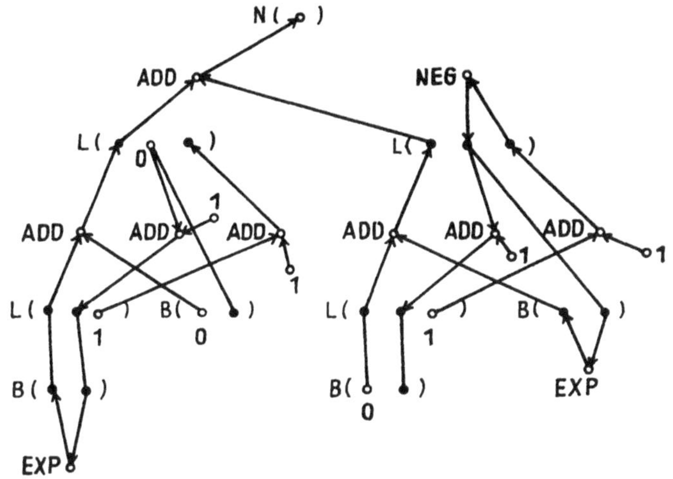

Abb. 4.3. Parametrisierter Syntaxbaum von *10.01* unter Verwendung einer GSF

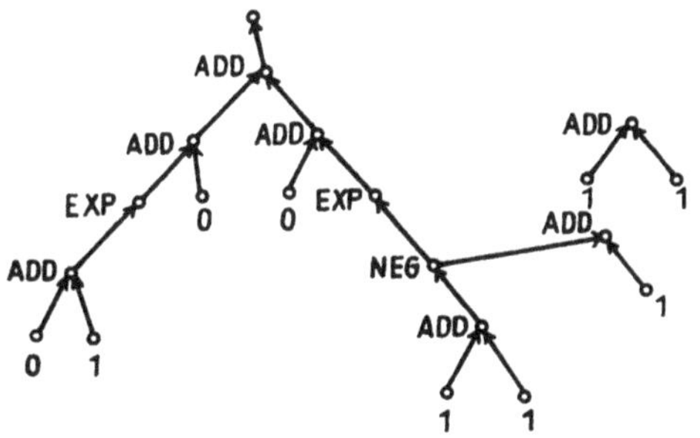

Abb. 4.4. Komprimierter Graph zum Graphen in Abb. 4.3

Die elementaren Graphen für die GSF aus Tab. 4.4 sind in Abb. 4.2 zusammengestellt. Zur besseren Übersicht haben wir die Knoten zu den Parametern der syntaktischen Funktionen gruppiert (Kennzeichnung durch „(" und „)") und den Namen der syntaktischen Funktion hinzugefügt. Außerdem sind die Graphen entsprechend den syntaktischen Regeln numeriert. Da die Variablennamen für die weitere Verwendung der elementaren Graphen keine Bedeutung haben, haben wir sie weggelassen.

Kommen wir nun zur graphischen Interpretation der Konstruktion eines Gleichungssystems. Der Konstruktion des Gleichungssystems entspricht die Zusammensetzung elementarer Graphen, wobei die Verbindung der elementaren Graphen auf der Identifizierung gleichliegender Knoten von gleichnamigen syntaktischen Funktionen beruht.

Die Abb. 4.3 gibt den entsprechenden Graphen für die Binärzahl *10.01* (vgl. auch Abb. 4.1). Beschränken wir uns auf die Berechnungsknoten, so können wir diesen Graphen komprimieren (Abb. 4.4). Aus der Abb. 4.4 ist sofort ersichtlich, daß z. B. eine Berechnung der semantischen Funktion ADD mit den Eingabeparametern 1 und 1 überflüssig ist, da sie keinen Beitrag zur Berechnung der semantischen Bedeutung von *10.01* liefert. Lassen wir den entsprechenden Teilgraphen weg, so bleibt ein Graph, der als graphische Darstellung des Gleichungssystems (4.1.1) angesehen werden kann.

Es ergibt sich die Frage nach der Lösbarkeit eines Gleichungssystems, welches einem Wort der durch die Basisgrammatik einer GSF erzeugten Sprache zugeordnet ist. Man kann leicht zeigen, daß ein Gleichungssystem durch schrittweise Eliminierung der Variablen lösbar ist, wenn die GSF im Sinne von KNUTH zyklenfrei ist. Wie sich der Leser leicht überzeugen kann, ist diese Methode auch auf das Gleichungssystem (4.1.1) anwendbar. Läßt man Zyklen in der Berechnung zu, dann hängt die Lösbarkeit des Gleichungssystems wie bei den verallgemeinerten attributierten Grammatiken von der Existenz von Fixpunkten sowohl der syntaktischen Hilfsfunktionen als auch der semantischen Funktionen ab. ■

4.2. Anwendung attributierter Grammatiken zur Semantikdefinition

Im vorhergehenden Abschnitt zeigten wir bereits im Beispiel 4.1.3, wie man eine Kontextbedingung der Sprache BPS mit Hilfe einer GSF darstellen kann. Uns geht es nun zunächst darum, die Darstellung aller Kontextbedingungen der Sprache BPS zum einen durch eine KNUTHsche attributierte Grammatik und zum andern durch eine GSF zu zeigen.

Die Verletzung von Kontextbedingungen wird dadurch registriert, daß ein Attribut **Fehler** den Wert **true** zugewiesen bekommt.

Beispiel 4.2.1. Die Realisierung aller Kontextbedingungen von BPS durch eine attributierte Grammatik nach KNUTH gibt die Tab. 4.7 wieder. Da die Bedeutung der semantischen Regeln aus ihrer Darstellung ersichtlich ist, wollen wir uns auf einige Hinweise beschränken:

1. Die Prüfung der Kontextbedingungen erfolgt an wenigen Stellen der Grammatik. In den semantischen Regeln der Regel (3) wird überprüft, ob die Typen der Operanden eines Ausdrucks mit der Art der Operation vereinbar sind. Einige semantische Regeln zur Regel (6) überprüfen die Übereinstimmung der Typen der rechten und linken Seite von Ergibtanweisungen. Andere Regeln prüfen, ob der Typ des Ausdrucks in einer bedingten Anweisung bzw. in einer **while**-Anweisung **boolean** ist. Durch semantische Regeln zur Regel (10) wird vor der Eintragung einer vereinbarten Variablen in eine Tabelle, die der in Compilern verwendeten Symboltabelle entspricht, die Variable in der Tabelle gesucht. Das Vorhandensein der Variablen in der Tabelle bedeutet die Verletzung der entsprechenden Kontextbedingung. Sonst wird die Variable mit ihrem vereinbarten Typ in die Tabelle aufgenommen.

2. Um die Kontextbedingungen für die Regeln (3) und (6) überprüfen zu können, muß die Tabelle aller vereinbarten Variablen einschließlich ihrer Typen zur Verfügung stehen. Diese Tabelle ist der Wert des Attributs **Tabelle**. Sie wird in den Syntaxbäumen von Wörtern (Programmen) der Sprache BPS sowohl bottom-up (bei der Konstruktion der Tabelle) als auch top-down (Übermittlung der endgültigen Tabelle an die Stellen, wo sie gebraucht werden könnte) vermittelt. Die semantischen Regeln, die zur Vermittlung der Tabelle dienen, bewirken zwar nur eine Kopie der Tabelle, aber die Gesamtzahl der semantischen Regeln steigt durch sie erheblich an. Man kann das durch die Einführung *globaler Attribute*, d. h. von Attributen, die an jedem beliebigen Knoten des Syntaxbaumes ohne eine Vermittlung zur Verfügung stehen,

Tab. 4.7

<table>
<tr><th></th><th>Syntaktische Regeln</th><th>Semantische Regeln</th></tr>
<tr><td>1</td><td>⟨Konstante⟩ ::= ⟨logische Konstante⟩ |
⟨arithmetische Konstante⟩</td><td>Typ(⟨Konstante⟩) := „bool“
Typ(⟨Konstante⟩) := „int“</td></tr>
<tr><td>2</td><td>⟨Variable⟩ ::= ⟨Identifikator⟩</td><td>Text(⟨Variable⟩) := Text(⟨Identifikator⟩)</td></tr>
<tr><td>3</td><td>$⟨Ausdruck⟩_0$ ::= ⟨Konstante⟩ |
⟨Variable⟩ |

($⟨Ausdruck⟩_1$ ⟨op2⟩ $⟨Ausdruck⟩_2$) |

(⟨op1⟩ $⟨Ausdruck⟩_1$)</td><td>Typ($⟨Ausdruck⟩_0$) := Typ(⟨Konstante⟩)
Typ($⟨Ausdruck⟩_0$) := SYMTAB(Tabelle ($⟨Ausdruck⟩_0$),
Text(⟨Variable⟩))
Tabelle($⟨Ausdruck⟩_1$) := Tabelle($⟨Ausdruck⟩_0$)
Tabelle($⟨Ausdruck⟩_2$) := Tabelle($⟨Ausdruck⟩_0$)
Typ($⟨Ausdruck⟩_0$) := Typ(Art(⟨op2⟩), Typ($⟨Ausdruck⟩_1$),
Typ($⟨Ausdruck⟩_2$))
Tabelle($⟨Ausdruck⟩_1$) := Tabelle($⟨Ausdruck⟩_0$)
Typ($⟨Ausdruck⟩_0$) := **if** Typ($⟨Ausdruck⟩_1$) = „int“ **then** „int“
else „undef“ **fi**</td></tr>
<tr><td>4</td><td>⟨op1⟩ ::= + | −</td><td>λ</td></tr>
<tr><td>5</td><td>⟨op2⟩ ::= + | − | / | * |
= | ≠ | < | ≦ |
∧ | ∨ | ≡</td><td>Art(⟨op2⟩) := „arit“
Art(⟨op2⟩) := „Vergl“
Art(⟨op2⟩) := „log“</td></tr>
<tr><td>6</td><td>⟨Anweisung⟩ ::= **skip** |
⟨Variable⟩ := ⟨Ausdruck⟩ |

if ⟨Ausdruck⟩ **then** $⟨Anweisungen⟩_1$
else $⟨Anweisungen⟩_2$ **fi** |</td><td>Fehler(⟨Anweisung⟩) := **false**
Tabelle(⟨Ausdruck⟩) := Tabelle(⟨Anweisung⟩)
Fehler(⟨Anweisung⟩) := **if** SYMTAB(Tabelle(⟨Anweisung⟩),
Text(⟨Variable⟩)) = Typ(⟨Ausdruck⟩)
∧ (Typ(Ausdruck) ≠ „undef“) **then false else true fi**
Tabelle(Ausdruck⟩) := Tabelle(⟨Anweisung⟩)
Tabelle($⟨Anweisungen⟩_1$) := Tabelle(⟨Anweisung⟩)
Tabelle($⟨Anweisungen⟩_2$) := Tabelle(⟨Anweisung⟩)
Fehler(⟨Anweisung⟩) := **if** Typ(⟨Ausdruck⟩) = „bool“ ∧
¬ Fehler($⟨Anweisungen⟩_1$) ∧ ¬ Fehler($⟨Anweisungen⟩_2$)
then false else true fi</td></tr>
</table>

Tab. 4.7. (Fortsetzung)

Nr.	Regel	Attributregeln
	while ⟨Ausdruck⟩ **do** ⟨Anweisungen⟩ **od**	**Tabelle**(⟨Ausdruck⟩) := **Tabelle**(⟨Anweisung⟩) **Tabelle**(⟨Anweisungen⟩) := **Tabelle**(⟨Anweisung⟩) **Fehler**(⟨Anweisung⟩) := **if Typ**(⟨Ausdruck⟩) = „**bool**" ∧ ¬ **Fehler**(⟨Anweisungen⟩) **then false else true fi**
7	⟨Anweisungen⟩$_0$ ::= ⟨Anweisung⟩; ⟨Anweisungen⟩$_1$ |	**Tabelle**(⟨Anweisung⟩) := **Tabelle**(⟨Anweisungen⟩$_0$) **Tabelle**(⟨Anweisungen⟩$_1$) := **Tabelle**(⟨Anweisungen⟩$_0$) **Fehler**(⟨Anweisungen⟩$_0$) := **Fehler**(⟨Anweisung⟩) ∨ **Fehler**(⟨Anweisungen⟩$_1$)
	⟨Anweisung⟩	**Tabelle**(⟨Anweisung⟩) := **Tabelle**(⟨Anweisungen⟩$_0$) **Fehler**(⟨Anweisungen⟩$_0$) := **Fehler**(⟨Anweisung⟩)
8	⟨Vereinbarung⟩ ::= ⟨Variable⟩ : ⟨Typ⟩	**Eintragung**(⟨Vereinbarung⟩) := (**Text**(⟨Variable⟩), **Typ**(⟨Typ⟩))
9	⟨Typ⟩ ::= **integer** | **boolean**	**Typ**(⟨Typ⟩) := „**int**" **Typ**(⟨Typ⟩) := „**bool**"
10	⟨Vereinbarungen⟩$_0$ ::= ⟨Vereinbarung⟩; ⟨Vereinbarungen⟩$_1$ |	**Fehler**(⟨Vereinbarungen⟩$_0$) := **if SUCH**(**Tabelle**(⟨Vereinbarungen⟩$_1$), **Eintragung**(⟨Vereinbarung⟩)) ∨ **Fehler**(⟨Vereinbarungen⟩$_1$) **then true else false fi** **Tabelle**(⟨Vereinbarungen⟩$_0$) := **if Fehler**(⟨Vereinbarungen⟩$_0$) **then Tabelle**(⟨Vereinbarungen⟩$_1$) **else EIN**(**Tabelle**(⟨Vereinbarungen⟩$_1$). **Eintragung** (⟨Vereinbarung⟩)) **fi**
	⟨Vereinbarung⟩	**Fehler**(⟨Vereinbarungen⟩$_0$) := **false** **Tabelle** (⟨Vereinbarungen⟩$_0$) := **Eintragung**(⟨Vereinbarung⟩)
11	⟨Programm⟩ ::= **begin** ⟨Vereinbarungen⟩; ⟨Anweisungen⟩ **end**	**Tabelle**(⟨Anweisungen⟩) := **Tabelle**(⟨Vereinbarungen⟩) **Fehler**(⟨Programm⟩) := **Fehler**(⟨Vereinbarungen⟩) ∨ **Fehler**(⟨Anweisungen⟩)

Tab. 4.7. (Fortsetzung)

Definitionsbereiche der Attribute

Attribute	Definitionsbereiche
Typ	{„**bool**", „**int**"}
Text	Zeichenfolgen der Zeichen von Identifikatoren
Tabelle	Mengen von Paaren der Form **(I, T)**, wobei **I** die Zeichenfolge der Zeichen eines Identifikators ist und **T** ist entweder „**bool**" oder „**int**"
Art	{„**arit**", „**Vergl**", „**log**"}
Fehler	{**true**, **false**}
Eintragung	Paare der Form **(I, T)** (siehe oben)

Funktionen

SYMTAB	sucht in der Symboltabelle, die eine Menge von Paaren der Form **(I, T)** (Wert des ersten Arguments) ist, ein Paar, dessen erstes Glied identisch mit dem Wert des zweiten Arguments ist. Das Ergebnis ist entweder das zweite Glied des gefundenen Paars oder, wenn kein Paar gefunden wurde, „undef".
TYP	bestimmt aus der Art eines dyadischen Operators (Wert des ersten Arguments) und den Typen der Operanden (Werte des zweiten und dritten Arguments) den Typ des gesamten Ausdrucks. Der Funktionswert ist aus der Menge {„**bool**", „**int**", „**undef**"}.
SUCH	sucht in der Symboltabelle (Wert des ersten Arguments) nach einem Paar, dessen erstes Glied mit dem ersten Glied des Wertes des zweiten Arguments identisch ist. Wird das gesuchte Paar gefunden, so ist der Funktionswert **true**. Sonst ist er **false**.
EIN	ergänzt die Symboltabelle (Wert des ersten Arguments) um eine Eintragung in Form eines Paars **(I, T)** (Wert des zweiten Arguments).

verhindern. Die Einführung globaler Attribute birgt allerdings bei ihrer praktischen Realisierung gewisse Gefahren.

3. Die semantischen Regeln enthalten eine Unkorrektheit. Es wurde nämlich nicht zwischen dem Typ des Namens und des Wertes einer Variablen unterschieden. Da BPS aber keine Zeigervariablen enthält, kann hierdurch kein Schaden angerichtet werden.

4. Die syntaktischen Regeln für ⟨Identifikator⟩, ⟨arithmetische Konstante⟩ und ⟨logische Konstante⟩ wurden ausgelassen. Es wurde nur eine beschränkte Zahl von Erzeugungen für ⟨op1⟩ und ⟨op2⟩ ausgewählt. Eine Erweiterung dieser Regeln würde gewisse Änderungen in den semantischen Regeln nach sich ziehen. ■

Zur Ermöglichung eines Vergleichs soll im folgenden Beispiel die Realisierung der Kontextbedingungen von BPS durch eine GSF beschrieben werden.

Beispiel 4.2.2. Die der attributierten Grammatik nach Knuth aus dem vorhergehenden Beispiel entsprechende GSF ist in Tab. 4.8 zusammengestellt. Die Numerierung der Regeln wurde gemäß der Numerierung der entsprechenden Regeln aus Tab. 4.7 gewählt. Zur Verkürzung der Darstellung wurde auf einen expliziten Parameter Tabelle verzichtet. Die Existenz einer Tabelle von vereinbarten Variablen wird für die Funktionen SYMTAB, SUCH und EIN implizit vorausgesetzt.

Tab. 4.8

	Syntaktische Regeln
1	Konstante(„bool“): logische Konstante. Konstante(„int“): arithmetische Konstante.
2	Variable (Text): Identifikator(Text).
3	Ausdruck(Typ): Konstante (Typ). Ausdruck(Typ): Variable(Text), SYMTAB(Typ, Text). Ausdruck(Typ 0) : Klammer-1-Symbol, Ausdruck(Typ 1), op2(Art), Ausdruck(Typ 2), Klammer-2-Symbol, TYP (Typ0, Art, Typ1, Typ2). Ausdruck(„int“): Klammer-1-Symbol, op1, Ausdruck(„int“), Klammer-2-Symbol.
4	op1: plus-Symbol; minus-Symbol.
5	op2(„arit“): plus-Symbol; minus-Symbol; Divisions-Symbol; Multiplikations-Symbol. op2(„Vergl“): gleich-Symbol; kleiner-Symbol; ungleich-Symbol; kleiner-gleich-Symbol. op2(„log“): Konjunktions-Symbol; Disjunktions-Symbol; Äquivalenz-Symbol.
6	Anweisung: skip-Symbol. Anweisung: Variable(Text), Ergibtzeichen-Symbol, Ausdruck(Typ), SYMTAB(Typ1, Text), GLEICH(nil, Typ1, Typ). Anweisung: if-Symbol, Ausdruck(„bool“), then-Symbol, Anweisungen,else-Symbol, Anweisungen, fi-Symbol. Anweisung : while-Symbol, Ausdruck („bool“), do-Symbol, Anweisungen, od-Symbol.
7	Anweisungen: Anweisung, Semikolon-Symbol, Anweisungen; Anweisung.
8	Vereinbarung(Eintragung): Variable(Text), Doppelpunkt-Symbol, TYP(Typ), EINTR(Eintragung, Text, Typ).

Tab. 4.8 (Fortsetzung)

Syntaktische Regeln

9 Typ(„int"): integer-Symbol.
Typ(„bool"): boolean-Symbol.
10 Vereinbarungen: Vereinbarung(Eintragung), Semikolon-Symbol,
Vereinbarungen, SUCH(nil, Eintragung).
Vereinbarungen: Vereinbarung(Eintragung), EIN(nil, Eintragung).
11 Programm: begin-Symbol, Vereinbarungen, Semikolon-Symbol,
Anweisungen, end-Symbol.

Definitionsbereiche der Parameter

Parameter	Definitionsbereiche
Typ0, Typ1, Typ2, Typ	{„int", „bool"}
Art	{„arit", „log", „Vergl"}
Text	Menge aller Zeichenfolgen von Identifikatoren
Eintragung	Menge aller Paare der Form (I, T), wobei I die Zeichenfolge eines Identifikators ist und T ∈ {„bool", „int"}

Syntaktische Hilfsfunktionen

SYMTAB	sucht in einer Menge von Paaren der Form (I, T) ein Paar, dessen erstes Element identisch mit dem Wert des zweiten Parameters ist. Wird ein solches Paar gefunden, wird sein zweites Element dem ersten Parameter zugewiesen. Sonst liefert SYMTAB eine Fehlermeldung (Erzeugung des Sperrelements).
TYP	bestimmt aus der Art des dyadischen Operators (Wert des zweiten Parameters) und aus den Typen der Operanden (Werte des dritten und vierten Parameters) den Typ des gesamten Ausdrucks. Ist das nicht möglich, erfolgt eine Fehlermeldung.
SUCH	sucht in einer Menge von Paaren, die die gleiche wie für die Funktion SYMTAB ist, ein Paar, dessen erstes Element identisch mit dem ersten Element des Werts des zweiten Parameters ist. Wird ein solches Paar gefunden, erfolgt eine Fehlermeldung. Sonst wird das Paar in die Menge aufgenommen.
EIN	beginnt den Aufbau der in SUCH und SYMTAB verwendeten Menge von Paaren mit dem ersten Paar (Wert des zweiten Parameters).
EINTR	bildet aus den Werten des zweiten und dritten Parameters ein Paar. Dieses Paar wird den ersten Parameter zugewiesen.
GLEICH	liefert bei Ungleichheit der Werte des zweiten und dritten Parameters eine Fehlermeldung.

Wegen der Rolle der syntaktischen Hilfsfunktionen und der semantischen Funktionen als Prädikate kann auch auf den Parameter Fehler verzichtet werden. Eine Verletzung von Kontextbedingungen wird durch eine Fehlermeldung (Erzeugung des Sperrelements) durch die entsprechende syntaktische Hilfsfunktion angezeigt. Die Verletzung von Kontextbedingungen in einem Programm äußert sich dadurch, daß das dem Programm zugeordnete Gleichungssystem keine Lösung hat.

Das Weglassen des Parameters **Tabelle** führt dazu, daß es nicht mehr gleichgültig ist, in welcher Reihenfolge die Gleichungen des Gleichungssystems gelöst werden. Will man diesen Nachteil beseitigen, muß **Tabelle** wieder als expliziter Parameter in der GSF auftreten. Ansonsten muß sich die Lösung der Gleichungen strikt an dem dem Gleichungssystem zugeordneten Graphen orientieren.

Da die Darstellung der terminalen Elemente uninteressant ist, wurde auf sie verzichtet. ■

Die Attributierungstechnik erlaubt nicht nur die Darstellung von Kontextbedingungen, sondern auch die Darstellung von Sprachtransformationen und damit die Definition der Semantik einer Sprache mit Hilfe der Semantik einer zweiten Sprache.

Beispiel 4.2.3. Wir wollen die Transformation von BPS in eine in Compilern gängige Zwischensprache, die *Polnische Notation mit nachgestellten Operatoren* (auch *Postfixsprache* genannt), mit Hilfe einer GSF darstellen. Dabei setzen wir die Erfüllung der Kontextbedingungen voraus.

In der GSF wurden die Regeln für arithmetische Konstante, Identifikator und zur Erzeugung einiger dyadischer Operatoren aus op2 nicht angeführt. Da die Verein-

Tab. 4.9

	Syntaktische Regeln
1	Konstante(**P**): logische Konstante(**P**).
2	Konstante(**P**): arithmetische Konstante(**P**).
3	Variable(**P**): Identifikator(**P**).
4	Ausdruck(**P**): Konstante(**P**).
5	Ausdruck(**P**): Variable(**P**).
6	Ausdruck(**P0**): Klammer-1-Symbol, Ausdruck(**P1**), op2(**P2**), Ausdruck(**P3**), Klammer-2-Symbol, **POLAUS2(P0, P1, P2, P3)**.
7	Ausdruck(**P0**): Klammer-1-Symbol, op1(**P1**), Ausdruck(**P2**), Klammer-2-Symbol, POLAUS1(**P0, P1, P2**).
8	op1(„“): plus-Symbol.
9	op1(„**NEG**“): minus-Symbol.
10	op2(„+“): plus-Symbol.
	⋮
11	op2(„≡“): Äquivalenz-Symbol.
12	Anweisung(**P, A, E**): skip-Symbol, **POLSKIP(P, A, E), ADD1(E, A)**.
13	Anweisung(**P0, A, E**): Variable(**P1**), Ergibtzeichen-Symbol, Ausdruck(**P2**), POLE(**P0, A, P1, P2, E**), **ADD1(E, A)**.
14	Anweisung(**P0, A, E**): if-Symbol, Ausdruck(**P1**), then-Symbol, Anweisungen(**P2, A1, E1**), else-Symbol, Anweisungen(**P3, E1, E**), fi-Symbol, **POLIF(P0, A, P1, P2, P3, E), ADD1(A1, A)**.
15	Anweisung(**P0, A, E**): while-Symbol, Ausdruck(**P1**), do-Symbol, Anweisungen(**P2, A1, E**), od-Symbol, **POLW(P0, A, P1, P2, E), ADD1(A1, A)**.
16	Anweisungen(**P0, A, E**): Anweisung(**P1, A, E1**), Semikolon-Symbol, Anweisungen(**P2, E1, E**), **POLAN(P0, P1, P2)**.
17	Anweisungen(**P, A, E**): Anweisung (**P, A, E**).
18	Programm(**P0**): begin-Symbol, Vereinbarungen,Semikolon-Symbol, Anweisungen(**P, 1, E**), end-Symbol, **POLP(P0, P, E)**.

Tab. 4.9 (Fortsetzung)

Semantische Funktionen	
POLAUS2	konstruiert die Polnische Notation eines Ausdrucks aus einem dyadischen Operator (Wert des dritten Parameters) und der Polnischen Notation der beiden zugehörigen Operanden (Werte des zweiten und vierten Parameters). Das Ergebnis wird dem ersten Parameter zugewiesen.
POLAUS	konstruiert die Polnische Notation eines Ausdrucks aus einem monadischen Operator (Wert des zweiten Parameters) und der Polnischen Notation des zugehörigen Operanden (Wert des dritten Parameters). Das Ergebnis wird dem ersten Parameter zugewiesen.
POLSKIP	liefert als Wert des ersten Parameters die numerierte Polnische Notation der **skip**-Anweisung, wobei der zweite und dritte Parameter die Numerierung angeben.
POLIF	liefert als Wert des ersten Parameters die numerierte Polnische Notation einer bedingten Anweisung. Die Funktion verwendet dazu die Polnische Notation des Ausdrucks (Wert des dritten Parameters) und als Numerierung die Werte des zweiten und sechsten Parameters. Außerdem benutzt sie die numerierten Polnischen Notationen der Anweisungen des ja- und nein-Zweigs der bedingten Anweisung (Werte des vierten und fünften Parameters).
POLW	setzt eine Numerierung (Werte des zweiten und fünften Parameters), die Polnische Notation des Ausdrucks (Wert des dritten Parameters) und die numerierte Polnische Notation der Anweisungen (Wert des vierten Parameters) einer **while**-Anweisung zur numerierten Polnischen Notation der **while**-Anweisung zusammen. Das Ergebnis wird dem ersten Parameter übergeben.
POLAN	verkettet die numerierte Polnische Notation einer Anweisung (Wert des zweiten Parameters) mit der numerierten Polnischen Notation einer Folge von Anweisungen (Wert des dritten Parameters). Das Ergebnis wird dem ersten Parameter zugewiesen.
POLE	konstruiert als Wert des ersten Parameters aus einer Numerierung (Werte des zweiten und fünften Parameters), aus einem Identifikator (Wert des dritten Parameters), aus der Polnischen Notation eines Ausdrucks (Wert des vierten Parameters) und aus dem Ergibtzeichen „:=“ die numerierte Polnische Notation einer Ergibtanweisung.
ADD	vergrößert den Wert des zweiten Parameters um 1 und weist das Ergebnis dem ersten Parameter zu.
POLP	fügt zur numerierten Polnischen Notation der Anweisungen eines Programms (Wert des zweiten Parameters) noch einen numerierten **STOP**-Befehl hinzu (Nummer des Befehls wird durch den dritten Parameter geliefert). Das Ergebnis wird dem ersten Parameter zugewiesen.

barungen bei der Erzeugung der Polnischen Notation keine Rolle spielen, wurden ihre Regeln ebenfalls weggelassen.

Die Bestimmung der Definitionsbereiche der Parameter überlassen wir dem Leser. Die Polnische Notation eines BPS-Programms ist der Wert des Parameters von Programm. Zur Überführung bedingter Anweisungen und **while**-Anweisungen in die

Polnische Notation ist die Numerierung von Anweisungen in der Polnischen Notation nötig. Die Bereitstellung der entsprechenden Nummern geschieht mit Hilfe des zweiten und dritten Parameters der nichtterminalen Elemente Anweisung und Anweisungen und durch die semantische Funktion ADD1.

Unter *numerierter Polnischer Notation* einer Anweisung wollen wir eine Folge von Tripeln der Form (A, P, E) verstehen, wobei A und E Nummern (natürliche Zahlen) sind. Während A die Nummer des Tripels ist, gibt E die Nummer eines Tripels an, welches als nächstes auszuführen ist. P ist die gewohnte Polnische Notation ohne Numerierung.

Der zweite Parameter von Anweisungen in der Regel für Programm (P0) gibt die Nummer des zuerst auszuführenden Tripels an. Der dritte Parameter, dessen Wert berechnet wird, gibt die Nummer des letzten Tripels an.

Die GSF ist in Tab. 4.9 zusammengestellt.

Zur Illustration der Anwendung der GSF wollen wir die numerierte Polnische Notation des nachfolgenden Programms bestimmen:

$$
\begin{array}{l}
\textbf{begin}\ x\colon \textbf{integer};\ i\colon \textbf{integer};\\
\quad x := 1;\ \textbf{while}\ (i > 0)\ \textbf{do}\ x := (2 * x)\ ;\\
\qquad\qquad\qquad\qquad\qquad\quad i := (i - 1)\\
\qquad\qquad\qquad\qquad \textbf{od}\\
\textbf{end}
\end{array}
\tag{4.2.1}
$$

Sie kann als Wert des Parameters P0 durch die Lösung des zu diesem Programm gehörenden Gleichungssystems erhalten werden:

$$
\begin{aligned}
\mathsf{POLP(P0, P, M4)} &= \varepsilon\,,\\
\mathsf{POLAN(P, P1, P2)} &= \varepsilon\,,\\
\mathsf{POLW(P2, M1, P3, P4, M4)} &= \varepsilon\,,\\
\mathsf{POLAN(P4, P5, P6)} &= \varepsilon\,,\\
\mathsf{POLE(P6, M3,}\ „i“,\ „:=“,\ \mathsf{P7, M4)} &= \varepsilon\,,\\
\mathsf{POLAUS2(P7,}\ „i“,\ „-“,\ „1“) &= \varepsilon\,,\\
\mathsf{POLE(P5, M2,}\ „x“,\ „:=“,\ \mathsf{P8, M3)} &= \varepsilon\,,\\
\mathsf{POLAUS2(P8,}\ „2“,\ „*“,\ „x“) &= \varepsilon\,,\\
\mathsf{POLAUS2(P3,}\ „i“,\ „>“,\ „0“) &= \varepsilon\,,\\
\mathsf{POLE(P1, 1,}\ „x“,\ „:=“,\ „1“,\ \mathsf{M1)} &= \varepsilon\,,\\
\mathsf{ADD1(M1, 1)} &= \varepsilon\,,\\
\mathsf{ADD1(M2, M1)} &= \varepsilon\,,\\
\mathsf{ADD1(M3, M2)} &= \varepsilon\,,\\
\mathsf{ADD1(M4, M3)} &= \varepsilon\,.
\end{aligned}
\tag{4.2.2}
$$

Bei entsprechender Definition der Funktionen erhalten wir folgende Lösung:

$$
\begin{array}{l}
\mathsf{P0} = (1,\ „x\ 1\ :=“, 2)\ (2,\ „i\ 0 > 5\ \text{F-Sprung}“, 3)\ (3,\ „x\ 2\ x\ *\ :=“, 4)\\
(4,\ „i\ i\ 1\ -\ :=“, 2)\ (5,\ „\text{Stop}“,)\ .
\end{array}
$$

Dabei setzen wir voraus, daß F-Sprung ein zweistelliger Operator ist. F-Sprung veranlaßt die Ausführung des Tripels, dessen Nummer durch den zweiten Operand angegeben wird, wenn der Wert des ersten Operandes **F** (falsch) ist, sonst wirkt F-Sprung wie eine leere Anweisung. Stop verursacht das Ende der Berechnung. ■

Durch eine geeignete Kombination der GSF aus den Beispielen 4.2.2 und 4.2.3 bekommt man eine vollständige Definition der Sprache BPS, wobei in diesem Fall die Semantik von BPS durch die Semantik der Polnischen Notation definiert ist.

Die Attributierungstechnik ist auch zur operationalen oder denotationalen Semantikdefinition im Sinne von Kapitel 3 geeignet. Zur Zuordnung eines Systems semantischer Regeln zum Programm (4.2.1) wie im Beispiel 3.2.6 oder zur Zuordnung des aus diesem System abgeleiteten Gleichungssystems wie im Beispiel 3.3.1 kann die GSF aus dem Beispiel 4.2.3 bis auf die Definitionsbereiche der Parameterwerte und bis auf die semantischen Funktionen übernommen werden. Die Definitionsbereiche und die semantischen Funktionen müssen gemäß den zu erzeugenden semantischen Regeln oder Gleichungen neu definiert werden. Das zum Programm (4.2.1) gehörige System semantischer Regeln bzw. Gleichungssystem im Sinn von Kapitel 3 kann wiederum als Wert des Parameters P0 durch die Lösung von (4.2.2) bestimmt werden.

Eine denotationale Semantikdefinition für die Sprache BPS durch eine GSF gibt das folgende Beispiel.

Beispiel 4.2.4. Die GSF für die denotationale Semantikdefinition von BPS ist in Tab. 4.10 zusammengestellt. Gegenüber den vorherigen GSF treten als Parameterwerte ebenfalls Funktionen auf. Zur Erklärung der semantischen Funktionen der GSF verwenden wir die im Beispiel 3.4.1 eingeführten Bezeichnungen.

Die semantische Bedeutung eines Programms ist der Wert des Parameters **P** von Programm. Um die semantische Bedeutung des Programms (4.2.1) zu bestimmen, genügt es, nachfolgendes Gleichungssystem zu lösen:

$$
\begin{array}{llll}
\mathsf{KETT(P, F1, F2)} & = \varepsilon\,, & \mathsf{SDE(F6,}\ \text{„}x\text{“}\mathsf{, W2)} & = \varepsilon\,, \\
\mathsf{SDE(F1,}\ \text{„}x\text{“}\mathsf{, W3)} & = \varepsilon\,, & \mathsf{WA2(W2, F8,}\ \underline{*}\mathsf{, F9)} & = \varepsilon\,, \\
\mathsf{WAK(W3,}\ \text{„}1\text{“}\mathsf{)} & = \varepsilon\,, & \mathsf{WAK(F8,}\ \text{„}2\text{“}\mathsf{)} & = \varepsilon\,, \\
\mathsf{SDW(F2, W0, F3)} & = \varepsilon\,, & \mathsf{WV(F9,}\ \text{„}x\text{“}\mathsf{)} & = \varepsilon\,, \\
\mathsf{WA2(W0, F4,}\ \underline{>}\mathsf{, F5)} & = \varepsilon\,, & \mathsf{SDE(F7,}\ \text{„}i\text{“}\mathsf{, W1)} & = \varepsilon\,, \\
\mathsf{WV(F4,}\ \text{„}i\text{“}\mathsf{)} & = \varepsilon\,, & \mathsf{WA2(W1, F10,}\ \underline{-}\mathsf{, F11)} & = \varepsilon\,, \\
\mathsf{WAK(F5,}\ \text{„}0\text{“}\mathsf{)} & = \varepsilon\,, & \mathsf{WV(F10,}\ \text{„}i\text{“}\mathsf{)} & = \varepsilon\,, \\
\mathsf{KETT(F3, F6, F7)} & = \varepsilon\,, & \mathsf{WAK(F11,}\ \text{„}1\text{“}\mathsf{)} & = \varepsilon\,.
\end{array}
$$

Zur vollständigen Definition von BPS reicht es, die GSF aus dem Beispiel 4.2.2 mit der GSF dieses Beispiels geeignet zu kombinieren.

Auch die axiomatische Semantikdefinition ist mit Hilfe der Attributierungstechnik realisierbar. ■

Die Beispiele dieses Abschnitts zeigen die hohe Flexibilität der Attributierungstechnik. Diese Flexibilität begründet auch ihre Anwendung in Compiler-Compilern, die auf der Grundlage von syntaktisch orientierten Sprachbeschreibungen in Form einer attributierten Grammatik Compiler bzw. Teile eines Compilers der beschriebenen Sprache erzeugen. Nähere Informationen über einige Compiler-Compiler sind in der angeführten Literatur zu finden.

Tab. 4.10

Syntaktische Regeln

Konstante(K): logische Konstante(K).
logische Konstante(K): true-Symbol, WLKT(K).
logische Konstante(K) : false-Symbol, WLKF(K).
Konstante(K): arithmetische Konstante(Z), WAK(K, Z).
Variable(V): Identifikator(V).
Ausdruck(W0): Konstante(W0).
Ausdruck(W0): Variable(V), WV(W0, V).
Ausdruck(W0) : Klammer-1-Symbol, Ausdruck(W1), op2(02), Ausdruck(W2), Klammer-2-Symbol, WA2(W0, W1, 02, W2).
Ausdruck(W0): Klammer-1-Symbol, op1(01), Ausdruck(W1), Klammer-2-Symbol, WA1(W0, 01, W1).
op1(ID): plus-Symbol.
op1(NEG): minus-Symbol.
op2(+): plus-Symbol.
⋮
op2(≡): Äquivalenz-Symbol.
Anweisung(A): skip-Symbol.
Anweisung(A): Variable(V), Ergibtzeichen-Symbol, Ausdruck(W0), SDE(A, V, W0).
Anweisung(A): if-Symbol, Ausdruck(W0), then-Symbol, Anweisungen(A1), else-Symbol, Anweisungen(A2), fi-Symbol, SDIF(A, W0, A1, A2).
Anweisung(A): while-Symbol, Ausdruck(W0), do-Symbol, Anweisungen(A1), od-Symbol, SDW(A, W0, A1).
Anweisungen(A): Anweisung(A1), Semikolon-Symbol, Anweisungen(A2), KETT(A, A1, A2).
Anweisungen(A): Anweisung(A).
Programm(P): begin-Symbol, Vereinbarungen, Semikolon-Symbol, Anweisungen(P), end-Symbol.

Definitionsbereiche der Parameter

Parameter	Definitionsbereiche
P, A, A1, A2	[C ∘→ C]
W0, W1, W2, K	[C ∘→ D]
Z	Ziffernfolgen
V	Zeichenfolgen von Identifikatoren
02	$[D^2 \to D] = \{+, -, \equiv, \dots\}$
01	$[D \to D] = \{ID, NEG, \dots\}$ (ID bezeichne die Identität auf D. NEG sei die abstrakte Entsprechung des monadischen Minus.)

Semantische Funktionen

WLKT(K) = $\varepsilon \Leftrightarrow$ K(c) = Wert(**true**) (c) = W
WLKF(K) = $\varepsilon \Leftrightarrow$ K(c) = Wert(**false**) (c) = F
WAK(K, Z) = $\varepsilon \Leftrightarrow$ K(c) = Wert(Z) (c) = $\underline{Z}$ ($\underline{Z}$ ist die ganze Zahl, deren Bezeichnung Z ist.)
WV(W0, V) = $\varepsilon \Leftrightarrow$ W0(c) = Wert(V) (c)

Tab. 4.10. (Fortsetzung)

Semantische Funktionen
WA2(W0, W1, 02, W2) = $\varepsilon \Leftrightarrow$ W0(c) = W1(c) 02 W2(c)
WA1(W0, 01, W1) = $\varepsilon \Leftrightarrow$ W0(c) = 01 W1(c)
SDE(A, V, W0) = $\varepsilon \Leftrightarrow$ A(c) = c(V/W0(c))
SDIF(A, W0, A1, A2) = $\varepsilon \Leftrightarrow$ A = (W0 $\rightarrow$ A1, A2)
SDW(A, W0, A1) = $\varepsilon \Leftrightarrow$ A = Y(F), F(ξ) = (W0 $\rightarrow$ A1 $\cdot$ ξ, Id)
KETT(A, A1, A2) = $\varepsilon \Leftrightarrow$ A = A1 $\cdot$ A2

4.3. Bibliographie

Eine Form der attributierten Grammatiken mit einem impliziten Attribut wurde von Irons [55] eingeführt. Der Begriff der attributierten Grammatik stammt allerdings von Knuth [59], [61]. Eine Anwendung dieser Grammatiken zur Semantikdefinition wird von Knuth in [60] gegeben.

Die Affixgrammatiken wurden durch Koster [62] eingeführt. Ihre Anwendung als Grundlage für CDL wird in [63] beschrieben.

Attributierte Translationsgrammatiken behandelt [67]. Anwendungen dieser Grammatiken in der Compilertechnik, u. a. auch zur automatischen Compilerkonstruktion, sind das Thema von [68] und [89].

Das Reihenfolgeproblem der Berechnung von Attributwerten wird von einer Reihe von Autoren behandelt, z. B. von Bochmann [17], Jazayeri und Walter [53], Pozefsky [99], Räihä und Saarinen [101], Kastens [57].

Die Arbeiten [4], [135], [18], [36], [38], [39], [20], [85], [64], [69], [102] sind den Anwendungen attributierter Grammatiken in der Compilertechnik und insbesondere in Compiler-Compilern gewidmet.

Die GSF entstanden im Zusammenhang mit der syntaktischen Analyse von ALGOL 68-Programmen [107]. Eine erste Version einer GSF für ALGOL 68 findet der Leser in [108]. Die weiterentwickelte Form der GSF einschließlich der Parameterwertberechnung mit Hilfe von Gleichungssystemen und die prinzipielle Darlegung eines bereits realisierten Compiler-Compilers [110] sind u. a. in [109] enthalten.

5. Algebraische Modelle von Programmiersprachen

Die Vielfalt der Methoden und Begriffe und der Vergleich zwischen verschiedenen Methoden der Semantikdefinition von Programmiersprachen führt zur Frage nach einem übergeordneten Modell der Definition von Programmiersprachen. In diesem Modell muß es möglich sein, die obigen Methoden als Spezialfall darzustellen. Der Vorteil eines solchen Modells ist eine einheitliche Betrachtungsweise des Problems der Definition von Programmiersprachen. Damit erlaubt ein übergeordnetes Modell, das Wesen des Problems besser zu verstehen. Allerdings ist zu beachten, daß die Formulierung einer konkreten Definition mit Hilfe allgemeiner Begriffe meist sehr schwierig ist.

Als Grundlage eines allgemeinen Modells bieten sich (*homogene* bzw. *heterogene*) *universelle Algebren* (auch *einsortige* bzw. *mehrsortige Algebren* genannt) mit totalen bzw. partiellen Operatoren an. In der Literatur treten zwei Grundmodelle auf. Das eine Modell betrachtet Programmiersprachen als konkrete Algebren, d. h., die Operatoren der Programmiersprache (wobei hierzu z. B. auch „;" gerechnet wird, welches Anweisungen miteinander verkettet) sind die Operatoren der Algebra. Entsprechend sind die Operanden der Programmiersprache, ebenfalls wieder sehr allgemein verstanden, die Elemente der Algebra. Dieses Vorgehen wurde bereits in der Arbeit [21] von Burstall und Landin, die zu den ersten Arbeiten über algebraische Modelle von Programmiersprachen gehört, praktiziert.

Das zweite Grundmodell ist syntaxorientiert, d. h., man geht im Modell von den syntaktischen Strukturen der Programmiersprache und ihren Verknüpfungen aus. Eine wichtige Arbeit in dieser Richtung ist der Artikel von Letičevskij [66], welcher ebenfalls Vorschläge zu einem Compilermodell auf der Grundlage der algebraischen Sprachmodelle enthält. Später eingeführte Sprachmodelle sind dem Modell von Letičevskij sehr ähnlich, wobei allerdings das Konzept der initialen Algebren eine wichtige Rolle spielt.

In unseren Betrachtungen verwenden wir das syntaxorientierte Grundmodell. Auf die Anwendung partieller Algebren verweisen wir im Zusammenhang mit der Definition der Kontextbedingungen einer Programmiersprache. In einem Beispiel realisieren wir die denotationale Semantikdefinition einer Untersprache von BPS. Was weitere Anwendungen und die Bedeutung algebraischer Sprachmodelle betrifft, verweisen wir den Leser auf die Literatur.

Im Zusammenhang mit den algebraischen Modellen für Programmiersprachen müssen auch abstrakte Datentypen gesehen werden, die ebenfalls auf dem Begriff der universellen Algebren aufbauen.

5.1. Algebraisches Modell für kontextfreie Programmiersprachen

Bei der Konstruktion eines algebraischen Modells einer Programmiersprache müssen folgende Hauptprobleme gelöst werden:
Darstellung

- der Syntax,
- der Semantik,
- der Repräsentation von Programmen.

Legt man die bewährte übliche Praxis der Definition der Syntax einer Programmiersprache durch eine kontextfreie Grammatik zugrunde, so ergibt sich noch das Pro-

Tab. 5.1. *Grammatik für BPS'*

P	: ⟨Programm⟩ ::= **begin** ⟨Vereinbarungen⟩; ⟨Anweisungen⟩ **end**
D	: ⟨Vereinbarungen⟩ ::= ⟨Vereinbarung⟩
D'	: ⟨Vereinbarungen⟩ ::= ⟨Vereinbarung⟩; ⟨Vereinbarungen⟩
d'	: ⟨Vereinbarung⟩ ::= ⟨Variable⟩ : ⟨Typ⟩
integer	: ⟨Typ⟩ ::= **integer**
S	: ⟨Anweisungen⟩ ::= ⟨Anweisung⟩
S'	: ⟨Anweisungen⟩ ::= ⟨Anweisung⟩; ⟨Anweisungen⟩
skip	: ⟨Anweisung⟩ ::= **skip**
A	: ⟨Anweisung⟩ ::= ⟨Variable⟩ := ⟨Ausdruck⟩
B	: ⟨Anweisung⟩ ::= **if** ⟨Bedingung⟩ **then** ⟨Anweisungen⟩ **else** ⟨Anweisungen⟩ **fi**
W	: ⟨Anweisung⟩ ::= **while** ⟨Bedingung⟩ **do** ⟨Anweisungen⟩ **od**
i'	: ⟨Variable⟩ ::= ⟨Identifikator⟩
K	: ⟨Ausdruck⟩ ::= ⟨Konstante⟩
V	: ⟨Ausdruck⟩ ::= ⟨Variable⟩
E	: ⟨Ausdruck⟩ ::= (⟨Ausdruck⟩ ⟨op2⟩ ⟨Ausdruck⟩)
E'	: ⟨Ausdruck⟩ ::= (⟨op1⟩ ⟨Ausdruck⟩)
Be	: ⟨Bedingung⟩ ::= ⟨Ausdruck⟩ ⟨Vergleichsoperator⟩ ⟨Ausdruck⟩
a'	: ⟨Konstante⟩ ::= ⟨arithmetische Konstante⟩
Z	: ⟨arithmetische Konstante⟩ ::= ⟨Zahl⟩
Z'	: ⟨arithmetische Konstante⟩ ::= + ⟨Zahl⟩
Z''	: ⟨arithmetische Konstante⟩ ::= – ⟨Zahl⟩
z'	: ⟨Zahl⟩ ::= ⟨Ziffer⟩
N	: ⟨Zahl⟩ ::= ⟨Zahl⟩ ⟨Ziffer⟩
null	: ⟨Ziffer⟩ ::= *0*
	⋮
neun	: ⟨Ziffer⟩ ::= *9*
pm	: ⟨op1⟩ ::= +
mm	: ⟨op1⟩ ::= –
pd	: ⟨op2⟩ ::= +
	⋮
eq	: ⟨Vergleichsoperator⟩ ::= =
lt	: ⟨Vergleichsoperator⟩ ::= $<$
le	: ⟨Vergleichsoperator⟩ ::= $\leqq$
I	: ⟨Identifikator⟩ ::= ⟨Buchstabe⟩
I'	: ⟨Identifikator⟩ ::= ⟨Identifikator⟩ ⟨Buchstabe⟩
I''	: ⟨Identifikator⟩ ::= ⟨Identifikator⟩ ⟨Ziffer⟩
a	: ⟨Buchstabe⟩ ::= *a*
	⋮
Z	: Buchstabe⟩ ::= *z*

blem der Darstellung der Kontextbedingungen. Wir werden die Lösung der angeführten Probleme am Beispiel unserer Sprache BPS bzw. einer Untersprache von BPS demonstrieren. Die dazu nötigen algebraischen Begriffe und Zusammenhänge werden an den entsprechenden Stellen eingeführt.

Zunächst einmal konstruieren wir ein algebraisches Modell für eine kontextfreie Untersprache von BPS, die wir BPS′ nennen. Diese Sprache unterscheidet sich von BPS dadurch, daß der Datentyp **boolean** und die mit ihm zusammenhängenden Operationen fehlen. Anstelle logischer Ausdrücke werden deshalb in bedingten Anweisungen und **while**-Anweisungen Bedingungen verwendet, die Vergleiche ganzzahliger Ausdrücke sind. Die Grammatik von BPS′ ist in Tab. 5.1 zusammengestellt.

5.1.1. Repräsentationsalgebra

Wir hatten in den obigen Kapiteln stets die syntaktische Struktur eines Programms von seiner Repräsentation als Zeichenkette unterschieden. Während durch die Verwendung der BNF (seihe Abschnitt 2.3.1.) zur Syntaxdefinition sowohl die syntaktische Struktur als auch die Repräsentation durch syntaktische Regeln gleichzeitig definiert werden, geschieht bei der Verwendung der van Wijngaarden-Form kontextfreier Grammatiken (siehe Abschnitt 2.3.1.) eine getrennte Definition. In diesem Abschnitt geht es uns zunächst um die Repräsentation von Programmen.

Üblicherweise betrachtet man kontextfreie syntaktische Regeln als Mechanismus zur Ersetzung nichtterminaler Elemente durch Zeichenketten, welche aus nichtterminalen und terminalen Elementen bestehen. Solche Regeln können aber auch als Operationen über Zeichenketten terminaler Elemente angesehen werden.

Es sei $G = (N, T, P, ST)$ eine kontextfreie Grammatik, wobei N die Menge der nichtterminalen Elemente, T die Menge der terminalen Elemente, P die Menge der syntaktischen Regeln und ST das Startelement der Grammatik sind.

$$p\colon P_0 : u_0P_1u_1P_2 \dots u_{k-1}P_ku_k \tag{5.1.1}$$

mit $P_j \in N$, $j = 0, \dots, k$, und $u_i \in T^*$, $i = 0, \dots, k$, sei eine syntaktische Regel aus P, und p sei eine der Regel eineindeutig zugeordnete Bezeichnung. Interpretieren wir ein nichtterminales Element P_j als Variable, deren Werte beliebige Zeichenketten terminaler Elemente sein können, die aus P_j durch G erzeugbar sind, dann gibt die syntaktische Regel an, wie die aus P_0 erzeugbaren Zeichenketten unter Verwendung der aus P_j, $j = 1, \dots, k$, erzeugbaren Zeichenketten und aus den u_i mit $i = 0, 1, \dots, k$ zusammengesetzt sind. Wir können der syntaktischen Regel (5.1.1) eine Operation

$$p_{\boldsymbol{R}}(t_1, \dots, t_k) = u_0t_1u_1t_2 \dots u_{k-1}t_ku_k$$

mit $t_j \in R_{P_j}$, $j = 1, \dots, k$, und $p_{\boldsymbol{R}}(t_1, \dots, t_k) \in R_{P_0}$ zuordnen.

Dabei sei R_{P_j} die Menge aller aus P_j in G erzeugbaren Zeichenketten terminaler Elemente. Die Menge R_{ST} enthält somit alle Wörter der durch G erzeugbaren Sprache, d. h. $R_{ST} = L(G)$. Die Familie der Mengen R_s, $s \in N$, d. h. $\langle R_s \rangle_{s \in N}$, bildet zusammen mit den den syntaktischen Regeln zugeordneten Operationen eine Repräsentationsalgebra $\boldsymbol{R}$. Bezeichnen wir die Menge aller den syntaktischen Regeln eineindeutig zugeordneten Bezeichnungen mit $\bar{\Sigma}$, dann läßt sich $\boldsymbol{R}$ darstellen als

$$\boldsymbol{R} = (\langle \mathsf{R}_s \rangle_{s \in \mathsf{N}}, \quad \{\mathsf{p}_{\boldsymbol{R}}\}_{\mathsf{p} \in \bar{\Sigma}}) .$$

Die Repräsentationsalgebra ist ein Beispiel der heterogenen Algebren, die eine Verallgemeinerung der in der Mathematik wohlbekannten homogenen Algebren sind. Wir wollen im weiteren die heterogenen Algebren definieren und beginnen mit dem Begriff der Signatur.

Es sei S eine *Indexmenge* (*Sortenmenge*). In Analogie zum Startelement einer Grammatik wollen wir unter den *Sorten* der Menge S eine als *ausgezeichnete Sorte* bezeichnen. Eine S-*sortige Signatur* Σ ist eine Familie disjunkter Mengen $\Sigma_{\mathsf{w},\mathsf{s}}$ der Mengen von Operationssymbolen des *Typs* $\langle \mathsf{w}, \mathsf{s} \rangle$, d. h. $\Sigma = \langle \Sigma_{\mathsf{w},\mathsf{s}} \rangle_{\mathsf{w} \in \mathsf{S}^*, \mathsf{s} \in \mathsf{S}}$.

Der besseren Anschaulichkeit wegen stellen wir den Zusammenhang zwischen den Operationssymbolen und den Sorten graphisch dar. Dazu verwenden wir die in [42] eingeführte Methode. Die Darstellung von $\sigma \in \Sigma_{\mathsf{s}_1 \ldots \mathsf{s}_n, \mathsf{s}}$, $\mathsf{s}_1, \ldots, \mathsf{s}_n$, $\mathsf{s} \in \mathsf{S}$, gibt der Graph in Abb. 5.1 wieder. Ist S eine endliche Menge, dann kann eine S-sortige Signatur durch einen Graphen repräsentiert werden, der aus den Teilgraphen zu den einzelnen Operationssymbolen besteht. Jeder mit einer Sorte bezeichnete Knoten tritt dabei nur einmal auf.

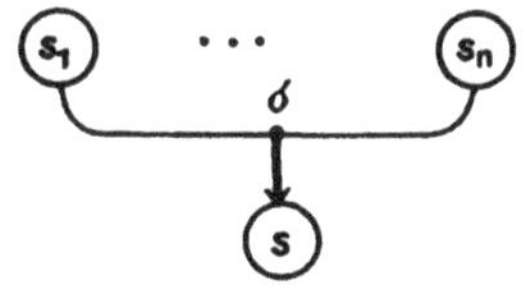

Abb. 5.1. Graphische Darstellung von $\sigma \in \Sigma_{\mathsf{s}_1 \ldots \mathsf{s}_n, \mathsf{s}}$

Die Signatur bildet die Grundlage für die Definition von *Algebren*. Zur Definition einer Algebra ist es notwendig, jeder Sorte der Sortenmenge S eine *Trägermenge* und jedem Operationssymbol der S-sortigen Signatur eine *Operation* zuzuordnen. Die der ausgezeichneten Sorte zugeordnete Trägermenge nennen wir *ausgezeichnete Trägermenge*. Wie wir noch sehen werden, sind in unseren Modellen die ausgezeichnete Trägermenge für die Programme der zu definierenden Sprache und die übrigen Trägermengen für Teilprogramme, die jeweils aus einem bestimmten nichtterminalen Element erzeugbar sind, zuständig.

Der Typ eines Operationssymbols gibt an, welchen Trägermengen die Argumente und die Werte einer Operation angehören müssen. Eine Σ-Algebra $\boldsymbol{A} = (\mathsf{A}, \mathsf{O}^{\boldsymbol{A}})$ besteht somit aus einer Familie von Mengen $\mathsf{A} = \langle \mathsf{A}_s \rangle_{s \in \mathsf{S}}$, den Trägermengen von $\boldsymbol{A}$, und aus einer Familie von Mengen von Operationen $\mathsf{O}^{\boldsymbol{A}} = \langle \mathsf{O}_{\mathsf{w},\mathsf{s}} \rangle_{\mathsf{w} \in \mathsf{S}^*, \mathsf{s} \in \mathsf{S}}$, wobei eine Operation $\sigma_{\boldsymbol{A}}\colon \mathsf{A}_{\mathsf{s}_1} \times \ldots \times \mathsf{A}_{\mathsf{s}_n} \to \mathsf{A}_{\mathsf{s}}$ genau dann in $\mathsf{O}_{\mathsf{w},\mathsf{s}}$, $\mathsf{w} = \mathsf{s}_1 \ldots \mathsf{s}_n$, enthalten ist, wenn $\sigma \in \Sigma_{\mathsf{w},\mathsf{s}}$. Für $\sigma \in \Sigma_{\varepsilon,\mathsf{s}}$, wobei ε die leere Zeichenkette ist, ist $\sigma_{\boldsymbol{A}}$ ein Element der Trägermenge A_{s} der Sorte s.

Kehren wir zu unserem Ausgangsproblem zurück. Im Fall der Repräsentationsalgebra $\boldsymbol{R}$ verwenden wir als Sortenmenge die Menge N der nichtterminalen Elemente. Die ausgezeichnete Sorte ist P. Um die N-sortige Signatur in der obigen Form zu bekommen, müssen wir die Menge $\bar{\Sigma}$ aller Bezeichnungen der syntaktischen Regeln in Mengen $\Sigma_{\mathsf{w},\mathsf{s}}$ zerlegen. Die Bezeichnung p einer syntaktischen Regel (5.1.1) ist genau dann in $\Sigma_{\mathsf{w},\mathsf{s}}$, wenn $\mathsf{w} = \mathsf{P}_1 \ldots \mathsf{P}_k$ und $\mathsf{s} = \mathsf{P}_0$.

Tab. 5.2. *Signatur von BPS′*

a) Sortenmenge (in Klammern ist das entsprechende nichtterminale Element angeführt)

S = {P(<Programm>), Dk(<Vereinbarungen>), De(<Vereinbarung>), T(<Typ>), V(<Variable>), Ide(<Identifikator>), B(<Buchstabe>), I(<Anweisungen>), Ie(<Anweisung>), E(<Ausdruck>), K(<Konstante>), Ka(<arithmetische Konstante>), Be(<Bedingung>), Vo(<Vergleichsoperator>), Za(<Zahl>), Zi(<Ziffer>), op1(<op1>), op2(<op2>)}

Ausgezeichnete Sorte: P

b) Mengen $\Sigma_{w,s}$ der Signatur

$\Sigma_{\varepsilon,\mathrm{B}} = \{\boldsymbol{a}, \ldots, \boldsymbol{z}\}$, $\Sigma_{\varepsilon,\mathrm{Zi}} = \{\mathbf{null}, \ldots, \mathbf{neun}\}$, $\Sigma_{\varepsilon,\mathrm{T}} = \{\mathbf{integer}\}$,
$\Sigma_{\varepsilon,\mathrm{op1}} = \{\boldsymbol{pm}, \boldsymbol{mm}\}$, $\Sigma_{\varepsilon,\mathrm{op2}} = \{\boldsymbol{pd}, \ldots\}$, $\Sigma_{\varepsilon,\mathrm{Ie}} = \{\mathbf{skip}\}$, $\Sigma_{\varepsilon,\mathrm{Vo}} = \{\boldsymbol{eq}, \boldsymbol{lt}, \boldsymbol{le}\}$,
$\Sigma_{\mathrm{Dk\,I},\mathrm{P}} = \{\boldsymbol{P}\}$, $\Sigma_{\mathrm{De},\mathrm{Dk}} = \{\boldsymbol{D}\}$, $\Sigma_{\mathrm{De\,Dk},\mathrm{Dk}} = \{\boldsymbol{D'}\}$, $\Sigma_{\mathrm{V\,T},\mathrm{De}} = \{\boldsymbol{d'}\}$,
$\Sigma_{\mathrm{Ie},\mathrm{I}} = \{\boldsymbol{S}\}$, $\Sigma_{\mathrm{Ie\,I},\mathrm{I}} = \{\boldsymbol{S'}\}$, $\Sigma_{\mathrm{V\,E},\mathrm{Ie}} = \{\boldsymbol{A}\}$, $\Sigma_{\mathrm{Be\,I\,I},\mathrm{Ie}} = \{\boldsymbol{B}\}$,
$\Sigma_{\mathrm{Be\,I},\mathrm{Ie}} = \{\boldsymbol{W}\}$, $\Sigma_{\mathrm{E\,Vo\,E},\mathrm{Be}} = \{\boldsymbol{Be}\}$, $\Sigma_{\mathrm{Ide},\mathrm{V}} = \{\boldsymbol{i'}\}$, $\Sigma_{\mathrm{K},\mathrm{E}} = \{\boldsymbol{K}\}$, $\Sigma_{\mathrm{V},\mathrm{E}} = \{\boldsymbol{V}\}$,
$\Sigma_{\mathrm{E\,op2\,E},\mathrm{E}} = \{\boldsymbol{E}\}$, $\Sigma_{\mathrm{op1\,E},\mathrm{E}} = \{\boldsymbol{E'}\}$, $\Sigma_{\mathrm{Ka},\mathrm{K}} = \{\boldsymbol{a'}\}$, $\Sigma_{\mathrm{Za},\mathrm{Ka}} = \{\boldsymbol{Z}, \boldsymbol{Z'}, \boldsymbol{Z''}\}$,
$\Sigma_{\mathrm{Zi},\mathrm{Za}} = \{\boldsymbol{z'}\}$, $\Sigma_{\mathrm{B},\mathrm{Ide}} = \{\boldsymbol{I}\}$, $\Sigma_{\mathrm{Ide\,B},\mathrm{Ide}} = \{\boldsymbol{I'}\}$, $\Sigma_{\mathrm{Ide\,Zi},\mathrm{Ide}} = \{\boldsymbol{I''}\}$,
$\Sigma_{\mathrm{Za\,Zi},\mathrm{Za}} = \{\boldsymbol{N}\}$

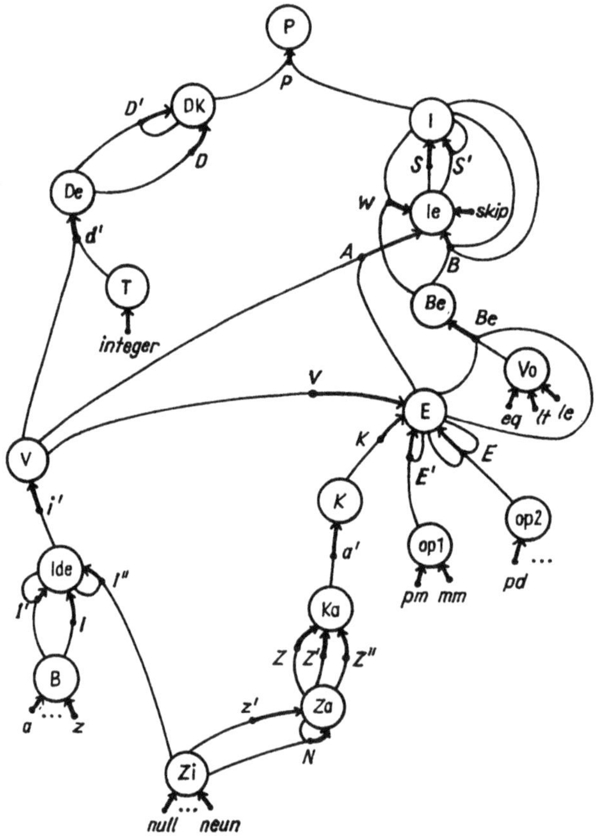

Abb. 5.2. Graphische Darstellung der Signatur Σ von BPS′

Für die Grammatik von BPS′ ist die Signatur in Tab. 5.2 zusammengestellt. Einer kürzeren Schreibweise wegen verwendeten wir allerdings anstelle der nichtterminalen Elemente andere Sortenbezeichnungen. Eine graphische Darstellung der Signatur gibt die Abb. 5.2. Um auch eine gewisse Vorstellung von der Repräsentationsalgebra $\boldsymbol{R}$ der Sprache BPS′ zu vermitteln, führen wir in Tab. 5.3 eine Auswahl von Trägermengen und Operationen auf diesen Trägermengen an. Der Leser kann sich diese Auswahl nach der oben angegebenen Methode leicht selbst vervollständigen. R_{P} ist die ausgezeichnete Trägermenge von $\boldsymbol{R}$. Sie ist mit der Sprache BPS′ identisch.

Tab. 5.3. *Repräsentationsalgebra* $\boldsymbol{R}$ *der Sprache BPS′*

Trägermengen

$$\begin{aligned}
\mathsf{R}_{\mathrm{Ie}} = {} & \{\mathbf{skip}\} \cup \{\mathsf{t}_1 := \mathsf{t}_2 \mid \mathsf{t}_1 \in \mathsf{R}_{\mathrm{V}},\ \mathsf{t}_2 \in \mathsf{R}_{\mathrm{E}}\} \\
& \cup \{\mathbf{if}\ \mathsf{t}_1\ \mathbf{then}\ \mathsf{t}_2\ \mathbf{else}\ \mathsf{t}_3\ \mathbf{fi} \mid \mathsf{t}_1 \in \mathsf{R}_{\mathrm{Be}},\ \mathsf{t}_2, \mathsf{t}_3 \in \mathsf{R}_{\mathrm{I}}\} \\
& \cup \{\mathbf{while}\ \mathsf{t}_1\ \mathbf{do}\ \mathsf{t}_2\ \mathbf{od} \mid \mathsf{t}_1 \in \mathsf{R}_{\mathrm{Be}},\ \mathsf{t}_2 \in \mathsf{R}_{\mathrm{I}}\}, \\
\mathsf{R}_{\mathrm{E}} = {} & \mathsf{R}_{\mathrm{K}} \cup \mathsf{R}_{\mathrm{V}} \cup \{(\mathsf{t}_1\mathsf{t}_2\mathsf{t}_3) \mid \mathsf{t}_1, \mathsf{t}_3 \in \mathsf{R}_{\mathrm{E}},\ \mathsf{t}_2 \in \mathsf{R}_{\mathrm{op2}}\} \\
& \cup \{(\mathsf{t}_1\mathsf{t}_2) \mid \mathsf{t}_1 \in \mathsf{R}_{\mathrm{op1}},\ \mathsf{t}_2 \in \mathsf{R}_{\mathrm{E}}\}
\end{aligned}$$

Operationen

$$\mathsf{O}^{\boldsymbol{R}}_{\varepsilon,\mathrm{Ie}} = \{\boldsymbol{skip_R}\},\quad \mathsf{O}^{\boldsymbol{R}}_{\mathrm{V\,E,\,Ie}} = \{\boldsymbol{A_R}\},\quad \mathsf{O}^{\boldsymbol{R}}_{\mathrm{Be\,I\,I,\,Ie}} = \{\boldsymbol{B_R}\},\quad \mathsf{O}^{\boldsymbol{R}}_{\mathrm{Be\,I,\,Ie}} = \{\boldsymbol{W_R}\},$$
$$\mathsf{O}^{\boldsymbol{R}}_{\mathrm{K,\,E}} = \{\boldsymbol{K_R}\},\quad \mathsf{O}^{\boldsymbol{R}}_{\mathrm{V,\,E}} = \{\boldsymbol{V_R}\},\quad \mathsf{O}^{\boldsymbol{R}}_{\mathrm{E\,op2\,E,\,E}} = \{\boldsymbol{E_R}\},\quad \mathsf{O}^{\boldsymbol{R}}_{\mathrm{op1\,E,\,E}} = \{\boldsymbol{E'_R}\},$$

$$\begin{aligned}
& \boldsymbol{skip_R} = \mathbf{skip} \\
& \boldsymbol{A_R}(\mathsf{t}_1, \mathsf{t}_2) = \mathsf{t}_1 := \mathsf{t}_2, \quad \mathsf{t}_1 \in \mathsf{R}_{\mathrm{V}}, \quad \mathsf{t}_2 \in \mathsf{R}_{\mathrm{E}} \\
& \boldsymbol{B_R}(\mathsf{t}_1, \mathsf{t}_2, \mathsf{t}_3) = \mathbf{if}\ \mathsf{t}_1\ \mathbf{then}\ \mathsf{t}_2\ \mathbf{else}\ \mathsf{t}_3\ \mathbf{fi}, \quad \mathsf{t}_1 \in \mathsf{R}_{\mathrm{Be}}, \quad \mathsf{t}_2, \mathsf{t}_3 \in \mathsf{R}_{\mathrm{I}} \\
& \boldsymbol{W_R}(\mathsf{t}_1, \mathsf{t}_2) = \mathbf{while}\ \mathsf{t}_1\ \mathbf{do}\ \mathsf{t}_2\ \mathbf{od}, \quad \mathsf{t}_1 \in \mathsf{R}_{\mathrm{Be}}, \quad \mathsf{t}_2 \in \mathsf{R}_{\mathrm{I}} \\
& \boldsymbol{K_R}(\mathsf{t}) = \mathsf{t}, \quad \mathsf{t} \in \mathsf{R}_{\mathrm{K}} \\
& \boldsymbol{V_R}(\mathsf{t}) = \mathsf{t}, \quad \mathsf{t} \in \mathsf{R}_{\mathrm{V}} \\
& \boldsymbol{E_R}(\mathsf{t}_1, \mathsf{t}_2, \mathsf{t}_3) = (\mathsf{t}_1\mathsf{t}_2\mathsf{t}_3), \quad \mathsf{t}_1, \mathsf{t}_3 \in \mathsf{R}_{\mathrm{E}}, \quad \mathsf{t}_2 \in \mathsf{R}_{\mathrm{op2}} \\
& \boldsymbol{E'_R}(\mathsf{t}_1, \mathsf{t}_2) = (\mathsf{t}_1\mathsf{t}_2), \quad \mathsf{t}_1 \in \mathsf{R}_{\mathrm{op1}}, \quad \mathsf{t}_2 \in \mathsf{R}_{\mathrm{E}}
\end{aligned}$$

Aus der Definition der Σ-Algebren ist zu sehen, daß man zu einer gegebenen S-sortigen Signatur Σ verschiedene Σ-Algebren in Abhängigkeit von den gewählten Trägermengen und den gewählten Operationen konstruieren kann. Für den Fall der Signatur aus Tab. 5.2 werden wir in den nächsten Abschnitten einige weitere für die Definition einer Programmiersprache wichtige Σ-Algebren angeben.

5.1.2. Abstrakte Syntax

Bezogen auf kontextfreie Grammatiken bedeutet die Angabe der syntaktischen Struktur eines Programms die Angabe der syntaktischen Regeln, die zur Erzeugung des Programms benötigt werden, und deren Verkettung. Auf Grund unserer Interpretation syntaktischer Regeln als Operationen einer Repräsentationsalgebra können wir die syntaktische Struktur von Programmen auch mit Hilfe dieser Operationen beschreiben. Offensichtlich ist diese Art der Beschreibung abhängig von der gewählten Repräsentation. Es gilt z. B.

$$\begin{aligned}
& \boldsymbol{A_R}(\boldsymbol{i'_R}(\boldsymbol{I_R}(\boldsymbol{x_R})), \boldsymbol{E_R}(\boldsymbol{K_R}(\boldsymbol{a'_R}(\boldsymbol{Z_R}(\boldsymbol{z'_R}(\boldsymbol{zwei_R})))), \boldsymbol{mal_R}, \boldsymbol{V_R}(\boldsymbol{i'_R}(\boldsymbol{I_R}(\boldsymbol{x_R}))))) \\
& = x := (2 * x)\,.
\end{aligned}$$

Die linke Seite dieser Gleichung kann als *syntaktische Struktur* der Zeichenkette auf der rechten Seite angesehen werden, und wir wollen sie *Funktionsschreibweise* der Zeichenkette auf der rechten Seite nennen.

In 2.5. wiesen wir bereits auf die Bedeutung der abstrakten Syntax für die Semantikdefinition hin. Unser Ziel ist es, auch im algebraischen Modell eine abstrakte Syntax zu definieren. Die Verwendung heterogener Algebren zur Definition von Programmiersprachen ermöglicht sogar, diesen Begriff exakter zu definieren, als das bisher möglich war.

Zur abstrakten Syntax kommen wir, wenn wir bei der Beschreibung der syntaktischen Struktur von Programmen von der konkreten Repräsentation abstrahieren. Das ist dadurch möglich, daß wir anstelle der konkreten Operationen einer Repräsentationsalgebra die Operationssymbole der Signatur verwenden. Zu diesem Zweck definieren wir eine Σ-Algebra $\boldsymbol{T}_\Sigma$ auf folgende Weise:

$\bar{\Sigma}$ sei die Menge aller Operationssymbole aus den Mengen der Operationssymbole der S-sortigen Signatur Σ und enthalte die Zeichen „$[\![$" und „$]\!]$" nicht.

$\mathsf{T}_\Sigma = \langle \mathsf{T}_{\Sigma,s} \rangle_{s \in S}$ sei die kleinste Familie von Mengen von Zeichenketten (Termen) aus $(\bar{\Sigma} \cup \{[\![,]\!]\})^*$, für die gilt:

1. $\Sigma_{\varepsilon,s} \subset \mathsf{T}_{\Sigma,s}$.
2. Wenn $\sigma \in \Sigma_{w,s}$, $w = s_1 \dots s_n$, $t_i \in \mathsf{T}_{\Sigma,s_i}$, $i = 1, \dots, n$, dann $\sigma[\![t_1 \dots t_n]\!] \in \mathsf{T}_{\Sigma,s}$.

Die Mengen $\mathsf{T}_{\Sigma,s}$ bilden die Trägermengen von $\boldsymbol{T}_\Sigma$. Gemäß Definition sind ihre Elemente Zeichenketten, die aus Operationssymbolen und den Klammern „$[\![$" und „$]\!]$" zusammengesetzt sind. Die Operationen der Σ-Algebra $\boldsymbol{T}_\Sigma$ kombinieren diese Zeichenketten. Sie sind folgendermaßen definiert:

1. Wenn $\sigma \in \Sigma_{\varepsilon,s}$, dann $\sigma_{\boldsymbol{T}_\Sigma} = \sigma \in \mathsf{T}_{\Sigma,s}$, d.h., wenn ein Operationssymbol vom Typ $\langle \varepsilon, s \rangle$ ist, dann liefert die σ in $\boldsymbol{T}_\Sigma$ zugeordnete Operation $\sigma_{\boldsymbol{T}_\Sigma}$ das Operationssymbol σ als Ergebnis.
2. Wenn $\sigma \in \Sigma_{w,s}$, wobei $w = s_1 \dots s_n$ und $t_i \in \mathsf{T}_{\Sigma,s_i}$ mit $i = 1, \dots, n$, dann $\sigma_{\boldsymbol{T}_\Sigma}(t_1, \dots, t_n) = \sigma[\![t_1 \dots t_n]\!] \in \mathsf{T}_{\Sigma,s}$. $\sigma_{\boldsymbol{T}_\Sigma}$ konstruiert somit eine Zeichenkette, die aus σ, $[\![$, den Zeichenketten der Argumente und $]\!]$ in der genannten Reihenfolge besteht.

Wir wollen die Konstruktion von $\boldsymbol{T}_\Sigma$ wiederum an unserer Sprache BPS' demonstrieren. Wie im Fall der Repräsentationsalgebra beschränken wir uns auf einige ausgewählte Trägermengen und Operationen. Sie sind in Tab. 5.4 zusammengestellt.

Vergleicht man eine Trägermenge der Repräsentationsalgebra $\boldsymbol{R}$ mit der Trägermenge der gleichen Sorte der Algebra $\boldsymbol{T}_\Sigma$, so kann man feststellen, daß die Elemente der Trägermenge von $\boldsymbol{R}$ Teile von Programmen der Sprache BPS' sind, während die Elemente der entsprechenden Trägermenge von $\boldsymbol{T}_\Sigma$ unseren Vorstellungen von *abstrakten syntaktischen Strukturen* entsprechen. Einerseits haben sie einen Aufbau, der an die Funktionsschreibweise der Elemente der Trägermengen der Repräsentationsalgebra erinnert, und andererseits sind sie unabhängig von einer konkreten Repräsentation.

Zur Konkretisierung der Beziehungen zwischen den Algebren $\boldsymbol{T}_\Sigma$ und $\boldsymbol{R}$ müssen wir auf die Theorie der heterogenen Algebren zurückgreifen. Zunächst brauchen wir den Begriff des *Σ-Homomorphismus*, der es gestattet, die Ähnlichkeit von Strukturen auszudrücken.

Tab. 5.4. *Initiale Algebra T_Σ für BPS'*

Trägermengen

$T_{\Sigma,\mathrm{Ie}} = \{\textbf{skip}\} \cup \{\boldsymbol{A}[\![t_1t_2]\!] \mid t_1 \in T_{\Sigma,\mathrm{V}},\ t_2 \in T_{\Sigma,\mathrm{E}}\}$
$\cup \{\boldsymbol{B}[\![t_1\, t_2t_3]\!] \mid t_1 \in T_{\Sigma,\mathrm{Be}},\ t_2, t_3 \in T_{\Sigma,\mathrm{I}}\}$
$\cup \{\boldsymbol{W}[\![t_1t_2]\!] \mid t_1 \in T_{\Sigma,\mathrm{Be}},\ t_2 \in T_{\Sigma,\mathrm{I}}\}$

$T_{\Sigma,\mathrm{E}} = \{\boldsymbol{K}[\![t]\!] \mid t \in T_{\Sigma,\mathrm{K}}\} \cup \{\boldsymbol{E}[\![t_1t_2t_3]\!] \mid t_1, t_3 \in T_{\Sigma,\mathrm{E}},\ t_2 \in T_{\Sigma,\mathrm{op2}}\}$
$\cup \{\boldsymbol{E}'[\![t_1t_2]\!] \mid t_1 \in T_{\Sigma,\mathrm{op1}},\ t_2 \in T_{\Sigma,\mathrm{E}}\} \cup \{\boldsymbol{V}[\![t]\!] \mid t \in T_{\Sigma,\mathrm{V}}\}$

Operationen

$\textbf{skip}_{T_\Sigma} = \textbf{skip}$
$\boldsymbol{A}_{T_\Sigma},(t_1, t_2) = \boldsymbol{A}[\![t_1t_2]\!], \quad t_1 \in T_{\Sigma,\mathrm{V}},\ t_2 \in T_{\Sigma,\mathrm{E}}$
$\boldsymbol{B}_{T_\Sigma}(t_1, t_2, t_3) = \boldsymbol{B}[\![t_1t_2t_3]\!], \quad t_1 \in T_{\Sigma,\mathrm{Be}},\ t_2, t_3 \in T_{\Sigma,\mathrm{I}}$
$\boldsymbol{W}_{T_\Sigma}(t_1, t_2) = \boldsymbol{W}[\![t_1t_2]\!], \quad t_1 \in T_{\Sigma,\mathrm{Be}},\ t_2 \in T_{\Sigma,\mathrm{I}}$
$\boldsymbol{K}_{T_\Sigma}(t) = \boldsymbol{K}[\![t]\!], \quad t \in T_{\Sigma,\mathrm{K}}$
$\boldsymbol{V}_{T_\Sigma}(t) = \boldsymbol{V}[\![t]\!], \quad t \in T_{\Sigma,\mathrm{V}}$
$\boldsymbol{E}_{T_\Sigma}(t_1, t_2, t_3 = \boldsymbol{E}[\![t_1t_2t_3]\!], \quad t_1, t_3 \in T_{\Sigma,\mathrm{E}},\ t_2 \in T_{\Sigma,\mathrm{op2}}$
$\boldsymbol{E}'_{T_\Sigma}(t_1, t_2) = \boldsymbol{E}'[\![t_1t_2]\!], \quad t_1 \in T_{\Sigma,\mathrm{op1}},\ t_2 \in T_{\Sigma,\mathrm{E}}$

A und ***B*** seien Σ-Algebren. Ein *Σ-Homomorphismus* $h: \boldsymbol{A} \to \boldsymbol{B}$ ist eine Familie von Funktionen $h = \langle h_s: A_s \to B_s\rangle_{s \in S}$ mit den Eigenschaften:

1. Wenn $\sigma \in \Sigma_{\varepsilon,s}$, dann $h_s(\sigma_{\boldsymbol{A}}) = \sigma_{\boldsymbol{B}}$.
2. Wenn $\sigma \in \Sigma_{s_1 \ldots s_n, s}$ und $(a_1, \ldots, a_n) \in A_{s_1} \times \ldots \times A_{s_n}$, dann $h_s(\sigma_{\boldsymbol{A}}(a_1, \ldots, a_n)) = \sigma_{\boldsymbol{B}}(h_{s_1}(a_1), \ldots, h_{s_n}(a_n))$.

$\sigma_{\boldsymbol{A}}$ bzw. $\sigma_{\boldsymbol{B}}$ sind die σ in ***A*** bzw. in ***B*** zugeordneten Operationen. A_s bzw. B_s sind die Trägermengen der Sorte s in ***A*** bzw. in ***B***.

Die angeführten Eigenschaften des Σ-Homomorphismus zeigen, daß er eine strukturerhaltende Abbildung ist. Ein Σ-Homomorphismus existiert auch im Fall unserer Algebren $\boldsymbol{T}_\Sigma$ und ***R***, und zwar sei $h = \langle h_s\rangle_{s \in S}$ folgendermaßen definiert:

1. Wenn $\sigma \in T_{\Sigma,s}$, dann $h_s(\sigma) = \sigma_{\boldsymbol{R}}$.
2. Wenn $\sigma[\![t_1, \ldots, t_n]\!] \in T_{\Sigma,s}$, $t_i \in T_{\Sigma,s_i}$, $i = 1, \ldots, n$, dann $h_s(\sigma[\![t_1 \ldots t_n]\!]) = \sigma_{\boldsymbol{R}}(h_{s_1}(t_1), \ldots, h_{s_n}(t_n))$.

Wie sich der Leser leicht überzeugen kann, ist h ein Σ-Homomorphismus von $\boldsymbol{T}_\Sigma$ auf ***R***.

Ein Spezialfall des Σ-Homomorphismus ist der *Σ-Isomorphismus*.

Ein Σ-Homomorphismus $h: \boldsymbol{A} \to \boldsymbol{A}'$ ist ein *Σ-Isomorphismus* genau dann, wenn ein Σ-Homomorphismus $g: \boldsymbol{A}' \to \boldsymbol{A}$ existiert, so daß $g \cdot h = 1_{\boldsymbol{A}'}$ und $h \cdot g = 1_{\boldsymbol{A}}$. Dabei bezeichnen $1_{\boldsymbol{A}'}$ bzw. $1_{\boldsymbol{A}}$ die Identität auf ***A'*** bzw. ***A***.

Isomorphe Algebren sind folglich Algebren, deren Elemente die gleiche Struktur haben.

Der Σ-Homomorphismus h von $\boldsymbol{T}_\Sigma$ auf ***R*** ermöglicht es, zu jedem $r \in R_s$ ein $t \in T_{\Sigma,s}$ zu bestimmen, so daß $h(t) = r$. Wenn r beispielsweise $x := (2 * x) \in R_{\mathrm{Ie}}$ ist, dann ist $t \in T_{\Sigma,\mathrm{Ie}}$

$$\boldsymbol{A}[\![\boldsymbol{i}'[\![\boldsymbol{I}[\![x]\!]]\!]\ \boldsymbol{E}[\![\boldsymbol{K}[\![\boldsymbol{a}'[\![\boldsymbol{Z}[\![\boldsymbol{z}'[\![\textbf{zwei}]\!]]\!]]\!]]\!]\ \textbf{mal}\ \boldsymbol{V}[\![\boldsymbol{i}'[\![\boldsymbol{I}[\![x]\!]]\!]]\!]]\!]]\!].$$

Wir können t als *abstrakte syntaktische Struktur* von r betrachten. $\boldsymbol{T}_\Sigma$ liefert uns damit eine *abstrakte Syntax* zu ***R***. Abstrakte syntaktische Strukturen lassen sich offensichtlich einfach graphisch darstellen, wie Abb. 5.3 für unser Beispiel zeigt.

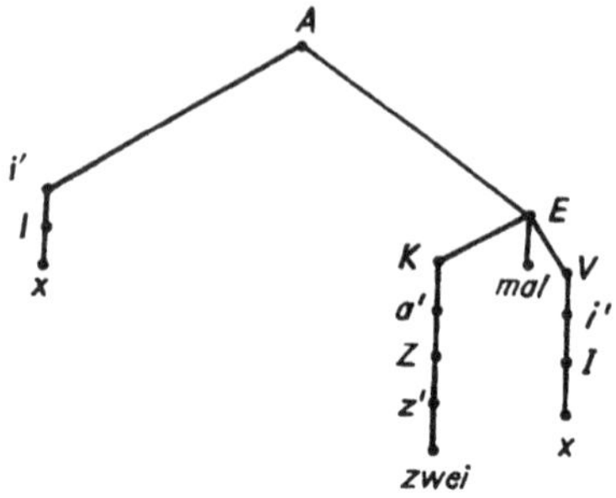

Abb. 5.3. Graphische Darstellung der abstrakten syntaktischen Struktur
$A⟦i'⟦I⟦x⟧⟧ E⟦K⟦a'⟦Z⟦z'⟦zwei⟧⟧⟧⟧$ ***mal*** $V⟦i'⟦I⟦x⟧⟧⟧⟧⟧$
des Ausdrucks $x := (2 * x)$

Wie bestimmt man nun die abstrakte Syntax im Fall der Wahl einer anderen Repräsentationsalgebra? Die Antwort gibt uns wiederum die Theorie der heterogenen Algebren. Sie sichert, daß die oben konstruierte Algebra $\boldsymbol{T}_\Sigma$ für jede Wahl der Repräsentationsalgebra als abstrakte Syntax verwendbar ist. $\boldsymbol{T}_\Sigma$ ist eine *initiale Algebra* in der Klasse aller Σ-Algebren.

Eine Σ-Algebra $\boldsymbol{A}$ ist *initial* in der Klasse K aller Σ-Algebren genau dann, wenn zu jeder Σ-Algebra $\boldsymbol{B}$ aus K ein eindeutig bestimmter Σ-Homomorphismus $h: \boldsymbol{A} \to \boldsymbol{B}$ existiert.

Da $\boldsymbol{T}_\Sigma$ initial in der Klasse K aller Σ-Algebren ist, existiert somit zu jeder Algebra $\boldsymbol{R}$ der Klasse K ein eindeutig bestimmter Σ-Homomorphismus $h_{\boldsymbol{R}}: \boldsymbol{T}_\Sigma \to \boldsymbol{R}$. Zu jedem Element $r \in R_s$, wobei R_s eine Trägermenge der Sorte s in $\boldsymbol{R}$ ist, kann folglich (mindestens) ein Element $t \in T_{\Sigma,s}$ bestimmt werden, für das $h_{\boldsymbol{R}}(t) = r$ gilt. Ist s die ausgezeichnete Sorte, d. h., R_s ist mit der zu definierenden Programmiersprache identisch, dann ist t eine abstrakte syntaktische Struktur des Programms r.

Ein Problem ist die Eindeutigkeit der Existenz der abstrakten Syntax. Der folgende Satz berechtigt zur Aussage, daß die abstrakte Syntax bis auf Isomorphie eindeutig bestimmt ist.

Satz 5.1.1. *Die Σ-Algebren $\boldsymbol{A}$ und $\boldsymbol{A}'$ seien initial in einer Klasse K von Σ-Algebren. Dann sind $\boldsymbol{A}$ und $\boldsymbol{A}'$ isomorph. Die Σ-Algebra $\boldsymbol{A}''$ aus K sei isomorph mit der initialen Σ-Algebra $\boldsymbol{A}$ in K. Dann ist $\boldsymbol{A}''$ ebenfalls initial.*

Beweis. Siehe z. B. [42]. ■

Da $\boldsymbol{T}_\Sigma$ initial ist, ist somit mit der Wahl von $\boldsymbol{T}_\Sigma$ als abstrakte Syntax die abstrakte Syntax bis auf Isomorphie durch die Signatur Σ eindeutig bestimmt. Diese Tatsache drücken wir dadurch aus, daß wir sagen, die *abstrakte Syntax* einer kontextfreien Sprache ist die Isomorphieklasse der initialen Algebra $\boldsymbol{T}_\Sigma$ in der Klasse aller Σ-Algebren.

Der Leser wird sicher bemerkt haben, daß die Bestimmung einer abstrakten syntaktischen Struktur $t \in T_{\Sigma,s}$ zu einem Element $r \in R_s$ im allgemeinen nicht eindeutig ist, da mehrere Elemente in $T_{\Sigma,s}$ das gleiche homomorphe Bild in R_s haben können. Im Fall der Isomorphie von $\boldsymbol{T}_\Sigma$ und $\boldsymbol{R}$, wie das für die Sprache BPS' zutrifft, ist t eindeutig bestimmt. Folglich hat es Sinn, den Begriff der *syntaktischen Eindeutig-*

keit einzuführen. Dazu setzen wir zunächst voraus, die Signatur Σ enthalte für eine gegebene kontextfreie Sprache keine „überflüssigen" Sorten, d. h. keine solchen Sorten, die keinen „Beitrag" zur Konstruktion der Sprache leisten. Bezogen auf Grammatiken bedeutet das, die Grammatik enthält keine „überflüssigen" nichtterminalen Elemente; sie ist reduziert.

$\boldsymbol{R}$ sei eine Repräsentationsalgebra und $\boldsymbol{T}_\Sigma$ die abstrakte Syntax einer kontextfreien Sprache L, wobei $\mathsf{R}_{\mathsf{ST}} = \mathsf{L}$ ist. $\boldsymbol{R}$ ist *syntaktisch mehrdeutig*, wenn in der Menge der abstrakten syntaktischen Strukturen der Wörter aus L, d. h. in der Menge $\mathsf{T}_{\Sigma,\mathsf{ST}}$, mindestens zwei abstrakte syntaktische Strukturen t_1 und t_2, $\mathsf{t}_1 \neq \mathsf{t}_2$, existieren, für die $\mathsf{h}_{\boldsymbol{R}}(\mathsf{t}_1) = \mathsf{h}_{\boldsymbol{R}}(\mathsf{t}_2)$ gilt. Dabei ist $\mathsf{h}_{\boldsymbol{R}}$ der Homomorphismus $\mathsf{h}_{\boldsymbol{R}}\colon \boldsymbol{T}_\Sigma \to \boldsymbol{R}$.

$\boldsymbol{R}$ ist *syntaktisch eindeutig*, wenn es nicht syntaktisch mehrdeutig ist.

Eine Illustration zur syntaktischen Mehrdeutigkeit gibt die Abb. 5.4.

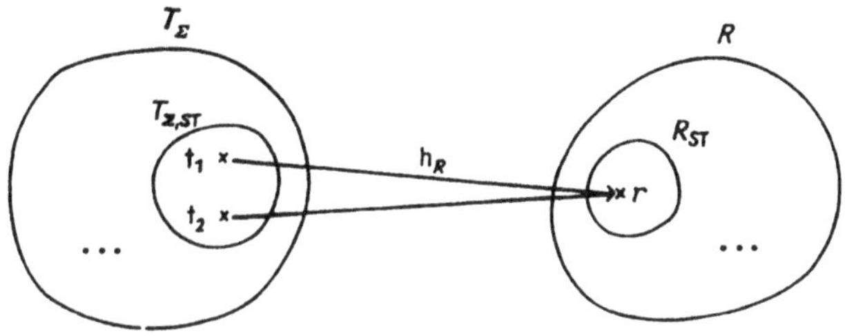

Abb. 5.4. Syntaktische Mehrdeutigkeit

Aus dem Zusammenhang zwischen kontextfreien Grammatiken und Repräsentationsalgebren folgt die Übereinstimmung des Begriffs der syntaktischen Eindeutigkeit bei kontextfreien Grammatiken und Repräsentationsalgebren.

5.1.3. Semantische Algebren

Wie wir im 3. Kapitel gesehen haben, gibt es eine Vielzahl von Möglichkeiten für die semantische Bedeutung eines Programms. Allerdings war die Methode der Zuordnung von semantischen Bedeutungen zu Programmen strukturorientiert. In Analogie zum Aufbau von komplexen Programmkonstruktionen aus einfacheren Programmkonstruktionen wurde die semantische Bedeutung der komplexen Konstruktion aus den semantischen Bedeutungen der einfacheren Konstruktionen zusammengesetzt. Diese Eigenschaft wollen wir ebenfalls durch unser algebraisches Sprachmodell ausdrücken. Wir können das erreichen, wenn wir bestimmte geeignete Σ-Algebren wählen, deren Elemente als semantische Bedeutungen dienen.

Für unsere weiteren Betrachtungen setzen wir voraus, daß die Trägermengen aller Σ-Algebren der Klasse K von Σ-Algebren homomorphe Bilder der entsprechenden Trägermengen der initialen Algebra $\boldsymbol{T}_\Sigma$ sind. Das heißt, keine Trägermenge enthält „überflüssige" Elemente.

Unsere Betrachtungen beginnen wir mit einem Beispiel.

Beispiel 5.1.1. Analog zu den Beispielen 3.4.1 und 4.2.4 wollen wir die denotationale Semantik von BPS' definieren. Wir definieren dazu eine Σ-Algebra $\boldsymbol{T}$, deren Elemente als semantische Bedeutungen dienen sollen. Einige ausgewählte Trägermengen und

Tab. 5.5. *Semantische Algebra* $\boldsymbol{T}$ *für BPS'*

Trägermengen

$$\begin{aligned}
\mathsf{T}_{\mathrm{Ie}} = {} & \{\mathsf{Id}\} \cup \{\mathsf{t} \mid \mathsf{t}(\mathsf{c}) = \mathsf{c}(\mathsf{t}_1/\mathsf{t}_2(\mathsf{c})),\ \ \mathsf{t}_1 \in \mathsf{T}_{\mathrm{V}},\ \ \mathsf{t}_2 \in \mathsf{T}_{\mathrm{E}}\} \\
& \cup \{(\mathsf{t}_1 \to \mathsf{t}_2, \mathsf{t}_3) \mid \mathsf{t}_1 \in \mathsf{T}_{\mathrm{Be}},\ \ \mathsf{t}_2, \mathsf{t}_3 \in \mathsf{T}_{\mathrm{I}}\} \\
& \cup \{Y(\mathsf{F}) \mid \mathsf{F}(\xi) = (\mathsf{t}_1 \to \mathsf{t}_2 \cdot \xi, \mathsf{Id}),\ \ \mathsf{t}_1 \in \mathsf{T}_{\mathrm{Be}},\ \ \mathsf{t}_2 \in \mathsf{T}_{\mathrm{I}}\} \\
& \cup [\mathsf{C} \circ\!\!\to \mathsf{C}] \\
\mathsf{T}_{\mathrm{E}} = {} & \{\mathsf{Wert}(\mathsf{t}) \mid \mathsf{t} \in \mathsf{T}_{\mathrm{V}}\} \cup \mathsf{T}_{\mathrm{K}} \\
& \cup \{\mathsf{t} \mid \mathsf{t}(\mathsf{c}) = \mathsf{t}_1(\mathsf{c})\,\mathsf{t}_2(\mathsf{t}_3\mathsf{c}),\ \ \mathsf{t}_1, \mathsf{t}_3 \in \mathsf{T}_{\mathrm{E}},\ \ \mathsf{t}_2 \in \mathsf{T}_{\mathrm{op2}}\} \\
& \cup \{\mathsf{t} \mid \mathsf{t}(\mathsf{c}) = \mathsf{t}_1\mathsf{t}_2(\mathsf{c}),\ \ \mathsf{t}_1 \in \mathsf{T}_{\mathrm{op1}},\ \ \mathsf{t}_2 \in \mathsf{T}_{\mathrm{E}}\} \subset [\mathsf{C} \to \mathsf{D}]
\end{aligned}$$

Operationen

$$\begin{aligned}
& \boldsymbol{skip_T} = \mathsf{Id} \\
& \boldsymbol{A_T}(\mathsf{t}_1, \mathsf{t}_2) = \mathsf{t}, \quad \text{wobei} \quad \mathsf{t}(\mathsf{c}) = \mathsf{c}(\mathsf{t}_1/\mathsf{t}_2(\mathsf{c})) \quad \text{und} \quad \mathsf{t}_1 \in \mathsf{T}_{\mathrm{V}},\ \ \mathsf{t}_2 \in \mathsf{T}_{\mathrm{E}} \\
& \boldsymbol{B_T}(\mathsf{t}_1, \mathsf{t}_2, \mathsf{t}_3) = (\mathsf{t}_1 \to \mathsf{t}_2, \mathsf{t}_3), \quad \mathsf{t}_1 \in \mathsf{T}_{\mathrm{Be}},\ \ \mathsf{t}_2, \mathsf{t}_3 \in \mathsf{T}_{\mathrm{I}} \\
& \boldsymbol{W_T}(\mathsf{t}_1, \mathsf{t}_2) = Y(\mathsf{F}), \quad \text{wobei} \quad \mathsf{F}(\xi) = (\mathsf{t}_1 \to \mathsf{t}_2 \cdot \xi, \mathsf{Id}) \quad \text{und} \quad \mathsf{t}_1 \in \mathsf{T}_{\mathrm{Be}},\ \ \mathsf{t}_2 \in \mathsf{T}_{\mathrm{I}} \\
& \boldsymbol{K_T}(\mathsf{t}) = \mathsf{t}, \quad \mathsf{t} \in \mathsf{T}_{\mathrm{K}} \\
& \boldsymbol{V_T}(\mathsf{t}) = \mathsf{Wert}(\mathsf{t}), \quad \text{wobei} \quad \mathsf{Wert}(\mathsf{t})\,(\mathsf{c}) = \mathsf{c}(\mathsf{t}) \quad \text{und} \quad \mathsf{t} \in \mathsf{T}_{\mathrm{V}} \\
& \boldsymbol{E_T}(\mathsf{t}_1, \mathsf{t}_2, \mathsf{t}_3) = \mathsf{t}, \quad \text{wobei} \quad \mathsf{t}(\mathsf{c}) = \mathsf{t}_1(\mathsf{c})\,\mathsf{t}_2\mathsf{t}_3(\mathsf{c}) \quad \text{und} \quad \mathsf{t}_2 \in \mathsf{T}_{\mathrm{op2}},\ \ \mathsf{t}_1, \mathsf{t}_3 \in \mathsf{T}_{\mathrm{E}} \\
& \boldsymbol{E'_T}(\mathsf{t}_1, \mathsf{t}_2) = \mathsf{t}, \quad \text{wobei} \quad \mathsf{t}(\mathsf{c}) = \mathsf{t}_1\mathsf{t}_2(\mathsf{c}) \quad \text{und} \quad \mathsf{t}_1 \in \mathsf{T}_{\mathrm{op1}},\ \ \mathsf{t}_2 \in \mathsf{T}_{\mathrm{E}}
\end{aligned}$$

Operationen enthält Tab. 5.5. Die im Beispiel 3.4.1 eingeführten Bezeichnungen haben wir beibehalten.

Da wir Vereinbarungen keine semantische Bedeutung zuordnen wollen, enthalten die Trägermengen T_{De} und T_{Dk} nur die leere Zeichenkette ε als Element. Ebenso liefern die entsprechenden Operationen $\boldsymbol{D_T}$, $\boldsymbol{D'_T}$ und $\boldsymbol{d'_T}$ nur ε.

Eine solche Σ-Algebra $\boldsymbol{T}$ nennen wir *semantische Algebra*. Sie ermöglicht es, jeder abstrakten syntaktischen Struktur $\mathsf{t} \in \mathsf{T}_{\Sigma,\mathsf{s}}$ der abstrakten Syntax $\boldsymbol{T}_\Sigma$ eindeutig ein Element $\mathsf{b} \in \mathsf{T}_\mathsf{s}$ der Σ-Algebra $\boldsymbol{T}$ als *semantische Bedeutung* zuzuordnen. Das folgt aus der Initialität von $\boldsymbol{T}_\Sigma$ in der Klasse aller Σ-Algebren, denn sie bedeutet, daß ein eindeutig bestimmter Σ-Homomorphismus $\mathsf{h}_{\boldsymbol{T}}$ von $\boldsymbol{T}_\Sigma$ auf $\boldsymbol{T}$ existiert. Somit ist

$$\mathsf{b} = \mathsf{h}_{\boldsymbol{T}}(\mathsf{t}) .$$

In unserem Fall ist $\mathsf{h}_{\boldsymbol{T}} = \langle \mathsf{h}_{\boldsymbol{T}\mathsf{s}} \rangle_{\mathsf{s} \in S}$ folgendermaßen definiert:

1. Wenn $\sigma \in \mathsf{T}_{\Sigma,\mathsf{s}}$, dann $\mathsf{h}_{\boldsymbol{T}\mathsf{s}}(\sigma) = \sigma_{\boldsymbol{T}}$.
2. Wenn $\sigma[\![\mathsf{t}_1 \dots \mathsf{t}_n]\!] \in \mathsf{T}_{\Sigma,\mathsf{s}}$ und $\mathsf{t}_i \in \mathsf{T}_{\Sigma,\mathsf{s}_i}$, $i = 1, \dots, n$, dann

$$\mathsf{h}_{\boldsymbol{T}\mathsf{s}}(\sigma[\![\mathsf{t}_1 \dots \mathsf{t}_n]\!]) = \sigma_{\boldsymbol{T}}(\mathsf{h}_{\boldsymbol{T}\mathsf{s}_1}(\mathsf{t}_1), \dots, \mathsf{h}_{\boldsymbol{T}\mathsf{s}_n}(\mathsf{t}_n)) .$$

Damit können wir der abstrakten syntaktischen Struktur

$$\boldsymbol{A}[\![\boldsymbol{i'}[\![\boldsymbol{I}[\![\boldsymbol{x}]\!]]\!]\ \boldsymbol{E}[\![\boldsymbol{K}[\![\boldsymbol{a'}[\![\boldsymbol{Z}[\![\boldsymbol{z'}[\![\boldsymbol{zwei}]\!]]\!]]\!]]\!]\ \boldsymbol{mal}\ \boldsymbol{V}[\![\boldsymbol{i'}[\![\boldsymbol{I}[\![\boldsymbol{x}]\!]]\!]]\!]]\!]]\!]$$

als semantische Bedeutung

$$\boldsymbol{A_T}(\boldsymbol{i'_T}(\boldsymbol{I_T}(\boldsymbol{x_T})), \boldsymbol{E_T}(\boldsymbol{K_T}(\boldsymbol{a'_T}(\boldsymbol{Z_T}(\boldsymbol{z'_T}(\boldsymbol{zwei_T})))), \boldsymbol{mal_T}, \boldsymbol{V_T}(\boldsymbol{i'_T}(\boldsymbol{I_T}(\boldsymbol{x_T}))))) = \mathsf{b}$$

zuordnen, wobei gilt $\mathsf{b} \in [\mathrm{C} \circ\!\!\to \mathrm{C}]$ und $\mathsf{b}(\mathsf{c}) = \mathsf{c}(x/(2 \mathbin{\underline{*}} \mathsf{c}(x)))$.
Dabei ist $\boldsymbol{zwei_T} = 2 \in \mathsf{T}_{\mathrm{Za}}$ die durch *2* bezeichnete ganze Zahl, und $\boldsymbol{mal_T} = \underline{*} \in \mathsf{T}_{\mathrm{op2}}$ ist die abstrakte Entsprechung des Operationsymbols $*$. ■

Unser Ziel war es ursprünglich, jedem Programm bzw. Programmteil der Sprache BPS' (d. h. den Elementen der Trägermengen R_s, $\mathsf{s} \in \mathsf{N}$, der Repräsentationsalgebra $\boldsymbol{R}$)

eine semantische Bedeutung zuzuordnen. Es seien $\boldsymbol{R}$ eine Repräsentationsalgebra einer kontextfreien Sprache L, $\boldsymbol{T}_\Sigma$ die initiale Algebra in der Klasse aller Σ-Algebren und $\boldsymbol{T}$ eine semantische Algebra. Dann bestimmen wir die semantische Bedeutung eines Elements $\mathsf{r} \in \mathsf{R}_s$ auf folgende Weise:

Für $\mathsf{r} \in \mathsf{R}_s$ *existiert in* $\mathsf{T}_{\Sigma,s}$ *(mindestens) ein Element* t, *so daß* $\mathsf{h}_{\boldsymbol{R}}(\mathsf{t}) = \mathsf{r}$. *Dabei ist* t *eine abstrakte syntaktische Struktur von* r. *Die semantische Bedeutung von* t, *d. h.* $\mathsf{h}_{\boldsymbol{T}}(\mathsf{t}) = \mathsf{b} \in \mathsf{T}_s$, *ordnen wir ebenfalls* $\mathsf{r} \in \mathsf{R}_s$ *als semantische Bedeutung bezüglich der* Σ*-Algebra* $\boldsymbol{T}$ *zu.*

Ist $\boldsymbol{R}$ syntaktisch eindeutig, so ist wegen der eindeutigen Bestimmung der abstrakten syntaktischen Struktur t die r zugeordnete semantische Bedeutung eindeutig bestimmt. Andernfalls können folgende Situationen eintreten:

1. Es existiert mindestens ein Element r der ausgezeichneten Trägermenge R_{ST} von $\boldsymbol{R}$, so daß $\mathsf{h}_{\boldsymbol{R}}(\mathsf{t}_1) = \mathsf{h}_{\boldsymbol{R}}(\mathsf{t}_2) = \mathsf{r}$ mit $\mathsf{t}_1, \mathsf{t}_2 \in \mathsf{T}_{\Sigma,\mathsf{ST}}$, $\mathsf{t}_1 \neq \mathsf{t}_2$, und $\mathsf{h}_{\boldsymbol{T}}(\mathsf{t}_1) \neq \mathsf{h}_{\boldsymbol{T}}(\mathsf{t}_2)$, d. h., die semantischen Bedeutungen von t_1 und t_2 sind verschieden. Folglich können r verschiedene semantische Bedeutungen zugeordnet werden.
2. $\mathsf{t}_1, \ldots, \mathsf{t}_n$ seien alle abstrakten syntaktischen Strukturen von r, d. h. $\mathsf{h}_{\boldsymbol{R}}(\mathsf{t}_1) = \ldots = \mathsf{h}_{\boldsymbol{R}}(\mathsf{t}_n) = \mathsf{r}$, und $\mathsf{h}_{\boldsymbol{T}}(\mathsf{t}_1) = \ldots = \mathsf{h}_{\boldsymbol{T}}(\mathsf{t}_n)$. In diesem Fall kann r eindeutig eine semantische Bedeutung zugeordnet werden.

Wir können folglich den Begriff der *semantischen Eindeutigkeit* einführen. Wie im Fall der syntaktischen Eindeutigkeit setzen wir wiederum voraus, daß die Sortenmenge der Signatur keine „überflüssigen" Sorten enthält.

$\boldsymbol{R}$ sei eine Repräsentationsalgebra, $\boldsymbol{T}_\Sigma$ die abstrakte Syntax und $\boldsymbol{T}$ eine semantische Algebra der kontextfreien Sprache L, wobei $\mathsf{R}_{\mathsf{ST}} = \mathsf{L}$. Dann ist $\boldsymbol{R}$ *semantisch mehrdeutig bezüglich* $\boldsymbol{T}$, wenn zu mindestens einem $\mathsf{r} \in \mathsf{R}_{\mathsf{ST}}$ in der Menge $\mathsf{T}_{\Sigma,\mathsf{ST}}$ zwei abstrakte syntaktische Strukturen t_1 und t_2, $\mathsf{t}_1 \neq \mathsf{t}_2$, existieren, für die $\mathsf{h}_{\boldsymbol{R}}(\mathsf{t}_1) = \mathsf{h}_{\boldsymbol{R}}(\mathsf{t}_2) = \mathsf{r}$ gilt und gleichzeitig $\mathsf{h}_{\boldsymbol{T}}(\mathsf{t}_1) \neq \mathsf{h}_{\boldsymbol{T}}(\mathsf{t}_2)$. Dabei seien $\mathsf{h}_{\boldsymbol{R}}$ bzw. $\mathsf{h}_{\boldsymbol{T}}$ die Σ-Homomorphismen von $\boldsymbol{T}_\Sigma$ auf $\boldsymbol{R}$ bzw. auf $\boldsymbol{T}$.

$\boldsymbol{R}$ ist *semantisch eindeutig bezüglich* $\boldsymbol{T}$, wenn es nicht semantisch mehrdeutig bezüglich $\boldsymbol{T}$ ist.

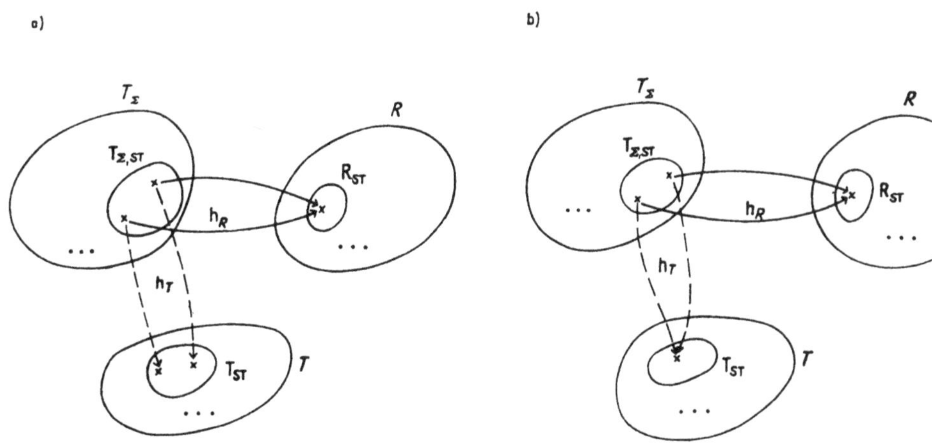

Abb. 5.5. a) Semantische Mehrdeutigkeit, b) semantische Eindeutigkeit

Eine graphische Illustration der semantischen Mehrdeutigkeit gibt Abb. 5.5.a).
Aus der Definition ist ersichtlich:

(i) Ist $\boldsymbol{R}$ syntaktisch eindeutig, so ist es semantisch eindeutig bezüglich jeder semantischen Algebra.

(ii) Die syntaktische Mehrdeutigkeit von $\boldsymbol{R}$ ist eine notwendige Voraussetzung der semantischen Mehrdeutigkeit.

Die Repräsentationsalgebra $\boldsymbol{R}$, die wir in Abschnitt 5.1.1. für BPS' konstruiert haben, ist wegen ihrer syntaktischen Eindeutigkeit bezüglich jeder semantischen Algebra semantisch eindeutig.

Es ergibt sich die Frage, wann eine syntaktisch mehrdeutige Algebra bezüglich einer semantischen Algebra semantisch eindeutig sein kann (Abb. 5.5.b)). Aus der obigen Definition folgt, daß eine Repräsentationsalgebra $\boldsymbol{R}$ genau dann semantisch eindeutig bezüglich einer semantischen Algebra $\boldsymbol{T}$ ist, wenn zu jedem $r \in R_s$ ein $b \in T_s$ existiert, so daß das Urbild von r bezüglich des Homomorphismus $h_{\boldsymbol{R}}: \boldsymbol{T}_\Sigma \to \boldsymbol{R}$ (d. h. die Menge $R = \{t \mid h_{\boldsymbol{R}}(t) = r\}$) im Urbild von b bezüglich des Homomorphismus $h_{\boldsymbol{T}}: \boldsymbol{T}_\Sigma \to \boldsymbol{T}$ (d. h. in der Menge $B = \{s \mid h_{\boldsymbol{T}}(s) = b\}$) enthalten ist. Der allgemeine Homomorphiesatz für heterogene Algebren sichert unter dieser Voraussetzung die Existenz eines eindeutig bestimmten Σ-Homomorphismus $h_{\boldsymbol{RT}}: \boldsymbol{R} \to \boldsymbol{T}$, wobei gilt $h_{\boldsymbol{RT}}(r) = b$. Es gilt auch die Umkehrung dieser Aussage und damit der folgende Satz.

Satz 5.1.2. *Eine Repräsentationsalgebra $\boldsymbol{R}$ ist genau dann semantisch eindeutig bezüglich einer semantischen Algebra $\boldsymbol{T}$, wenn ein eindeutig bestimmter Σ-Homomorphismus $h_{\boldsymbol{RT}}: \boldsymbol{R} \to \boldsymbol{T}$ existiert. Es gilt $h_{\boldsymbol{RT}} = h_{\boldsymbol{R}}^{-1} \cdot h_{\boldsymbol{T}}$, wobei $h_{\boldsymbol{R}}^{-1}$ die inverse Korrespondenz zu $h_{\boldsymbol{R}}: \boldsymbol{T}_\Sigma \to \boldsymbol{R}$ ist und $h_{\boldsymbol{T}}: \boldsymbol{T}_\Sigma \to \boldsymbol{T}$.* ■

Eine graphische Illustration des Satzes gibt Abb. 5.6.

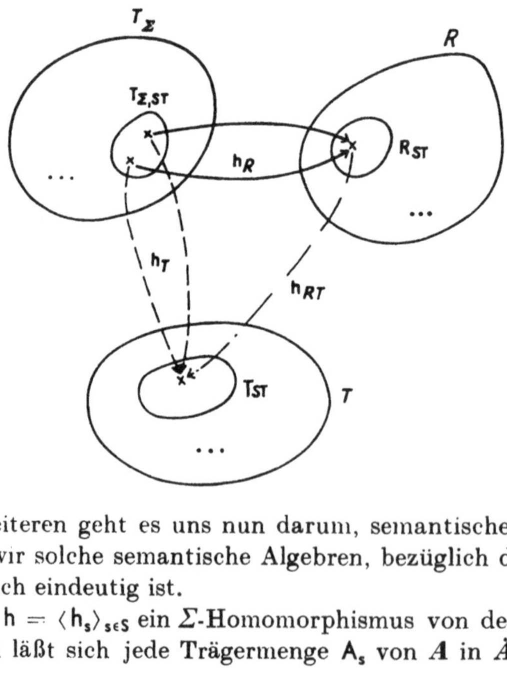

Abb. 5.6. Illustration des Satzes 5.1.2

Im weiteren geht es uns nun darum, semantische Algebren zu finden. Außerdem suchen wir solche semantische Algebren, bezüglich derer die Repräsentationsalgebra semantisch eindeutig ist.

Es sei $h = \langle h_s \rangle_{s \in S}$ ein Σ-Homomorphismus von der Σ-Algebra $\boldsymbol{A}$ auf die Σ-Algebra $\boldsymbol{B}$. Dann läßt sich jede Trägermenge A_s von $\boldsymbol{A}$ in *Äquivalenzklassen* zerlegen, wobei eine Äquivalenzklasse genau die Elemente aus A_s enthält, die in der Trägermenge B_s von $\boldsymbol{B}$ das gleiche Bild haben. $[x]_s$ bezeichne die Äquivalenzklasse in A_s, die das Element $x \in A_s$ enthält. Aus der Definition der Äquivalenzklassen kann man leicht zeigen, daß gilt:

Wenn $\sigma \in \Sigma_{w,s}$, wobei $w = s_1 \dots s_n$ und $a_i' \in [a_i]_{s_i}$ mit $i = 1, \dots, n$, dann $[\sigma_A(a_1, \dots, a_n)]_s = [\sigma_A(a_1', \dots, a_n')]_s$.

Eine solche Äquivalenz heißt *Kongruenz*. Die Unabhängigkeit der Klasse des Ergebnisses der Operation σ_A von der Wahl der Elemente a_i' aus einer Klasse $[a_i]_s$ führt uns zur Definition einer Operation $\sigma_{A/\equiv_s}$ auf Klassen von Elementen in A_s:

1. Wenn $\sigma \in \Sigma_{\varepsilon,s}$, dann $\sigma_{A/\equiv_s} = [\sigma_A]_s$.
2. Wenn $\sigma \in \Sigma_{w,s}$, $w = s_1 \dots s_n$, $a_i \in A_{s_i}$, $i = 1, \dots, n$, dann

$$\sigma_{A/\equiv_s}([a_1]_{s_1}, \dots, [a_n]_{s_n}) = [\sigma_A(a_1, \dots, a_n)]_s .$$

Nehmen wir anstelle der Trägermengen A_s Trägermengen $A_s/\equiv_s$, deren Elemente die oben eingeführten Klassen aus A_s sind, und anstelle der Operationen σ_A die Operationen $\sigma_{A/\equiv_s}$, so erhalten wir eine sogenannte ***Faktoralgebra***

$$\boldsymbol{A}/\equiv \; = (\langle A_s/\equiv_s\rangle_{s\in S}, \; \{\sigma_{A/\equiv_s}\}_{s\in S}) .$$

Diese Faktoralgebra ist isomorph mit der Σ-Algebra $\boldsymbol{B}$. Wendet man die obigen Betrachtungen auf die Algebren einer Klasse von Σ-Algebren mit einer initialen Σ-Algebra $\boldsymbol{T}_\Sigma$ an, so bedeutet dies, daß jede Σ-Algebra der Klasse isomorph mit einer Faktoralgebra der initialen Algebra $\boldsymbol{T}_\Sigma$ ist. Wenn eine Repräsentationsalgebra $\boldsymbol{R}$ semantisch eindeutig bezüglich einer semantischen Algebra $\boldsymbol{T}$ ist, d .h., es existiert ein Homomorphismus $h_{RT}: \boldsymbol{R} \to \boldsymbol{T}$, dann ist $\boldsymbol{T}$ isomorph mit einer Faktoralgebra von $\boldsymbol{T}_\Sigma$. Die Definition semantischer Algebren bedeutet folglich die Definition von Faktoralgebren zur initialen Algebra $\boldsymbol{T}_\Sigma$, und die Definition solcher semantischen Algebren, bezüglich derer die Repräsentationsalgebra $\boldsymbol{R}$ semantisch eindeutig ist, bedeutet die Definition von Faktoralgebren zu $\boldsymbol{R}$. Es bleibt die Frage nach der Definition von Faktoralgebren.

Sehen wir uns einmal die semantische Algebra $\boldsymbol{T}$ aus Beispiel 5.1.1 etwas genauer an. Sie ist isomorph mit einer Faktoralgebra von $\boldsymbol{T}_\Sigma$, wobei zwei Elemente einer Trägermenge von $\boldsymbol{T}_\Sigma$ genau dann zur gleichen Kongruenzklasse gehören, wenn sie das gleiche Bild bezüglich des Homomorphismus $h_T: \boldsymbol{T}_\Sigma \to \boldsymbol{T}$ haben. Diese Faktoralgebra ist auf die oben geschilderte Weise bestimmt. Wir wollen nun versuchen, die Kongruenzklassen ohne Verwendung des Homomorphismus h_T zu definieren. Dazu betrachten wir die Beziehungen zwischen $\boldsymbol{T}_\Sigma$ und $\boldsymbol{T}$.

In $\boldsymbol{T}$ hatten wir z. B. die Operation $\boldsymbol{E}_T$ auf folgende Weise definiert:

$$\boldsymbol{E}_T(t_1, t_2, t_3) = t , \quad \text{wobei} \quad t(c) = t_1(c)\, t_2 t_3(c) \quad \text{und}$$
$$t_2 \in T_{op2} , \quad t_1, t_3 \in T_E .$$

Wählen wir z. B. $\underline{*}$ für t_2, so folgt aus der Definition wegen der Kommutativität von $\underline{*}$

$$\boldsymbol{E}_T(t_1, \underline{*}, t_3) = \boldsymbol{E}_T(t_3, \underline{*}, t_1) \quad \text{für beliebige} \quad t_1, t_3 \in T_E . \tag{5.1.2}$$

Weiterhin gilt

$$\boldsymbol{E}_T(t_1, *, t_3) = h_T(\boldsymbol{E}[\![t_1' \; \boldsymbol{mal} \; t_3']\!]) \quad \text{und}$$
$$\boldsymbol{E}_T(t_3, \underline{*}, t_1) = h_T(\boldsymbol{E}[\![t_3' \; \boldsymbol{mal} \; t_1']\!]) ,$$

wobei $h_T(t_1') = t_1$, $h_T(t_3') = t_3$, $\boldsymbol{E}[\![t_1' \,\boldsymbol{mal}\, t_3']\!] \in T_{\Sigma,E}$, $\boldsymbol{E}[\![t_3' \,\boldsymbol{mal}\, t_1']\!] \in T_{\Sigma,E}$ und $h_T\colon \boldsymbol{T}_\Sigma \to \boldsymbol{T}$. Somit haben $\boldsymbol{E}[\![t_1' \,\boldsymbol{mal}\, t_3']\!]$ und $\boldsymbol{E}[\![t_3' \,\boldsymbol{mal}\, t_1']\!]$ das gleiche homomorphe Bild bezüglich des Homomorphismus h_T, d. h., sie gehören zur gleichen Kongruenzklasse der Trägermenge $T_{\Sigma,E}$ von $\boldsymbol{T}_\Sigma$. Da t_1 und t_3 beliebig waren, können wir das durch eine sogenannte *Identität* ausdrücken:

$$\boldsymbol{E}[\![x \,\boldsymbol{mal}\, y]\!] = \boldsymbol{E}[\![y \,\boldsymbol{mal}\, x]\!] \,. \tag{5.1.3}$$

Eine Identität hat die Form $w_1 = w_2$, wobei, nicht formal ausgedrückt, w_1 und w_2 den gleichen Aufbau wie Elemente der gleichen Trägermenge $T_{\Sigma,s}$ der Algebra $\boldsymbol{T}_\Sigma$ haben. Anstelle von Elementen aus T_{Σ,s_i} dürfen in w_1 und w_2 auch *Variablen* der Sorte s_i auftreten. In unserem Beispiel sind x und y Variablen der Sorte E, d. h., sie vertreten beliebige Elemente aus $T_{\Sigma,E}$. Wegen (5.1.3) gilt auch

$$h_T(\boldsymbol{A}[\![t_4\, \boldsymbol{E}[\![t_1' \,\boldsymbol{mal}\, t_3']\!]]\!]) = h_T(\boldsymbol{A}[\![t_4\, \boldsymbol{E}[\![t_3' \,\boldsymbol{mal}\, t_1']\!]]\!])$$

mit $t_4 \in T_{\Sigma,V}$, d. h. $\boldsymbol{A}[\![t_4\, \boldsymbol{E}[\![t_1' \,\boldsymbol{mal}\, t_3']\!]]\!]$ und $\boldsymbol{A}[\![t_4\, \boldsymbol{E}[\![t_3' \,\boldsymbol{mal}\, t_1']\!]]\!]$ gehören der gleichen Kongruenzklasse von Elementen aus $T_{\Sigma,Ie}$ an. Aus den Eigenschaften der Operationen in $\boldsymbol{T}$ sind außer (5.1.3) noch weitere Identitäten in $\boldsymbol{T}_\Sigma$ ableitbar, u. a. die folgenden:

$$\boldsymbol{S}'[\![\boldsymbol{skip}\; x_I]\!] = x_I \,, \qquad \boldsymbol{d}'[\![x_V x_T]\!] = \boldsymbol{d}'[\![x_V' x_T']\!] \,,$$

$$\boldsymbol{D}[\![x_{De}]\!] = x_{De} \,, \qquad \boldsymbol{D}'[\![x_{De} x_{Dk}]\!] = x_{De} \,, \qquad \boldsymbol{P}[\![x_{Dk} x_I]\!] = x_I \,.$$

Die indizierten Bezeichnungen sind Variablen, deren Sorte durch den Index gegeben ist. Um den Leser etwas vertrauter mit solchen Identitäten zu machen, erklären wir den Sinn der angeführten Identitäten:

1. Identität: Die semantische Bedeutung einer Anweisungsfolge, die mit einer **skip**-Anweisung beginnt, ist die gleiche wie die der Anweisungsfolge ohne die **skip**-Anweisung.

2. Identität: Die semantische Bedeutung aller Vereinbarungen ist gleich.

3. und 4. Identität: Die semantische Bedeutung einer Folge von Vereinbarungen ist gleich der semantischen Bedeutung der ersten Vereinbarung.

5. Identität: Die semantische Bedeutung eines Programms ist die semantische Bedeutung der Anweisungsfolge des Programms.

Durch die 2., 3. und 4. Identität drücken wir aus, daß alle Vereinbarungen (einschließlich Folgen von Vereinbarungen) die gleiche semantische Bedeutung haben, d. h., die Trägermengen der Sorten De und Dk der semantischen Algebra sind einelementig. Die angeführten Identitäten definieren zusammen mit noch weiteren Identitäten in $\boldsymbol{T}_\Sigma$ eine solche Kongruenz auf den Trägermengen von $\boldsymbol{T}_\Sigma$, daß zwei Elemente der gleichen Trägermenge $T_{\Sigma,s}$ von $\boldsymbol{T}_\Sigma$ genau dann in einer Kongruenzklasse sind, wenn sie das gleiche homomorphe Bild in der Trägermenge T_s von $\boldsymbol{T}$ haben. Mit anderen Worten, die Identitäten definieren auf der Menge der abstrakten syntaktischen Strukturen eine Kongruenz, wobei in die gleiche Kongruenzklasse genau die abstrakten syntaktischen Strukturen gehören, die die gleiche semantische Bedeutung haben. Ausgehend von dieser Kongruenz ist eine mit $\boldsymbol{T}$ isomorphe Faktoralgebra $\boldsymbol{F}$ von $\boldsymbol{T}_\Sigma$ konstruierbar. Da jedes System von Identitäten auf den Trägermengen von $\boldsymbol{T}_\Sigma$ eine Kongruenz definiert, kann somit durch das System eine Faktoralgebra $\boldsymbol{F}$ von $\boldsymbol{T}_\Sigma$ definiert werden, die als semantische Algebra dienen kann. Durch ein System von Identitäten können wir also festlegen

- welche abstrakte syntaktische Strukturen gleiche semantische Bedeutungen haben sollen (d. h. welche Elemente der Trägermengen von $\boldsymbol{T}_\Sigma$ in der gleichen Kongruenzklasse enthalten sind),
- welche Eigenschaften die Operationen der semantischen Algebra haben (wir hatten oben aus den Eigenschaften der Operationen Identitäten abgeleitet).

Durch Systeme von Identitäten wird zunächst eine *abstrakte semantische Bedeutung* definiert, d. h. eine semantische Bedeutung, bei der es nicht auf konkrete Bedeutungen, sondern nur auf die Unterscheidung von Bedeutungen ankommt. Diese abstrakte semantische Bedeutung einer abstrakten syntaktischen Struktur ist die Kongruenzklasse, in der die abstrakte syntaktische Struktur enthalten ist. Konkrete Repräsentationen semantischer Bedeutungen erhält man durch die Isomorphismen der konstruierten Faktoralgebra. Beispielsweise sind wegen (5.1.3)

$$\boldsymbol{E}[\![\boldsymbol{K}[\![\boldsymbol{a}'[\![\boldsymbol{Z}[\![\boldsymbol{z}'[\![\boldsymbol{zwei}]\!]]\!]]\!]]\!] \;\boldsymbol{mal}\; \boldsymbol{V}[\![\boldsymbol{i}'[\![\boldsymbol{I}[\![\boldsymbol{x}]\!]]\!]]\!]]\!] \quad (=\mathsf{e}_1)$$

und

$$\boldsymbol{E}[\![\boldsymbol{V}[\![\boldsymbol{i}'[\![\boldsymbol{I}[\![\boldsymbol{x}]\!]]\!]]\!] \;\boldsymbol{mal}\; \boldsymbol{K}[\![\boldsymbol{a}'[\![\boldsymbol{Z}[\![\boldsymbol{z}'[\![\boldsymbol{zwei}]\!]]\!]]\!]]\!]]\!] \quad (=\mathsf{e}_2)$$

in der gleichen Kongruenzklasse und haben damit die gleiche abstrakte semantische Bedeutung ($[\mathsf{e}_1]_E = [\mathsf{e}_2]_E$) bezüglich $\boldsymbol{F}$. Eine konkrete semantische Bedeutung beider abstrakter syntaktischer Strukturen ist in der semantischen Algebra $\boldsymbol{T}$ aus dem Beispiel 5.1.1 das Element $(\mathsf{t} =)\ 2 \underline{*} \mathsf{Wert}(x)$, wobei $\mathsf{Wert}(x)\ (\mathsf{c}) = \mathsf{c}(x)$. Dieser Zusammenhang ist in Abb. 5.7 dargestellt. Dort ist $\mathsf{h}_{\boldsymbol{F}}\colon \boldsymbol{T}_\Sigma \to \boldsymbol{F}$ der (*natürliche*) *Homomorphismus* von $\boldsymbol{T}_\Sigma$ auf die Faktoralgebra $\boldsymbol{F}$, d. h. die Abbildung abstrakter syntaktischer Strukturen auf ihre abstrakten semantischen Bedeutungen, und $\mathsf{h}_{\boldsymbol{FT}}\colon \boldsymbol{F} \to \boldsymbol{T}$ der Isomorphismus von $\boldsymbol{F}$ auf $\boldsymbol{T}$. Es sei bemerkt, daß $\mathsf{h}_{\boldsymbol{T}} = \mathsf{h}_{\boldsymbol{F}} \cdot \mathsf{h}_{\boldsymbol{FT}}$ gilt.

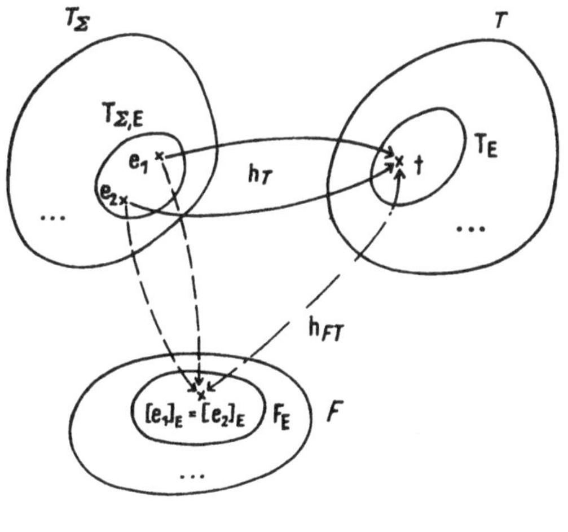

Abb. 5.7. Beziehungen zwischen abstrakter Syntax ($\boldsymbol{T}_\Sigma$), abstrakter Semantik ($\boldsymbol{F}$) und konkreter Semantik ($\boldsymbol{T}$)

Fassen wir kurz zusammen: Ist eine Repräsentationsalgebra $\boldsymbol{R}$ syntaktisch eindeutig, so kann man durch die Angabe geeigneter Identitäten in $\boldsymbol{T}_\Sigma$ und anschließende Konstruktion der zugehörigen Faktoralgebra $\boldsymbol{F}$ eine *abstrakte semantische Algebra* zu $\boldsymbol{R}$ definieren. Alle mit $\boldsymbol{F}$ isomorphen Algebren sind *konkrete semantische Algebren*, bezüglich derer $\boldsymbol{R}$ semantisch eindeutig ist.

Ist $\boldsymbol{R}$ nicht syntaktisch eindeutig und will man semantische Algebren finden, bezüglich derer $\boldsymbol{R}$ semantisch eindeutig ist, dann kann man von geeigneten Identitäten in $\boldsymbol{R}$ ausgehen. Durch die anschließende Konstruktion der zugehörigen Faktoralgebra $\boldsymbol{F}$ von $\boldsymbol{R}$ erhält man die abstrakte semantische Algebra.

$\boldsymbol{R}$ selbst ist isomorph mit einer Faktoralgebra $\boldsymbol{R}'$ von $\boldsymbol{T}_\Sigma$, wobei $\boldsymbol{R}'$ mit Hilfe eines Systems von Identitäten $\boldsymbol{I}_{\boldsymbol{R}}$ in $\boldsymbol{T}_\Sigma$ konstruiert werden kann. Ergänzt man $\boldsymbol{I}_{\boldsymbol{R}}$ durch weitere geeignete Identitäten in $\boldsymbol{T}_\Sigma$, so kann man ebenfalls über die entsprechende Faktoralgebra zu semantischen Algebren kommen, bezüglich derer $\boldsymbol{R}$ semantisch eindeutig ist.

Der Leser wird bemerkt haben, daß sowohl die initiale Algebra $\boldsymbol{T}_\Sigma$ als auch die Repräsentationsalgebra $\boldsymbol{R}$ und mit ihnen isomorphe Algebren als semantische Algebren verwendet werden können. Mit der Wahl von $\boldsymbol{T}_\Sigma$ oder einer mit ihr isomorphen Algebra als semantische Algebra wird jeder abstrakten syntaktischen Struktur der gleichen Trägermenge eine andere semantische Bedeutung zugeordnet. Soll dagegen jedem Element der gleichen Trägermenge von $\boldsymbol{R}$ eine andere semantische Bedeutung zugeordnet werden, so nimmt man $\boldsymbol{R}$ oder eine mit ihr isomorphe Algebra als semantische Algebra.

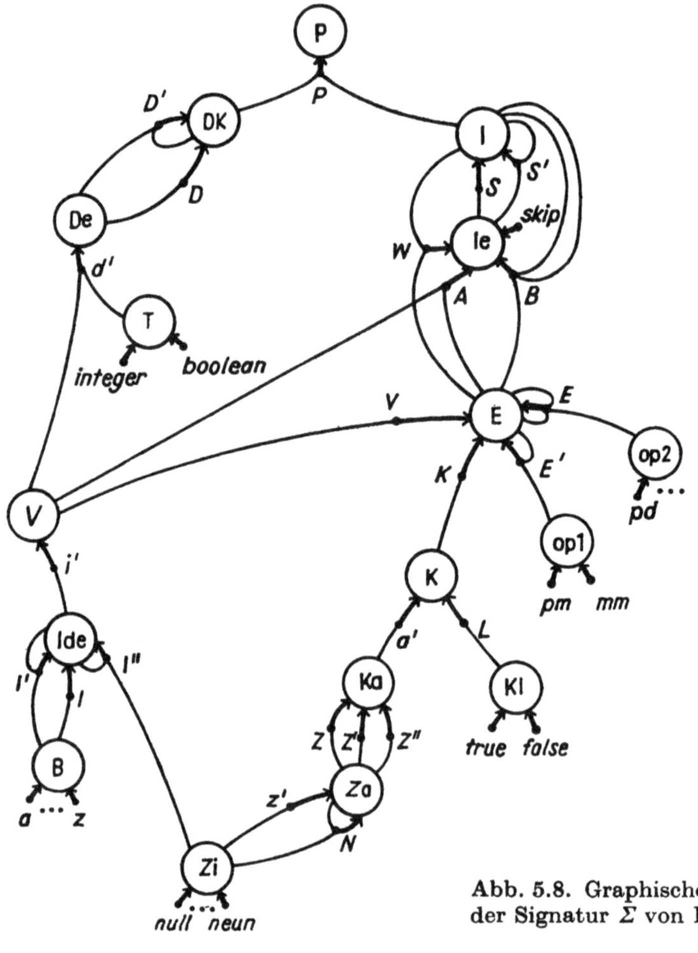

Abb. 5.8. Graphische Darstellung der Signatur Σ von BPS

5.2. Darstellung von Kontextbedingungen

BPS ist keine kontextfreie Programmiersprache. Ausgehend von der kontextfreien Grammatik von BPS definieren wir eine kontextfreie Obersprache OBPS. Für OBPS können wir ein algebraisches Modell auf ähnliche Weise wie für BPS′ konstruieren. Die Syntax von OPBS ist in Tab. 5.6 enthalten, die Signatur des Modells von OBPS in Abb. 5.8 dargestellt.

Nehmen wir an, daß ***T*** eine semantische Algebra ist, die zur denotationalen Semantikdefinition auf die obige Weise (Beispiel 5.1.1) geeignet ist. Die Sprache OBPS erlaubt im Gegensatz zu BPS auch Sprachkonstruktionen, die die Kontextbedingun-

Tab. 5.6. *Kontextfreie Grammatik von BPS (und OBPS)*

P	: ⟨Program⟩ ::= **begin** ⟨Vereinbarungen⟩; ⟨Anweisungen⟩ **end**
D	: ⟨Vereinbarungen⟩ ::= ⟨Vereinbarung⟩
D′	: ⟨Vereinbarungen⟩ ::= ⟨Vereinbarung⟩; ⟨Vereinbarungen⟩
d′	: ⟨Vereinbarung⟩ ::= ⟨Variable⟩ : ⟨Typ⟩
integer	: ⟨Typ⟩ ::= **integer**
boolean	: ⟨Typ⟩ ::= **boolean**
S	: ⟨Anweisungen⟩ ::= ⟨Anweisung⟩
S′	: ⟨Anweisungen⟩ ::= ⟨Anweisung⟩; ⟨Anweisungen⟩
skip	: ⟨Anweisung⟩ ::= **skip**
A	: ⟨Anweisung⟩ ::= ⟨Variable⟩ := ⟨Ausdruck⟩
B	: ⟨Anweisung⟩ ::= **if** ⟨Ausdruck⟩ **then** ⟨Anweisungen⟩ **else** ⟨Anweisungen⟩ **fi**
W	: ⟨Anweisung⟩ ::= **while** ⟨Ausdruck⟩ **do** ⟨Anweisungen⟩ **od**
i′	: ⟨Variable⟩ ::= ⟨Identifikator⟩
K	: ⟨Ausdruck⟩ ::= ⟨Konstante⟩
V	: ⟨Ausdruck⟩ ::= ⟨Variable⟩
E	: ⟨Ausdruck⟩ ::= (⟨Ausdruck⟩ ⟨op2⟩ ⟨Ausdruck⟩)
E′	: ⟨Ausdruck⟩ ::= (⟨op1⟩ ⟨Ausdruck⟩)
L	: ⟨Konstante⟩ ::= ⟨logische Konstante⟩
a′	: ⟨Konstante⟩ ::= ⟨arithmetische Konstante)⟩
true	: ⟨logische Konstante⟩ ::= **true**
false	: ⟨logische Konstante⟩ ::= **false**
Z	: ⟨arithmetische Konstante⟩ ::= ⟨Zahl⟩
Z′	: ⟨arithmetische Konstante⟩ ::= + ⟨Zahl⟩
Z″	: ⟨arithmetische Konstante⟩ ::= − ⟨Zahl⟩
z′	: ⟨Zahl⟩ ::= ⟨Ziffer⟩
N	: ⟨Zahl⟩ ::= ⟨Zahl⟩ ⟨Ziffer⟩
null	: ⟨Ziffer⟩ ::= *0*
	⋮
neun	: ⟨Ziffer⟩ ::= *9*
pm	: ⟨op1⟩ ::= +
mm	: ⟨op1⟩ ::= −
pd	: ⟨op2⟩ ::= ÷
	⋮
I	: ⟨Identifikator⟩ ::= ⟨Buchstabe⟩
I′	: ⟨Identifikator⟩ ::= ⟨Identifikator⟩ ⟨Buchstabe⟩
I″	: ⟨Identifikator⟩ ::= ⟨Identifikator⟩ ⟨Ziffer⟩
a	: ⟨Buchstabe⟩ ::= *a*
	⋮
z	: ⟨Buchstabe⟩ ::= *z*

gen von BPS nicht erfüllen. So darf z. B. ein Programm in OBPS den Ausdruck (**true** + *2*) enthalten. Diesem Ausdruck wird durch die denotationale Semantikdefinition Wert((**true** + *2*)) als semantische Bedeutung zugeordnet, wobei gilt

$$\mathsf{Wert}((\mathbf{true} + 2))\,(\mathsf{c}) = \mathsf{Wert}(\mathbf{true})\,(\mathsf{c}) \mathbin{\underline{+}} \mathrm{Wert}(2)\,(\mathrm{c}) = \mathbf{W} \mathbin{\underline{+}} 2\,.$$

Da die Operation $\underline{+}$ für die gegebenen Operanden nicht definiert ist, ist somit auch die semantische Bedeutung von (**true** + *2*) eine undefinierte Funktion. Würden wir andere Sprachkonstruktionen nehmen, die zwar in OBPS, aber nicht in BPS erlaubt sind, so würden wir zu ähnlichen Aussagen kommen. Das heißt, wir könnten das algebraische Modell von OBPS für BPS übernehmen. Sprachkonstruktionen, die in OBPS richtig, in BPS aber gleichzeitig falsch sind, würden in der semantischen Algebra $\boldsymbol{T}$ undefinierte Funktionen als semantische Bedeutung haben, was aus den Eigenschaften der Elemente der Trägermengen von $\boldsymbol{T}$ (z. B. von $\underline{+} \in \mathsf{T}_{\mathrm{op2}}$) folgt. Wie im vorigen Abschnitt kann man diese Eigenschaften mit Hilfe von Identitäten in $\boldsymbol{T}_\Sigma$ beschreiben. Zur Aufstellung solcher Identitäten kehren wir noch einmal zur Realisierung der Kontextbedingungen von BPS in attributierten Grammatiken zurück.

Im Fall der Verwendung einer KNUTHschen attributierten Grammatik (siehe Tab. 4.7) wurde verschiedenen nichtterminalen Elementen, u. a. dem Element ⟨Programm⟩, ein Fehlerattribut **Fehler** zugeordnet. Die semantischen Regeln waren so definiert, daß **Fehler** bei Verletzung einer Kontextbedingung den Wert **true** zugewiesen bekam. Ansonsten hatte **Fehler** den Wert **false**. Ob eine Sprachkonstruktion aus OBPS ebenfalls zu BPS gehörte, konnte also am Wert des Fehlerattributs abgelesen werden. Einer Programmkonstruktion der Sprache OBPS kann man somit ein Paar der Form (F, B) als semantische Bedeutung zuordnen, wobei gilt:

(i) Falls $\mathsf{p} \notin$ OBPS $\wedge$ $\mathsf{p} \in$ BPS, dann ist F **false** und B ist die gewohnte semantische Bedeutung von p.

(ii) Falls $\mathsf{p} \in$ OBPS $\wedge$ $\mathsf{p} \notin$ BPS, dann ist F **true** und B undefiniert. Übertragen wir dieses semantische Herangehen auf algebraische Modelle, so bedeutet das eine Berücksichtigung der Kontextbedingungen bei der Definition der semantischen Algebren. Die Menge der Identitäten zur Definition einer abstrakten semantischen Algebra muß folglich um solche Identitäten erweitert werden, damit gerade alle abstrakten syntaktischen Strukturen der gleichen Sorte von Sprachkonstruktionen, die die Kontextbedingungen nicht erfüllen, in einer Kongruenzklasse enthalten sind.

Ist $\boldsymbol{F}$ die zu definierende abstrakte semantische Algebra, dann enthält im Fall der Sprache BPS z. B. die Trägermenge T_{E} als Element eine Kongruenzklasse abstrakter syntaktischer Strukturen, die keine abstrakten syntaktischen Strukturen von Ausdrücken in BPS sind. Dazu gehört u. a. die abstrakte syntaktische Struktur von (**true** + *2*), d. h.

$$\boldsymbol{E}[\![\boldsymbol{K}[\![\boldsymbol{L}[\![\boldsymbol{true}]\!]]\!]\ \boldsymbol{pd}\ \boldsymbol{K}[\![\boldsymbol{a}'[\![\boldsymbol{Z}[\![\boldsymbol{z}'[\![\boldsymbol{zwei}]\!]]\!]]\!]]\!]]\!]\,.$$

Als Identitäten zur Definition dieser Kongruenzklasse dienen z. B.

$$\boldsymbol{E}[\![\boldsymbol{K}[\![\mathsf{x}_{\mathrm{Kl}}]\!]\ \boldsymbol{pd}\ \boldsymbol{K}[\![\mathsf{y}_{\mathrm{Kl}}]\!]]\!] = \boldsymbol{E}[\![\boldsymbol{K}[\![\mathsf{x}'_{\mathrm{Kl}}]\!]\ \boldsymbol{pd}\ \boldsymbol{K}[\![\mathsf{y}'_{\mathrm{Kl}}]\!]]\!]\,,$$
$$\boldsymbol{E}[\![\boldsymbol{K}[\![\mathsf{x}_{\mathrm{Kl}}]\!]\ \boldsymbol{pd}\ \boldsymbol{K}[\![\mathsf{y}_{\mathrm{Kl}}]\!]]\!] = \boldsymbol{E}[\![\boldsymbol{K}[\![\mathsf{z}_{\mathrm{Kl}}]\!]\ \boldsymbol{pd}\ \mathsf{x}_{\mathrm{E}}]\!]\,,$$
$$\boldsymbol{E}[\![\boldsymbol{K}[\![\mathsf{x}_{\mathrm{Kl}}]\!]\ \boldsymbol{pd}\ \mathsf{x}_{\mathrm{E}}]\!] = \boldsymbol{E}'[\![\mathsf{x}_{\mathrm{op1}}\boldsymbol{K}[\![\mathsf{z}_{\mathrm{Kl}}]\!]]\!]\,.$$

Hierbei sind die indizierten Bezeichnungen Variablen. Der Index gibt die entsprechende Sorte an. Die erste Identität besagt, daß alle abstrakten syntaktischen Strukturen von Ausdrücken der Form $\mathsf{L_1} + \mathsf{L_2}$ mit $\mathsf{L_1}, \mathsf{L_2} \in$ {**true**, **false**} in die gleiche Kongruenzklasse gehören. Durch die zweite Identität werden zu dieser Kongruenzklasse auch alle abstrakten syntaktischen Strukturen von Ausdrücken der Form $\mathsf{L} + \mathsf{A}$ hinzugenommen, wobei L aus der Menge {**true**, **false**} ist und A ein beliebiger Ausdruck ist. Die dritte Identität schließlich umfaßt zusätzlich die abstrakten syntaktischen Strukturen von Ausdrücken der Form $+\mathsf{L}$ und $-\mathsf{L}$, wobei $\mathsf{L} \in$ {**true**, **false**} ist.

Verwendet man eine GSF zur Realisierung der Kontextbedingungen (siehe Tab. 4.8), so müssen aus den syntaktischen Regeln der GSF zunächst Erzeugungsregeln abgeleitet werden. Eine Sprachkonstruktion aus OBPS ist in BPS genau dann enthalten, wenn eine geeignete Menge solcher Erzeugungsregeln zur Erzeugung der Programmkonstruktion existiert. Auf Grund des Zusammenhangs zwischen der kontextfreien Basisgrammatik einer GSF und den Erzeugungsregeln läßt sich eine GSF als Mechanismus zur Steuerung von Ableitungen betrachten. In unserem Fall dient dieser Mechanismus dazu, von allen möglichen Ableitungen in der Basisgrammatik, die zu Erzeugungen von Wörtern der Sprache OBPS führen, nur die auszuwählen, deren Erzeugungen gleichzeitig Wörter der Sprache BPS sind.

Dieses Vorgehen kann im algebraischen Modell so umgesetzt werden, daß den Operationssymbolen in einer konkreten semantischen Algebra partielle Operationen zugeordnet werden. Diese Operationen müssen so definiert sein, daß abstrakte syntaktische Strukturen von Programmkonstruktionen, die nicht zur definierten Programmiersprache gehören, keine semantische Bedeutung haben. Ist $\boldsymbol{T}$ eine semantische Algebra, dann muß z. B. für die dem Operationssymbol $\boldsymbol{E}$ in $\boldsymbol{T}$ zugeordnete Operation $\boldsymbol{E_T}$ gelten:

$$\boldsymbol{E_T}(\boldsymbol{K_T}(\boldsymbol{L_T}(\boldsymbol{true_T})), \boldsymbol{pd_T}\ (\boldsymbol{K_T}(\mathsf{a}))$$

mit $\mathsf{a} \in \mathsf{T}_{\mathrm{Ka}}$, d. h., die semantische Bedeutung von Ausdrücken der Form (**true** $+$ A), wobei A eine arithmetische Konstante ist, ist undefiniert.

Will man die Verwendung partieller Operationen vermeiden, so kann man die in der Informationsverarbeitung gängige Methode der „Fehlermeldung" anwenden. Wir nutzen dabei die von den abstrakten Datentypen her bekannte Einführung von *Fehlerelementen.* Die Signatur wird um Operationssymbole $\mathsf{Fehler_s}$ erweitert, wobei s eine beliebige Sorte ist, d. h. $\mathsf{Fehler_s} \in \Sigma_{\varepsilon,s}$. Die Operationen der semantischen Algebra liefern dann als Ergebnis ein Fehlerelement, wenn die Operation über unerlaubten Operanden ausgeführt wurde. So gilt z. B.

$$\boldsymbol{E_T}(\boldsymbol{K_T}(\boldsymbol{L_T}(\boldsymbol{true_T})), \boldsymbol{pd_T}, \boldsymbol{K_T}\ (\mathsf{a})) = \boldsymbol{Fehler}_{\mathrm{ET}}, \quad \mathsf{a} \in \mathsf{T}_{\mathrm{Ka}}\ ,$$

d. h., die semantische Bedeutung von Ausdrücken der Form (**true** $+$ A), wobei A eine beliebige arithmetische Konstante ist, ist das Fehlerelement der Sorte E der semantischen Algebra $\boldsymbol{T}$. Die Definition der Eigenschaften der Operationen in $\boldsymbol{T}$, einschließlich der Erzeugung von Fehlerelementen, geschieht mit Hilfe von Identitäten wie z. B.

$$\boldsymbol{E}[\![\boldsymbol{K}[\![\mathsf{z}_{\mathrm{Kl}}]\!]\ \boldsymbol{pd}\ \mathsf{x}_{\mathrm{E}}]\!] = \boldsymbol{Fehler}_{\mathrm{E}}\ .$$

z_{Kl} ist eine Variable der Sorte Kl, und x_{E} eine Variable der Sorte E.

Diese Identität besagt, daß die $\boldsymbol{E}$ in $\boldsymbol{T}$ zugeordnete Operation $\boldsymbol{E_T}$ allen abstrakten syntaktischen Strukturen von Ausdrücken der Form $\mathsf{L} + \mathsf{A}$ mit $\mathsf{L} \in$ {**true**, **false**} und einem beliebigen Ausdruck A als semantische Bedeutung das Fehlerelement der Trägermenge T_E zuweist.

Da die Einbeziehung der Kontextbedingungen in das algebraische Modell sehr aufwendig ist, wollen wir die Definition von BPS nicht weiter ausführen.

5.3. Bibliographie

Die algebraischen Begriffe dieses Kapitels findet der Leser z. B. in [11], [72], [76]. Die wichtigsten Begriffe der Theorie heterogener Algebren im Zusammenhang mit abstrakten Datentypen werden in [42] und [43] angeführt.

Erste Ideen eines algebraischen Herangehens an die Definition von Programmiersprachen werden durch Burstall und Landin in [21] ausgesprochen. Programmiersprachen werden dort als konkrete homogene Algebren aufgefaßt. Diese Ideen werden unter der Verwendung heterogener Algebren z. B. in [113] weitergeführt.

Das syntaxorientierte algebraische Sprachmodell, das den Begriff der heterogenen Algebra verwendet, wurde durch Letičevskij [66] eingeführt. Ein ähnliches Modell unter Benutzung des Konzepts der initialen Algebra wird in [43] beschrieben.

Von den Anwendungen des algebraischen Herangehens an die Definition von Programmiersprachen möchten wir z. B. den Nachweis der Isomorphie einer Dijkstra-Semantik mit einer Scott-Semantik für eine einfache Programmiersprache [74], [75], Compilermodelle [66], [109] und die Korrektheit von Compilern [113], [127], [88] anführen.

Die Verwendung partieller Algebren zur Sprachdefinition und die entsprechenden theoretischen Grundlagen kann der Leser z. B. [104], [56] und [91], [92] entnehmen.

Ein Versuch der algebraischen Formulierung der Knuthschen attributierten Grammatiken wird in [22] unternommen.

Anhang

Im Anhang werden einige grundlegende Begriffe und Bezeichnungen erklärt, die in den vorhergehenden Kapiteln ohne Definition verwendet wurden.

Mengen. Wir sagen, daß ein Element x in einer Menge X *enthalten* ist und schreiben dafür $x \in X$.

Die Menge Y ist eine *Untermenge* ($Y \subseteqq X$) der Menge X, wenn alle Elemente der Menge Y in X enthalten sind. Die Mengen X und Y sind *gleich* oder *identisch* ($X = Y$), wenn $Y \subseteqq X$ und gleichzeitig $X \subseteqq Y$, d. h. beide Mengen enthalten die gleichen Elemente. Eine Menge braucht auch keine Elemente zu enthalten. Sie ist dann die *leere Menge* und wird mit $\emptyset$ bezeichnet.

Zur Bezeichnung der Menge von Elementen $x \in X$, die eine bestimmte Eigenschaft $E(x)$ besitzen, schreiben wir $\{x \in X \mid E(x)\}$.

Für beliebige Mengen X und Y bezeichnen wir mit $X \cap Y$ die Menge aller Elemente, die sowohl in X als auch in Y enthalten sind, und nennen sie *Durchschnitt* der Mengen X und Y. Die Menge $X \cup Y$ der Elemente, die in X oder Y enthalten sind, heißt *Vereinigung* von X und Y. Mengen, deren Durchschnitt leer ist, nennen wir *disjunkte Mengen*. Die Untermenge von Elementen der Menge X, die nicht in Y enthalten sind, heißt *Differenz* der Mengen X und Y ($X - Y$).

Eine Menge von Elementen x_i, deren Indizes aus einer Menge I sind, d. h. $i \in I$, bezeichnen wir mit $\{x_i\}_{i \in I}$. Eine solche Menge heißt *Familie*.

Ist $\{x_i\}_{i \in I}$ eine Familie, so bezeichnen $\bigcup\limits_{i \in I} x_i$ und $\bigcap\limits_{i \in I} x_i$ die *Verallgemeinerungen von Vereinigung* und *Durchschnitt*.

Die Menge aller Tupel $(x_1, \ldots, x_n)$ von Elementen $x_i \in X_i$, $i = 1, \ldots, n$, nennt man *kartesisches Produkt* der Mengen $X_1, \ldots, X_n$ und bezeichnet sie mit $X_1 \times \ldots \times X_n$. Für $X_i = X$, $i = 1, \ldots, n$, spricht man auch von *kartesischer Potenz* und schreibt X^n.

Korrespondenzen und Funktionen. Eine *n-stellige Korrespondenz* der Elemente der Mengen $X_1, \ldots, X_n$ ist eine Untermenge K des kartesischen Produkts $X_1 \times \ldots \times X_n$. Die Elemente $x_1, \ldots, x_n$ sind *in Korrespondenz* K, wenn $(x_1, \ldots, x_n) \in K$. Gilt $X_i = X$, $i = 1, \ldots, n$, so wird anstelle des Begriffs Korrespondenz der Begriff *Relation* verwendet. Wenn $R \subseteqq X \times X$, dann ist R eine *binäre Relation*, und anstelle von $(x, y) \in R$ schreibt man dann ebenfalls xRy.

K sei eine Korrespondenz. Die Menge $\{x \in X \mid xKy,\ y \in Y\}$ heißt *Vorbereich* oder *Definitionsbereich* der Korrespondenz K. Die Menge $\{y \in Y \mid xKy,\ x \in X\}$ heißt dementsprechend *Nachbereich* oder *Wertebereich* der Korrespondenz K. Die Korrespondenz

$\{(y, x) \in Y \times X \mid xKy\}$ ist die *inverse Korrespondenz* zu K. Sie wird mit K^{-1} bezeichnet. Wenn $K_1 \subseteq X \times Y$ und $K_2 \subseteq Y \times Z$ Korrespondenzen sind, versteht man unter der *Verkettung* der Korrespondenzen K_1 und K_2 die Korrespondenz

$$K_1 \cdot K_2 = \{(x, z) \in X \times Z \mid xK_1y \quad \text{und} \quad yK_2z \quad \text{für} \quad y \in Y\}.$$

Die Relation $\{(x, x) \mid x \in X^2\}$ bezeichnen wir mit 1_X und nennen sie *Identität* von X. Die Relation $R \subseteq X^2$ heißt *reflexiv*, wenn $1_X \subseteq R$, *symmetrisch*, wenn $R^{-1} \subseteq R$, *antisymmetrisch*, wenn $R^{-1} \cap R \subseteq 1_X$, und *transitiv*, wenn $R \cdot R \subseteq R$ *ist.*

Eine reflexive, symmetrische und transitive Relation heißt *Äquivalenz.* Ist R eine Äquivalenz und xRy, dann sind x und y *äquivalent* (bezüglich der Relation R).

Die Korrespondenz $f \subseteq X \times Y$ nennen wir *Funktion*, wenn zu jedem $x \in X$ höchstens ein $y \in Y$ existiert, so daß xfy. Ist der Definitionsbereich von f identisch mit X, ist f eine *totale Funktion.* Sonst ist f eine *partielle Funktion.* Wenn xfy, dann heißt y oder auch $f(x)$ *Wert der Funktion* f für das Element (*Argument*) x. Wir sagen dann, f ist für $x \in X$ definiert. Die Funktion f ist *eineindeutig*, wenn für $x, x' \in X$, $x \neq x'$, folgt $f(x) \neq f(x')$. Wenn $X = Z^n$ und $Y = Z$, dann ist f eine *Funktion mit* n *Argumenten* (n-*stellig*) in der Menge Z (n-*stellige Operation* in Z).

Ist $f \subseteq X \times Y$ eine partielle Funktion, so schreiben wir $f: X \circ\!\!\rightarrow Y$. Im Fall einer totalen Funktion verwenden wir $f: X \rightarrow Y$. Bei der Anwendung einer Funktion sprechen wir auch davon, daß sie die Menge X in die Menge Y *abbildet* oder *transformiert.*

Die Menge aller partiellen Funktionen aus einer Menge X in eine Menge Y bezeichnen wir mit $[X \circ\!\!\rightarrow Y]$ und die Menge aller totalen Funktionen mit $[X \rightarrow Y]$.

Wenn $(x_1, \ldots, x_n) \in X_1 \times \ldots \times X_n$, dann bezeichnen wir mit $[(x_1, \ldots, x_n)]_i$ das Element x_i, d. h. $[\ ]_i: X_1 \times \ldots \times X_n \rightarrow X_i$. Diese Funktion ist die *Projektion auf die i-te Komponente* des Produkts $X_1 \times \ldots \times X_n$.

Ordnungen und Verbände. Die binäre Relation $R \subseteq X^2$ nennt man *reflexive Halbordnungsrelation* in X, wenn R reflexiv, antisymmetrisch und transitiv ist. Ist R zusätzlich *linear*, d. h. $X^2 = R \cup R^{-1}$ (mit anderen Worten: zwischen zwei beliebigen Elementen $x, y \in X$ gilt entweder xRy oder yRx), so heißt R *reflexive Ordnungsrelation.* Es sei R eine reflexive Halbordnungsrelation (Ordnungsrelation) in einer Menge X. Dann nennt man das Paar (X, R) oder auch $(X, \sqsubseteq)$ *halbgeordnete* (*geordnete*) *Menge.*

Es sei $(X, \sqsubseteq)$ eine halbgeordnete Menge und $X_1 \subseteq X$. $x \in X$ ist eine *untere Schranke* von X_1 in X, wenn $x \sqsubseteq y$ für alle $y \in X_1$. Analog heißt $x \in X$ *obere Schranke* von X_1 in X, wenn $y \sqsubseteq x$ für alle $y \in X_1$. Die größte untere Schranke von X_1 in X nennt man *Infimum* von X_1 in X. Wir bezeichnen sie mit $\sqcap X_1$ (oder auch inf X_1). Die kleinste obere Schranke von X_1 in X heißt *Supremum* von X_1 in X und wird mit $\sqcup X_1$ (bzw. sup X_1) bezeichnet. $x \in X_1$ ist das *kleinste* (*größte*) *Element* von X_1, wenn $x \sqsubseteq x_1$ ($x_1 \sqsubseteq x$) für alle $x_1 \in X_1$ gilt. Das kleinste Element von X bezeichnet man auch durch $\bot$. $x \in X_1$ ist ein *minimales* (*maximales*) Element in X_1, wenn kein $x_1 \in X_1$, $x \neq x_1$, existiert, für das gilt $x_1 \sqsubseteq x$ ($x \sqsubseteq x_1$).

Eine halbgeordnete Menge $(X, \sqsubseteq)$, in der zu jedem Paar von Elementen ein Supremum und ein Infimum existiert, heißt *Verband.* Supremum und Infimum behandeln wir wie zweistellige Operatoren in X und schreiben $x \sqcap y$ bzw. $x \sqcup y$. $(X, \sqsubseteq)$ bildet einen *vollständigen Verband*, wenn Supremum und Infimum für jede Untermenge X_1 der Menge X existieren.

Ein Beispiel eines vollständigen Verbandes ist die Menge aller Untermengen einer beliebigen nichtleeren Menge mit der Relation des Enthaltenseins von Mengen $\subseteq$ als Halbordnungsrelation, wobei die Vereinigung $\cup$ und der Durchschnitt $\cap$ von Mengen (entsprechend die verallgemeinerte Vereinigung $\bigcup$ und der verallgemeinerte Durchschnitt $\bigcap$ für eine beliebige Familie von Untermengen) Supremum und Infimum liefern.

Wenn $\{x_i\}_{i \in N}$ eine Familie ist (N bezeichne die Menge der natürlichen Zahlen), $x_i \in X$ für $i = 1, 2, \ldots$ und $(X, \sqsubseteq)$ eine halbgeordnete Menge ist, dann schreiben wir $\bigsqcup_{i=1}^{\infty} x_i$ anstelle von $\bigsqcup \{x_i \mid i \in N\}$.

Wenn $(X, \sqsubseteq_X)$ und $(Y, \sqsubseteq_Y)$ zwei (vollständige) Verbände sind, dann ist $(X \times Y, \sqsubseteq_{X \times Y})$ ebenfalls ein (vollständiger) Verband, wenn $\sqsubseteq_{X \times Y}$ folgendermaßen definiert ist:

$$(x_1, y_1) \sqsubseteq_{X \times Y} (x_2, y_2) \Leftrightarrow x_1 \sqsubseteq_X x_2 \quad \text{und} \quad y_1 \sqsubseteq_Y y_2 .$$

Diese Konstruktion kann auf n Mengen verallgemeinert werden.

Die Funktion $f: X \to Y$ nennen wir *monoton*, wenn für jedes Paar $x_1, x_2 \in X$ aus $x_1 \sqsubseteq_X x_2$ folgt $f(x_1) \sqsubseteq_Y f(x_2)$. Sind $(X, \sqsubseteq_X)$ und $(Y, \sqsubseteq_Y)$ vollständige Verbände, dann ist f *stetig*, wenn für jede Folge $x_1 \sqsubseteq_X x_2 \sqsubseteq_X \ldots$ von Elementen der Menge X

$$f\left(\bigsqcup_{n=1}^{\infty} x_n\right) = \bigsqcup_{n=1}^{\infty} f(x_n) .$$

Aus der Definition kann man zeigen, daß jede stetige Funktion monoton ist und daß Operationen wie die Verkettung von Relationen (Funktionen) $\cdot$ oder Supremum und Infimum stetige Funktionen in den entsprechenden Verbänden sind.

Es seien $(X, \sqsubseteq)$ ein vollständiger Verband und $\circ$ eine bestimmte binäre Operation in X. Für jedes $x \in X$ und jedes $n = 1, 2, \ldots$ definieren wir:

$$x^1 = x, \quad x^{n+1} = x^n \circ x \quad \text{sowie} \quad x^* = \bigsqcup_{n=1}^{\infty} x^n .$$

Die Operation $*$ nennen wir *Iteration*. Man kann leicht zeigen, daß, wenn $\circ$ stetig ist, auch $*$ stetig ist.

Literatur

[1] AHO, A. V., und D. J. ULLMAN: The theory of parsing, translation and compiling. Vol. I: Parsing. Prentice-Hall Inc., Englewood Cliffs (N.J.) 1972.

[2] APT, K. R.: Ten years of Hoare's logic, a survey. Unveröff. Manuskript.

[3] ASSER, G.: Einführung in die mathematische Logik. BSB B. G. Teubner Verlagsges., Leipzig 1972.

[4] BABICH, W. A., und M. JAZAYERI: The methods of attributs for data flow analysis. Rep. TR-77-007, Dept. of Comp. Sci., Univ. of North Carolina, Chapel Hill (N.C.) 1977.

[5] DE BAKKER, J. W.: Recursive procedures. Math. Centrum, Amsterdam 1971.

[6] DE BAKKER, J. W., und W. DE ROEVER: A calculus for recursive program schemes. *In*: Proc. Symp. ICALP 72. North-Holland Publ. Comp., Amsterdam 1973, 167–196.

[7] DE BAKKER, J. W., und D. S. SCOTT: A theory of programs. Manuskript, Seminar on Programming Theory, Vienna 1969.

[8] BANACHOWSKI, L., A. KRECZMAR, G. MIRKOWSKA, H. RASIOWA und A. SALWICKI: An introduction to algorithmic logic: meta-mathematical investigations in the theory of programs. *In*: [84], 7–100.

[9] BEKIĆ, H.: Definable operations in general algebra and the theory of automata, and flowcharts. Res. Rep., IBM Lab., Vienna 1969.

[10] BIRKHOFF, G.: Lattice theory. Amer. Math. Soc., Providence, R.I., 1967.

[11] BIRKHOFF, G., und J. D. LIPSON: Heterogeneous algebras. J. Combinat. Theory 8 (1970), 115–133.

[12] BJØRNER, D., und C. B. JONES (eds.): The Vienna Development Method: The Meta-Language. Lecture Notes in Computer Science, vol. 61. Springer-Verlag, Berlin–Heidelberg–New York 1978.

[13] BLIKLE, A.: Nets: complete lattices with a composition. Bull. Acad. Polon. Sci., Sér. Sci. Math. Astron. Phys., 19 (1971), 859–863.

[14] BLIKLE, A.: Complex iterative systems. Bull. Acad. Polon. Sci., Sér. Sci. Math. Astron. Phys., 20 (1972), 57–61.

[15] BLIKLE, A., und A. MAZURKIEWICZ: An algebraic approach to the theory of programs, algorithms, languages and recursiveness. *In*: Proc. Int. Symp. and Summer School on Math. Foundations of Computer Science, Warsaw–Jabłona, 1972. Comp. Center Warsaw 1972.

[16] BLIKLE, A.: An analysis of programs by algebraic means. *In*: [84], 167–213.

[17] BOCHMANN, G. V.: Semantic evaluation from left to right. CACM 19 (1976) 2, 55–62.

[18] BOCHMANN, G. V., und P. WARD: Compiler writing system for attribute grammars. Comput. J. 21 (1977) 2, 144–148.

[19] BORKOWSKI, L.: Formale Logik. Akademie-Verlag, Berlin 1976.

[20] BOROWIEC, J.: Pragmatics in a compiler producing system. *In*: [85], 314–340.

[21] BURSTALL, R. M., und P. J. LANDIN: Programs and their proofs. An algebraic approach. Machine Intelligence 4 (1969), 17–43.

[22] CHIRICA, L. M., und D. F. MARTIN: An order-algebraic definition of Knuthian semantics. *In*: Proc. 17th Ann. IEEE Symp. on Foundations of Computer Science, Houston (Tex.) 1976. IEEE Comp. Soc., Long Beach, Calif., 1976, 127–136.

[23] CHOMSKY, N.: On certain formal properties of grammars. Inform. and Control 2 (1959), 137–167.

[24] CLARKE, E. M.: Programming language construct for which it is impossible to obtain good Hoare-like axioms. JACM 26 (1979) 1, 129–147.

[25] CLEAVELAND, J. C., und R. C. UZGALIS: Grammars for programming languages. Elsevier Science Publ., New York 1977.

[26] CLINT, M., und C. A. R. HOARE: Program proving: jumps and functions. Acta Informatica 1 (1972), 214–224.

[27] COOK, S. A.: Soundness and completeness of an axiom system for program verification. SIAM J. Comp. 7 (1978), 70–90.

[28] DEMBIŃSKI, P., und S. BUDKOWSKI: Verification, design and description oriented microprogramming language. *In*: LAWSON, H. W., H. BERNDT, und G. HERMANSON (eds.), Large scale integration. Proc. of the EUROMICRO Symp. on Microprocessing and Microprogramming, Oct. 17–19, 1978, Munich. Elsevier Science Publ., Amsterdam 1979.

[29] DEMBIŃSKI, P., und J. MAŁUSZYŃSKI: Two-level grammars and attribute grammars: an unifying approach. *In*: WINKOWSKI, J. (ed.), Mathematical Foundation of Computer Science. Proc. 7th Symp. Zakopane, Poland, Sept. 4–8, 1978. Lecture Notes in Computer Science, vol. 64, Springer-Verlag, Berlin–Heidelberg–New York 1978, 143–154.

[30] DEMBIŃSKI, P., und J. MAŁUSZYŃSKI: Two-level grammars: CF-grammars with equation schemes. *In*: MAURER, H. A. (ed.), Automata Languages and Programming. Sixth Coll., Graz, Austria, July 16–20, 1979. Lecture Notes in Computer Science, vol. 71. Springer-Verlag, Berlin–Heidelberg–New York 1979, 171–187.

[31] DEUSSEN, P.: A decidability criterion for van Wijngaarden grammars. Acta Informatica 5 (1975), 353–375.

[32] DIJKSTRA, E. W.: A simple axiomatic basis for programming language constructs, Indagationes Mathematicae 36 (1974), 1–15.

[33] DIJKSTRA, E. W.: Guarded commands, nondeterminacy and formal derivation of programs. CACM 8 (1975), 453–457.

[34] DIJKSTRA, E. W.: A discipline of programming. Prentice-Hall Inc., Englewood Cliffs (N.J.) 1976.

[35] DONAHUE, J. E.: Complementary definitions of programming language semantics. Lecture Notes in Computer Science, vol. 42. Springer-Verlag, Berlin–Heidelberg–New York 1976.

[36] FANG, I.: FOLDS, a declarative formal language definition system. Report STAN-CS-72-329, Stanford Univ., Dec. 1972.

[37] FLOYD, R. W.: Assigning meaning to programs. *In*: SCHWARTZ, J. T. (ed.), Mathematical Aspects of Computer Science. Proc. Symp. in Applied Math., Providence, R. I. AMS 19 (1967), 19–32.

[38] GANZINGER, H : Optimierende Erzeugung von Übersetzerteilen aus implementierungsorientierten Sprachbeschreibungen. Diss., Techn. Univ. München, Fachbereich Math., TUM-INFO-7809, Mai 1978.

[39] GANZINGER, H., K. RIPKEN und R. WILHELM: Automatic generation of optimizing multipass compilers. *In*: GILCHRIST, B. (ed.), Information Processing '77. North-Holland Publ. Comp., Amsterdam–New York–Oxford 1977.

[40] GARWICK, J. V.: The definition of programming languages by their compilers. *In*: [121], 139–147.

[41] GERICKE, H.: Theorie der Verbände. B. I.-Hochschultaschenbücher 38/38a. Bibliographisches Institut, Mannheim 1968.

[42] GOGUEN, J. A., J. W. THATCHER und E. G. WAGNER: An initial algebra approach to the specification, correctness, and implementation of abstract data types. *In*: YEH, R. T. (ed.), Current Trends in Programming Methodology, vol. 4, Data Structuring. Prentice-Hall Inc., Englewood Cliffs (N.J.) 1978, 80–149.

[43] GOGUEN, J. A., J. W. THATCHER, E. G. WAGNER und J. B. WRIGHT: Initial algebra semantics and continous algebras. JACM 24 (1974), 68–95.

[44] Gordon, M. J. C.: The denotational description of programming languages. Springer-Verlag, Berlin – Heidelberg – New York 1979.

[45] Harel, D., A. R. Meyer und V. R. Pratt: Computability and completness in logics of programs. *In*: Conf. Record on the 9th Ann. ACM-Symp. on Theory of Computing, Boulder, Colo., 1977. ACM, N.Y., 1977, 261 – 268.

[46] Hesse, W.: Vollständige formale Beschreibung von Programmiersprachen mit zweischichtigen Grammatiken. Bericht 7623, Techn. Univ. München, 1976.

[47] Hoare, C. A. R.: An axiomatic basis for computer programming. CACM **12** (1969), 576 – 580.

[48] Hoare, C. A. R.: Procedures and parameters: an axiomatic approach. *In*: Engeler, E. (ed.), Symp. on Semantics of Algorithmic Languages. Lecture Notes in Mathematics, vol. 188. Springer-Verlag, Berlin – Heidelberg – New York 1971, 102 – 116.

[49] Hoare, C. A. R., und P. E. Lauer: Consistent and complementary formal theories of the semantics of programming languages. Acta Informatica **3** (1974), 135 – 154.

[50] Hoare, C. A. R., und N. Wirth: An axiomatic definition of the programming language PASCAL. Acta Informatica **2** (1973), 335 – 355.

[51] Hopcroft, J. E.: Formal languages and their relations to automata. Addison-Wesley Publ. Comp., Reading, Mass., 1969.

[52] Jazayeri, M., W. F. Ogden und W. C. Rounds: The intrinsically complexity of the circularity problem for attribute grammars. CACM **18** (1975) 12, 697 – 706.

[53] Jazayeri, M., und K. G. Walter: Alternating semantic evaluator. *In*: Proc. of the ACM 1975 Ann. Conf., Minneapolis, Oct. 1975, 230 – 234.

[54] Jensen, K., und N. Wirth: PASCAL User Manual and Report. Lecture Notes in Computer Science, vol. 18. Springer-Verlag, Berlin – Heidelberg – New York 1974.

[55] Irons, E. T.: A syntax directed compiler for ALGOL 60. CACM **4** (1961), 51 – 55.

[56] Kaphengst, H., und H. Reichel: Initial algebraic semantics for non context-free languages. *In*: Karpiński, M. (ed.), Fundamentals of Computation Theory. Proc. of the 1977 International FCT-Conf., Poznań – Kórnik, Poland, Sept. 19 – 23, 1977. Lecture Notes in Computer Science, vol. 56. Springer-Verlag, Berlin – Heidelberg – New York 1977.

[57] Kastens, U.: Ordered attributed grammars. Univ. Karlsruhe, Inst. für Informatik II, Bericht Nr. 7/78.

[58] Kennedy, K., und S. K. Warren: Automatic generation of efficient evaluators for attribute grammars. *In*: Conf. Record of the Third ACM Symp. on Principles of Programming Languages, Atlanta, Jan. 1976, 32 – 49.

[59] Knuth, D. E.: Semantics of context-free languages. Math. Systems Theory **2** (1968), 127 – 145.

[60] Knuth, D. E.: Examples of formal semantics. *In*: Engeler, E. (ed.), Symp. on Semantics of Algorithmic Languages. Lecture Notes in Mathematics, vol. 188, Springer-Verlag, Berlin – Heidelberg – New York 1971, 212 – 235.

[61] Knuth, D. E.: Semantics of context-free languages: correction. Math. Systems Theory **5** (1971), 95 – 96.

[62] Koster, C. H. A.: Affix grammars. Math. Centrum, Amsterdam 1971.

[63] Koster, C. H. A.: Using the CDL-compiler-compiler. *In*: Bauer, F. L., und J. Eickel (eds.), Compiler Construction. An Advanced Course. Lecture Notes in Computer Science, vol. 21. Springer-Verlag, Berlin – Heidelberg – New York 1974, 366 – 426.

[64] Lecarme, O.: Usability and portability of a compiler writing system. *In*: [85], 41 – 62.

[65] Leszczyłowski, J.: A theorem on resolving equations in the space of languages. Bull. Acad. Polon. Sci., Sér. Sci. Math. Astron. Phys., **19** (1971), 967 – 970.

[66] Letičevskij, A. A.: Sintaksis i semantika formal'nych jazykov. Kibernetika **4** (1968), 1 – 9.

[67] Lewis, P. M., P. J. Rosenkrantz und R. E. Stearns: Attributed translations. *In*: Proc. Fith Ann. ACM Symp. on Theory of Computing 1973, J. Comp. and System Sci. **9** (1974), 279 – 307.

[68] Lewis, P. M., P. J. Rosenkrantz und R. E. Stearns: Compiler design theory. The Systems Programming Series. Addison-Wesley Publ. Comp., Reading, Mass., 1976.

[69] Lorho, B.: Semantic attributes processing in the system DELTA. *In*: [85], 21–40.

[70] Lucas, P., und K. Walk: On the formal definition of PL/I. Automatic Programming 6 (1969), 105–152.

[71] Lucas, P., et al.: Method and notation for the formal definition of programming languages. Techn. Rep. TR25. 087, IBM Lab., Vienna 1970.

[72] Lugowski, H.: Grundzüge der Universellen Algebra. BSB B. G. Teubner Verlagsges., Leipzig 1976.

[73] Łukaszewicz, L.: Outline of the Vienna method for the formal definition of programming languages. Prace COPAN nr. 107, Warszawa 1973.

[74] Majster, M. E.: An unified view of semantics. Cornell Univ., Dept. of Comp. Sci., TR 79-394, Ithaka, N.Y., 1979.

[75] Majster-Cederbaum, M. E.: Semantics: Algebras, Fixed Points, Axioms. *In*: de Bakker, J. W., und J. van Leeuwen (eds.), Automata, Languages and Programming, Seventh Coll., Noordwijkerhout, July 1980. Lecture Notes in Computer Science, vol. 85. Springer-Verlag, Berlin–Heidelberg–New York 1980.

[76] Mal'cev, A. J.: Algebraičeskie sistemy. Nauka, Moskva 1970.

[77] Manna, Z.: Mathematical theory of computation. McGraw-Hill, New York 1974.

[78] Manna, Z., und A. Pnuelli: Axiomatic approach to total correctness of programs. Acta Informatica 3 (1974), 243–263.

[79] Marcotty, M., et al.: A sampler of formal definitions. ACM Comp. Surveys 8 (1976), 191–276.

[80] Mazurkiewicz, A.: Proving algorithms by tail functions. Inform. and Control 18 (1970), 220–226.

[81] Mazurkiewicz, A.: Problemy języków formalnych w automatycznym przetwarzaniu informacji. *In*: Marczyński, R. (ed.), Problemy przetwarzania informacij. t. 1. WNT, Warszawa 1970, 15–157.

[82] Mazurkiewicz, A.: Podstawy teorii programowania. *In*: [83], 39–93.

[83] Mazurkiewicz, A. (ed.): Problemy przetwarzania informacji, t. 2. WNT, Warszawa 1974.

[84] Mazurkiewicz, A., und P. Pawlak (eds.): Mathematical Foundations of Computer Science. Banach Center Publ., vol. 2. PWN, Warszawa 1976.

[85] Ershov, A., und C. H. A. Koster (eds.): Methods of Algorithmic Language Implementation. Lecture Notes in Computer Science, vol. 47. Springer-Verlag, Berlin–Heidelberg–New York 1977.

[86] Milne, R. E., und C. Strachey: A theory of programming language semantics. John Wiley, New York 1976.

[87] Mosses, P. D.: The mathematical semantics of ALGOL 60. Techn. Monograph PRG-12, Programming Res. Group, Univ. of Oxford 1974.

[88] Mosses, P. D.: A constructiv approach to compiler correctness. *In*: [118], 189–210.

[89] Müller, K.: Použití atributovaných překladových grammatik při konstrukci překladačů. Kandidátská disertační práce, FEL-ČVUT, Praha 1977.

[90] Naur, P., et al. (ed.): Revised report on the algorithmic language ALGOL 60. Comp. J. 5 (1963), 349–367 (*S. a.* [105]).

[91] Németi, I., und I. Sain: Connections between Algebraic Logic and Initial Algebra Semantics of CF languages. Preliminary version, Oct. 1978. *In*: Dömölki, B., und T. Gergely (eds.), Mathematical Logic in Computer Science. Coll. Math. Soc. Janos Bolyai 26, North-Holland Publ. Comp., Amsterdam 1981.

[92] Németi, I., und I. Sain: Correction and Additions to [91], Dec. 1979.

[93] Nivat, M.: Langages algébraiques sur le magma libre et sémantique de schémas de programmes. *In*: Nivat, M. (ed.), Automata, Languages and Programming. Proc. Symp. IRIA, Rocquencourt, 1972. Elsevier Science Publ., Amsterdam 1973, 293–308.

[94] Owicki, S., und D. Gries: An axiomatic proof technique for parallel programs. Acta Informatica 6 (1976), 319–340.

[95] PAGAN, F. G.: Formal specification of programming languages. A panoramic primer. Prentice-Hall Inc., Englewood Cliffs (N.J.) 1981.
[96] PARK, D.: Fixpoint induction and proofs of program properties. Machine Intelligence 5 (1970), 59–78.
[97] PAWLAK, Z.: Maszyny programowane. Algorytmy 10 (1969), 7–22.
[98] PAWLAK, Z.: O pojęciu maszyny liczącej. *In*: [83], 19–38.
[99] POZEFSKY, D. P.: Building efficient pass-oriented attribute grammar evaluators. PhD Diss., Univ. of North Carolina, Chapel Hill 1979.
[100] PRATT, V. R.: Semantical considerations on Floyd-Hoare logic. *In*: Proc. 17th Ann. IEEE Symp. on Foundations of Computer Science, Houston, Tex., 1976. IEEE Comp. Soc., Long Beach, Calif., 1976, 109–121.
[101] RÄIHÄ, K.-J., und M. SAARINEN: Developments in compiler writing systems. *In*: NEUHOLD, E. J. (ed.), GI-6. Jahrestagung, Lecture Notes in Computer Science, vol. 5. Springer-Verlag, Berlin–Heidelberg–New York 1976.
[102] RÄIHÄ, K.-J., M. SAARINEN, E. SOISALON-SOININEN und M. TIENARI: The compiler writing system HLP (Helsinki Language Processor). Rep. A-1978-2, Dept. of Comp. Sci., Univ. of Helsinki 1978.
[103] RASIOWA, H.: Algorithmic logic. Prace IPI PAN, nr. 281, Warszawa 1977.
[104] REICHEL, H.: Theorie der Äquoide. Diss. B, Humboldt-Univ. Berlin 1979.
[105] Revidierter Bericht über die algorithmische Sprache ALGOL 60. Akademie-Verlag, Berlin 1966. (Deutsche Übers. von [90]).
[106] KERNER, I. (Hrsg.): Revidierter Bericht über die algorithmische Sprache ALGOL 68. Akademie-Verlag, Berlin 1978. (Deutsche Übers. von [137].)
[107] RIEDEWALD, G.: Syntaktische Analyse von ALGOL 68-Programmen. TEKMO-Seminar Definition und Realisierung von Spezialsprachen, Dresden, Okt. 1971, TU Dresden, Sektion Math., Weiterbildungszentrum für MKR, Heft 6/74.
[108] RIEDEWALD, G.: Syntaktische Analyse von ALGOL 68-Programmen. Diss. A, Univ. Rostock, Sektion Math., Rostock 1972.
[109] RIEDEWALD, G.: Compilerkonstruktion und Grammatiken syntaktischer Funktionen. Diss. B, Rechenzentrum der Wilhelm-Pieck-Univ. Rostock 1979.
[110] RIEDEWALD, G.: Compiler-compiler RÜGEN. *In*: SOFSEM '81, Zborník referátov, Zotavovňa Magura, Ždiar, ČSSR, 1981.
[111] SALOMAA, A.: Formal languages. Academic Press, New York – London 1973.
[112] SALWICKI, A.: Formalized algorithmic languages. Bull. Acad. Polon. Sci., Sér. Sci. Math. Astron. Phys., 18 (1970) 5, 227–232.
[113] SCHMECK, H.: Korrektheit von Übersetzungen. Christian-Albrechts-Univ. Kiel, Bericht Nr. 3/75, Kiel 1975.
[114] SCOTT, D. S.: The lattice of flow-diagrams. *In*: ENGELER, E. (ed.), Symp. on Semantics of Algorithmic Languages. Lecture Notes in Mathematics, vol. 188. Springer-Verlag, Berlin–Heidelberg–New York 1971, 311–366.
[115] SCOTT, D. S.: Lattice theory, data types and semantics. *In*: RUSTIN, R. (ed.), NYU Symp. on Formal Semantics. Prentice-Hall Inc., Englewood Cliffs (N.J.) 1972, 64–106.
[116] SCOTT, D. S.: Outline of a mathematical theory of computation. *In*: Proc. IV Ann. Princeton Conf. on Inform. Sci. and Systems, Princeton Univ., Princeton (N.J.) 1970, 169–176; Techn. Monograph PRG-2, Univ. of Oxford 1970.
[117] SCOTT, D. S., and C. STRACHEY: Towards a mathematical semantics for computer languages. Techn. Monograph PRG-6, Programming Res. Group, Univ. of Oxford 1971.
[118] JONES, N. D. (ed.): Semantics-Directed Compiler Generation. Proc. of a Workshop, Aarhus, Denmark, Jan 14–18, 1980. Lecture Notes in Computer Science, vol. 94. Springer-Verlag, Berlin – Heidelberg – New York 1980.
[119] SINTZOFF, M.: Existence of van Wijngaarden's syntax for every recursively enumerable set. Ann. de la Societé Scien. de Bruxelles 81 (1967) II, 115–118.
[120] SOKOŁOWSKI, S.: Axioms for total correctness. Acta Informatica 9 (1977), 61–71.
[121] STEEL JR., T. B. (ed.): Formal language description languages for computer programming. North-Holland Publ. Comp., Amsterdam 1966.

[122] STOY, J. E.: Denotational semantics: the Scott-Strachey approach to programming language theory. MIT Press, Cambridge (Mass.) – London 1977.
[123] STRACHEY, C.: Towards a formal semantics. *In*: [121], 198–220.
[124] STRACHEY, C., und C. P. WADSWORTH: Continuations – a mathematical semantics for handling full jumps. Techn. Monograph PRG-11, Programming Res. Group, Univ. of Oxford 1974.
[125] TARSKI, A.: A lattice-theoretical fixpoint theorem and its applications. Pacific J. Math. 5 (1955), 285–309.
[126] TENNET, R. D.: The denotational semantics of programming languages. CACM 19 (1976), 437–453.
[127] THATCHER, J. W., E. G. WAGNER und J. B. WRIGHT: More on Advice on Structuring Compilers and Proving them Correct. *In*: [118], 165–188.
[128] TURSKI, W. M.: Propedeutyka informatyki. PWN, Warszawa 1975.
[129] WAND, M.: A new incompletness result for Hoare's system. JACM 25 (1978), 168–175.
[130] WATT, D. A., und O. L. MADSEN: Extended attribute grammars. Rep. No. 10, July 1977, Univ. of Glasgow, Comp. Dept.
[131] WEGNER, L.: Analysis of two-level grammars. Hochschul-Verlag, Stuttgart 1977.
[132] WEGNER, L.: Bracketed two-level grammars: a decidable and practical approach to language definitions. Univ. Karlsruhe, Inst. für Angewandte Math. und Formale Beschreibungsverf., Bericht 76, 1978.
[133] WEGNER, P.: The Vienna Definition Language. Comp. Surveys 4 (1972), 5–63.
[134] WEISS, Z.: Porównanie formalnych metod definiowania języków programowania opartych o roszerzenia pojęcia gramatyki bezkontekstowej. Praca magisterska, Uniwersytet Warszawski, Warszawa 1979.
[135] WILHELM, R.: Code-Optimierung mittels attributierter Transformationsgrammatiken. *In*: SIEFKES, D. (Hrsg.), 4. GI-Jahrestagung, Berlin, 9.–12. Okt. 1974. Lecture Notes in Computer Science, vol. 26. Springer-Verlag, Berlin – Heidelberg – New York 1974.
[136] WIRTH, N.: Revidierter Bericht über die Programmiersprache PASCAL. Übers. a. d. Engl. In deutscher Sprache hrsg. von H. SCHIEMANGK und G. PAULIN. Akademie-Verlag, Berlin 1976.
[137] VAN WIJNGAARDEN, A., et al. (eds.): Revised report on the algorithmic language ALGOL 68. Acta Informatica 5 (1975), 1–236. (*S. a.* [106].)
[138] BARTOL, W., Z. RAŚ und A. SKOWRON: Theory of computing systems. *In*: [84], 101–165.
[139] MCCARTHY, J.: A basis for mathematical theory of computation. *In*: BRAFFORT, P., and D. HIRSCHBERG (eds.), Computer Programming and Formal Systems. North-Holland Publ. Comp., Amsterdam 1963.
[140] IGARASHI, S., et al.: Automatic program verification I; a logical basis and its implementation. Acta Informatica 4 (1974/75), 145–182.

Sachwortverzeichnis

www.ingramcontent.com/pod-product-compliance
Lightning Source LLC
LaVergne TN
LVHW060623300926
849162LV00008B/1695